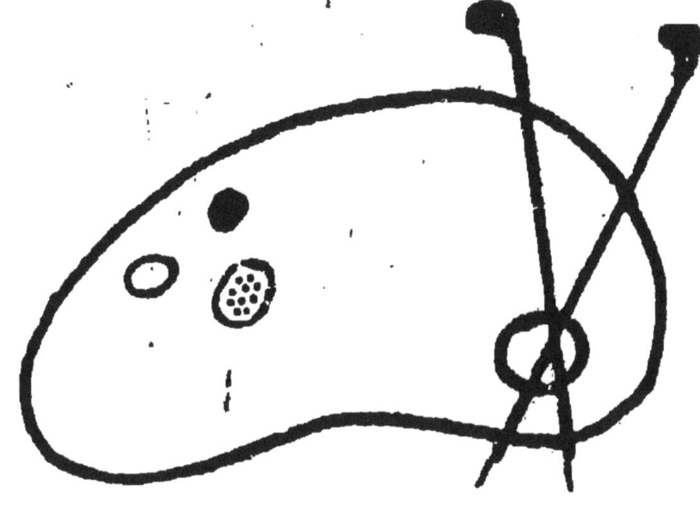

Couvertures supérieure et inférieure en couleur

LA

FIN DU PAGANISME

ÉTUDE

SUR LES DERNIÈRES LUTTES RELIGIEUSES EN OCCIDENT
AU QUATRIÈME SIÈCLE

PAR

GASTON BOISSIER
DE L'ACADÉMIE FRANÇAISE
ET DE L'ACADÉMIE DES INSCRIPTIONS ET BELLES-LETTRES

QUATRIÈME ÉDITION

TOME PREMIER

PARIS
LIBRAIRIE HACHETTE ET Cie
79, BOULEVARD SAINT-GERMAIN, 79

BIBLIOTHÈQUE VARIÉE, IN-16, À 3 FR. 50 LE VOLUME BROCHÉ

Histoire et documents historiques

ALBERT (Maurice) : *Les théâtres de la foire* (1660-1789). 1 vol.
Ouvrage couronné par l'Académie française.
BARINE (A.) : *Saint François d'Assise.* 1 vol.
— *La Jeunesse de la Grande Mademoiselle.*
Ouvrage couronné par l'Académie française.
BOISSIER, de l'Académie française : *Cicéron et ses amis*; 12e édition. 1 vol.
— *La religion romaine d'Auguste aux Antonins*; 5e édition. 2 vol.
— *Promenades archéologiques : Rome et Pompéi*; 7e édition. 1 vol.
— *Nouvelles Promenades archéologiques : Horace et Virgile*; 4e édition. 1 vol.
— *L'Afrique romaine*, promenades archéologiques en Algérie et en Tunisie; 2e éd. 1 v.
— *L'opposition sous les Césars*, 4e édit. 1 vol.
— *La fin du paganisme*; 4e édition. 2 vol.
— *Tacite.* 1 vol.
BOUCHÉ-LECLERCQ, de l'Institut : *Leçons d'histoire grecque.* 1 vol.
BOULAY DE LA MEURTHE (Le comte) : *Les dernières années du duc d'Enghien* (1801-1804). 1 vol.
BRUNET (L.), député : *La France à Madagascar*; 2e édition. 1 vol.
CHARMES, de l'Institut : *Études historiques et diplomatiques.* 1 vol.
COTTIN (P.) et **HÉNAULT** (M.) : *Mémoires du sergent Bourgogne.* 3e édit., 1 vol.
DAUDET (E.) : *Histoire des conspirations royalistes du Midi sous la Révolution* (1790-1793). 1 vol. avec 2 cartes.
DIEULAFOY (M.), de l'Institut : *Le roi David.*
DU CAMP (M.), de l'Académie française : *Les convulsions de Paris*; 8e édit. 4 vol.
— *Souvenirs de l'année 1848*; 2e édit. 1 vol.
DURUY (V.) : *Introduction générale à l'histoire de France*; 4e édit. 1 vol.
FUNCK-BRENTANO (Fr.) : *Légendes et archives de la Bastille.* 6e éd. 1 vol.
Ouvrage couronné par l'Académie française.
— *Le drame des poisons.* 6e éd. 1 vol.
— *L'affaire du Collier.* 5e édit. 1 vol.
— *La mort de la reine.* 3e éd. 1 vol.
FUSTEL DE COULANGES, de l'Institut : *La Cité antique*; 18e édition. 1 vol.
GEBHART (E.), de l'Institut : *L'Italie mystique*; 3e édition. 1 vol.
— *Moines et papes*, 2e édit. 1 vol.
— *Au son des cloches.* 2e édit. 1 vol.
— *Conteurs florentins du Moyen âge.* 1 vol.
GUIRAUD : *Fustel de Coulanges.* 1 vol.
HANOTAUX (G.) : *Études historiques sur le XVIe et le XVIIe siècle en France.* 1 vol.
JULLIAN (C.) : *Vercingétorix*, 3e édit. 1 vol.
Ouvrage couronné par l'Académie française.

JUSSERAND (J.) : *La vie nomade et l'Angleterre au XIVe siècle.* 1 vol.
Ouvrage couronné par l'Académie française.
— *L'épopée mystique de William Langland.*
LAMARTINE : *Histoire des Girondins.* 6 vol.
— *Histoire de la Restauration.* 8 vol.
LANGLOIS ET SEIGNOBOS : *Introduction aux Études historiques.* 1 vol.
LARCHEY (L.) : *Les cahiers du capitaine Coignet* (1799-1815). 1 vol.
— *Journal du canonnier Bricard* (1792-1802). 2e édition. 1 vol.
LAVISSE (E.), de l'Académie française : *Études sur l'histoire de Prusse*; 4e édition. 1 vol.
— *Essais sur l'Allemagne impériale*; 2e édition. 1 vol.
LÉGER : *Russes et Slaves.* 3 vol.
— *Le Monde slave.* 2 vol.
LEROY-BEAULIEU (A.) : *Un homme d'État russe* (Nicolas Milutine). 1 vol.
— *La Révolution et le libéralisme.* 1 vol.
LUCE (S.) : *La jeunesse de Bertrand Du Guesclin* (1320-1364); 3e édit. 1 vol.
Ouvrage qui a obtenu le grand prix Gobert.
— *Jeanne d'Arc à Domremy*; 2e édit. 1 vol.
— *La France pendant la guerre de Cent ans*; 2e édit. 2 vol.
MAULDE-LACLAVIÈRE (de) : *Les mille et une nuits d'une ambassadrice de Louis XIV*; 2e édition. 1 vol.
MÉZIÈRES (A.), de l'Académie française : *Vie de Mirabeau.* 1 vol.
— *Morts et vivants.* 1 vol.
MONTÉGUT (Ed.) : *Le maréchal Davout. — La duchesse et le duc de Newcastle.* 1 vol.
MOUY (Ch. de) : *Discours sur l'histoire de France.* 1 vol.
PICOT (G.), de l'Institut : *Histoire des États généraux*; 2e édition. 5 vol.
Ouvrage qui a obtenu le grand prix Gobert.
PRÉVOST-PARADOL : *Essai sur l'histoire universelle*; 5e édition. 2 vol.
ROSEBERY (Lord) : *Napoléon*, la dernière phase, 4e édit. 1 vol.
ROUSSET (C.) : *Histoire de la guerre de Crimée*; 2e édit., 2 vol.
SAINT-SIMON : *Scènes et portraits.* 2 vol.
TAINE (H.) : *Les origines de la France contemporaine.* 12 vol.
THÉDENAT (H.), de l'Institut : *Le forum romain.* 2e édition. 1 vol.
WALLON, de l'Institut : *La Terreur*; 2e édition. 2 vol.
— *Jeanne d'Arc*; 7e édition. 2 vol.
Ouvrage couronné par l'Académie française.

50702. — Imprimerie LAHURE, rue de Fleurus, 9, à Paris. — 6-03.

LA

FIN DU PAGANISME

OUVRAGES DU MÊME AUTEUR

PUBLIÉS PAR LA LIBRAIRIE HACHETTE ET Cie

FORMAT IN-16 BROCHÉ

Cicéron et ses amis; 12e édition. Un vol.

La Religion romaine, d'Auguste aux Antonins; 5e édition. Deux vol.

Promenades archéologiques : Rome et Pompéi; 7e édition. Un vol.

Nouvelles Promenades archéologiques : Horace et Virgile; 4e édition. Un vol.

L'Afrique romaine, promenades archéologiques en Algérie et en Tunisie. 2e édition. Un vol.

L'Opposition sous les Césars; 4e édition. Un vol.

Prix de chaque volume broché, **3 fr. 50**

Madame de Sévigné (collection des *Grands Écrivains français*). Un vol. in-16, broché . . . . **2 fr.**

50702. — Imprimerie Lahure, rue de Fleurus, 9, à Paris.

LA

FIN DU PAGANISME

ÉTUDE

SUR LES DERNIÈRES LUTTES RELIGIEUSES EN OCCIDENT
AU QUATRIÈME SIÈCLE

PAR

GASTON BOISSIER

DE L'ACADÉMIE FRANÇAISE
ET DE L'ACADÉMIE DES INSCRIPTIONS ET BELLES-LETTRES

QUATRIÈME ÉDITION

TOME PREMIER

PARIS
LIBRAIRIE HACHETTE ET Cie
79, BOULEVARD SAINT-GERMAIN, 79

1903

AVANT-PROPOS

Je n'ai pas la prétention d'écrire une histoire complète de la fin du paganisme. Ce sujet, pris dans toute son étendue, serait trop vaste pour tenir en deux volumes. J'ai voulu seulement en raconter les principaux incidents et insister sur ceux qui m'ont paru présenter le plus d'intérêt pour nous.

C'est ainsi que j'ai cherché surtout à montrer de quelle manière le christianisme s'accommoda de l'art et des idées antiques et comment s'est opérée chez lui, au IVe siècle[1], la fusion des éléments anciens et nouveaux. La solution de ce problème, qui avait tant d'importance pour l'avenir du monde, est, on le verra, le principal objet de cet ouvrage.

Pour résoudre cette question délicate j'ai dû beaucoup me servir des œuvres des orateurs et des poètes du temps. J'aurais pu me contenter, comme on le fait

1. Le IVe siècle reste le centre de mes études, mais je me suis permis de suivre les querelles commencées jusqu'au milieu du Ve.

d'ordinaire, d'aller chercher chez eux les citations dont j'avais besoin pour établir mes opinions. J'ai fait davantage : je les ai étudiés pour eux-mêmes, dans leur vie et dans leurs œuvres. Il m'a semblé que le témoignage aurait plus d'autorité si nous connaissions mieux le témoin. Quelques-uns de ces écrivains ont eu des disciples et laissé une école; d'autres se sont faits les interprètes de beaucoup de leurs contemporains. J'ai cru que les étudier à fond était le seul moyen de faire revivre devant nous les groupes qu'ils représentaient. La littérature se trouve ainsi nous donner des leçons d'histoire : je l'ai interrogée autant que je l'ai pu, et je l'ai laissée répondre à son aise; il n'y a presque pas de grand écrivain au IVe siècle, chrétien ou païen, dont je n'aie été amené à m'occuper. Voilà comment une étude, historique à son origine, est devenue souvent une œuvre de critique littéraire.

Peut-être ai-je un peu trop négligé le récit des événements politiques. C'est un tort, car ils expliquent plus d'une fois les révolutions religieuses. Je renvoie, pour les mieux connaître, aux historiens qui en ont fait une étude particulière, surtout à M. le duc de Broglie[1] et à M. Duruy[2].

Le sujet que je traite n'est pas nouveau. Je dois beaucoup à ceux qui s'en sont occupés avant moi, depuis Beugnot[3] jusqu'à M. Schultze[4]. Les savantes

1. *L'Église et l'empire romain au* IVe *siècle.* — 2. *Histoire romaine*, t. VII. — 3. *Histoire de la destruction du paganisme en Occident.* — 4. *Geschichte des Untergangs des griechisch-römischen Heidentums.*

dissertations dont M. de Rossi a rempli son *Bulletin d'archéologie chrétienne* m'ont été aussi fort utiles. Si j'avais voulu le citer toutes les fois que je me suis servi de lui, son nom reparaîtrait presque au bas de toutes les pages.

Je tiens à dire, avant de commencer, que j'ai abordé ce travail sans opinion préconçue et que je l'ai poursuivi avec une entière liberté d'esprit. Je ne me suis jamais préoccupé des discussions que suscitent autour de nous les questions religieuses. J'ai essayé de me faire le contemporain des temps dont je raconte l'histoire, et le plaisir que j'ai trouvé à vivre au milieu des événements du passé m'a permis de fermer l'oreille aux querelles d'aujourd'hui.

Mai, 1891.

LIVRE PREMIER

LA VICTOIRE DU CHRISTIANISME

LA VICTOIRE DU CHRISTIANISME

CHAPITRE I

CONVERSION DE CONSTANTIN

I

Constantin attaque Maxence. — État de l'empire à ce moment. — Fautes commises par Dioclétien. — La persécution. — Situation que prend Constance Chlore à propos des chrétiens. — La jeunesse de Constantin.

Au commencement de l'année 311, Constantin se préparait à faire la guerre à Maxence. Il y avait cinq ans à peine qu'il était empereur à la place de Constance Chlore, son père, mais ces cinq années avaient été bien employées. Politique habile et vaillant soldat, il avait su empêcher les Franks de passer le Rhin et maintenir la paix intérieure. La Bretagne et la Gaule, qui formaient ses États, étaient tranquilles sous sa domination. Après s'y être solidement établi, il allait en sortir pour tenter la fortune au dehors; à la tête d'une bonne armée, il prenait le chemin de l'Italie et marchait sur Rome, dont Maxence s'était fait le maître.

La situation de l'empire n'était pas alors aussi prospère que quelques années auparavant, lorsque Dioclétien célébrait avec tant de pompe l'anniversaire de ses vingt ans de règne. Cependant on vivait encore de l'impulsion que le grand empereur avait donnée; les ennemis du dehors ne se hasardaient que timidement à recommencer leurs attaques, et la plus grande partie du monde était en paix. En somme, malgré les nuages qui se montraient à l'horizon, on pouvait se trouver heureux, surtout quand on se souvenait des crises effroyables que l'empire avait traversées à la fin du siècle précédent. Jamais il n'avait paru plus près de périr; un moment, sous Gallien, la machine fut tout à fait sur le point de se disloquer. Les provinces, que les légions ne pouvaient plus défendre, songèrent à se protéger elles-mêmes et se donnèrent des chefs : il y eut trente empereurs à la fois. Heureusement, Rome n'a jamais manqué de bons généraux; elle fut sauvée par quelques vaillants hommes de guerre qui arrêtèrent les barbares et reconquirent les provinces : c'étaient Claude le Gothique, Aurélien, Probus, Dioclétien surtout, qui eut sur ses prédécesseurs l'avantage de régner vingt ans, tandis qu'ils n'avaient fait que paraître sur le trône. Grâce à lui et aux collègues qu'il s'était donnés, le mal fut réparé, l'empire retrouva la paix et la force, on se remit à espérer, et il sembla qu'au sortir de cet orage les jours des Antonins et des Sévères allaient recommencer.

Par malheur, Dioclétien, qui avait si bien réussi à pacifier l'empire, fut moins habile pour l'organiser. On comprend bien, quoique Lactance le lui reproche[1], qu'il se soit décidé à diviser le pouvoir entre plusieurs princes : chaque frontière menacée devait avoir son défenseur, et le même homme ne pouvait pas en même temps tenir tête aux Germains et

1. *De mort. persec.*, 7.

aux Parthes. On l'approuve aussi d'avoir voulu conserver une sorte de hiérarchie entre ces princes, pour que l'unité de l'empire ne fût pas détruite par la multiplicité des empereurs; mais il y a certaines de ses institutions que nous avons beaucoup de peine à comprendre. Ce prince, qui prenait plaisir à s'entourer d'une cour où florissait l'étiquette la plus minutieuse, à se vêtir de pourpre et de soie, à se couvrir d'or et de diamants, à se faire adorer comme un dieu, qui semblait enfin partager tous les goûts des monarques de l'Orient, adopta, par un contraste bizarre, une des idées les plus chères aux Romains : il tint à bannir l'hérédité de son système monarchique. L'hérédité était odieuse à tous ceux qui, à Rome, se souvenaient de la république et en gardaient quelque regret dans le cœur. Même quand ils se résignaient à souffrir un maître, ils ne voulaient pas que le prince fût remplacé directement par son fils; ils aimaient mieux qu'il prît son successeur hors de sa famille. « Naître d'un sang royal, disait Tacite, est un pur effet du hasard. Au contraire, celui qui en adopte un autre, le choisit en liberté, et s'il veut bien choisir, il n'a qu'à suivre l'opinion[1]. » D'après ces principes, Dioclétien voulut instituer une monarchie où l'adoption remplacerait la naissance. Il régla donc que les quatre princes entre lesquels il partagea l'empire (deux augustes et deux césars) n'auraient point d'égard à leurs enfants légitimes et choisiraient, pour leur succéder, celui qui en était le plus digne. Cette conception, très séduisante en théorie, se trouvait être d'une application difficile. Elle n'a réussi une fois, sous les Antonins, que grâce à un hasard singulier, qui a placé sur le trône des césars quatre empereurs qui n'ont pas eu d'héritier mâle. Quand un prince a un fils, il est rare qu'il se décide à le déshériter; il est plus rare encore que le fils prenne son

1. *Hist.*, I, 16.

parti de céder la place à un étranger, et chaque succession qui s'ouvre devient une occasion de guerre civile. Aussi n'est-il pas surprenant que, quelques années après la retraite de Dioclétien, il ne soit plus rien resté de la belle hiérarchie qu'il avait imaginée. Au lieu des deux augustes et des deux césars, il y eut six ou sept empereurs, qui se prétendaient investis d'un pouvoir égal et qui ne cessèrent de se combattre jusqu'au jour où il n'en resta plus qu'un de vivant.

Mais Dioclétien commit une faute encore plus grave : au moment d'abdiquer le pouvoir, il commença la persécution contre les chrétiens[1]. Pendant près de trente ans, on les avait laissés tranquilles, et, quoiqu'il leur fût aisé, au milieu du désordre général, de venger leurs anciennes injures, ils n'avaient jamais troublé la paix publique. Il semble que l'État aurait pu continuer à les tolérer et que ce n'était guère le moment pour lui de se mettre de nouveaux ennemis sur les bras; le sage Dioclétien aurait dû le comprendre. On prétend d'ordinaire qu'il fut entraîné aux mesures de rigueur par un de ses collègues, le césar Galérius, qui était un païen fanatique; mais je crois qu'on peut lui en laisser l'initiative. Il n'était pas nécessaire qu'on l'excitât contre les chrétiens, et, par lui-même, il avait des raisons de ne pas les aimer. Cet homme, de naissance servile et presque de race étrangère, avait tous les sentiments d'un vieux Romain : il était conservateur de nature et de principe, il tenait aux traditions anciennes et regardait le respect du passé comme le salut de l'État. « C'est un grand crime, disait-il dans un de ses édits, de vouloir défaire ce qui, une fois établi et fixé par l'antiquité, conserve depuis lors sa marche régulière et sa situation légi-

1. Comme je ne puis m'occuper ici ni de la persécution de Dioclétien ni de celles qui ont précédé, je demande la permission de reproduire, à la fin de ce volume, en appendice, une étude sur les persécutions de l'Église, qui pourra mettre le lecteur au courant d'une question qu'on a beaucoup débattue dans ces dernières années.

time[1]. » On voit qu'il parlait comme Caton. Après avoir ramené la paix et l'ordre matériel dans l'empire, pour fonder un établissement durable, il voulait restaurer les anciennes institutions. Il lui sembla donc utile de maintenir par tous les moyens la religion nationale. Il est probable qu'il était dévot lui-même, — il n'y avait guère alors de libres penseurs, — mais, dans tous les cas, la dévotion lui paraissait un bon moyen de gouvernement. Nous venons de voir qu'il se faisait adorer; il aspirait à paraître une sorte d'incarnation de Jupiter sur la terre, et il avait pris officiellement le nom de *Jovius*. Il était donc amené à considérer les ennemis de Jupiter comme les siens et à faire de l'incrédulité un crime d'État. Il est vraisemblable aussi que, quand il se jeta dans cette malheureuse affaire, il n'en vit pas d'abord la gravité. Jusque-là tout à peu près lui avait réussi, et il ne se doutait guère qu'il est quelquefois plus difficile de forcer les consciences que de battre de vaillantes armées. Il avait cette sorte d'infatuation ordinaire aux grands administrateurs, qui leur fait croire qu'ils peuvent venir à bout de tout. On le vit bien quand il publia son fameux édit du *maximum*, dans lequel il prétendait fixer d'une manière définitive le prix de toutes les denrées, pour empêcher désormais les crises commerciales. La leçon cruelle qu'il reçut à cette occasion ne le guérit pas de croire à la toute-puissance de l'État; il attaqua le christianisme et fut une seconde fois vaincu. La persécution, qui, dans les premières années au moins, fut très rigoureuse, n'eut d'autres résultats que de fortifier cette secte qu'il se flattait d'anéantir, et de lui donner plus d'importance. Au lieu de détruire les chrétiens, comme il l'espérait, il les mit en situation de devenir tout à fait les maîtres et de supplanter l'ancienne religion.

Dans cette guerre faite au christianisme, l'un des princes

1. *Mos. et rom. legum collatio* (éd. Huschke, p. 597).

qui gouvernaient l'empire, le césar Constance Chlore, semble avoir gardé une attitude particulière. Eusèbe va jusqu'à prétendre qu'il ne fit jamais appliquer l'édit de persécution dans ses États[1]; mais c'est une exagération évidente. Dioclétien, qui voulait que les césars fussent rigoureusement subordonnés aux augustes, et qui savait se faire obéir, n'aurait pas souffert un acte pareil d'indiscipline. L'édit concernait l'empire entier, il devait porter le nom de tous les princes; soyons assurés qu'il a été promulgué partout, et que partout, dans la Gaule aussi bien qu'ailleurs, il a dû recevoir un commencement d'exécution. C'est, du reste, ce que nous apprend

1. Eusèbe, *H. E.*, VII, 13. — Je vais avoir à me servir des ouvrages d'Eusèbe, et je sais qu'il est suspect à beaucoup de personnes. L'homme est de ceux qui manquent un peu d'autorité et dont le caractère n'impose pas la confiance. La vie qu'il a écrite de Constantin a notamment soulevé beaucoup de contradictions; elle est pleine de renseignements curieux, mais elle a des airs de panégyrique qui nous inquiètent. Comme on croit voir qu'il veut à tout prix glorifier son héros, on se méfie de la manière dont il présente ses actions et l'on est tenté de rabattre beaucoup des éloges qu'il lui donne. Cependant il ne faut rien exagérer non plus. L'œuvre d'Eusèbe se compose de deux parties qui n'ont pas le même caractère, et l'on doit distinguer les récits qu'il fait des actes officiels qu'il cite. Ce sont les récits qui ont besoin d'être soigneusement contrôlés. Sans aller jusqu'à inventer de toute pièce les faits qu'il rapporte, ce qui aurait été bien impudent et fort dangereux, il est possible qu'il les dénature, qu'il leur donne un tour trop favorable, qu'il les interprète au gré de ses opinions et de ses préférences. Mais on peut se fier davantage aux documents qu'il nous a conservés. C'était un curieux, un collectionneur, qui aimait à recueillir les pièces rares et originales, décrets et discours des souverains, lettres des grands personnages, fragments d'ouvrages perdus, etc. Il en savait le prix, il en comprenait l'utilité. Au lieu d'en donner seulement la substance, ou même de les refaire, selon l'usage des autres historiens de l'antiquité, il les transcrit tout entières, il prend plaisir à les reproduire comme il les a trouvées. C'est ce qui rend si importante pour nous son *Histoire de l'Église*, où il a réuni tant de documents précieux qu'il tirait de sa riche bibliothèque et qui nous seraient inconnus sans lui. Ceux de ces documents qui ont rapport aux événements contemporains, à la victoire du christianisme, ne sont pas en général contestés. Plusieurs d'entre eux se retrouvent analysés ou reproduits dans Lactance, dans saint Augustin, dans Optat de Milève, qui les ont empruntés aux archives de l'État, et ils sont au-dessus de tout soupçon. Je ne crois pas qu'Eusèbe

Lactance, qui est en général plus exact et mieux informé qu'Eusèbe. « Constance, nous dit-il, pour ne pas paraître en désaccord avec ses collègues, fit détruire les lieux où les chrétiens se réunissaient, c'est-à-dire quelques murailles, et conserva le véritable temple de Dieu, qui réside dans les hommes[1]. » Voilà la vérité. Il commença par exécuter les ordres qu'il avait reçus de Dioclétien, il ordonna la destruction de quelques églises et fit peut-être entamer quelques procès[2], mais il n'alla pas plus loin, et, dès qu'il put le faire sans danger pour lui, il laissa les chrétiens tranquilles. La sévérité des autres princes faisait ressortir cette douceur, aussi fut-on tenté de l'exagérer. C'est ainsi que s'établit de bonne heure

ait procédé d'une autre manière dans sa *Vie de Constantin*, et qu'il y ait lieu d'appliquer à cet ouvrage d'autres règles de critique. Ce n'est pas l'opinion de M. Crivellucci, dans son mémoire intitulé *Delle fede storica di Eusebio nella vita di Costantino*; il y attaque un des documents cités par Eusèbe, l'édit aux habitants de la Palestine (II, 24-42), pour ébranler tous les autres. Malgré la façon habile et ingénieuse dont les arguments sont présentés, il ne m'a pas persuadé. Parmi ces arguments, ceux qui seraient de nature à entraîner une pleine conviction ont été contestés (voyez Mommsen, *Observ. epigr.*, p. 420, dans l'*Ephemeris epigr.*, VII; cependant M. Mommsen adopte les conclusions de M. Crivellucci). Quant aux autres, qui sont uniquement littéraires, le ton de sermon, les longueurs insupportables qui choquent dans l'édit impérial, la faiblesse de quelques raisonnements, les ressemblances avec la manière de penser et d'écrire d'Eusèbe, il me semble qu'on pourrait facilement y répondre. Il y a d'ailleurs d'autres documents cités par Eusèbe qui pourraient donner lieu aux mêmes objections, et qui pourtant sont bien authentiques. C'est ainsi qu'au moment même où Eusèbe veut nous faire croire que Constantin a fermé les temples, interdit les sacrifices, il transcrit une de ses lettres aux habitants de l'Orient où l'empereur déclare « que chacun doit faire comme il l'entend » et que les rites qui s'accomplissent dans les temples ne sont pas supprimés (II, 48-60). Cet édit, qui contredit les affirmations d'Eusèbe, ne peut pas être son ouvrage, car il n'aurait pas pris la peine de le fabriquer pour se donner à lui-même un démenti. Je continue donc à croire qu'en tenant les appréciations d'Eusèbe pour suspectes, on peut en général se servir avec sécurité des documents qu'il nous a conservés.

1. Lact., *De mort. persec.*, 15. — 2. Si l'on en croit le martyrologe, quelques-uns de ces procès aboutirent à la condamnation et à la mort des accusés.

cette opinion que, dans ses États, personne n'avait été poursuivi pour ses croyances. Quelques années plus tard, les évêques donatistes, s'adressant à Constantin, lui disaient : « Vous sortez d'une race pieuse, vous dont le père, au milieu de princes cruels, a respecté les chrétiens, si bien que, grâce à lui, la Gaule n'a pas connu le fléau de la persécution. » Disons simplement qu'elle l'a moins connu que les autres provinces de l'empire, et nous serons, je crois, dans la vérité.

Quel motif pouvait avoir Constance Chlore d'être ainsi favorable au christianisme? A cette question Eusèbe tient une réponse toute prête : c'est qu'il était chrétien lui-même ou presque chrétien. Il affirme « qu'il consacra au Dieu unique ses enfants, sa femme, ses serviteurs et tout son palais, en sorte que la foule qui le remplissait ne différait pas de celle qui fréquente les églises[1] ». Constantin, lui aussi, dans sa lettre aux gens de l'Orient, parle de son père comme d'un dévot qui, dans toutes ses actions, invoquait d'abord « le Père céleste (τὸν πατέρα θεόν) ». Mais il me semble que ces textes qu'on a souvent cités, ne disent pas tout à fait ce qu'on veut leur faire dire. On pouvait prier « le Dieu unique », ou même « le Père céleste[2] », sans cesser pour cela d'être païen. Seulement ces expressions laissent croire que Constance appartenait à ce groupe d'esprits éclairés, qui, du milieu même du polythéisme, et sans rompre tout à fait avec les opinions populaires, s'étaient élevés jusqu'à concevoir l'unité de Dieu. On comprend que ces croyances larges et épurées l'aient disposé à la tolérance pour tous les cultes; il se peut même

1. Eus., *Vita Const.*, I, 17. — 2. Ce terme vague, τὸν πατέρα θεόν dont se sert Eusèbe dans la lettre de Constantin, me paraît être la traduction exacte de l'expression latine *divus Pater*, dont les anciens Romains se servaient pour désigner la divinité. On en faisait quelquefois le nom de Jupiter, considéré comme le souverain des dieux. Cette expression avait l'avantage que chaque culte pouvait l'interpréter à sa façon. Les chrétiens y voyaient Dieu le Père, et les païens le Père des dieux.

qu'elles lui aient inspiré une estime particulière et une sorte de penchant pour les chrétiens, mais que ce penchant ait jamais pris la forme d'une adhésion complète et publique au christianisme, c'est ce qu'il n'est pas possible d'imaginer. Les écrivains chrétiens l'auraient dit d'une façon plus précise; ils se seraient glorifiés de la conversion de Constance, comme ils ont fait de celle de Constantin; et de leur côté les païens laisseraient percer quelque rancune contre un prince déserteur de leur foi. Au contraire, ils ne cessent de le combler d'éloges et de vanter sa piété comme ses autres vertus. Quand Constance Chlore mourut, le sénat lui accorda les honneurs de l'apothéose : c'était l'usage, et les empereurs chrétiens eux-mêmes n'y ont pas échappé; mais il semble qu'on ait eu plus de confiance en ce dieu que dans les autres qui avaient été faits de la même manière. Cette figure du pâle empereur, qui passa sa vie à se battre avec courage et à bien administrer ses États, qui n'entra jamais dans aucune intrigue politique, qui s'abstint de toute répression cruelle et fut paternel et bon pour tous ses sujets, convenait à l'Olympe, et nous voyons qu'on l'invoque d'ordinaire avec un accent de sincérité qui ne se retrouve pas dans les étalages de dévotion officielle dont les rhéteurs sont si prodigues.

Constantin se trouvait donc être, pour ainsi dire, de naissance un ami des chrétiens; l'exemple de son père le portait à leur être bienveillant. Il fréquenta sans doute dans sa jeunesse quelques-uns des prêtres et des évêques dont Eusèbe nous dit que Constance s'entourait volontiers; il connut de bonne heure leurs croyances et put se familiariser avec elles. Il est vrai que Dioclétien le fit bientôt venir chez lui; comme il voulait remplacer l'hérédité par l'adoption, il ne lui convenait pas de laisser les fils des césars jouer auprès de leurs pères le rôle d'héritiers présomptifs. A la cour du premier des augustes, Constantin trouvait d'autres principes de gouvernement, il avait d'autres exemples sous les yeux. Mais il n'est pas probable que ces exemples et ces principes aient effacé de son esprit les impressions qu'il avait reçues pendant qu'il habitait la Gaule. Quoiqu'il fût traité avec de grands égards par l'empereur, il se considérait sans doute comme un prisonnier, au moins comme un otage. Sa situation même en faisait un mécontent; la haine sourde qu'il ressentait pour les gens avec lesquels il était forcé de vivre le disposait à juger sévèrement toutes leurs actions. Il a raconté plus tard qu'il était à Nicomédie quand Dioclétien fit publier l'édit de persécution et qu'il vit punir les premières victimes[1]. Il ajoute qu'il en fut indigné, et on peut l'en croire. Quand les leçons de modération, de sagesse, de tolérance qu'il avait reçues de son père ne l'auraient pas éloigné de ces mesures violentes, il suffisait, pour les lui rendre odieuses, qu'elles fussent l'œuvre de gens qu'il ne pouvait pas souffrir. Dès lors il dut se sentir encore plus rapproché des chrétiens, et la communauté d'ennemis forma sans doute entre eux un lien nouveau : c'était un titre à sa bienveillance que d'être persécuté par Dioclétien et par Galérius.

Cependant Constantin, comme son père, était resté païen, et païen assez zélé, puisqu'il bâtissait des temples, qu'il les comblait de présents[2], et que, lorsqu'il faisait son entrée dans quelque ville, on croyait lui plaire en portant devant lui, avec les bannières des corporations, les statues des dieux[3]. On a même soupçonné qu'il avait une dévotion spéciale pour Apollon, qu'il l'honorait comme un patron et un protecteur, et qu'en échange ce dieu lui témoignait des attentions toutes particulières. Dans un discours prononcé en sa présence, un de ses panégyristes insinue que, pendant qu'il priait dans un temple, Apollon, son Apollon (*Apollo tuus*) lui est apparu pour lui annoncer une victoire. « Tu as dû te reconnaître en

1. *Oratio ad Sanct. cœtum*, Migne, p. 473. — 2. Paneg., VII, 21 : *angustissima illa delubra tantis donariis honestavisti.* — 3. Paneg., VIII, 8.

lui, ajoute-t-il, car, comme lui, tu es jeune, joyeux, bienfaiteur du genre humain et le plus beau des princes. » Sans attacher trop d'importance à cette flatterie banale[1], on en peut au moins conclure qu'il ne déplaisait pas alors à Constantin qu'on parlât de lui comme d'un favori des dieux. Mais en même temps il tenait à témoigner publiquement sa bienveillance pour le christianisme. « La première chose qu'il fit, dit Lactance, dès qu'il eut remplacé son père, fut de permettre aux chrétiens d'honorer leur Dieu, et de leur accorder le libre exercice de leur culte[2]. »

Du reste, ces dispositions étaient alors celles de presque tous les gens sages de l'empire. La persécution, en se prolongeant, avait fatigué tout le monde; on était las de ces rigueurs inutiles. Galérius, lui-même, le plus grand ennemi des chrétiens, venait de publier un édit dans lequel il ordonnait d'arrêter toutes les poursuites et finissait par demander piteusement les prières de ceux qu'il avait jusque-là si maltraités. A la vérité, son édit n'était pas exécuté dans toutes les provinces. Le césar Maximin n'en avait pas tenu compte; il laissait quelques municipalités, animées d'un saint zèle pour les divinités locales, continuer la guerre religieuse; mais ces attaques isolées et tardives ne pouvaient plus nuire beaucoup au christianisme. C'est la règle que ces grands coups qu'on prétend frapper contre une doctrine n'ont toute leur force qu'au premier moment. La violence a besoin de réussir vite pour qu'on lui pardonne. Un succès rapide peut

1. Paneg., VII, 21. Pour donner plus de poids à ce témoignage du rhéteur d'Autun, qui par lui-même n'en aurait guère, on fait remarquer qu'un très grand nombre de monnaies de Constantin portent pour exergue l'image du soleil avec ces mots : *Soli invicto comiti*. Ces monnaies sont citées partout comme une preuve évidente de la dévotion de Constantin pour Apollon. Je m'étonne qu'on n'ait pas vu qu'il y en a presque autant qui portent l'image de Jupiter, de Mars ou d'Hercule, en sorte qu'on en pourrait conclure que l'empereur honorait à peu près également toutes les anciennes divinités. — 2. *De mort. pers.*, 24.

lui donner un air de légitimité; dès qu'elle traîne en longueur, elle laisse le temps aux sentiments de modération et de justice de se reconnaître, et tous les hésitants, tous les incertains, qui forment partout la majorité, finissent par se déclarer contre elle. C'est ainsi que l'opinion publique, si sévère d'abord aux chrétiens, quand elle vit qu'en dix ans de persécution l'État n'avait pas pu les anéantir, leur devint favorable. Au moment où nous sommes, en 311, on peut dire qu'ils avaient conquis la liberté : la conversion de Constantin va leur donner le pouvoir.

II

Date de la conversion de Constantin. — Récit de Zosime. — Les actes officiels montrent que Constantin s'est rapproché du christianisme avant 312. — Récit de Lactance. — Récit d'Eusèbe.

A quelle époque Constantin est-il devenu chrétien? — Ce serait assez tard, si l'on en croyait Zosime. Il prétend que, pendant plus de la moitié de son règne, ce prince pratiqua l'ancienne religion, « mais qu'il la pratiqua plutôt dans la crainte de se compromettre en la quittant que par un sentiment de piété véritable ». Lorsqu'en 326 il eut fait mourir son fils aîné et sa femme, il en éprouva des remords, et demanda aux pontifes de lui fournir quelque moyen d'expier ses crimes, mais les pontifes lui répondirent qu'ils n'en connaissaient point pour d'aussi mauvaises actions. « Il y avait alors, ajoute Zosime, un Égyptien[1] qui d'Espagne était

1. Tillemont suppose que, dans la mention de cet Égyptien qui vient d'Espagne, il faut voir un vague souvenir du rôle qu'Osius, l'évêque de Cordoue, a joué à la cour de Constantin.

allé à Rome et s'était insinué auprès des dames de la cour Cet Égyptien assura l'empereur qu'il n'y avait point de faute qui ne pût être remise par les sacrements de la religion chrétienne. Constantin reçut cette assurance avec joie, et il s'empressa de renoncer au culte de ses pères pour embrasser l'impiété nouvelle. » Ce récit rappelle le reproche que les païens faisaient souvent au christianisme d'encourager les gens à commettre toutes sortes de crimes en leur donnant l'espoir de les réparer aisément. Dans la satire des *Césars*, Julien suppose que son prédécesseur, Constance, emploie ce moyen commode pour faire des prosélytes. « Corrupteurs, meurtriers, sacrilèges, êtres infâmes, crie-t-il de toutes ses forces, venez ici hardiment : en vous lavant dans cette eau, je vous purifierai à la minute; et quiconque retombera dans les mêmes crimes, je ferai qu'en se frappant la poitrine et en se cognant la tête il redevienne pur comme devant[1]. » C'est à peu près le discours que l'Égyptien dut tenir à Constantin et qui amena sa conversion.

Que penser de ce récit de Zosime? S'il a voulu dire seulement que les crimes de Constantin amenèrent une sorte de recrudescence dans sa dévotion, que, pour apaiser ses remords, il redoubla de libéralités envers les églises, de faveurs pour les évêques, qu'il parut enfin plus décidément chrétien qu'auparavant, on pourrait peut-être le croire; mais il affirme que, jusqu'en 326, il a pratiqué l'ancien culte, que c'est le désir d'expier la mort de sa femme et de son fils qui fut pour lui la première occasion de professer « l'impiété nouvelle »; et c'est ce qu'il n'est pas possible d'admettre. Les actes officiels nous prouvent avec la dernière évidence que sa conversion remontait beaucoup plus haut.

A peine est-il maître de Rome, vers 312 ou 313 au plus tard, qu'on le voit s'occuper avec ardeur des intérêts des

1. Julien, *Césars, sub fin.*

chrétiens[1]. Dès ce moment, les mesures qu'il prend en leur faveur se succèdent sans interruption : c'est une lettre à l'évêque de Carthage qui lui annonce qu'il met des sommes considérables à la disposition des prêtres « de la très sainte église catholique[2] »; c'est un décret très pressant adressé au gouverneur de l'Afrique pour qu'il fasse restituer au plus vite tous les biens confisqués pendant la persécution[3]; un autre décret exempte les clercs de toutes les charges publiques, « parce qu'il est reconnu que la religion catholique est celle qui sait honorer le mieux la divinité et que, si on l'observe et qu'on la respecte, elle pourra faire le bonheur de l'empire[4] ». Remarquons que cette exemption n'est pas accordée aux prêtres de tous les cultes, ni même de toutes les sectes chrétiennes, mais seulement « à ceux de l'Église catholique, dont Cæcilianus est le chef[5] ». Par cette préférence manifeste, l'empereur semble bien désigner ici la religion dont il partage les doctrines. Puis vient l'affaire compliquée des donatistes. En cette même année 313, Constantin écrit à l'évêque de Rome, Melchiade, pour le faire juge des querelles qui troublaient les chrétiens d'Afrique : « Vous n'ignorez pas, lui dit-il, que mon respect pour la sainte Église est si grand, que je n'y voudrais voir aucune division et aucun schisme[6]. » Vers le même temps, dans une lettre adressée pour la même affaire à un grand parsonnage, il lui dit qu'il lui parle à cœur ouvert, « parce qu'il sait qu'il est, lui aussi, un adorateur du Dieu suprême[7] ». Et ce qui prouve bien que ce Dieu suprême,

1. Cod. Theod., XVI, 2, 1, et la note de Godefroy. Il montre que les assertions d'Eusèbe sont confirmées, soit par les lois mêmes que contient le Code Théodosien, soit par des documents qui viennent de sources différentes. Voyez, sur cette question, le *Bulletino di arch. christ.*, de M. de Rossi, 1863, p. 26 et sq. — 2. Eusèbe, *H. E.*, X, 6. — 3. Eusèbe, *H. E.*, X, 5. — 4. Eusèbe, *H. E.*, X, 7. — 5. Dans une loi de l'an 313, insérée au Code Théodosien (XVI, 2, 1), l'empereur connait les hérétiques et les distingue des catholiques; c'est la preuve que dès ce moment il fréquentait les évêques. — 6. Eusèbe, *H. E.*, X, 5. — 7. Migne, VIII, p. 483.

qu'ils adorent tous les deux, est celui des chrétiens, c'est qu'au même moment, répondant à la requête des donatistes, qui en appelaient à l'empereur de la décision des conciles, il parle en ces termes : « Ils veulent que je sois leur juge, moi qui attends le jugement du Christ : *Meum judicium postulant, qui judicium Christi exspecto!*[1] » Voilà une profession de foi manifeste. De tous ces textes on peut conclure qu'il s'est passé, avant l'année 312, un événement qui a rapproché Constantin du christianisme. Cet événement, les historiens chrétiens nous le racontent, et ils sont seuls à le raconter : c'est donc chez eux qu'il faut en aller chercher le détail.

Le premier qui en ait parlé est Lactance, dans son traité *De la mort des persécuteurs*, qui parut peu de temps après la victoire de Constantin. Il nous apprend qu'au mois d'octobre de l'an 311 le prince, étant aux portes de Rome et sur le point d'attaquer son ennemi, eut, pendant la nuit, une vision : « Il reçut l'ordre de faire graver sur les boucliers de ses soldats le signe divin (la croix), et de livrer ensuite la bataille. Il fit ce qui lui était commandé ; la lettre X fut peinte, traversée par une barre dont le sommet était légèrement recourbé et formant ainsi le monogramme du Christ ; puis l'armée, protégée par ce nom sacré, tira l'épée pour combattre[2]. » C'est donc un songe qui décide Constantin, dans un moment grave, à demander le secours du Christ et à faire une sorte de manifestation publique de christianisme. Remarquons que Lactance ne rapporte pas ici un de ces bruits vagues qui courent le monde sans qu'on puisse en savoir l'origine. Il approchait de Constantin ; appelé de Nicomédie dans la Gaule pour élever le fils aîné du prince, il a dû vivre dans l'inti-

1. Optat de Milève (*Gesta purg. Cœcil.*, p. 25). Il est vrai que M. Duruy met en doute l'autorité d'Optat (*Hist. rom.*, VII, p. 63) ; mais je ne vois guère de raison de contester l'authenticité de cette lettre. Voyez, sur cette question, le travail de M. l'abbé Duchesne intitulé : *Le dossier du donatisme*. — 2. Lactance, *De mort. pers.*, p. 44.

mité de la famille impériale; il est donc vraisemblable qu'il nous transmet un récit qu'il tient de l'empereur lui-même ou de quelqu'un de son entourage.

C'est aussi de la bouche de Constantin qu'Eusèbe l'a recueilli, au moins dans l'une des versions qu'il nous a données de l'événement, car il l'a raconté deux fois. Dans son *Histoire de l'Église*, qui fut composée avant la mort de Crispus, il se contente de dire que Constantin a vaincu Maxence par le secours de Dieu, et qu'avant de commencer la bataille, « il a pieusement appelé à son aide le Dieu du ciel et son fils Jésus-Christ », qui l'ont rendu victorieux[1]. Mais il est bien mieux instruit de la manière dont les faits se sont passés lorsqu'il raconte la vie de l'empereur. Cette fois le récit est complet et aucune circonstance n'y manque. Il nous montre le prince, quelque temps avant la bataille[2], très indécis et fort inquiet, se disant à lui-même que le recours des hommes ne suffit pas quand on va tenter une fortune aussi incertaine, et qu'il n'est pas mauvais de se fortifier par un appui divin. Il lui revient alors à l'esprit que, de tous les princes qu'il a connus, le seul qui ait joui d'une prospérité sans éclipse est son père, Constance, qui a protégé les chrétiens, tandis que ceux qui les ont persécutés ont presque tous fini misérablement. Ces pensées inclinaient déjà son âme vers le christianisme, et il demandait à Dieu de lui donner quelque signe visible qui pût tout à fait le décider. Sa prière fut exaucée : il s'était mis en marche avec son armée, lorsque, vers le milieu du jour, à l'heure ou le soleil commence à s'incliner vers l'horizon, il vit dans le ciel une croix enflammée, avec ces mots : « Triomphe par ce signe ». Ses

1. Eusèbe, *H. E.*, IX, 9. — 2. *Vit. Const.*, I, 28 et 29. Eusèbe ne dit pas à quel moment se sont produits l'apparition et le songe; mais il ressort de tout son récit que Constantin, quand il reçut ces avertissements du ciel, ne devait pas encore être entré en Italie, et qu'il se mettait seulement en marche pour aller attaquer Maxence. C'est une différence notable avec la narration de Lactance.

soldats la virent aussi et, comme on le pense bien, ils en furent très étonnés. Cependant l'empereur n'était pas entièrement convaincu, et il lui restait quelques doutes dans l'esprit, lorsque, pendant la nuit, le Christ lui apparut tenant à la main la même image qu'il avait vue dans le ciel, et lui ordonna de la placer sur un étendard qui devait être porté devant son armée dans les batailles. C'est le fameux *labarum*, dont on voit des reproductions sur quelques monnaies de Constantin. Ce récit, Eusèbe nous apprend qu'il le tient de l'empereur lui-même, qui lui en a garanti par serment l'exactitude.

Voilà donc à peu près ce qu'on devait raconter dans l'intimité de Constantin, vers les dernières années de sa vie, et ce qu'il racontait lui-même à ses familiers, quand il était en veine de confidence. Si de Lactance à Eusèbe le récit a subi d'assez graves altérations, s'il s'est surtout beaucoup accru, c'est qu'il est de la nature de ces sortes d'histoires qu'on y ajoute sans cesse. Quand on les redit souvent, on ne les redit pas de la même façon, et d'une fois à l'autre elles s'enrichissent toujours de quelque fait nouveau. Eusèbe est bien capable d'avoir trouvé tout seul ces embellissements, mais je ne serais pas surpris que l'empereur y eût travaillé lui-même. Quoi qu'il en soit, nous avons là, à ce qu'il me semble, le récit officiel et définitif de la conversion de Constantin. C'est celui qu'ont adopté sans hésitation et sans défiance tous les historiens de l'Église.

III

Objections faites au récit d'Eusèbe. — Idée qu'on se fait du caractère de Constantin. — Ce qu'il était en réalité.

Les autres, comme on devait s'y attendre, ont été plus réservés. Ils se sont demandé ce qu'on doit penser de tous ces prodiges et s'il faut tenir grand compte des affirmations de Constantin, même quand il les appuie par des serments. C'est une question très délicate, dont la solution dépend de l'idée qu'on se fait de lui.

Au premier abord, il ne paraît pas que ce soit un de ces caractères impénétrables dont on ne peut pas deviner le secret. Il parlait volontiers, il aimait à écrire; il semble donc que nous n'ayons, pour le connaître, qu'à étudier avec soin ce qui nous reste de lui, et que, dans ses lois, dans ses discours, dans ses lettres, nous saisirons aisément les traits principaux de sa figure. Par malheur, quand nous avons affaire à ces grands personnages, qui jouent les premiers rôles de l'histoire, et que nous essayons d'étudier leur vie et de nous rendre compte de leur conduite, nous avons peine à nous contenter des explications les plus naturelles. Parce qu'ils ont la réputation d'être des hommes extraordinaires, nous ne voulons jamais croire qu'ils aient agi comme tout le monde. Nous cherchons des raisons cachées à leurs actions les plus simples; nous leur prêtons des finesses, des combinaisons, des profondeurs, des perfidies dont ils ne se sont pas avisés. C'est ce qui est arrivé pour Constantin; on est tellement convaincu d'avance que ce politique adroit a voulu nous tromper, que, plus on le voit s'occuper avec ardeur des choses religieuses et faire profession d'être un croyant sincère, plus on est tenté de supposer que c'était un indifférent, un sceptique, qui, au fond, ne se souciait d'aucun culte et qui préférait celui dont il pensait tirer le plus d'avantages. Burckhardt trouve tout à fait ridicule qu'on se demande quelles sont les croyances véritables d'un ambitieux, « comme si la religion pouvait être quelque chose pour un cœur que dévore la soif de régner![1] » et il compare Constantin, se faisant chrétien, au premier consul quand il signe le concordat. Ni l'un ni l'autre n'étaient assurément des dévots que préoccupaient les intêrets du ciel; ils ne songeaient tous les deux qu'à leur pouvoir ou à leur gloire. Voilà l'opinion que beaucoup d'historiens se font aujourd'hui de Constantin; seulement quelques-uns, qui lui sont plus favorables, attribuent son indifférence à des motifs plus élevés. Ne se pourrait-il pas, nous dit-on, que ce fût un de ces sages, comme il y en avait alors quelques-uns, qui se mettaient au-dessus de tous les cultes, qui ne voyaient pas de différence notable entre Jupiter et Jéhova, entre Apollon et Jésus, et se plaisaient à les confondre ensemble sous ce nom vague et commode de *Divinitas* qui ne blesse aucune doctrine et peut les satisfaire toutes? S'il en est ainsi, on ne peut pas dire qu'il se soit converti, c'est-à-dire qu'il ait passé d'une religion à une autre, puisque toutes les religions lui paraissaient au fond semblables. Il est seulement sorti des limites étroites d'un culte pour trouver une formule plus large que tous les cultes pouvaient accepter sans se compromettre; il a rèvé, nous dit M. Duruy, un rapprochement des âmes qui, en l'état où se trouvait son empire, aurait été fort souhaitable; « il a voulu réunir ses peuples dans une même croyance, dont les formes pouvaient changer, dont le fond serait le culte du Dieu unique[2] ».

Ces opinions me semblent très contestables. La dernière,

1. Voyez la remarquable histoire de Burckhardt, intitulée : *Die Zeit Constantin's*. — 2. Voyez le dernier volume de l'*Histoire romaine*, de M. Duruy.

celle qui voudrait faire de Constantin un sage dégagé de tous les préjugés de secte, un partisan de la tolérance universelle et du rapprochement de tous les cultes, ne s'appuie que sur quelques phrases de l'édit de Milan, dont j'aurai à parler plus tard. Mais elle est démentie par tous les écrits et toute la conduite du prince. C'était sans doute un homme de bon sens qui, venu après une persécution sanglante et inutile, a bien compris, que, puisqu'il n'était pas possible de supprimer violemment les religions, il fallait trouver un moyen de les faire vivre ensemble; mais on sent bien que, s'il veut qu'on les respecte toutes, il a la sienne à laquelle il est particulièrement attaché. Nous avons vu qu'après sa victoire sur Maxence, quand il accorde des immunités aux chrétiens, il a soin de les réserver aux catholiques et en exclut ceux qui ne sont pas de la communion de Cæcilianus. Un esprit large, qui accepte toutes les opinions, et à qui les formules religieuses sont indifférentes, comme on veut nous représenter Constantin, n'aurait pas fait cette réserve. Et plus tard avec quel zèle, quels empressements, n'essaya-t-il pas d'arrêter la naissance et les progrès de l'arianisme! quelle douleur il éprouve, quels gémissements il fait entendre, quand il voit l'Église divisée et qu'il se sent impuissant à lui rendre la concorde! Ce n'est pas là l'attitude d'un politique indifférent, qui veut se tenir entre tous les cultes et ne se décider pour aucun. « S'il n'eût songé, dit M. le duc de Broglie, qu'à mettre en pratique un principe général de tolérance, que lui importait qu'il y eût deux Églises au lieu d'une, se recommandant au nom du Christ? Il y avait déjà tant de cultes en présence : un de plus ou de moins, pourquoi en aurait-il pris souci ? A Alexandrie, où le schisme prenait naissance, le Sérapéion restait debout, et l'on ne songeait pas encore à le détruire. Quand, en face de ce vieux témoin de la piété égyptienne, deux sanctuaires chrétiens se seraient ouverts, l'un présidé par Athanase et l'autre par Arius, où était le grand mal? Il ne s'agissait que d'empêcher les gens qui les fréquentaient de se battre et de s'injurier dans les rues: à quoi un peu de police aurait suffi[1]. » S'il a pris parti avec tant de passion dans ces querelles intérieures, c'est qu'elles l'intéressaient particulièrement, et que, tout en tolérant tous les cultes, il en pratiquait un pour son compte.

Quant à l'opinion de Burckhardt, qui croit que la conversion de Constantin ne fut que l'effet d'un calcul, elle se heurte à des difficultés graves. Quel intérêt pouvait-il avoir à se faire chrétien en ce moment? voilà ce qu'il est fort malaisé de découvrir. Les chrétiens sortaient d'une crise terrible dont ils avaient à peine eu le temps de se remettre. Sans doute la résistance courageuse qu'ils venaient d'opposer à la persécution les avait grandis dans l'opinion publique. On devait éprouver une sorte d'admiration pour des gens contre lesquels s'était brisé tout l'effort de l'empire. Cependant ils étaient encore trop inquiets, trop défiants de l'avenir, trop soucieux de ne pas se compromettre, pour qu'on pût croire qu'ils se jetteraient de grand cœur dans des aventures incertaines. D'ailleurs, ils ne s'étaient jamais occupés des affaires politiques, on ne pouvait pas savoir ce qu'ils y sauraient faire et s'ils seraient pour un prétendant un appui solide, immédiat. Se jeter dans leurs bras, c'était tenter l'inconnu. Le moment était-il favorable de courir cette chance, à la veille d'une bataille, sous les yeux de l'ennemi? Pour un esprit pratique et calculateur, comme on nous représente Constantin, la force d'un parti se mesure au nombre des soldats qu'il peut lui donner. Il est impossible de savoir d'une façon certaine quel était alors le chiffre exact des chrétiens. Ils devaient être assurément nombreux, puisque Maximin prétend, dans un édit, que Dioclétien fut amené à les persécuter « parce qu'il voyait que presque tous les hommes abandonnaient le culte des dieux pour s'engager

1. Duc de Broglie, *Histoire et Diplomatie*, p. 240.

dans la secte nouvelle ». Cependant on s'accorde à croire que les païens étaient bien plus nombreux encore[1]. Ils avaient pour eux la masse énorme des indifférents qui, n'ayant par eux-mêmes aucune croyance, trouvent commode de garder celle dans laquelle ils sont nés et dont l'État et le prince font profession. Ainsi les chrétiens étaient en minorité dans l'empire; se déclarer ouvertement pour eux, c'était risquer de tourner la majorité contre soi. Pour un avantage incertain on s'exposait à un péril assuré. Comment un politique si avisé a-t-il volontairement couru ce danger, dans un de ces moments critiques où, de peur de complications fâcheuses, on ménage ordinairement tout le monde? Quel intérêt pouvait-il trouver à soulever les haines du parti païen, qui était de beaucoup le plus fort, et surtout en face de Rome qui a toujours passé pour la forteresse du paganisme?

S'il n'a pas changé de religion par intérêt, il faut bien qu'il l'ait fait par conviction. C'est du reste à ce résultat que nous amènent les renseignements que les contemporains nous donnent sur Constantin et l'étude de ce qui nous reste de ses lettres et de ses discours. Le portrait qu'on se fait de lui, quand on les a lus, ne ressemble guère à celui que tracent plusieurs historiens. On voudrait en faire un sceptique, il nous paraît être un croyant. M. Duruy se le représente comme un de ces esprits larges, dont la religion se réduisait à « un théisme honnête et tranquille[2] »; il me semble que, dans les dispositions d'esprit où ses écrits le montrent, il ne lui aurait pas suffi de croire, comme les déistes, à un dieu confus et lointain, auquel sa grandeur même interdit de s'engager trop dans les affaires humaines; il avait des opinions bien différentes. En écrivant aux évêques, peu de temps après sa con-

1. Beugnot, dans son *Histoire de la destruction du paganisme en Occident*, affirme que les païens, à l'avènement de Constantin, formaient les dix-neuf vingtièmes de la population de l'empire. — 2. Duruy, *Hist. rom.*, VII. 102.

version, il confessait que, dans les premières années de son règne, il avait manqué quelquefois à la justice, « parce qu'il pensait que les secrets de son âme échappaient aux regards de Dieu[1] ». Évidemment il s'était guéri de cette erreur, quand il parlait ainsi; il se croyait sous les yeux d'une divinité vivante et présente, il la sentait toujours auprès de lui, il voulait lui plaire, il avait peur de la mécontenter, et nous verrons qu'il pensait être l'objet de ses faveurs particulières. Ce ne sont pas là les sentiments d'un déiste « honnête et tranquille », mais ceux d'un véritable dévot. J'ajoute même que ce dévot est souvent un superstitieux. Supérieur par quelques côtés seulement aux hommes de son époque, il subissait d'ordinaire leurs préjugés et leurs faiblesses. La dureté avec laquelle il a traité l'aruspicine et la magie prouve qu'il en avait grand'peur. Il croyait aux incantations et aux maléfices. Quand il punit de peines très sévères ceux qu'on accusait de jeter des sorts ou de distribuer des philtres amoureux, il eut grand soin d'excepter les gens qui se servaient de charmes pour rendre la santé aux malades et pour éloigner la pluie ou la grêle[2] : il les regardait sans doute comme des bienfaiteurs de l'humanité. En 321, neuf ans après la défaite de Maxence, il fit une loi pour ordonner que, « quand la foudre tombe sur un monument public, on appelle l'aruspice, qu'on le consulte d'après les anciens usages, et qu'on apporte sa réponse à l'empereur ». Cette loi cause à Baronius la plus grande surprise; il ne peut l'expliquer qu'en supposant que Constantin a cessé tout d'un coup d'être chrétien, et qu'il est retourné à son ancienne religion. Assurément Baronius se trompe; Constantin, après sa conversion, n'est jamais redevenu païen, on peut l'affirmer; mais, converti ou non, il est toujours resté superstitieux.

1 Migne, VIII, p. 487. — 2. Cod. Theod., XVI, 10, I.

IV

Explication du récit d'Eusèbe. — Les deux parties distinctes du récit. La religion romaine et le miracle chrétien.

Nous voici donc ramenés, par la force des choses, au récit des écrivains ecclésiastiques. Puisque Constantin nous paraît être plutôt un dévot qu'un indifférent ou un sceptique, et qu'il n'est pas prouvé que sa conversion n'ait été qu'un expédient politique, nous n'avons plus de raison de rejeter ce récit en bloc et sans examen; il vaut mieux essayer de le comprendre et de l'expliquer, voir ce qu'on en peut garder avec vraisemblance et s'il est possible de dégager la vérité des embellissements dont on l'a recouverte.

Le récit d'Eusèbe, quand nous l'étudions avec soin, nous montre deux phases distinctes dans la conversion de Constantin : il est d'abord amené vers le christianisme par le sentiment du danger qu'il court en attaquant Maxence, et les réflexions qu'il fait sur le bonheur dont ont joui les princes qui ont favorisé les chrétiens; puis il est confirmé dans son opinion par un songe et une apparition miraculeuse. Commençons par nous occuper de la première partie, qui, à mon sens, ne peut donner lieu à aucune objection sérieuse.

On se figure aisément en quelle disposition d'esprit devait être Constantin au moment où il se dirigeait sur Rome et quand allait se livrer cette bataille où il jouait toute sa fortune. Il n'avait eu encore affaire qu'à des barbares; il allait pour la première fois combattre des Romains. L'armée de Maxence était nombreuses et vaillante; elle se composait des prétoriens, soldats d'élite qui formaient la garnison de Rome, et d'excellentes troupes qu'il avait tirées de l'Afrique. Elle avait vaincu deux empereurs et repoussé toutes les tentatives qu'on avait faites pour envahir l'Italie. Il était naturel que Constantin, au moment d'en venir aux mains avec elle, ne fût pas tout à fait rassuré sur l'issue du combat. Mais je suppose qu'il éprouvait aussi des inquiétudes d'une autre nature. Nous avons vu que, comme tous les gens de cette époque, il croyait à la magie et craignait fort les sortilèges. Or le bruit s'était répandu que Maxence essayait d'engager les dieux dans son parti par toute sorte d'invocations et de sacrifices. Les historiens contemporains, à quelque religion qu'ils appartiennent, s'accordent à raconter qu'il ne négligeait aucune pratique pour se les rendre propices, et qu'après avoir interrogé tous les devins et consulté les oracles de la sibylle, ce qui ne se faisait guère plus, il avait eu recours à des opérations abominables : on disait qu'il avait fait tuer de jeunes enfants et disséquer des femmes enceintes pour connaître l'avenir et s'assurer l'appui des divinités infernales. Que ces bruits aient ému Constantin, c'est ce qui ne peut pas nous surprendre : il n'y avait personne à ce moment qui n'en eût été troublé comme lui. Il pensa donc qu'il devait, lui aussi, se procurer une protection divine. Mais à qui pouvait-il s'adresser pour conjurer l'effet de ces maléfices? Les dieux ordinaires devaient lui être suspects : n'était-il pas à craindre que Maxence, qui leur avait fait tant de prières et tant de promesses, ne les eût décidés en sa faveur[1]? Il est naturel que Constantin, qui pouvait les croire prévenus contre lui, ait songé à demander des secours ailleurs. En le faisant, il était fidèle à l'esprit même et aux traditions du paganisme. Que de fois n'avait-on pas vu, dans des circonstances graves, quand les dieux qu'on avait coutume de prier paraissaient irrités ou

1. On peut soupçonner que Constantin avait quelques raisons d'en vouloir à ses anciens dieux, qui n'avaient pas encouragé son expédition contre Maxence. Un de ses panégyristes nous dit qu'il s'était mis en campagne malgré des auspices contraires, et qu'il avait quitté la Gaule contre le gré des aruspices, *contra haruspicum responsa* (Paneg., IX, 2). Si les aruspices prévoyaient que ce voyage tournerait mal pour eux et pour l'ancienne religion, ils n'ont jamais été plus perspicaces.

impuissants, les dévots aller chercher au dehors des divinités nouvelles qui avaient sur les autres cet avantage que leur crédit était intact et que, n'ayant pas été encore invoquées, elles n'avaient pu tromper personne. C'est ainsi que tous les cultes étrangers sont entrés à Rome, et Constantin, en cherchant un appui hors de la religion officielle, suivait l'exemple des premiers adorateurs d'Isis et de Mithra. Qu'on se rappelle ce qui a été dit plus haut de ses premiers rapports avec le christianisme et de la prévention favorable qu'il avait prise pour lui dès sa jeunesse, et l'on comprendra sans peine que, étant en quête d'un dieu nouveau, il ait eu l'idée d'implorer celui des chrétiens.

Ainsi cette première partie du récit d'Eusèbe est fort vraisemblable, et rien ne nous empêche de croire que les choses se soient passées comme il les raconte. Quant à l'autre, c'est-à-dire à l'apparition et au songe, je n'en veux rien dire; ces incidents miraculeux échappent à la critique, et ils ne sont pas du domaine propre de l'histoire. Chacun peut donc croire à son gré ou que les faits rapportés par Eusèbe sont vrais, et nous avons affaire alors à de véritables miracles; ou qu'ils ont été entièrement inventés pour donner plus d'importance à la conversion de l'empereur, en montrant l'intérêt qu'y prenait le ciel; ou bien enfin, ce qui me paraît de beaucoup l'hypothèse la plus probable, que Constantin a pu être trompé par son imagination crédule qu'excitait encore l'attente d'un grand événement, qu'il a pris pour un signe manifeste de l'intervention divine ce qui n'était qu'un caprice du hasard, et que ces apparitions confuses qu'il a cru voir au premier moment se sont plus tard précisées peu à peu dans son esprit, car il arrive ordinairement que, tandis que le temps affaiblit les souvenirs réels, il donne un corps et une figure aux fantaisies et aux rêves. Quoi qu'il en soit, ce sont des faits, je le répète, qu'il est inutile de discuter, et au sujet desquels il faut laisser chacun libre de penser ce qu'il lui plaira. Je voudrais seulement faire une remarque que me suggère la façon dont Eusèbe nous les a présentés. Il me semble qu'ils ont chez lui une couleur particulière et que la narration qu'il en fait se ressent des habitudes d'esprit et des préjugés d'un païen de Rome. Le Romain est de sa nature méfiant, il craint par-dessus tout d'être trompé. Dans ses croyances religieuses, aussi bien que dans les autres affaires de la vie, il entend n'être pas dupe. Sans doute il croit, comme les chrétiens, que Dieu parle directement au cœur de l'homme, et, quand il lui vient une soudaine inspiration dont la source lui est inconnue, il est d'abord tenté de la rapporter à quelque puissance divine :

> Di ne hunc ardorem mentibus addunt,
> Euryale?

Cependant il a toujours quelques hésitations, quelques doutes ; il ne veut pas croire trop vite ; il a peur de se laisser abuser par quelque illusion de son esprit et s'empresse d'ajouter, avec Nisus :

> An sua cuique Deus fit dira cupido?

Tandis qu'un chrétien se fierait facilement à ces avertissements du ciel qui se révèlent à son âme pendant le repos de la nuit ou dans l'exaltation de la prière, lui, demande des preuves matérielles de l'intervention des dieux ; il veut qu'ils se montrent, qu'ils se dévoilent par quelque signe manifeste, irrécusable ; et même un seul signe ne lui suffit pas : dans les choses divines, il est à la fois si important de voir clair et si aisé de se tromper ! Voilà pourquoi, selon Servius, un Romain ne se contente pas d'un premier auspice, et attend, pour se décider, qu'il soit confirmé par un autre : *non unum augurium vidisse sufficit, nisi confirmetur ex simili*[1]. Si les dieux veulent qu'on ait confiance en eux, ils feront bien

1. Servius, *In Æn.*, II, 691.

de s'y reprendre à deux fois. Dans l'*Énéide*, le bon Anchise, qui vient de voir la flamme envelopper la tête d'Ascagne sans brûler ses cheveux, ce qui est pourtant un fait très extraordinaire, ne se rend pas à ce premier prodige; il demande à Jupiter de l'appuyer par un second :

Si pietate meremur,
Da deinde auxilium, Pater, atque hæc omina firma,

et Jupiter a la bonté de répondre par un coup de tonnerre qui retentit du côté gauche, ce qui ne peut plus laisser aucun doute sur la volonté des dieux. C'est d'après les mêmes scrupules que Constantin ne se contente pas de l'apparition, en plein jour, de la croix miraculeuse, et que, pour être convaincu, il attend un signe nouveau. Je trouve, dans la manière dont ces prodiges nous sont racontés, une couleur païenne et romaine qui ne permet guère de penser qu'ils soient nés dans l'esprit de l'évêque de Césarée. Je suis donc tenté de croire, en supposant qu'ils n'aient rien de vrai, qu'ils ne sont pas de son invention, et s'il faut trouver un coupable, j'avoue que je déchargerais Eusèbe pour accuser Constantin.

C'est la seule observation que je veux faire à ce sujet. Les miracles qu'Eusèbe est si heureux de rapporter doivent toute leur importance à l'attrait que le merveilleux exerce sur les esprits et à cette sorte de besoin que nous éprouvons d'environner de prodiges les grands événements de l'histoire. En réalité, la conversion de Constantin s'explique sans eux; pour s'en rendre compte, il suffit de se souvenir que c'était un superstitieux effrayé, qui craignait d'être vaincu s'il n'obtenait pas la protection de quelque divinité puissante. Voilà comment il fut amené à demander le secours du Dieu des chrétiens. Quand il s'y fut décidé, il ne se contenta pas de l'invoquer du fond de son âme et de lui adresser une prière intérieure : comme tous les païens, il ne croyait qu'à l'efficacité des pratiques. Il fit donc porter devant ses soldats un étendard qu'ornait le monogramme du Christ. Est-ce à dire qu'il fût dès ce moment tout à fait conquis à la religion nouvelle? J'en doute beaucoup. Il attendait sans doute, pour se déclarer et se livrer entièrement, le résultat de la bataille. Soyons sûrs que, s'il n'avait pas été le plus fort, le *labarum* n'aurait pas reparu en tête de son armée et qu'il serait revenu aux vieilles enseignes. Ce fut la victoire qui le décida. Il est vraisemblable qu'à mesure qu'il voyait les légions ennemies fuir devant ses soldats, s'entasser sur ce pont fragile, qui ne pouvait pas les porter, et tomber de là dans le fleuve, il se sentait devenir de plus en plus chrétien. Quand on lui rapporta la tête de Maxence, dont on venait de retrouver le cadavre au fond du Tibre, il n'hésita plus; sa conviction était faite, et, la bataille finie, il s'empressa de faire honneur de sa victoire au Dieu dont il avait demandé le secours avant le combat[1].

V

Les païens, aussi bien que les chrétiens, regardent la défaite de Maxence comme un miracle. — Conséquences qu'en tire Constantin. — Façon dont il explique sa prospérité.

Tout le monde, du reste, crut y voir, comme lui, la main d'un Dieu. Le succès avait été si complet, si rapide, on s'attendait si peu à voir cette grande armée se fondre si vite, qu'il ne paraissait pas possible de croire que les hommes

1. Je ne veux pas dire assurément qu'il n'y ait pas eu des degrés et des progrès, sinon dans la conversion même de Constantin, au moins dans la manière dont il la rendit publique. Même en admettant, comme je le

avaient tout fait. Les chrétiens d'abord s'en attribuaient le mérite, et vraiment ils en avaient le droit : n'était-ce pas sous l'étendard du Christ que Constantin venait de vaincre ses ennemis? Comme on le pense bien, ils ne manquaient pas de le rappeler. Ils faisaient volontiers remarquer combien le désastre de Maxence ressemblait à celui de Pharaon, et cette coïncidence singulière des deux impies engloutis en un moment dans les flots avec toute leur armée leur semblait une preuve de plus de l'intervention divine. Mais les païens aussi avaient leur légende, et ils racontaient les événements de manière à montrer que leurs dieux n'y étaient pas étrangers. Ils aimaient à représenter Constantin comme un favori de l'Olympe qui avait des ententes secrètes avec les puissances célestes : *Habes profecto aliquid cum illa mente divina, Constantine, secretum*[1]. « Toute la Gaule, disait un panégyriste, parle de ces légions qu'on a vues, au moment de la bataille, traverser le ciel, dans une attitude guerrière, avec des boucliers étincelants, des armes qui jetaient des éclairs, et que le divin Constance Chlore menait au secours de son fils[2]. » Ainsi les païens et les chrétiens étaient convaincus qu'il s'était produit quelque miracle à ce moment critique, et chacun tirait le miracle de son côté[3]. Quand le sénat de Rome voulut élever à la gloire de l'empereur un arc de triomphe qui existe encore près du Colisée, pour ne pas se compromettre et contenter les deux religions à la fois, il fit graver sur le monument une inscription qui

crois, qu'il soit devenu chrétien après la défaite de Maxence, il a pu le laisser moins paraître d'abord qu'il ne l'a fait dans la suite. A mesure qu'il craignait moins ses ennemis, il manifestait davantage ses sentiments véritables. C'est ce que paraît indiquer la suite de ses monnaies. M. Hermann Schiller montre qu'en avançant les signes de paganisme y deviennent plus rares et finissent par disparaître (*Geschichte des Römischen Kaiserzeit*, II, p. 207 et 219).

1. Paneg., IX, 2. — 2. Paneg., X, 14. — 3. C'est ce qui était arrivé déjà pour le miracle de la légion fulminante, dont il existait une version païenne et une version chrétienne.

disait que Constantin avait obéi à l'instigation de la divinité : *Instinctu divinitatis*. Chacun pouvait interpréter le mot à sa façon : les chrétiens par *divinitas* entendaient le Christ, les autres Jupiter ou Apollon, mais tous s'accordaient à penser que l'empereur devait sa victoire à la protection d'un dieu.

Constantin en doutait moins que personne, et cette unanimité même affermissait sa conviction. Tandis que les évêques n'hésitaient pas à le proclamer l'instrument de la Providence et montraient « que Dieu prenait la peine de se révéler à lui pour lui dévoiler les projets de ses ennemis[1] », il entendait des rhéteurs païens lui dire, au nom de ces écoles qui furent un des derniers foyers de l'ancienne religion, qu'on ne peut pas douter qu'il ne soit l'objet de la protection céleste : *Quis est hominum quin opitulari tibi Deum credat*[2]*?* Ce qu'on lui répète ainsi des deux côtés, il est naturel qu'il le croie fermement. Un Dieu le protège, tous les cultes le reconnaissent; seulement il n'hésite pas pour savoir et pour déclarer quel est ce dieu qui est venu si à propos à son aide, quand il allait combattre Maxence, et qui, depuis lors, ne cesse de veiller sur lui : c'est le Dieu des chrétiens, et il ne manque aucune occasion de lui rendre hommage et de rappeler ce qu'il lui doit. Presque au lendemain de sa victoire, il écrit au gouverneur de l'Afrique que les événements lui ont appris « que ce Dieu punit sévèrement ceux qui outragent son culte et qu'il comble de prospérités ceux qui le servent[3] ». Voilà ce qu'il redira, presque dans les mêmes termes jusqu'à la fin de ses jours. Après la défaite de Licinius, quand il est devenu le seul maître de tout l'empire, il sent le besoin de développer le même thème à ses nouveaux sujets, et, pour lui donner plus de force, il cite son exemple; il fait voir comment « Dieu l'a pris par la main pour le conduire des rivages de la mer de

1. Eusèbe, *Vita Const.*, I, 47. — 2. Paneg., X, 16. — 3. Eusèbe, *H. E.*, X, 7.

Bretagne et des pays où le soleil se couche jusqu'aux extrémités de l'Orient[1] ». C'est ce qu'il répète, sans jamais se lasser, aux païens, aux hérétiques, aux schismatiques de son empire, quand il essaye de les convertir. Vers la fin de sa vie, écrivant au roi de Perse, Sapor, pour lui recommander les chrétiens répandus dans ses États, il recommence à dépeindre les malheurs qui ont accablé les ennemis de l'Église, tandis que lui, qui a ouvert les yeux à la vérité, a toujours été heureux, et qu'il a fait le bonheur de tous ses sujets[2]. Cet argument, sur lequel il revient sans cesse, lui paraît irréfutable, irrésistible, et l'on voit bien qu'il lui semble qu'il n'est pas besoin d'en invoquer d'autre pour que le monde entier suive son exemple et se fasse chrétien comme lui.

Si j'ai tenu à citer ces quelques fragments de ses lettres et de ses discours, c'est qu'ils m'ont paru achever de résoudre la question qui nous occupe. Ils peuvent nous rendre surtout deux services signalés. D'abord, ils nous font voir clairement de quelle façon Constantin était chrétien. Ce n'était pas une de ces âmes malades d'incertitude qui venaient demander au christianisme des croyances solides; il ne fut pas non plus attiré, comme tant d'autres, vers la foi nouvelle par la beauté de ses doctrines morales ou la sympathie qu'on éprouve pour des malheureux qui supportent courageusement une persécution injuste; la seule raison qu'il avait de la préférer à son ancien culte, c'est qu'elle lui paraissait payer plus libéralement ses adorateurs, et qu'elle les payait en prospérités présentes et terrestres, qui vraisemblablement le touchaient plus que les félicités lointaines de l'autre vie. Ce sont là des sentiments médiocres, je le reconnais, et qui manquent tout à fait d'élévation et de désintéressement; mais l'ardeur avec laquelle il les exprime, l'insistance qu'il met à y revenir, prouvent qu'il en était profondément pénétré. Son langage, quand il

1. Eusèbe, *Vita Const.*, II, 24-42. — 2. Eusèbe, *Vita Const.*, IV, 9.

les développe, n'est jamais celui d'un indifférent ou d'un comédien; on voit vraiment qu'il dit ce qu'il pense. Son christianisme peut paraître matériel et grossier, mais, quoi qu'on dise, il était sincère. Voilà, je crois, un point hors de doute. L'autre conclusion qu'on peut tirer de ces documents n'a pas moins d'inportance. Il me semble qu'ils nous permettent de contrôler le récit que les historiens de l'Église nous ont fait de sa conversion. On peut croire, en effet, qu'il employait, pour convertir les autres, les moyens qui l'avaient lui-même converti; il leur disait sans doute ce qu'il s'était dit pour se convaincre, et nous sommes en droit de regarder les exhortations qu'il leur adresse comme une sorte de confidence qu'il nous fait de sa propre histoire. J'en conclus qu'Eusèbe ne nous a pas trompés quand il nous rapporte les raisonnements par lesquels Constantin parvint à se prouver que le Dieu des chrétiens était le vrai Dieu, puisque ce sont les mêmes dont il s'est servi toute sa vie pour le prouver aux autres.

CHAPITRE II

L'ÉDIT DE MILAN ET LA TOLÉRANCE RELIGIEUSE SOUS CONSTANTIN ET SES FILS

I

Ce qu'il y avait de nouveau dans l'édit de Milan. — Le principe de la tolérance des cultes. — Quelles sont les raisons qu'invoque Constantin pour le proclamer?

Constantin ne fut pas ingrat : quand il se vit maître de Rome, il n'eut rien de plus pressé que d'être utile à cette religion à laquelle il croyait devoir sa victoire. En 312, l'année même de la défaite de Maxence, il publia un édit qui mettait fin à la persécution et accordait aux chrétiens la liberté de leur culte. Ce premier édit ne nous est pas parvenu; nous savons seulement qu'il contenait quelques restrictions qui bientôt — c'est Constantin lui-même qui le dit — lui parurent injustes et tout à fait indignes de sa clémence. Comme il devenait tous les jours plus zélé pour sa religion nouvelle, il éprouvait le besoin de la traiter avec plus de faveur. L'année suivante, il se réunit à Milan avec son collègue, l'empereur Licinius, qui était alors son ami et allait devenir son beau-frère, et il lui fit signer ce fameux édit de tolérance qui est un des actes les plus importants de son règne.

Un hasard heureux nous a conservé le texte de l'édit de Milan. Nous en avons même deux exemplaires, qui viennent de sources diverses et sont indépendants l'un de l'autre. Le premier se trouve dans l'ouvrage de Lactance sur la *Mort des persécuteurs*; l'autre, traduit en grec, a été placé par Eusèbe dans son *Histoire de l'Église*; et tous les deux ne diffèrent entre eux que par des détails insignifiants. C'est donc l'un des documents de l'histoire ancienne que nous sommes le plus sûrs de posséder dans leur intégrité.

Voici comment il débute; j'en veux traduire exactement la première partie, au risque d'ennuyer le lecteur par cette phraséologie traînante et ces répétitions de mots et d'idées[1] :

« Nous, Constantin et Licinius augustes, nous étant rassemblés à Milan pour traiter toutes les affaires qui concernent l'intérêt et la sécurité de l'empire, nous avons pensé que, parmi les sujets qui devaient nous occuper, rien ne serait plus utile à nos peuples que de régler d'abord ce qui regarde la façon d'honorer la divinité. Nous avons résolu d'accorder aux chrétiens et à tous les autres la liberté de pratiquer la religion qu'ils préfèrent, afin que la divinité, qui réside dans le ciel, soit propice et favorable aussi bien à nous qu'à tous ceux qui vivent sous notre domination. Il nous a paru que c'était un système très bon et très raisonnable de ne refuser à aucun de nos sujets, qu'il soit chrétien ou qu'il appartienne à un autre culte, le droit de suivre la religion qui lui convient le mieux. De cette manière, la divinité suprême, que chacun de nous honorera désormais librement, pourra nous accorder sa faveur et sa bienveillance accoutumées. Il convient donc que Votre Excellence[2] sache que nous supprimons toutes les

1. J'omets, dans cette traduction, une sorte de préambule de quelques lignes qu'Eusèbe a rapporté et qui ne se trouve pas chez Lactance. — 2. *Dicatio tua*, titre honorifique donné aux magistrats romains. L'édit est adressé aux gouverneurs de provinces.

restrictions contenues dans l'édit précédent que nous vous avons envoyé au sujet des chrétiens, et qu'à partir de ce moment nous leur permettons d'observer leur religion sans qu'ils puissent être inquiétés ou molestés d'aucune manière. Nous avons tenu à vous le faire connaître de la façon la plus précise, pour que vous n'ignoriez pas que nous laissons aux chrétiens la liberté la plus complète, la plus absolue, de pratiquer leur culte; et, puisque nous l'accordons aux chrétiens, Votre Excellence comprendra bien que les autres doivent posséder le même droit. Il est digne du siècle où nous vivons, il convient à la tranquillité dont jouit l'empire, que la liberté soit complète pour tous nos sujets d'adorer le dieu qu'ils ont choisi, et qu'aucun culte ne soit privé des honneurs qui lui sont dus. »

Viennent ensuite des prescriptions importantes, mais qui n'ont pas un caractère aussi général et ne concernent que les chrétiens. Elles ordonnent qu'ils soient immédiatement remis en possession de leurs églises, de leurs cimetières et de tout ce qu'on leur a pris pendant la persécution. Ce n'est pas seulement le fisc impérial qui reçoit l'ordre de restituer sans retard tout ce dont il s'est emparé; les particuliers eux-mêmes, à qui l'on avait fait cadeau de biens ecclésiastiques ou qui les avaient achetés, sont tenus de les rendre sans payement. Il est vrai qu'on leur fait espérer que le trésor de l'État, si leur requête est juste, pourra les dédommager de leur perte. A la fin, nous retrouvons les considérations qui ont été déjà si longuement exposées au début. Les princes se flattent que la résolution qu'ils viennent de prendre sera pour eux une source de prospérité, et que « la faveur divine, à laquelle ils sont redevables de tant de bienfaits, continuera jusqu'à la fin à les combler, eux et leurs peuples, de succès et de bonheur ».

Tel est, dans ses parties essentielles, l'édit, que Constantin et son collègue Licinius publièrent à Milan au mois de juin de l'année 313. Il faut l'étudier de près pour en comprendre toute l'importance.

En lisant le début de l'édit, que j'ai tenu à citer tout entier, on a dû être surpris de voir que Constantin y répète jusqu'à cinq fois, et presque dans les mêmes termes, cette idée « qu'il accorde aux chrétiens et à tous les autres la liberté de pratiquer leur religion ». Évidemment il voulait se faire bien comprendre, et il avait peur qu'on ne saisît pas sa pensée du premier coup. C'est qu'en effet il parlait un langage qu'on n'avait pas encore entendu. La mesure qu'il s'était décidé à prendre était entièrement nouvelle; il pouvait croire qu'elle causerait une grande surprise, et il sentait le besoin d'insister pour qu'il ne restât aucune incertitude sur sa volonté.

Ce n'était pas la première fois sans doute qu'on voyait une persécution s'arrêter, et qu'après s'être lassé à poursuivre sans succès les chrétiens, on se résignait à les laisser tranquilles. Il était arrivé que les mêmes empereurs qui avaient publié contre eux les édits les plus cruels, et qui les avaient fait longtemps exécuter sans pitié, fatigués de sévérités inutiles, en promulguaient d'autres pour donner l'ordre de cesser toutes les poursuites. Mais qu'ils étaient loin d'y tenir le même langage que Constantin! Nous avons celui de Galérius, lorsque, au moment de mourir, il voulut mettre un terme aux luttes religieuses et rendre la paix à l'empire[1]. Il commence par reconnaître que la persécution était légitime et ne dissimule pas le regret qu'elle ait été impuissante. Les chrétiens avaient mérité d'être punis en renonçant au culte de leurs pères; mais enfin, puisqu'on n'a pas pu vaincre leur obstination, il faut bien qu'on finisse par y céder. C'est un pardon, ou plutôt un sursis qu'on leur accorde d'assez mauvaise grâce, ce n'est pas un droit qu'on leur reconnaît. Rien, dans les

1. Eusèbe, *H. E.*, VIII, 17.

déclarations de l'empereur, n'engage l'avenir. Il fait un sacrifice à la tranquillité publique, mais la guerre pourra recommencer, quand l'occasion sera redevenue favorable. Il n'y a rien de semblable dans l'édit de Milan, plus de ces réticences menaçantes, plus de ces concessions faites de mauvaise humeur, auxquelles on ne peut se fier qu'à moitié; l'empereur y reconnaît ouvertement que chacun peut suivre désormais la religion qu'il préfère et qui lui convient le mieux (*quam quisque delegerit, quam ipse sibi aptissimam esse sentiret*), ce qui revient à dire qu'elle ne doit pas être imposée par la force, mais qu'il faut en laisser le choix à la volonté de chacun. A cinq reprises, il déclare qu'il accorde aux chrétiens et à tout le monde la liberté de pratiquer leur culte, et cette liberté, il veut qu'elle soit entière et sans réserves (*liberam atque absolutam colendæ religionis suæ facultatem*). C'est un système nouveau qu'il inaugure, un système qui lui paraît conforme à la sagesse et à la raison (*hoc consilio salubri et rectissima ratione ineundum esse credidimus*). Voilà donc le principe de la tolérance religieuse proclamé officiellement par un empereur. Comme je viens de le dire, c'est la première fois que le monde entendait ce langage.

Quelles sont les considérations sur lesquelles s'appuie Constantin pour légitimer la résolution qu'il a prise, et pourquoi lui semble-t-il *bon et sage* qu'on ne gêne les croyances de personne? C'est ce qui vaut la peine d'être remarqué. Il n'a garde d'invoquer, comme nous le ferions aujourd'hui, des principes philosophiques; il ne s'autorise pas non plus, ce qui serait très naturel, de l'intérêt de l'État, et ne présente pas la tolérance comme un expédient utile pour faire vivre en paix des cultes différents. Ses motifs, si nous les prenons à la lettre, ont un caractère tout religieux. Il veut qu'on respecte tous les dieux, de peur de s'en faire des ennemis; il espère que si aucun d'eux n'a lieu d'être mécontent, ils s'uniront ensemble pour assurer le bonheur d'un empire qui les traite si bien : « C'est le moyen, dit-il, que la Divinité, qui est dans le ciel, favorise les princes et tous ceux qui vivent sous leur domination (*quo quidem Divinitas in sede cœlesti nobis atque omnibus qui sub potestate nostra sunt placata ac propitia possit existere*); et ici le texte grec est plus explicite et fait mieux comprendre la pensée de Constantin; au lieu du terme vague de *Divinitas*, il dit : « Tout ce qu'il y a de divinité et de puissance céleste, ὅ τι ποτέ ἐστι Θειότης καὶ οὐρανιου πράγματος ». A ne considérer que cette formule, qui se reproduit trois fois presque dans les mêmes termes, il ne faudrait pas regarder l'auteur de l'édit comme un philosophe qui rend aux hommes l'exercice d'un droit sacré, ou comme un politique qui ne songe qu'à la paix de ses États; ce serait plutôt un dévot qui croit accomplir un acte pieux et se concilier tous les dieux en tolérant tous les cultes.

II

Sous quelle inspiration l'édit de Milan a-t-il été fait? — Raisons qu'avait le paganisme d'être hostile à la tolérance. — Les docteurs chrétiens l'ont réclamée pendant les persécutions. — Passages de l'édit de Milan qui semblent contraires au christianisme. — Comment on peut les expliquer.

Mais ce dévot, à quelle religion particulière appartient-il? Parmi tous ces dieux qu'il protège, quel est celui qu'il adore pour son compte et qui lui a donné la bonne pensée de ne proscrire aucun de ses rivaux? Ceci revient à se demander sous quelle inspiration a été fait l'édit de Milan, qui sont ceux, dans l'entourage du prince, qui ont pu le conseiller et dont il représente les sentiments véritables. La question, comme on va le voir, n'est par aisée à résoudre.

Nous devons nous figurer qu'à ce moment deux partis se disputent avec acharnement le prince : les chrétiens, qui viennent de le conquérir, et les païens, qui veulent le reprendre. Il ne me semble pas qu'on puisse attribuer aux païens, au moins s'ils sont fidèles à leurs traditions et à leurs principes, la pensée de donner à tous les cultes une égale liberté, et par suite une même importance. Je n'ai pas besoin de rappeler ici les raisons qui les rendaient de tout temps contraires à cette mesure. Tout le monde sait que, dans les républiques anciennes, la religion n'était qu'une des formes, la plus visible peut-être, de la nationalité. Chaque cité avait ses dieux, comme elle avait ses lois, auxquels on ne pouvait renoncer sans cesser aussitôt d'être citoyen. Il n'était donc pas possible, dans un État bien réglé, d'admettre les religions étrangères. Aussi voyons-nous que les législations de tous les peuples les proscrivent sévèrement. En réalité et dans la pratique on les souffre, parce qu'il n'est pas possible de les supprimer, mais jamais on ne leur reconnaît officiellement le droit d'exister, et même de temps en temps on les frappe, quand on croit qu'elles peuvent nuire à la sécurité publique. Tant qu'a duré le régime des religions locales, il ne s'est pas trouvé un chef d'État qui ait imaginé qu'on pût écrire dans la loi que les citoyens étaient libres de pratiquer la religion qu'ils voulaient. Sur ce point, les philosophes, malgré l'indépendance d'esprit dont ils se targuent, sont de l'avis des politiques. Platon, dans sa république idéale, ne veut pas souffrir les impies, c'est-à-dire ceux qui ne croient pas à la religion de l'État; même quand ils sont doux et paisibles, et ne font pas de propagande, ils lui paraissent dangereux par le mauvais exemple qu'ils donnent. Il les condamne à être enfermés dans la maison où l'on devient sage (*sophronistère*), — cet euphémisme agréable désigne la prison, — et veut qu'on les y laisse cinq ans, pendant lesquels ils doivent entendre un sermon tous les jours. Quant à ceux qui sont violents et cherchent à entraîner les autres, on les tient, pendant toute leur vie, dans des cachots horribles, et, après leur mort, on leur refuse la sépulture[1]. Nous voilà aussi loin que possible de la tolérance. Cicéron, un des esprits les plus larges et les plus libres de son temps, qui ne croit guère aux dieux et se moque si plaisamment des augures, n'admet pas plus que les autres qu'un citoyen s'affranchisse du culte de son pays, et il se croit obligé de rééditer, dans son *Traité des lois*, la vieille prescription contre les religions étrangères : *separatim nemo habessit deos; neve novos, sive advenas, nisi publice adscitos, privatim colunto*[2]. Pendant toute la durée de la domination romaine, je ne vois pas un seul sage, fût-il un sceptique, comme Pline l'ancien, un libre penseur dégagé de tous les préjugés, comme Sénèque, un philosophe honnête et doux, comme Marc-Aurèle, qui ait paru soupçonner qu'on pourrait accorder un jour des droits égaux à toutes les religions de l'empire.

Seuls les chrétiens l'ont pensé et l'ont dit; et ils pouvaient seuls alors le penser et le dire. C'est la grande originalité du christianisme d'être prêché à toutes les nations à la fois, de ne pas s'adresser à un seul pays, mais à l'humanité entière. En plaçant le royaume de Dieu en dehors de ceux de la terre, il a distingué la religion et la nationalité, que les républiques anciennes avaient jusque-là confondues. Dès lors, un citoyen n'est pas enchaîné à une croyance uniquement parce qu'il est né dans la ville où elle domine. L'État, n'étant plus nécessairement identifié avec un culte particulier, peut laisser vivre les autres, et la tolérance devient possible. Telle était la conséquence qui découlait des principes mêmes du christianisme; les persécutions dont il fut victime lui apprirent à l'en

1. Voyez le Xe livre des *Lois*. — 2. Cicéron, *De leg.*, II, 8.

tirer. Quand les premiers apologistes répètent sans cesse à leurs adversaires : « De quoi nous accusez-vous? Si l'on prouve que nous sommes rebelles, factieux, voleurs, homicides, qu'on nous condamne. Mais si nous n'avons commis aucun de ces crimes, qu'on nous laisse en liberté », que voulaient-ils dire, sinon qu'il ne faut punir personne pour sa croyance, que la loi ne doit frapper que ceux qui violent la morale commune? Ces idées encore un peu confuses ne tardent pas à se préciser. Tertullien les exprime avec une clarté et une énergie admirables : « Le droit commun, la loi naturelle veulent que chacun adore le dieu auquel il croit. Il n'appartient pas à une religion de faire violence à une autre (*non est religionis cogere religionem*). Une religion doit être embrassée par conviction et non par force, car les offrandes à la divinité exigent le consentement du cœur[1]. » Lactance, un siècle plus tard, dit à peu près la même chose : « Ce n'est pas en tuant les ennemis de sa religion qu'on la défend, c'est en mourant pour elle. Si vous croyez servir sa cause en versant le sang en son nom, en multipliant les tortures, vous vous trompez. Il n'y a rien qui doive être plus librement embrassé que la religion[2]. » Voilà le principe de la tolérance posé avec une merveilleuse netteté. Les chrétiens la réclament pour eux, mais il est clair qu'ils s'engagent en même temps à l'accorder à tout le monde.

Aussi sommes-nous tentés d'abord d'attribuer l'édit de Milan à quelque influence chrétienne. Il nous semble qu'il doit être l'œuvre de ceux qui ont les premiers affirmé le droit pour chacun « d'adorer le dieu auquel il croit ». Et comme cette idée est répétée dans l'édit avec insistance, et que, pour ainsi parler, elle en est l'âme, il nous paraît naturel de penser que Constantin l'a écrit sous la dictée des évêques. Il

1. *Ad Scapulam*, 2. Voyez aussi *Apol.*, 24 et 28. — 2. Lactance, *Div. inst.*, V, 20.

s'y trouve pourtant quelques passages qui ne nous permettent guère d'admettre cette opinion. Souvenons-nous de ces phrases citées plus haut, dans lesquelles l'empereur semble dire qu'il tolère toutes les religions pour ménager tous les dieux, et qu'il espère que, s'ils ont lieu d'être satisfaits, ils s'uniront tous ensemble pour faire le bonheur du prince et de l'empire. Voilà certainement ce qu'un chrétien, un évêque surtout, n'aurait jamais écrit. La pensée d'attribuer quelque puissance aux dieux des divers cultes, de supposer qu'ils jouent un rôle dans le gouvernement du monde et qu'il importe de se les rendre favorables, l'aurait révolté. Un païen seul pouvait admettre qu'il n'y a pas de dieu qui n'ait son utilité, et qui ne puisse, à son moment, nuire ou servir; un païen seul pouvait éprouver le besoin de se les concilier tous à la fois. C'est ainsi qu'on venait de voir Galérius, dans l'édit qui mettait fin à la persécution, après avoir fort maltraité la folie des chrétiens, leur demander, en finissant, « de vouloir bien prier leur dieu pour sa santé et le salut de la république ». Ce dieu dont il était l'ennemi mortel, qu'il avait voulu supprimer avec tous ses adorateurs, il lui reconnaissait donc quelque pouvoir, et il croyait à l'efficacité des prières qui lui étaient adressées!

Ainsi ces idées, exprimées à plusieurs reprises dans l'édit de Milan, doivent avoir une origine païenne, et parmi les païens eux-mêmes, on en connaît à qui elles semblent plus particulièrement convenir. Précisément à l'époque qui nous occupe, il s'était formé un parti composé de gens modérés, humains, amis de la paix religieuse, et qui auraient bien voulu qu'on pût comprendre le christianisme dans cette sorte de fusion de tous les cultes qui s'était faite à Rome depuis l'empire. Il y avait un moyen d'y arriver et qui semblait facile. Presque tous les esprits distingués de ce temps admettaient l'existence d'un Dieu suprême; il s'agissait d'abord de s'en faire une idée assez élevée, assez large, pour qu'elle pût convenir au dieu des chrétiens comme à tous les autres, puis de lui donner un nom vague qui n'alarmât personne et pût contenter tout le monde : on l'appela *Divinitas*. C'était un terme que les chrétiens pouvaient accepter sans scrupule, et dont en effet leurs écrivains se sont souvent servis. Les païens non plus, surtout ceux qui s'étaient familiarisés avec la philosophie, ne répugnaient pas à l'employer. Chacun, sans doute, l'entendait dans un sens un peu différent : pour les chrétiens il désignait le Dieu unique et solitaire, qui n'en souffre aucun autre près de lui ; les païens y voyaient plutôt une sorte d'être collectif formé de la réunion de tous les dieux qu'on adorait dans le monde. Mais, si le sens n'était pas le même, le mot était semblable, et l'on obtenait ainsi cette apparence d'unité qu'on cherchait. C'en était assez pour recommander aux esprits sages une combinaison qui paraissait supprimer, dans un empire si malade, des causes de divisions et de luttes. On admettait donc que le fond de tous les cultes est semblable, et que les dieux des religions diverses se confondent dans un Dieu unique qui les comprend tous : c'est la Divinité qui est dans le ciel : *Divinitas in sede cœlesti*.

Cette expression, nous la trouvons dans l'édit de Milan, et l'on ne peut nier qu'elle ne soit empruntée à la phraséologie ordinaire de cette école païenne. Qu'en faut-il conclure? La première pensée qui vienne à l'esprit, c'est qu'à cette époque au moins Constantin en faisait partie, et que sa conversion avait d'abord consisté à passer d'un paganisme étroit et formaliste à un paganisme plus large, à une conception de la divinité dans laquelle toutes les religions pouvaient se confondre. Mais nous avons vu plus haut que cette opinion ne pouvait guère se soutenir, que les lois qu'il a promulguées, les lettres qu'il a écrites dès l'an 313, montrent que du premier coup il est allé plus loin, que les faveurs qu'il accorde aux chrétiens et la façon dont il parle d'eux semblent bien indiquer qu'il partageait leurs croyances[1]. Il y a plus; l'édit

1. Il y a pourtant dans Eusèbe (*Vita Const.*, IV, 10) un récit qui

de Milan lui-même, malgré quelques expressions suspectes, nous révèle chez le prince qui l'a signé les mêmes dispositions. Il est impossible de l'étudier de près sans être convaincu que, pris dans son ensemble, il est fait par un chrétien et dans l'intérêt des chrétiens. Si l'auteur de l'édit appartenait à la secte de ces éclectiques qui ne faisaient pas de distinction entre les cultes, il s'y préoccuperait de tous également et ils seraient tous mis sur la même ligne, ce qui n'est pas. En réalité il ne songe qu'aux chrétiens; ils sont les seuls qui soient expressément nommés, et même, dans un passage fort curieux, il est dit en propres termes que la tolérance qu'obtiennent les autres religions n'est qu'une conséquence de celle qu'on veut accorder au christianisme.

pourrait faire croire que Constantin penchait vers les opinions de ces éclectiques pour qui toutes les religions étaient également bonnes et qui essayaient de les accorder ensemble. Il ordonna, nous dit Eusèbe, que toutes les troupes se réuniraient les dimanches, non pas dans un temple ou dans une église, mais en plein air. Là, à un signal donné, tous les soldats, les mains levées au ciel, devaient répéter une prière qu'ils savaient par cœur. C'était l'empereur lui-même qui avait pris la peine de la composer. La voici : « Nous te reconnaissons seul comme notre Dieu, nous t'honorons comme notre roi, nous t'invoquons comme notre appui. C'est à toi que nous devons d'avoir remporté des victoires et vaincu nos ennemis. Nous te remercions des succès que tu nous as donnés et nous espérons que tu nous en accorderas d'autres. Nous te supplions pour notre empereur Constantin et ses très pieux enfants, et nous te demandons de nous le conserver sain et victorieux le plus longtemps possible. » On voit clairement pourquoi Constantin avait imaginé cette prière qui ne blessait aucune croyance et que les gens de tous les cultes pouvaient répéter. L'unité de sentiments et d'opinions paraissait indispensable dans l'armée. Les Romains n'entendaient pas tout à fait comme nous la discipline militaire, ils la faisaient moins consister dans l'anéantissement des volontés individuelles que dans leur union vers un but commun. Il était donc à craindre que le moindre dissentiment, surtout dans les choses religieuses, n'affaiblît cette unanimité. Mais l'empereur ne pouvait pas forcer tous les soldats à devenir en un jour chrétiens comme lui, ni obliger les chrétiens à s'associer à des pratiques païennes; il lui fallut trouver un moyen de tout concilier. Ne pouvant pas avoir l'unité complète, il en chercha au moins les apparences. Quand tous les soldats redisaient en chœur, le dimanche, cette prière que tous les cultes peuvent accepter, on pouvait croire qu'ils appartenaient à la même religion.

Mais alors d'où peuvent venir ces phrases qui paraissent peu conformes à la doctrine de l'Église? Je ne vois que deux moyens de les expliquer. Ou bien Constantin a fait exprès de les employer, parce qu'en rédigeant une loi qui s'appliquait à tous les cultes, il a voulu se servir de formules qu'ils pouvaient tous accepter : c'était une sorte de courtoisie de parole qui devait les préparer à s'entendre, ou plutôt à se supporter les uns les autres; ou bien ces formules, qui semblent détonner avec le reste de l'édit, sont l'œuvre de ceux qui l'ont rédigé par l'ordre du prince. La chancellerie impériale est longtemps restée païenne. Elle se recrutait d'ordinaire parmi les jeunes gens qui avaient fréquenté les grandes écoles, et nous voyons un rhéteur d'Autun se féliciter du grand nombre de ses élèves qui occupent des places importantes dans le cabinet du prince[1]; or on sait que les écoles ont été l'un des derniers asiles de la vieille religion. C'est ainsi que se sont conservées, dans les constitutions des princes chrétiens, tant de façons de parler qui rappellent le temps où l'empereur, vivant ou mort, était adoré comme un dieu. Il y est question partout de « sa maison divine » ou de « sa chambre sacrée »; ses décisions y sont appelées « des oracles »; et, pour faire entendre que ses sujets ont le droit d'en appeler à son jugement, on dit qu'ils peuvent s'adresser « à ses autels ». Les formules qui, dans l'édit de Milan, rappellent le paganisme, ont sans doute la même origine.

Quoiqu'elles nous surprennent un peu, elles ont au moins cet avantage pour nous qu'elles nous assurent que ce n'est pas un évêque ni quelque chrétien d'ancienne date qui l'ont rédigé. Ceux-là se seraient bien aperçus de ces expressions suspectes qui pouvaient échapper à un chrétien novice et inexpérimenté. C'est Constantin qui en a eu l'idée et qui l'a fait écrire par ses secrétaires. On peut donc être sûr que l'initiative lui en appartient et il faut lui en laisser tout l'honneur.

1. Paneg., VII, 23.

III

Difficultés que rencontre l'exécution de l'édit de Milan. — Traditions du régime impérial. — Soumission de la religion officielle à l'autorité du prince. — Constantin garde sa suprématie sur l'ancienne religion et l'étend à la nouvelle. — Son désir de rétablir l'unité religieuse. — Controverses qu'il soutient contre les hérétiques et les païens. — A-t-il, avant de mourir, révoqué l'édit de Milan et promulgé des lois contraires à la tolérance?

Il est toujours plus facile de promulguer un édit de tolérance que de le faire exécuter. Les passions religieuses, étant les plus fortes de toutes, ne supportent guère d'être contenues, surtout quand elles sont excitées par d'anciennes luttes, et qu'on sort d'une persécution violente qui a également exaspéré ceux qui l'ont tentée sans résultat et ceux qui en ont souffert. Constantin entreprenait donc une œuvre très délicate; mais ce qui en rendait surtout le succès fort incertain, c'est que, pour l'accomplir, il n'avait pas seulement à tenir tête à des ennemis acharnés, toujours prêts à se jeter l'un sur l'autre; il lui fallait lutter contre lui-même, vaincre les entraînements du pouvoir dont il était revêtu, et résister aux conseils de ceux qui l'aidaient à l'exercer.

Quoi qu'on fasse, on prend toujours un peu les opinions du rang qu'on occupe; un prince, quelque indépendance d'esprit qu'on lui suppose, ne répudie jamais entièrement les traditions qu'il trouve dans l'héritage de ses prédécesseurs; et, s'il était tenté de les oublier, les gens qui l'entourent se chargeraient de l'en faire souvenir. Dans tous les pays du monde, quelle que soit la forme du gouvernement, les bureaux sont conservateurs. Comme la coutume de faire toujours la même chose finit par en donner le goût, ils répugnent aux innovations qui dérangent les habitudes prises et défendent obstinément les vieilles maximes. Les bureaux ont partout beaucoup d'importance, mais nulle part elle n'est plus grande que dans les États despotiques; là ils tempèrent l'autorité des souverains, et quelquefois même ils l'annulent. Ces fonctionnaires qui paraissent si humbles, si soumis, si obséquieux, qui semblent épier la volonté du prince pour l'accomplir plus vite, la plupart du temps ils lui imposent la leur, sans qu'il s'en doute. Pline disait déjà des premiers césars : « Ils sont les maîtres de leurs concitoyens et les esclaves de leurs affranchis. » Ce fut bien pis encore deux siècles plus tard, quand on eut imaginé toute cette hiérarchie savante de fonctions superposées qu'on appela « la milice du palais ». Ces secrétaires, ces chambellans, ces serviteurs de tout rang et de tout grade, que le prince rencontrait partout devant lui et qui l'enveloppaient comme d'un réseau, s'emparaient à la longue de son esprit, lui présentaient les choses à leur manière et finissaient par faire ce qu'ils voulaient.

C'est ainsi que la politique religieuse de Constantin a subi deux influences contraires. L'une était le résultat de son bon sens personnel : la persécution sanglante et inutile à laquelle il avait assisté lui avait appris que les religions résistent à la violence, et il en avait conclu que puisqu'il n'est pas possible de les supprimer, il faut bien trouver un moyen de les faire vivre ensemble; l'autre lui venait du pouvoir même dont il était revêtu, des maximes qu'avaient suivies ses devanciers, des conseils de ceux qui l'entouraient et qui lui répétaient sans cesse de ne rien laisser perdre de son autorité. Un souverain qui prend de bonne foi la résolution de tolérer tous les cultes dans son empire ne s'engage pas seulement à n'exercer sur eux aucune violence, mais à ne pas gêner leur libre expansion. Ce n'est pas assez de ne pas les faire mourir, il faut qu'il leur laisse les moyens de vivre, c'est-à-dire de s'épanouir et de se développer sans contrainte. D'abord il doit se mêler le moins qu'il peut de leurs affaires, ne pas essayer de les diriger et de les dominer; ensuite il faut qu'il leur permette de se disputer les âmes, ce qui ne va pas sans quelques conflits, et tant que la tranquillité publique n'est pas menacée, qu'il ne cherche pas à intervenir dans leurs altercations. Il y avait là bien des choses qui étaient contraires aux anciennes habitudes, qui semblaient de nature à restreindre et à gêner l'autorité souveraine, et un prince gâté par l'exercice du pouvoir absolu devait être tenté, un jour ou l'autre, de s'affranchir de ces entraves.

Jusqu'alors l'empereur avait été le chef incontesté de la religion nationale. Les grands collèges sacerdotaux étaient à sa discrétion, et nous voyons bien, quand nous avons conservé les procès-verbaux de leurs réunions, comme il arrive pour les *Frères Arvales*, qu'ils n'étaient guère occupés qu'à prier les dieux pour lui. En sa qualité de grand pontife, il surveillait l'exécution de toutes les pratiques du culte, et comme alors il n'y avait pas un seul acte de la vie civile ou politique qui ne fût accompagné de quelque cérémonie religieuse, son pouvoir s'étendait à tout. C'étaient des attributions importantes, qui fortifiaient l'autorité impériale, et auxquelles un prince devait tenir. Aussi voyons-nous que Constantin, même quand il fut devenu chrétien, n'y renonça pas. Il garda son titre de grand pontife; il ne manifesta par aucun acte public son intention de cesser d'être le chef suprême d'une religion à laquelle il n'appartenait plus. Sans doute il jugeait utile, quoiqu'il s'en fût séparé, de la tenir toujours sous sa main. Du reste, les païens, quelque grief qu'ils eussent contre lui, ne songeaient pas à résister à son autorité. Comme l'ancienne religion se glorifiait surtout d'être un culte officiel et national, et qu'elle n'avait pas d'autre raison d'exister, elle tenait à rester sous les ordres de l'empereur et tirait vanité de lui être soumise. Sa fidélité ne se démentit jamais, et elle se fit une sorte de point d'honneur d'obéir jusqu'au bout et sans réserve à des princes qui se séparaient d'elle et ne la ménageaient plus.

Cette complaisance à toute épreuve devait avoir des résultats fâcheux, dont le contre-coup se fit sentir même sur le christianisme : elle accoutuma Constantin à être le maître dans les choses religieuses comme en tout le reste. Par cette pente, sur laquelle glisse le pouvoir absolu, il devait être tenté d'étendre à tous les cultes l'autorité que l'un d'eux lui accordait sur lui, et finir par les mettre tous sous le même joug. C'était un grand péril pour l'Église, accoutumée jusqu'alors à se gouverner elle-même, et qui s'en était bien trouvée. Cependant il ne semble pas qu'elle ait opposé d'abord quelque résistance aux prétentions de l'empereur. Il venait de la délivrer de la persécution, il lui faisait rendre ses biens confisqués, il l'enrichissait de ses libéralités, il lui accordait d'importants privilèges; c'était un libérateur et un bienfaiteur : pouvait-elle sans ingratitude lui témoigner quelque défiance, et mettre moins d'empressement que les païens à faire ses volontés? Les évêques, dès le premier jour, furent gagnés; ils avaient résisté dix ans à toutes les menaces, ils ne tinrent pas contre quelques faveurs. Constantin les faisait venir à sa cour, et, pour leur rendre le voyage plus commode, il mettait à leur disposition la poste impériale, qui avait été réservée jusque-là pour les plus grands personnages[1]. Il leur faisait payer des indemnités (*annonæ*) pendant tout le temps qu'il les retenait loin de leur pays. Il les recevait dans son palais et les invitait à sa table. C'étaient souvent des gens très simples, qui venaient de petites villes, et n'avaient guère fréquenté les grands de la terre. La magnificence de la cour, à laquelle ils n'étaient pas habitués, les éblouissait. Ils n'étaient pas maîtres de leur émotion quand ils traversaient ces salles splendides, qu'ils passaient entre deux rangs de

1. Ammien Marcellin, qui était resté fidèle à l'ancien culte, accuse les empereurs chrétiens d'avoir désorganisé le service de la poste en donnant à un trop grand nombre d'évêques le droit de s'en servir, quand ils se rendaient à quelque concile (Ammien, XXI. 16, 18).

protectores, ou gardes du corps, l'épée nue, qu'ils prenaient place parmi ces hauts fonctionnaires qui tant de fois leur avaient fait peur, et qu'ils apercevaient le prince, « avec ses vêtements de pourpre et d'or, couvert de bijoux, qui semblaient jeter des flammes ». Ils croyaient alors être en présence « d'un ange du Seigneur », et il leur semblait qu'ils avaient devant les yeux « une image du règne du Christ[1] ». Quelquefois leur reconnaissance dépassait toutes les bornes : il y en eut un qui, entraîné par son admiration pour Constantin, le proclama saint par avance et annonça « qu'il régnerait dans le ciel avec le fils de Dieu[2] ». Le prince trouva l'éloge un peu forcé; mais, s'il ne voulait pas accepter d'être béatifié de son vivant, il était bien aise de voir les évêques le traiter comme une sorte de collègue et lui accorder une compétence ecclésiastique. « Vous êtes, leur disait-il, les évêques du dedans de l'Église; quant à moi, Dieu m'a établi pour être l'évêque du dehors[3]. » Il voulait entendre sans doute qu'il avait reçu la mission de les faire respecter de tout le monde et de veiller à l'exécution de leurs décrets. Mais ces attributions mêmes ne lui suffirent pas, et il se mêla souvent des affaires intérieures qu'il semblait leur avoir réservées. Nous sommes fort surpris de voir un prince qui n'était même pas tout à fait chrétien, puisqu'il ne reçut le baptême qu'à son lit de mort, faire l'office de prêtre aux grandes cérémonies, siéger dans les synodes, et donner aux évêques des conseils qui semblent étranges dans la bouche d'un laïque. « Il les avertissait, nous dit Eusèbe, de n'être pas jaloux les uns des autres, de supporter ceux qui étaient supérieurs en sagesse et en éloquence, de regarder le mérite de chacun comme la gloire de tous, de ne point humilier leurs inférieurs, de pardonner les fautes légères en songeant qu'il est bien difficile de trouver

1. Eusèbe, *Vita Const.*, III, 15. — 2. Eusèbe, *Vita Const.*, IV, 48. — 3. Eusèbe, *Vita Const.*, IV, 24.

quelqu'un qui soit parfait de tout point[1]. » Voilà une excellente leçon de morale; mais elle paraît bien singulière, quand on songe que celui qui parle s'adresse aux pères du concile de Nicée! Quelquefois même sa voix est plus rude, et au lieu de conseiller, il commande. Écrivant aux évêques d'Orient pour leur demander d'assister au synode de Tyr, il termine sa lettre par ces mots : « Si l'un de vous (ce que je ne veux pas croire) refuse de m'obéir et de s'y rendre, j'enverrai quelqu'un qui lui fera prendre le chemin de l'exil, pour qu'il sache bien qu'il ne faut pas s'opposer aux injonctions de l'empereur, quand il travaille à la défense de la vérité[2]. » Grand pontife pour les païens, évêque du dehors, et quelquefois aussi du dedans, chez les chrétiens, Constantin se trouvait être en réalité le chef de toutes les religions de son empire. Il pouvait se flatter de n'avoir rien perdu du pouvoir qu'avaient exercé ses prédécesseurs.

Parmi les maximes de gouvernement qu'il avait recueillies dans leur héritage, il y en avait une dont il devait être tenté de se servir, comme des autres, et qui n'était guère compatible avec ses premières résolutions. Les empereurs romains se préoccupaient beaucoup de maintenir l'ordre dans leurs États : c'était un souci légitime; mais ils étaient portés à croire que l'ordre ne peut exister qu'entre des gens qui professent le même culte et que la diversité des religions est une cause inévitable de conflits. Cette opinion a passé de Rome dans les autres États despotiques, et Louis XIV en était aussi convaincu que Dioclétien. Elle se comprend à la rigueur dans les pays où l'idée de la religion se confond avec celle de la patrie; mais quand elles sont séparées, comme il arrive depuis le triomphe du christianisme, il me semble qu'elle n'a plus beaucoup de raison d'être. Pour que les citoyens s'accordent à défendre les intérêts de l'État, il n'est pas

1. Eusèbe, *Vita Const.*, III, 21. — 2. Migne, VIII, p. 545.

absolument nécessaire qu'ils s'entendent sur tout le reste. L'harmonie admet des dissonances, et l'union politique peut exister entre des gens que divisent les croyances religieuses. C'était sans doute ce qu'entrevoyait Constantin lorsqu'il publia l'édit de Milan; s'il établissait la tolérance, c'est qu'il croyait alors, et il avait raison de le croire, qu'il n'y avait pas de danger pour l'empire à tolérer tous les cultes et qu'ils pouvaient vivre ensemble sans compromettre sa tranquillité. Mais ici encore les vieilles traditions finirent par l'emporter. Elles avaient poussé de si profondes racines, elles s'étaient si bien emparées de tous ceux qui participaient à l'autorité souveraine, qu'un prince avait peine à leur échapper. Aussi voyons-nous bientôt Constantin préoccupé, comme les autres, de la chimère de l'unité. Il rêve de réunir tous ses sujets dans la même religion; c'est son désir le plus cher, c'est le but qu'il donne à toute sa vie : « Dieu m'est témoin, disait-il lui-même, que mon premier dessein a toujours été d'amener tous mes peuples à s'entendre sur l'idée qu'ils se font de la divinité[1] », et de bonne heure il se mit à l'œuvre pour réussir.

Mais comment y arriver? Il avait, par l'édit de Milan, renoncé d'avance à la contrainte et répudié la persécution; il ne lui restait d'autre moyen que de convaincre. Dès lors, nous le voyons se transformer en un théologien qui s'adresse à ses sujets et leur fait de longs sermons pour les amener à sa foi. Aurélius Victor nous dit qu'il était fort instruit[2]. Fils d'un empereur, destiné à l'empire par sa naissance, il avait reçu une meilleure éducation que Dioclétien et ses collègues, soldats de fortune, princes de hasard, dont la jeunesse s'était passée dans les camps. Son père, qui protégea toujours les écoles, lui avait donné sans doute pour professeur quelque rhéteur de Trèves ou d'Autun, et il lui était resté

1. Eusèbe, *Vita Const.*, II, 64. — 2. *De Cæs.*, 40.

de ces premières leçons un fond de pédanterie dont l'exercice de l'autorité souveraine ne le guérit pas tout à fait. Eusèbe le représente passant ses nuits à préparer ses harangues dévotes, puis les débitant devant le peuple avec une voix grave et un visage sévère, lui parlant de Dieu, de la providence, de la justice céleste qui distribue équitablement les biens et les maux, attaquant avec violence les méchants qui s'enrichissent de la fortune publique, et profitant de l'occasion pour lancer quelques épigrammes contre ses propres ministres, qui baissaient la tête en l'écoutant.

Malheureusement, pour ramener tous ses peuples à la même croyance, Constantin avait fort à faire. Non seulement les païens résistaient au christianisme, mais, ce qui était plus grave, les chrétiens ne s'entendaient pas entre eux. Il fallait commencer par rétablir chez eux l'unité, avant qu'il fût possible d'imposer leur religion à l'empire. On peut dire que les schismes et les hérésies qui divisaient l'Église ont empoisonné la vie de Constantin; non seulement il les détestait, mais il ne pouvait pas les comprendre. Un politique, un homme de gouvernement comme lui, s'indignait qu'on ne fît pas le sacrifice de ses opinions à celles du plus grand nombre. Il est vraisemblable qu'il avait été charmé d'abord, dans le christianisme, par ce qu'il a de précis et d'arrêté dans ses dogmes et par la netteté des réponses qu'il fait à la plupart des questions que l'homme se pose. Il lui semblait sans doute que, dans une doctrine si bien définie, il restait peu de place pour les contestations. Quelle ne dut pas être sa surprise et sa douleur quand il s'aperçut, au contraire, que les disputes étaient continuelles dans l'Église et que les persécutions mêmes n'avaient pas le pouvoir de les arrêter! A peine était-il devenu chrétien qu'il apprit que l'Afrique était divisée entre les catholiques et les donatistes, que les forces des deux partis se balançaient et qu'ils se livraient partout des combats furieux. Vite, il s'efforce d'assoupir la querelle; il ordonne aux évêques de se réunir à Rome, puis à Arles; il prie, il caresse, il menace, mais sans obtenir qu'on s'entende, et ce prince à qui rien ne résiste est forcé de reconnaître que l'autorité la plus absolue se brise contre l'obstination d'un sectaire. Un peu plus tard commence l'hérésie d'Arius. Malgré ses prétentions théologiques, l'empereur n'en aperçoit pas d'abord les conséquences; il lui semble qu'on se bat pour des mots, et il propose un moyen admirable de tout arranger : c'est de ne pas parler des questions controversées et de ne traiter que celles sur lesquelles on est d'accord; chacun gardant pour soi son opinion sans en rien dire, tout le monde paraîtra être du même avis. De cette façon, l'unité de la doctrine ne semblera pas compromise, ce qui est l'affaire importante[1]. Pour désarmer les entêtés qui empêchent, par leurs disputes éternelles, le triomphe de la vérité, il a recours aux prières, il prend un ton suppliant : « Rendez-moi, leur dit-il, le calme de mes jours, le repos de mes nuits. Laissez-moi jouir d'une lumière sans nuage et goûter jusqu'à la fin le plaisir d'une existence tranquille. Faites que je puisse vous voir tous unis et heureux, et rendre grâces à Dieu de la liberté et de la concorde rétablies dans tout l'univers[2]. »

Mais il ne se contente pas de gémir, il lui arrive de menacer. Songeons qu'il s'attribuait la mission de ramener la paix dans l'Église; c'était pour lui une affaire de conscience « de dissiper les erreurs, d'arrêter les témérités, et de faire rendre par tout le monde à la vraie religion et à Dieu les honneurs qui leur sont dus ». Ce qui l'attachait surtout à son œuvre, c'est qu'il en attendait une magnifique récompense : il espérait, s'il pouvait y réussir, qu'il continuerait à être heureux dans toutes ses entreprises; au contraire,

1. Lettre de Constantin à Alexandre et à Arius, Eusèbe, *Vita Const.*, II, 64 et 10. — 2. Eusèbe, *Vita Const.*, II, 65, et III, 64.

si les dissensions intérieures persistaient, « la divinité pourrait bien finir par se fâcher et faire sentir sa colère non seulement au genre humain tout entier, mais au prince lui-même ». Son intérêt personnel se trouvait donc ici d'accord avec ses convictions, et il travaillait pour lui en même temps que pour Dieu. C'est ce qui explique que, quand on lui résistait, la patience lui ait souvent échappé. Il adresse alors à ces obstinés des paroles cruelles : « Ennemis de la vérité et de la vie, conseillers d'erreur, tout chez vous respire le mensonge, tout est plein de sottises et de crimes », etc. Ce qui est plus grave que des paroles, c'est qu'il n'a pas pu se défendre de les frapper quelquefois de peines sévères. Cependant il faut lui rendre cette justice que de lui-même, quand il n'était pas aveuglé par la colère, il allait naturellement vers la tolérance. S'il a quelquefois persécuté les hérétiques dans un moment de mauvaise humeur, nous le voyons ailleurs féliciter les évêques d'Afrique de s'être montrés conciliants envers les donatistes et leur adresser ces belles paroles, qui auraient dû être la règle de toute sa conduite : « Dieu se réserve le droit de venger ses injures; il faut être fou pour se permettre de l'exercer à sa place[1]. »

C'est à peu près de la même manière qu'il s'est conduit avec les païens. Pas plus qu'aux hérétiques il ne leur a ménagé les sermons. L'argument dont il se servait avec eux était toujours le même : pour prouver la supériorité du christianisme sur l'ancien culte, il énumérait tous les succès qu'il avait obtenus depuis sa conversion; était-il possible qu'on hésitât à se précipiter vers les autels d'un Dieu qui traitait si bien ses fidèles? Cependant ce raisonnement, malgré sa simplicité, ne parvenait pas à convaincre tout le monde; il restait des obstinés qui fermaient les yeux à cette lumière. Constantin avait beaucoup de peine à le comprendre, et plus

1. Migne, VIII, p. 492.

encore à le pardonner. Quand un prince se met de sa personne dans les controverses théologiques et qu'il engage son amour-propre à gagner les ennemis de sa doctrine, il lui est très pénible de ne pas réussir; on peut craindre alors que ses convictions froissées et sa vanité humiliée ne le portent à quelque extrémité fâcheuse, et, comme après tout il est le maître, après avoir *écrit*, il peut être tenté de *proscrire*. Nous pouvons pourtant affirmer qu'ici encore Constantin était porté de lui-même à la tolérance, et qu'il lui en coûtait de punir pour cause de religion. Nous en avons une preuve très curieuse dans une de ces harangues dévotes qui font la joie et l'admiration d'Eusèbe. Elle est très vive contre les païens; il y rappelle longuement la dernière persécution, flétrit les violences exercées par Dioclétien et Galérius; mais quand on s'attend qu'il va prononcer des paroles de vengeance, il s'arrête court pour nous dire « qu'il aurait bien voulu supprimer les cérémonies des temples et tout ce culte de ténèbres, s'il n'avait craint que l'affection de certaines gens pour des erreurs coupables ne fût trop ancrée dans les cœurs ». Il se résigne donc à souffrir ce qu'on ne pourrait empêcher sans violences. « Qu'ils gardent leurs temples de mensonge, puisqu'ils y tiennent; nous autres, nous conserverons cette éclatante maison de vérité que nous tenons de Dieu. » Et voici quelle est la conclusion véritable du discours, qui ne répond guère aux emportements du début : « Personne n'en doit gêner un autre, et chacun peut faire comme il l'entend[1]. »

A-t-il été jamais plus loin, et peut-on l'accuser sur de bonnes preuves d'avoir détruit vers la fin de sa vie cet édit de tolérance qui avait fait l'honneur de ses premières années? la question est obscure, et les contemporains l'ont résolue en sens inverse. Pendant que Libanius soutient qu'il n'a rien

1. Eusèbe, *Vita Const.*, II, 41-60.

changé au culte légal, et que sous lui les cérémonies se sont accomplies comme auparavant[1], Eusèbe et les écrivains ecclésiastiques affirment, sans aucune restriction, qu'il a fermé les temples et entièrement aboli les sacrifices[2]. Leurs assertions s'appuient sur des faits certains; nous savons en effet qu'il lui est arrivé de dépouiller certains temples pour enrichir ses favoris ou décorer sa capitale improvisée, et qu'il en a laissé détruire d'autres par des fanatiques sous des prétextes futiles. Il y a plus : Constance, lorsqu'en 340 il interdit de sacrifier aux dieux, s'appuie sur une loi de son père, qui l'aurait défendu avant lui[3]. Nous n'avons pas conservé cette loi, mais il me paraît bien difficile d'en contester l'existence; seulement, comme personne n'en a rien dit et qu'elle ne paraît pas avoir été exécutée, on peut croire que Constance en a forcé le sens, et qu'elle contenait moins des prescriptions formelles que des menaces vagues, pour effrayer les indécis et hâter quelques conversions qui se faisaient attendre. Quoi qu'il en soit, si l'édit de Milan n'a pas été tout à fait déchiré à cette occasion, si la tolérance, au moins en principe, existait encore à la fin du règne de Constantin, les injures, les menaces qu'il prodigue alors à l'ancien culte, nous montrent qu'elle était fort compromise : ce sont comme les grondements d'un orage qui approche et qui ne tardera pas à éclater.

1. Libanius, *Pro Templis*. — 2. Eusèbe, *Vita Const.*, II, 45. — 3. Cod. Theod., XVI, 10, 2 : *Quicumque contra legem divi Parentis nostri*, etc.

IV

Comment l'Église a-t-elle accueilli l'édit de Milan? — Ses dispositions à l'égard des païens, des chrétiens hérétiques et schismatiques. — Affaire des donatistes. — Polémique de saint Augustin contre eux. — Conférence de Carthage. — Intervention du pouvoir civil dans la punition des hérétiques. — Comment saint Augustin la justifie. — Résultats de cette intervention.

Il nous reste une question importante à étudier : comment l'Église a-t-elle accueilli l'édit de Milan? Lui a-t-elle été tout d'abord favorable ou contraire? Se trouvait-elle parmi ceux qui essayèrent d'en assurer l'exécution ou ceux qui à la fin l'ont fait échouer? et dans cet échec, qui fut un malheur pour l'empire, quelle part convient-il de lui assigner?

Il est vraisemblable, je crois du moins l'avoir montré tout à l'heure, qu'elle ne l'a pas directement inspiré à Constantin, et qu'il est dû à l'initiative du prince. Mais il était conforme à l'esprit même du christianisme. C'est lui, on vient de le voir, qui protesta le premier contre la persécution religieuse, et il ne protesta pas pour lui seul. Je ne puis pas croire que, lorsqu'il demandait au culte officiel de respecter les autres cultes, il n'eût en vue que son intérêt propre et son danger présent. Rappelons-nous ces nobles paroles de Tertullien : « Il n'appartient pas à une religion de faire violence à une autre. » Cette phrase, dans sa généralité, s'applique à tous les cultes; il n'y a pas moyen, quoiqu'on l'ait essayé[1], d'en restreindre la portée; c'est véritablement un principe que Tertullien proclame. On peut en vouloir à l'Église d'être devenue plus tard l'ennemie acharnée de la tolérance, mais il ne faut pas oublier qu'elle l'a réclamée avant tout le monde.

1. Freppel, *Tertullien*, I, p. 45.

A la vérité elle était alors proscrite, persécutée, et ne se doutait guère qu'elle monterait un jour sur le trône. Tertullien regarde comme une vérité qui n'a pas besoin d'être démontrée que les césars ne pouvaient pas être chrétiens[1]. Lorsque, contre toute attente, Constantin se fut converti, il n'est pas étonnant que cet événement inespéré ait un peu changé les sentiments de l'Église. La fortune, comme il arrive toujours, accrut ses prétentions. Quand elle était malheureuse, elle n'entrevoyait pas de plus grand bien que la sécurité et la liberté; après son triomphe, elle souhaita quelque chose de plus. Les faveurs dont le prince la comblait lui donnèrent l'idée et le goût de la domination.

Au sujet du paganisme, il faut bien avouer que les sentiments de colère et de haine des chrétiens se comprennent. C'était l'ennemi, un ennemi implacable, qui, depuis trois siècles, les empêchait de vivre en repos, et qu'ils étaient tous élevés à craindre et à détester. On avait d'ailleurs une raison pour le mettre hors la loi commune, c'est qu'il ne paraissait pas disposé à la croire faite pour lui. Il se souvenait toujours qu'il avait été la religion de l'État, et entendait bien continuer à l'être. Pour lui, c'était cesser d'exister que d'être mis sur le même rang que les autres cultes; s'il n'avait plus la puissance publique pour le protéger, il était perdu. Ce qui, malgré tout, lui attachait le sénat romain et les grands seigneurs, ce ne pouvaient pas être ses doctrines, dont la philosophie leur avait appris depuis longtemps le vide et le ridicule; c'était le souvenir de la grande situation qu'il avait occupée, et cette confusion qu'on faisait toujours entre la gloire de Rome et la religion de Romulus. Nous verrons que Symmaque, dans son discours sur l'autel de la Victoire, ne réclame pas pour ses dieux la tolérance, mais le privilège, et qu'il n'admet pas qu'un autre culte soit mis sur la même

1. *Apol.*, 21.

ligne que le sien. On pouvait donc prétendre qu'il n'avait pas accepté de bonne foi le pacte offert par Constantin à toutes les religions de l'empire, qu'il rêvait toujours de reprendre la suprématie qu'on lui avait arrachée, qu'il n'attendait qu'une occasion favorable pour l'imposer aux autres, et, par conséquent, que, tant qu'il existerait, le christianisme ne pourrait pas être tranquille.

Il est donc vraisemblable que, dès les premiers jours, les évêques ont profité de la faveur que Constantin leur accordait pour le mal disposer contre l'ancienne religion. Si nous voulons savoir de quelle manière ils lui parlaient, nous n'avons qu'à parcourir le livre curieux intitulé : *De errore profanarum religionum*, que Firmicus Maternus adresse aux deux fils de Constantin, Constance et Constant. C'est un manuel d'intolérance. L'auteur ne néglige rien pour les engager à supprimer ce qui reste du paganisme; il prie, il s'emporte, il menace. Quelquefois il a l'air de parler dans l'intérêt de ceux qu'il attaque : « Venez au secours de ces malheureux; il vaut mieux les sauver malgré eux que de leur permettre de se perdre. » Au besoin, il enflammera la cupidité des deux princes, en étalant le spectacle des richesses que les temples contiennent encore : « Enlevez, saints empereurs, leur dit-il, enlevez tous ces ornements; transportez ces richesses dans votre trésor, et faites-les servir à votre utilité. » Mais son argument principal est tiré de la Bible. Il répète les sentences terribles que les livres saints prononcent contre les adorateurs d'idoles : « Celui qui sacrifie aux dieux sera déraciné de la terre, *sacrificans diis eradicabitur*. » Il est défendu d'avoir aucune pitié pour lui, il faut le lapider, le mettre à mort, « quand ce serait ton frère, ton fils et la femme qui dort sur ton sein ». Voilà la sentence de Dieu; celui qui hésite à l'exécuter et à punir le coupable devient aussi coupable que lui et partagera sa peine. Au contraire. quand on obéit, on peut espérer les récompenses réservées aux plus. « C'est ainsi, très saints empereurs, que tout vous réussira, que vos guerres seront toutes heureuses, et que vous jouirez toujours de l'opulence, de la paix, de la richesse, de la santé et de la victoire[1]. » Ces sentiments, que Firmicus Maternus exprime d'une manière si nette et si franche, étaient au fond partagés par tous les chrétiens, et les conciles s'en sont faits quelquefois les interprètes. Ils demandaient aux princes d'en finir par la force avec ce vieux culte qui s'obstinait à vivre. Nous ne voyons pas que personne en ce moment ait éprouvé le moindre scrupule à propos de ces violences. Le souvenir des persécutions, qui étaient si récentes, entretenait entre les deux partis des haines terribles. Après tout, le paganisme avait donné l'exemple de ces rigueurs; ayant frappé par l'épée le premier, il semblait juste qu'il pérît par l'épée. C'était une opinion répandue dans toute l'Église, et sur laquelle s'accordaient ceux mêmes qui se disputaient sur tout le reste. Saint Augustin, s'adressant à ses ennemis, les donatistes, leur dit avec une parfaite assurance : « Y a-t-il quelqu'un parmi vous, comme parmi nous, qui ne félicite les empereurs des lois qu'ils ont faites pour abolir les sacrifices[2]? »

Avec les hérétiques et les schismatiques on hésitait davantage. C'étaient des chrétiens, et, quelque désir qu'on eût de rétablir l'unité, on répugnait à les traiter aussi rigoureusement que les derniers adorateurs de Jupiter. Cependant, là aussi, l'intolérance finit par l'emporter; il parut naturel qu'une erreur de doctrine fût regardée comme un crime ordinaire et punie des mêmes peines. C'est à propos des donatistes que l'Église s'y décida. Cette affaire a commencé à l'époque dont nous nous occupons en ce moment, et quoiqu'elle ne se soit terminée que beaucoup plus tard, sous les

1. Firmicus. *De errore prof. relig.*, 16 et 29. — 2. Saint Augustin, *Epist.*, 93, 10.

fils de Théodose, il convient d'en dire un mot, parce qu'elle nous montre comment l'Église fut amenée à n'avoir pas plus d'égards pour les hérétiques et les schismatiques que pour les païens.

Le schisme des donatistes remontait à la persécution de Dioclétien. Parmi les mesures prises alors par l'empereur, une des plus importantes était la destruction des livres sacrés des chrétiens; il avait ordonné aux évêques et aux prêtres, sous les peines les plus sévères, de les remettre aux magistrats. Quelques-uns prirent peur et s'empressèrent de les livrer; ils furent retranchés de l'Église et flétris du nom de *traditeurs* (*traditores*); d'autres eurent recours à des moyens plus ou moins habiles pour désobéir sans danger. L'évêque de Carthage, Mensurius, qui devait être un homme d'esprit, s'en tira en apportant les ouvrages des hérétiques, qui furent brûlés en grande cérémonie. Ce subterfuge adroit ne fut pas goûté de tout le monde. Les violents, qui se faisaient un mérite de braver ouvertement l'empereur, y trouvèrent à redire, et Mensurius, pour avoir essayé de satisfaire sa conscience sans compromettre son repos, fut mal noté dans leur estime. Mais le mécontentement n'éclata que sous son successeur Cæcilianus. C'était un modéré aussi et un politique, qui devait déplaire aux partis extrêmes; quelques-uns prétendirent qu'il avait été ordonné par un évêque *traditeur*, ce qui viciait son élection, et en choisirent un autre. L'Église d'Afrique se partagea entre les deux compétiteurs, et il s'ensuivit un schisme qui dura plus d'un siècle.

La querelle au fond était de peu d'importance. Aucune question essentielle de dogme ne s'y trouvait engagée; mais chaque parti s'était animé par la discussion même. On se haïssait mortellement, plutôt pour s'être très souvent combattu que pour avoir un motif réel de se combattre. A force de répéter les mêmes arguments, qui souvent ne signifiaient pas grand'chose, on avait fini par les croire invincibles. Il y avait plus de quatre-vingts ans que le schisme durait, il avait résisté aux jugements des évêques, aux décisions des conciles, aux prières et aux menaces des empereurs, quand saint Augustin devint évêque d'Hippone. Il se donna la tâche de le vaincre, et appliqua, dès le premier jour, à cette œuvre difficile toute l'énergie de son caractère et toute la puissance de son génie.

Quand il entama la lutte, saint Augustin n'avait d'autre dessein que de convaincre ses adversaires. La seule arme dont il voulait se servir, c'était la parole. Il s'y sentait maître, et il avait assez de confiance dans la justice de sa cause pour croire qu'elle pouvait triompher sans appeler la force à son aide[1]. La polémique avec les donatistes occupe une grande partie des discours qu'il prononçait tous les dimanches dans son église et qu'on écoutait avec tant d'avidité; il voulait avant tout défendre son troupeau contre l'erreur et fournir aux fidèles des arguments pour résister à ceux qui voudraient les séduire. Mais ces discours ne restaient pas enfermés dans Hippone : ils étaient recueillis par des secrétaires, répandus dans toute l'Afrique, et, grâce à l'immense réputation de l'orateur et à la passion qu'on avait alors pour les luttes religieuses, tout le monde les dévorait. Les donatistes, quand ils étaient de bonne foi, se sentaient touchés par la modération de saint Augustin autant que par la vigueur de sa dialectique. Les furieux, au contraire, s'emportaient, et, comme il arrive, n'ayant pas de bonnes raisons à donner, ils répondaient par des injures. C'était précisément ce que souhaitait Augustin : il profitait de leur ton d'assurance hautaine pour les provoquer à quelque lutte publique. S'ils avaient l'imprudence d'accepter, on appelait des sténographes (*notarii*) pour recueillir toutes les paroles, et le débat commençait, au milieu d'une foule frémissante, qui interrompait souvent les discuteurs par ses

1. Saint Augustin, *Epist.*, 23, 7 : *Cesset a nostris partibus terror temporalium potestatum.... Re agamus, ratione agamus, divinarum Scripturarum auctoritate agamus.*

acclamations ou par ses murmures. Il était rare qu'Augustin n'eût pas l'avantage, et que, parmi les esprits qui n'étaient pas prévenus, il ne fît pas quelques conquêtes.

C'est ce qui lui donna l'idée de demander une réunion générale des évêques des deux partis. Elle eut lieu à Carthage, en présence de deux cent soixante dix-neuf évêques donatistes et de deux cent quatre-vingt-six catholiques, et fut présidée par un des grands fonctionnaires de l'empire, le comte Marcellinus, que l'empereur avait chargé de le représenter. Cette conférence de Carthage est un des grands événements de l'histoire de l'Église au IVe siècle et de la vie de saint Augustin. On voit bien qu'il en sentait toute l'importance au ton avec lequel il demande aux fidèles, dans un sermon prononcé quelques jours avant l'ouverture des débats, de l'aider de leurs prières. « Et vous, leur dit-il, qu'avez-vous à faire en cette rencontre? ce qui produira peut-être les fruits les plus abondants. Nous parlerons, nous disputerons pour vous; vous autres, priez pour nous. Fortifiez vos prières par des jeûnes et des aumônes : ce sont là les ailes par lesquelles la prière s'envole jusqu'à Dieu. Si vous agissez ainsi, vous nous serez peut-être plus utiles que nous ne le serons à vous-mêmes; car aucun de nous, dans la discussion qui va commencer, ne compte sur lui, et toute notre espérance est en Dieu[1]. » Ces paroles en rappellent d'autres, qui furent prononcées dans des circonstances aussi solennelles. En 1681, au moment où Louis XIV rassemblait le clergé de France pour résister aux prétentions du pape, quand un schisme était possible, Bossuet, chargé de prononcer le discours d'ouverture, parla aux fidèles à peu près comme avait fait saint Augustin dans l'église de Carthage : « Ames simples, âmes cachées aux yeux du monde, et cachées principalement à vos propres yeux, mais qui connaissez Dieu et que Dieu connaît, où êtes-vous dans cet

1. Saint Augustin, *Serm.*, 357.

auditoire afin que je vous adresse ma parole?... Je vous parle sans vous connaître, âmes dégoûtées du siècle; ah! comment avez-vous su en éviter la contagion? Comment est-ce que cette face extérieure du monde ne vous a pas éblouies? Quelle grâce vous a préservées de la vanité, de la vanité que nous voyons si universellement régner? Personne ne se connaît, on ne connaît plus personne. Les marques des conditions sont confondues; on se détruit pour se parer, on s'épuise à dorer un édifice dont les fondements sont écroulés, et l'on appelle se soutenir que d'achever de se perdre. Ames humbles, âmes innocentes, que la grâce a désabusées de cette erreur et de toutes les illusions du siècle, c'est vous dont je demande la prière.... Priez, justes, mais priez, pécheurs; prions tous ensemble, car si Dieu exauce les uns pour leur mérite, il exauce les autres pour leur pénitence : c'est un commencement de conversion que de prier pour l'Église. » La conférence de Carthage, où saint Augustin occupa la première place, tourna tout à fait à l'honneur des catholiques. L'envoyé de l'empereur se décida pour eux : l'opinion publique, qui fut mise au courant du débat par la publication des procès-verbaux, ratifia le jugement du comte Marcellinus, et l'on put croire que le schisme était fini. — C'est précisément le moment où l'Église fut amenée à prendre les décisions les plus graves et les plus dangereuses pour elle.

Il restait moins de donatistes, mais c'étaient les plus violents et les plus rebelles, des gens sur lesquels l'éloquence et la dialectique n'avaient aucune prise. Il fallait donc renoncer à discuter avec eux. Dès lors, un seul moyen se présentait de les ramener dans l'Église : charger de ce soin l'autorité civile, essayer d'obtenir par la crainte des châtiments ce que la raison n'avait pu faire. L'intervention de l'empereur dans les choses religieuses semblait naturelle à Rome; le paganisme y avait habitué tout le monde. Cela est si vrai que les donatistes, qui devaient plus tard s'en plaindre si amèrement, furent les premiers à l'invoquer. Après avoir été condamnés par les évêques réunis à Rome et à Arles, sentant bien qu'ils n'avaient plus de recours possible aux conciles, ils en appelèrent à Constantin. Le prince éprouva d'abord une certaine surprise du rôle qu'on voulait lui faire jouer, et il répondit avec un accent d'inquiétude honnête et sincère : « Ils me demandent d'être leur juge, moi qui tremble devant le jugement du Christ! Peut-on pousser plus loin l'audace et la folie[1]? » Mais comme les donatistes insistaient et que les catholiques ne réclamaient pas, il finit par accepter l'arbitrage. Après la conférence de Carthage, ce fut le tour des catholiques de s'adresser à l'empereur. Honorius, qui voulait en finir, les écouta volontiers, et il promulga, en 414, une loi sévère qui ordonnait de saisir les églises des donatistes, de confisquer les biens de leurs évêques et de leurs prêtres et de les bannir. Quant aux simples fidèles, s'ils étaient colons ou serfs, on les fouettait et on leur enlevait le tiers de leur pécule. Les hommes libres étaient frappés d'une amende qui variait suivant leur condition ou leur fortune, et on les mettait pour ainsi dire hors du droit civil en leur défendant de faire des testaments et de recueillir des héritages[2].

Ce qui nous intéresse, c'est de connaître quelle fut à cette occasion l'attitude de saint Augustin. Non seulement il répugnait par son caractère aux mesures violentes, mais il avait une raison personnelle pour être tendre aux égarés. Lui-même n'avait-il pas partagé leur égarement? Pouvait-il oublier que, pendant toute sa jeunesse, il était obstinément resté hors de l'Église? « Que ceux-là vous maltraitent, disait-il aux hérétiques, qui ne savent pas avec quelle peine on trouve la vérité, combien il faut soupirer et gémir pour concevoir, même d'une manière imparfaite, ce que c'est que Dieu; que ceux-là vous persécutent qui ne sont jamais trompés! Moi, qui ai connu

1. Voyez plus haut, p. 21. — 2. Cod. Theod., XVI, 5, 52

vos aberrations, je puis vous plaindre, je ne peux pas m'irriter contre vous. Au contraire, je me sens obligé de vous supporter aujourd'hui, comme on m'a supporté moi-même; je dois avoir pour vous la même patience qu'on a eue pour moi, lorsque je suivais en aveugle et en furieux vos pernicieuses erreurs[1]. » Il changea pourtant de sentiment et de langage, et finit par approuver ceux qui voulaient qu'on employât la force pour convertir les hérétiques. Comment l'entraînèrent-ils à leur opinion, dont il était d'abord si éloigné? par un argument très simple : ils lui montrèrent le succès qu'on obtenait avec les mesures de rigueur. Ces fiers donatistes, que la discussion trouvait inébranlables, qui se dérobaient opiniâtrément devant elle, la crainte de la loi les faisait rentrer en masse dans l'Église; et, une fois qu'ils y étaient revenus, ils y restaient. « Il y en avait beaucoup, parmi ces nouveaux convertis, qui, loin de se plaindre, remerciaient ceux qui les avaient délivrés de leurs égarements, et qui se félicitaient de la violence qu'on leur avait faite comme d'un des plus grands biens qui pût leur arriver. » N'était-ce pas un signe de la volonté de Dieu, et fallait-il s'opposer au salut de tant d'âmes qui ne demandaient qu'un prétexte et qu'une occasion pour revenir à la vérité? Ce qui est curieux, c'est qu'on se servit des mêmes moyens pour entraîner Louis XIV à révoquer l'édit de Nantes. On raconte qu'il hésitait à le faire et ne se jetait pas volontiers dans une entreprise dont il entrevoyait confusément les périls. Mais on lui ôta ses scrupules en lui montrant avec quelle facilité un peu de contrainte déterminait les protestants à se convertir. Ces grands seigneurs qui revenaient si vite à la religion du roi, ces villes entières qui, à la seule vue des dragons, se précipitaient dans les églises, lui firent croire que l'affaire irait toute seule, qu'un culte qu'on abandonnait si vite ne méritait pas les égards qu'on avait pour lui, et

1. *Contra epist. Fundani*, 3, 3.

qu'enfin ces foules indifférentes n'attendaient qu'une manifestation de l'autorité royale pour faire ce qu'elle voudrait. Dans ces conditions, n'était-ce pas un crime d'hésiter?

Il n'était pas dans le tempérament de saint Augustin de faire à demi ce qu'il se décidait à faire. Comme il avait le courage de ses opinions et de ses actes, une fois qu'il se fut résigné à demander à la force d'achever l'œuvre que la libre discussion avait commencée, il voulut donner ouvertement les motifs de sa conduite. Dans plusieurs de ses lettres, qui reçurent une grande publicité, il entreprit de prouver que l'Église avait raison d'accepter l'appui du pouvoir temporel, et fit une sorte de théorie des persécutions légitimes. Voici quelques passages que je prends au hasard et qui donneront l'idée de tout le système : « Tous ceux qui nous épargnent ne sont pas nos amis, ni tous ceux qui nous frappent nos ennemis. Il est dit que les blessures d'un ami sont meilleures que les baisers d'un ennemi. (*Prov.*, 27, 6.) Celui qui lie un frénétique, celui qui secoue un léthargique les tourmente tous les deux, mais il les aime tous les deux. Qui peut plus nous aimer que Dieu? et cependant il ne cesse de mêler à la douceur de ses instructions la terreur de ses menaces. Vous pensez que nul ne doit être forcé à la justice, et vous lisez pourtant, dans saint Luc, que le père de famille a dit à ses serviteurs : Forcez d'entrer tous ceux que vous trouverez. Ne savez-vous pas que parfois le voleur répand de l'herbe pour attirer le troupeau hors du bercail, et que parfois aussi le berger ramène avec le fouet les brebis errantes? Si l'on était toujours digne de louange par cela seul qu'on souffre persécution, il aurait suffi au Seigneur de dire : *Beati qui persecutionem patiuntur*; il n'aurait pas ajouté : *propter justitiam*. Il peut donc arriver que celui qui souffre persécution soit méchant, et que celui qui la fait souffrir ne le soit pas. Celui qui tue et celui qui guérit coupent les chairs et sont des persécuteurs tous les deux; mais l'un persécute la vie, l'autre la pourriture. Il ne faut pas considérer si l'on est forcé, mais à quoi l'on est forcé, si c'est au bien ou au mal. Personne sans doute ne peut devenir bon malgré soi, mais la crainte met fin à l'opiniâtreté, et en poussant à étudier la vérité amène à la découvrir. Quand les puissances temporelles attaquent la vérité, la terreur qu'elles causent est pour les forts une épreuve glorieuse, pour les faibles une dangereuse tentation. Mais, quand elle se déploie au profit de la vérité, elle est un avertissement utile pour ceux qui se trompent et s'égarent[1]. »

En relisant ces paroles, qui ont été tant de fois citées, je ne puis me défendre d'une sorte d'émotion douloureuse : je songe aux terribles conséquences qu'on en a tirées; je revois par la pensée toutes les victimes qu'elles ont faites. L'Église se les est appropriées dès le ve siècle, et en a fait la règle de sa conduite. Elles ont été appliquées sans pitié pendant tout le moyen âge et ont répandu des flots de sang. La réforme elle-même, qui changea tant de choses, ne renonça pas à les invoquer. Au XVIIe siècle, les assemblées du clergé s'appuyaient sur elles pour demander au roi, avec une obstination cruelle, de supprimer l'hérésie. Elles s'étaient tellement emparées de tous les esprits que personne alors ne réclama contre l'usage qu'on en faisait. Il ne manquait pas de gens sages, éclairés, qui, livrés à eux-mêmes, auraient blâmé les mesures rigoureuses qu'on prenait contre les protestants, mais l'autorité de saint Augustin leur en cachait l'injustice. De Bruxelles, où il s'était réfugié pour éviter la Bastille, Arnauld écrivait à ses amis qu'il ne pouvait s'empêcher de trouver les moyens qu'on employait un peu violents. Mais saint Augustin avait parlé, était-il permis à un janséniste de le contredire? Et il ajoutait qu'après tout « l'exemple des donatistes pouvait justifier ce qu'on faisait en France contre les huguenots[2] ».

1. Saint Augustin, *Epist.*, 93. Voyez aussi 86 et 87. — 2. Le rapproche-

Saint Augustin se félicitait des heureux résultats que l'Église avait obtenus par le recours à la force; il vécut assez pour en voir les inconvénients. L'emploi des moyens violents est plein de dangers pour tout le monde : les persécutés en souffrent d'abord, mais les persécuteurs n'ont pas toujours à s'en louer. Il arrive souvent que les tempêtes qu'ils soulèvent vont beaucoup plus loin qu'ils ne voudraient. Quand on a mis en mouvement le pouvoir temporel, il n'est pas aisé de le retenir; saint Augustin en fit l'épreuve. Il avait consenti qu'on appliquât certaines peines aux hérétiques, l'amende, la confiscation, l'exil même dans quelques cas, mais il souhaitait qu'on s'en tînt là. Quand il fut question de les punir de mort, il protesta avec une indignation généreuse. L'idée qu'on pourrait verser le sang d'un chrétien au nom de l'Église lui faisait horreur. Aussi, dès qu'il sait que l'un d'eux est en danger, il s'adresse à tout le monde pour le sauver. Il écrit aux magistrats, au proconsul, les lettres les plus pressantes : « On lira, leur dit-il, dans les assemblées des fidèles, le récit de la punition des coupables; s'il se termine par leur mort, qui osera le lire jusqu'au bout[1]? » Ces scrupules d'humanité ne touchaient guère l'autorité civile. Dans sa froide logique, elle trouvait que, du moment qu'on met les erreurs de doctrine sur la même ligne que les crimes, il faut les punir des mêmes peines. On avait déjà vu, quelques années auparavant, à la cour de l'empereur Maxime, Priscillien et plusieurs de ses partisans mis à mort, malgré les supplications de saint Martin. Cet exemple allait devenir l'usage commun, au grand détriment de l'Église, qui a porté la peine de ces cruautés dont elle n'est pas toujours responsable.

ment que faisait Arnauld entre les huguenots et les donatistes frappait alors tout le monde. Bussy-Rabutin, à propos des lettres de saint Augustin dont nous venons de citer des fragments, disait : « Il semble qu'ils soient faits exprès pour excuser le traitement qu'on fait aujourd'hui aux huguenots. »

1. Saint Augustin, *Epist.*, 134. — Voyez aussi 133 et 139.

Un autre danger que courent sans le savoir ceux qui se servent de ces lois de violence, c'est qu'elles peuvent retomber sur eux et qu'ils finissent souvent par en être victimes. Saint Augustin fait remarquer que les donatistes furent les premiers à s'adresser à l'empereur et à lui demander d'intervenir dans les querelles religieuses; « mais, ajoute-t-il, il leur arriva comme aux accusateurs de Daniel : les lions se retournèrent contre eux[1] ». L'empereur, qu'ils avaient imploré, ne leur fut point favorable, et nous avons vu comment Honorius fit peser sur eux les rigueurs qu'ils voulaient attirer sur les autres. Un demi-siècle plus tard, tout était changé. L'Afrique appartenait aux Vandales; leur roi Huneric, qui était un arien zélé, voulut faire triompher l'arianisme et détruire les Églises rivales. Pour y réussir, il n'eut pas grands frais d'imagination à faire, et suivit simplement l'exemple qu'on lui avait donné : il lui suffit de copier la loi d'Honorius, en changeant les noms, et d'infliger aux catholiques les peines dont ils avaient frappé les donatistes. — Cette fois encore, les lions se retournèrent contre ceux qui les avaient déchaînés.

V

Lois de Constant contre le paganisme. — Le christianisme et les jeux publics. — Lois de Constance. — Ont-elles été exécutées?

Ainsi les empereurs, par le caractère même de leur pouvoir, penchaient vers l'intolérence, et ils y étaient de plus poussés par l'Église. Il aurait fallu plus d'énergie qu'ils n'en possédaient pour résister à cette double influence. On a vu que

1. Saint Augustin, *Epist.*, 195, 7.

Constantin lui-même, l'auteur de l'édit de Milan, fut sur le point d'y céder, et céda peut-être, vers la fin de sa vie. Ses fils devaient naturellement avoir encore moins de scrupules que lui. Aussi les voyons-nous, dès les premières années de leur règne, écouter les conseils des gens qui les entouraient et partir en guerre contre l'ancien culte.

C'est l'empereur Constant qui paraît avoir commencé. Nous avons une loi de lui, où il s'exprime avec une violence qui n'est pas ordinaire aux législateurs : « Que la superstition cesse, dit-il, que la folie des sacrifices soit abolie. » Puis il ajoute que celui qui n'obéira pas à ses ordres sera puni comme il le mérite et frappé sur-le-champ[1]. L'attaque est vive ; à la façon dont les premiers coups sont portés, on prévoit que c'est une lutte à mort qui s'engage. Mais l'année suivante (342), une loi nouvelle atténue un peu l'effet de la première[2]. Voici ce qu'on y lit : « Quoique la superstition doive être entièrement supprimée, cependant nous voulons que les temples situés hors de la ville ne souffrent aucun dommage, car il y en a plusieurs qui ont été l'origine des jeux du cirque et d'autres spectacles, et il ne convient pas de détruire les édifices d'où le peuple romain a tiré les divertissements de ses vieilles solennités. » Il n'y a pas sans doute de contradiction réelle entre cette loi et la précédente. L'empereur ne lève aucune des défenses qu'il a faites ; la superstition est toujours condamnée et les sacrifices ne sont pas rétablis. Mais la grande colère semble s'être un peu calmée, et il ne parle plus du même ton. C'est qu'il s'agit ici des jeux publics, et que les empereurs ne touchent à ce sujet délicat qu'avec les plus grandes précautions.

Nous avons peine à nous figurer jusqu'à quel point la fureur des spectacles était poussée dans le monde antique. La

1. Cod. Theod., XVI, 10, 2. — 2. Cod. Theod., XVI, 10, 3. Je suis de l'opinion de Godefroy qui rapporte cette loi à l'an 342 ; d'autres la placent un peu plus tard.

vie intérieure existait moins alors que chez nous; l'intimité des proches, les relations avec les amis, l'agrément des conversations familières, prenaient moins de temps qu'aujourd'hui; sans le théâtre et le cirque l'existence aurait paru vide. A Rome, les cent trente-cinq jours de spectacles que Marc-Aurèle avait conservés[1], et qui s'étaient encore accrus après lui, formaient la part la meilleure de l'année; le reste du temps on ne vivait plus que du souvenir des fêtes passées ou de l'espoir des fêtes prochaines. Non seulement on n'aurait pas souffert d'être privé de ces divertissements auxquels on croyait avoir droit, mais on en voulait aux gens qui ne semblaient pas y prendre de plaisir. Des princes ont perdu leur popularité parce qu'ils n'y assistaient qu'avec un visage distrait, ou qu'ils s'occupaient d'autre chose pendant que les chevaux favoris faisaient le tour du cirque, ou que les gladiateurs célèbres s'attaquaient dans l'arène. Un des plus grands reproches que la populace faisait aux chrétiens, c'était de condamner les spectacles, et l'on devait se dire avec effroi que, s'ils devenaient les maîtres, ils essaieraient de les abolir. L'Église l'aurait bien voulu, car elle les avait en horreur, et il est probable qu'elle l'a demandé plus d'une fois aux princes dont elle dirigeait la conscience, mais ils n'y ont jamais consenti. Ils savaient combien ils soulèveraient de haines s'ils tentaient de supprimer ou de restreindre les plaisirs du peuple. Non seulement ils n'ont pas essayé de le faire, mais ils ont proclamé à plusieurs reprises et d'une façon solennelle qu'ils voulaient les respecter : c'était une façon de calmer l'inquiétude qu'avait fait naître la victoire du christianisme parmi les amateurs des jeux publics. La loi de Constant est la première où cette intention se révèle; elle fut suivie de beaucoup d'autres. Le pieux Gratien, en rendant à l'Afrique ses combats d'athlètes dont on l'avait quelque

1. Voyez *Corp. inscr. lat.*, I, p. 378.

temps privée, déclarait « qu'il ne fallait pas restreindre les amusements publics, mais qu'au contraire on devait pousser le peuple à manifester sa joie, puisqu'il était heureux[1] ». Vingt ans plus tard, quand Arcadius fut forcé de défendre les fêtes licencieuses de Maïuma qu'il avait d'abord rétablies, il éprouva le besoin d'affirmer « qu'il n'était pas l'ennemi des jeux et des spectacles, et qu'il ne voulait pas, en les abolissant, jeter l'empire dans la tristesse, *ludicras artes concedimus agitari, ne ex nimia harum restrictione tristitia generetur*[2] ». Voilà comment, grâce à la complicité des empereurs, les jeux publics durèrent jusqu'à la destruction de l'empire[3]; c'est une des institutions de l'ancien paganisme que l'Église, malgré sa victoire, ne put pas détruire et qui lui tint tête.

L'empereur Constance, qui recueillit l'héritage de son frère Constant, était encore plus dévot que lui; aussi fit-il au paganisme une guerre plus vive, mais qui eut pourtant aussi ses intermittences. La première loi qui nous reste de lui (353) est aussi radicale que possible. Il ordonne que les temples soient fermés dans tout l'empire, que l'accès en soit interdit à tout le monde, et que personne n'offre aux dieux de sacrifice. « Si quelqu'un, dit-il, se permet de ne pas respecter nos ordres, qu'il soit frappé du glaive vengeur, que ses biens retournent au fisc, et que les mêmes peines s'appliquent aux gouverneurs de provinces qui auront négligé de punir les coupables[4]. » Mais bientôt il semble se raviser. Une loi paraît la même année qui, au lieu d'interdire tous les sacrifices sans distinction, ne frappe que ceux qui se célèbrent pendant la nuit[5]. A ce moment Constance venait de vaincre l'usurpateur Magnence, qui s'était appuyé sur les païens;

1. Cod. Theod., XV, 7, 3. — 2. Cod. Theod., XV, 6, 2. — 3. Les lettres de Cassiodore montrent que, du temps de Théodoric, les jeux publics existaient encore à Rome, et qu'ils étaient suivis avec la même passion (*Variar.*, I, 32 et 33) 4. Cod. Theod., XVI, 10, 4. — 5. Cod. Theod., XVI, 10, 5.

la lutte avait été vive, et le prince tenait sans doute à ménager le parti vaincu pour l'empêcher de reprendre les armes; mais ce ne fut qu'un répit. Trois ans plus tard il s'était rassuré et pensait n'avoir plus rien à craindre des partisans de l'ancien culte. Une loi parut alors, signée de Constance et du césar Julien, qui ne contenait que ces mots : « Nous voulons qu'on punisse de la peine capitale ceux qui seront convaincus d'avoir fait des sacrifices et d'honorer les idoles[1]. » C'était, en une ligne, l'arrêt de mort du paganisme. Après un demi-siècle d'hésitations et de mesures contraires, il ne restait plus rien de l'édit de Milan.

Mais l'attaque était trop brusque, elle venait trop tôt pour être tout à fait efficace. La vieille religion avait jeté dans les cœurs des racines si profondes, elle tenait tant de place dans les habitudes de la vie, qu'on ne pouvait espérer de la détruire d'un coup. D'ailleurs les princes qui la combattaient étaient plus zélés qu'habiles. Nous avons vu qu'il leur est arrivé plus d'une fois d'aller trop loin et d'être obligés de revenir en arrière. Leur politique religieuse, quoique animée toujours du même esprit, changeait avec les circonstances. Elle avait le plus grand de tous les défauts, celui qui fait le plus sûrement échouer toutes les entreprises : elle manquait de suite. Au moment même où ils frappaient le plus fort, ils n'osaient pas aller jusqu'au bout de leurs desseins et s'arrêtaient en route. Constance proscrit le culte et continue à payer les prêtres. Les augures, les flamines, les vestales, auxquels on interdit sous peine de mort d'exercer leur profession, reçoivent leur traitement comme à l'ordinaire. Lorsqu'il s'élève quelque contestation au sujet des tombes, on les juge d'après l'ancien droit religieux, et l'on renvoie les parties devant les pontifes[2]. C'est que tous ces sacerdoces étaient occupés par de très grands personnages qu'on n'osait

1. Cod. Theod., XVI, 10, 6. — 2. Cod. Theod., IX, 17, 2 et 3.

pas mécontenter. Quand Constance visita Rome, le sénat, qui était resté presque tout païen, le conduisit dans les rues de la ville éternelle, lui montrant sur son passage les temples principaux, lui faisant lire le nom des dieux inscrits sur le fronton, lui racontant les glorieux souvenirs que ces édifices rappelaient; et le prince, qui avait horreur de l'ancien culte, et qui venait d'ordonner de fermer tous les temples, semblait écouter avec intérêt ce qu'on lui disait, et même demandait des explications pour ménager sa popularité[1]. Il avait défendu, sous peine de mort, de faire des sacrifices; il menaçait des châtiments les plus sévères les magistrats qui ne poursuivraient pas les coupables; mais ces magistrats, s'ils étaient païens, ne tenaient aucun compte de ses menaces, et commettaient eux-mêmes le crime qu'ils auraient dû punir. L'historien Ammien Marcellin rapporte qu'en 354 il se produisit un miracle, qui venait très à propos au secours de la vieille religion fort malade. La mer était affreuse, la flotte d'Afrique, qui portait la subsistance de Rome, ne pouvait approcher du rivage et se tenait au large. Le préfet de la ville, Tertullus, qui craignait les colères de la multitude affamée, s'était retiré à Ostie. Tout d'un coup, pendant qu'il sacrifiait dans le temple des Castors, le vent saute au midi, et les vaisseaux abordent de tous les côtés[2]. Ce qu'il y a de plus sûr dans ce miracle, c'est que le premier magistrat de Rome ne se faisait aucun scrupule de violer la loi qu'il était chargé d'appliquer; et nous ne voyons pas que l'empereur, qui n'a pas pu l'ignorer, l'en ait puni.

Il est donc vraisemblable que les lois de Constance n'ont guère été exécutées. Le seul résultat de ces attaques violentes et prématurées fut d'irriter les païens et de rendre une réaction plus facile.

1. Symmaque, *Epist.*, X, 3 : *Per omnes vias æternæ urbis lætum secutus senatum vidit placido ore delubra, legit inscripta fastigiis deum nomina, percontatus templorum origines est, miratus est conditores.* — 2. Ammien, XIX, 10.

CHAPITRE III

L'EMPEREUR JULIEN

I

Réaction païenne sous Julien. — Comment Julien devint soldat. — Comment il se convertit au paganisme. — Ses premières années. — Son orgueil d'être Grec. — L'hellénisme. — Julien chez les rhéteurs; — chez les sophistes. — Ce qui l'attirait surtout vers le paganisme.

La réaction se fit pendant le règne de Julien, qui succéda en 361 à son cousin Constance. C'est un des incidents les plus curieux de l'histoire religieuse du IVe siècle, et qui mérite le plus d'être étudié. Je puis pourtant ne pas le raconter dans tous ses détails, car, comme on va le voir, il intéresse surtout l'Orient, et les pays occidentaux, dont nous nous occupons particulièrement, paraissent avoir moins éprouvé l'effet des réformes de l'empereur philosophe.

D'abord, je ne dirai qu'un mot des événements de la vie de Julien. Ils sont si connus, ils ont été contés tant de fois, qu'il me semble inutile d'y revenir. Rappelons seulement qu'il était le neveu de Constantin, qu'à la mort de son oncle il échappa par une sorte de hasard au massacre de sa famille, ordonné peut-être par le nouvel empereur, Constance, qu'il vécut ensuite près de vingt ans dans des inquiétudes mortelles, tantôt retenu au fond d'un château désert, tantôt interné dans quelqu'une des grandes villes de l'empire, toujours surveillé et menacé par un prince ombrageux et faible, qui ne pouvait se résoudre à le tuer, ni se décider à le laisser vivre. Pour se faire oublier, il se plongea dans l'étude et il y trouva la consolation de tous ses malheurs. Nommé césar par Constance, qui n'avait plus d'autre héritier, il fut élevé par ses troupes à la dignité d'auguste, et périt à trente-deux ans dans une expédition contre les Perses, après deux ans et demi de règne.

Ce qui frappe d'abord, dans cette courte existence, c'est la facilité avec laquelle Julien sut se plier aux événements, se transformer lui-même, devenir propre aux situations diverses où l'éleva la fortune, et donner au monde des spectacles imprévus. Il n'avait encore vécu que dans les écoles et fréquenté que des sophistes, quand l'empereur l'envoya commander l'armée des Gaules, qui était aux prises avec les Germains. Cet ami passionné des livres, qui voyageait toujours en traînant une bibliothèque après lui, devint aussitôt un homme d'action. Il s'improvisa soldat; on vit ce philosophe, à peine arrivé dans les camps, s'initier à la manœuvre, dont il n'avait aucune idée, et, pour commencer par les premiers éléments, apprendre à marcher au pas au son des instruments qui jouaient la pyrrhique. Ammien Marcellin raconte que, comme il éprouvait d'abord quelque peine à y réussir, on l'entendit souvent invoquer le nom de Platon, ce maître chéri, qu'il regrettait d'avoir quitté, et dire avec découragement : « Ce n'est pas mon affaire : on a mis une selle à un bœuf[1] ». Mais ce découragement ne dura guère; en quelques jours l'apprentissage était fini, et quelques semaines plus tard cet écolier devenu maître remportait des victoires. N'était-ce pas l'instinct d'une race militaire qui se réveillait tout d'un coup chez le petit-fils de Constance Chlore? On sait qu'en peu de temps il

1. Ammien Marcellin, XVI, 5.

rendit la confiance aux armées, qu'il prit des places fortes, qu'il gagna des batailles, qu'il chassa les barbares, et qu'on le regardait, quand il mourut, non seulement comme un de ces capitaines de génie qui trouvent, en présence de l'ennemi, des inspirations heureuses, mais comme un manœuvrier habile qui connaît à fond tous les secrets de l'art de la guerre. C'est en combattant qu'il les avait appris. Je ne crois pas que l'histoire offre beaucoup d'exemples d'une transformation aussi brusque et d'une aptitude qui se soit si vite révélée.

Si l'on avait été fort étonné de voir cet élève des sophistes devenir tout à coup un grand général, on le fut bien davantage quand on apprit que le jeune prince qui venait de célébrer, dans une église de Vienne, les fêtes de l'Épiphanie, rouvrait les temples, immolait des victimes, et se déclarait ouvertement païen. Cette sorte de coup de théâtre causa partout une émotion qu'il est facile de comprendre. C'était un spectacle rare que de voir le paganisme faire des conquêtes. On restait païen par indifférence et par habitude, mais on ne le devenait plus[1]. L'ancien culte gardait des partisans parmi ces conservateurs obstinés qui ne veulent pas renoncer aux traditions antiques; il n'en gagnait guère de nouveaux. On fut donc très surpris qu'un homme qui avait reçu le baptême, et dont le père était un chrétien fervent, revînt ainsi avec fracas à l'ancienne religion, et ce qui ajoutait à la surprise, c'est que cet homme était un prince, le propre neveu de celui qui avait placé le christianisme sur le trône des césars. — Quelle était donc la cause de ce changement inattendu, et pouvons-nous, à la distance où nous sommes, nous rendre compte des raisons qui déterminèrent en cette circonstance la conduite de Julien?

Comme il fit justement cet éclat au moment où il allait combattre Constance et où il marchait à la conquête de

1. Il faut pourtant se souvenir que l'empereur Théodose a fait des lois contre les chrétiens apostats. Cod. Theod., XVI, 7, 1 et 2.

l'empire, la première pensée qui vient à l'esprit, c'est qu'il avait quelque intérêt à le faire et qu'il voulait attirer à lui ce qui restait de païens. Mais il me semble qu'un prétendant à l'empire courait alors beaucoup plus de risques en soulevant les chrétiens contre lui qu'il ne trouvait d'avantages à gagner la faveur de ses adversaires. Les païens sans doute étaient encore fort nombreux; mais ils avaient montré depuis Constantin qu'ils étaient résignés à tout et peu disposés à des résistances vigoureuses. La jeunesse, l'ardeur, l'énergie, l'espoir du succès, l'assurance de l'avenir, toutes ces forces qui poussent aux grandes entreprises et les font réussir, n'étaient plus de leur côté. Ils se sentaient blessés au cœur; leurs prêtres eux-mêmes, si l'on en croit Eunape, annonçaient que les temples allaient disparaître, « que les sanctuaires les plus vénérables seraient bientôt changés en un amas de ruines que rongerait le ténébreux oubli, tyran fantastique et odieux, auquel sont soumises les plus belles choses de la terre[1] ». Il n'y avait donc pas à compter sur un culte qui s'abandonnait lui-même, qui prédisait et acceptait sa fin prochaine, et ce n'était guère la peine de se ménager l'appui de gens courbés sous les outrages dont on les accablait depuis cinquante ans et qui les supportaient sans révolte. La seule politique adroite pour combattre Constance, qui avait fatigué tous les partis de tracasseries inutiles, c'était d'annoncer une large tolérance dont personne ne serait exclu. Les païens, accoutumés à voir un chrétien sur le trône, se seraient contentés de la permission d'adorer leurs dieux en liberté, et en leur accordant ce droit on était certain de les satisfaire. Au contraire, les chrétiens, qui se croyaient sûrs d'une victoire définitive, ne pouvaient supporter sans un mécompte amer et une violente colère de retomber sous le joug d'un prince païen. Ce n'était donc pas un bon calcul pour Julien d'étaler comme il le fit sa nouvelle

1. Eunape, *Ædesius*.

croyance, et l'on peut assurer qu'il avait beaucoup à y perdre et peu à y gagner. Mais il n'agissait pas par calcul ; c'était la conviction seule, une conviction profonde et passionnée, qui le poussait à déserter la religion de sa famille, et l'ardeur même de sa foi nous est un garant de sa sincérité. S'il est vrai que sa conversion n'ait pas été le résultat de vues ambitieuses ou de nécessités politiques, comme celle de Henri IV, il ne suffit pas, pour savoir comment elle se fit et les causes qui l'ont amenée, d'étudier les événements dont l'empire fut alors le théâtre. Il faut pénétrer dans la conscience du jeune prince et tâcher d'y découvrir les crises qu'elle a traversées pour passer d'une croyance à l'autre. Ce sont des secrets qu'un homme emporte le plus souvent avec lui et qu'après des siècles il est presque impossible de bien savoir. Ici pourtant nous sommes plus heureux qu'à l'ordinaire; si nous ne connaissons pas tout à fait cette histoire intime et cachée, grâce au témoignage des amis de Julien, et surtout aux confidences qu'il laisse quelquefois échapper dans ses ouvrages, nous pouvons en deviner quelque chose.

Ammien Marcellin, qui l'a bien connu, nous dit que, dès ses premières années, il se sentit attiré vers le culte des dieux[1].

1. Ammien, XXII, 5. — Il est vrai que Libanius semble dire le contraire. Dans un de ses discours à Julien (*Prosphoneticus*), il lui rappelle le temps de son arrivée à Nicomédie, et comment il y trouva quelques païens obstinés qui pratiquaient en secret l'art divinatoire. « C'est alors, lui dit-il, que, gagné par les oracles, vous avez renoncé à votre haine violente contre les dieux. » Il détestait donc les dieux avant de venir à Nicomédie. Je remarque pourtant qu'à cette même époque on lui faisait solennellement promettre de ne pas voir Libanius, ce qui prouve qu'on trouvait sa foi mal affermie et qu'on craignait que la parole d'un rhéteur habile ne pût l'ébranler. Saint Grégoire de Nazianze rapporte que, pendant sa jeunesse, dans ses discussions avec son frère, qui était un grand dévot, Julien prenait toujours le parti des païens. C'était, prétendait-il, pour s'exercer à plaider les causes difficiles; en réalité, répond saint Grégoire, il cherchait déjà des armes contre la vérité. Je suis donc tenté de croire que Libanius, suivant ses habitudes de rhéteur, a ici forcé les expressions, et que, fier de la conquête de cette jeune âme, il a voulu rendre la vic-

Nous savons que le spectacle de la nature, et surtout la contemplation du ciel, lui a toujours causé les plus vives émotions. C'est de là peut-être que lui vint cette sympathie secrète pour la religion qui a le mieux compris la nature et qui en adore les phénomènes et les forces divinisées. « Dès mon enfance, nous dit-il, je fus pris d'un amour violent pour les rayons de l'astre divin. Tout jeune, j'élevais mon esprit vers la lumière éthérée; et non seulement je désirais fixer sur elle mes regards pendant le jour, mais la nuit même, par un ciel serein et pur, je quittais tout pour aller admirer les beautés célestes. Absorbé dans cette contemplation, je n'écoutais pas ceux qui me parlaient et je perdais conscience de moi-même[1]. » On reconnaît, à ces paroles émues, celui qui plus tard devait s'appeler lui-même « le serviteur du Roi-Soleil ». Je ne doute pas que ces premiers germes n'aient été cultivés en lui de bonne heure par quelqu'un de ceux qui l'approchaient. Parmi les gens qui vivaient alors dans la domesticité des grandes familles chrétiennes, il devait s'en trouver plus d'un qui, sans qu'on le sût, était resté païen, et qui essayait de faire naître le regret de l'ancienne religion dans les cœurs qu'il voyait mal disposés pour la nouvelle. On a beaucoup remarqué la tendresse avec laquelle Julien parle de Mardonius, son premier maître[2] : c'était un eunuque qui, après avoir élevé sa mère, fut mis près de lui dès son enfance et qui lui apprit à comprendre et à aimer les poètes grecs. Il est probable qu'en lui faisant lire l'*Iliade* et l'*Odyssée*, il lui donna le goût des fictions charmantes dont ces beaux poèmes sont remplis et des dieux qui en sont les héros ordinaires. Sa jeune imagination s'habitua dès lors à les fréquenter, et ils devinrent les premiers compagnons, les

toire du paganisme plus difficile pour la rendre plus belle. Il est probable qu'Ammien Marcellin a raison et que, bien avant le voyage à Nicomédie, Julien n'était qu'un chrétien assez tiède.

1. Julien, *Sur le Roi-Soleil*, 1. — 2. Julien, *Misopogon*, 14.

plus chers confidents de son enfance solitaire et persécutée.

Quand il eut grandi et qu'on lui laissa suivre les cours des professeurs en renom, il trouva partout autour de lui un préjugé puissant que partageaient ses maître et ses camarades, et auquel il ne pouvait pas échapper : c'était, chez tous les élèves des sophistes grecs, une sorte d'enivrement pour la gloire de leur pays, un sentiment profond de la supériorité de la race hellénique, qui se manifestait par le mépris de toutes les autres. Rome a vaincu la Grèce, mais elle n'a jamais pu la dominer. Comme elle lui était inférieure par l'esprit, elle n'est pas parvenue à lui imposer sa civilisation et sa langue. Il y a toujours eu, dans ce vaste empire soumis au même maître et gouverné par la même administration, deux mondes séparés qui vivaient d'une vie distincte. Jusqu'à la fin de la république, la résistance de l'Orient à l'esprit romain fut humble et discrète; mais, depuis Auguste, on le voit s'enhardir et profiter peu à peu des complaisances et des égards que l'autorité témoigne pour les provinces. Vers l'époque des Antonins, la Grèce avait tout à fait repris sa confiance en elle-même et elle osait parler légèrement de ses vainqueurs. C'est surtout dans le *Nigrinus* de Lucien que se montre cette attitude nouvelle; Rome y est fort maltraitée : c'est le pays de la flatterie et de la servitude, c'est le rendez-vous de tous les vices, c'est le séjour qui convient à ceux qui n'ont jamais goûté l'indépendance, qui ne connaissent pas la franchise, dont le cœur est rempli d'imposture, de fourberies et de mensonges. Longtemps les Romains ont dit « un Grec » pour désigner un débauché; chez Lucien et ses successeurs, « un Grec » signifie un honnête homme, et quand Libanius veut complimenter quelqu'un de sa générosité, de sa sagesse, de sa vertu, il lui dit « qu'il se conduit comme un Grec ». Les rôles dès lors sont changés : c'est Rome qui caresse et qui flatte, c'est la Grèce qui prend des airs arrogants. Tandis que les Orientaux ignorent en général le latin, les Romains se piquent de parler et d'écrire la langue d'Homère et de Démosthène. A partir d'Hadrien, les empereurs se font à demi Grecs; avec Constantin, le centre de l'empire est placé sur le Bosphore, et Contantinople domine Rome. A ce moment, qui nous paraît triste et sombre, l'activité littéraire de la Grèce semble se réveiller; elle reprend cette force de propagande et de conquête qui a fait sa gloire sous Alexandre et attire de plus en plus à elle l'extrême Orient. Elle achève de civiliser la Batanée, l'Auranite, la Nabatène, qui plus tard sont redevenues des déserts. Depuis longtemps l'Égypte lui envoie des orateurs et des poètes. Les Arabes se pressent dans ses écoles, ils viennent apprendre la jurisprudence à Béryte et l'éloquence à Antioche. La Perse elle-même est entamée, et Eunape nous raconte tout au long que le terrible Sapor reçut un jour, avec une admiration profonde, l'ambassade d'un sophiste et se laissa charmer par ses beaux discours. Il faut avouer que ce spectacle était fait pour causer quelque illusion aux Grecs et qu'ils avaient alors beaucoup de raisons d'être fiers de leur pays.

Cette fierté, personne peut-être ne l'a plus éprouvée que Julien. Libanius lui disait dans une de ses harangues solennelles : « Songez que vous êtes Grec et que vous commandez à des Grecs[1] ». Il n'avait pas besoin qu'on l'en fît souvenir; on peut dire que cette idée n'a jamais quitté son esprit et qu'elle a été la règle de toutes ses actions. Rien n'est plus frappant, quand on lit ses œuvres, que de voir combien l'Occident tient peu de place dans ses préoccupations. Rome, quoiqu'il en parle toujours avec respect, n'est pas véritablement sa patrie. Il ne l'a jamais visitée et n'en exprime nulle part le regret. Ammien Marcellin nous dit « qu'il ne parlait le latin que d'une manière suffisante[2] », tandis qu'en grec il est un des meilleurs écrivains de son temps. La littérature latine semble ne pas exister pour lui. Il n'a jamais prononcé le nom

1. *Legat. ad Jul.* — 2. Ammien, XVI, 4.

de Cicéron ou de Virgile; on dirait qu'il ne les connaissait pas. Au contraire, il est familier avec Platon et cite Homère presque à chaque page. Il n'a aucun souci de respecter les vieux préjugés des Romains et soutient sans hésiter « que si Alexandre avait eu Rome à combattre, il lui aurait bien tenu tête[1] ». Mais quand il dit : « Nous autres Grecs » ou qu'il parle de « son Athènes bien-aimée », on sent qu'il se redresse avec orgueil dans sa petite taille. De ce passé glorieux de la Grèce il ne veut rien laisser perdre; tous les souvenirs lui en sont chers, sa religion surtout, qui tient tant de place dans son histoire et qui a inspiré ses plus grands écrivains. Il s'y attache d'abord, et avant tout examen, par fierté nationale. Quand il veut montrer qu'elle doit être supérieure à celle des chrétiens, il lui paraît suffisant de rappeler que c'est la religion de la Grèce et que l'autre est sortie d'un canton obscur de la Palestine; pour indiquer par un seul mot cette différence d'origine qui les sépare et qui les juge, il affecte, dans toute sa polémique, d'appeler les chrétiens « des galiléens », tandis qu'il donne toujours à l'ancien culte le nom « d'hellénisme ».

L'hellénisme, nom glorieux entre tous, que Julien dut être heureux d'inventer et sur lequel il comptait sans doute, comme sur un talisman, pour assurer le succès de son œuvre! Je crois pourtant qu'il y avait quelque péril à s'en servir. Ce nom désignait la religion du plus illustre de tous les peuples, mais c'était celle d'un seul pays. Julien montrait en s'en servant qu'il n'entendait pas sortir du cercle étroit des religions locales; il laissait aux chrétiens l'avantage de ce Dieu unique et universel qui veille sur toutes les nations sans distinction et sans préférence, qui reconstitue au milieu de la division et de l'éparpillement des peuples la notion de l'humanité; il courait surtout le risque de désintéresser de ses réformes religieuses tous ceux qui n'avaient pas le

1. Julien, *Epist.*, 51.

bonheur d'être Grecs. On le vit bien à l'indifférence singulière avec laquelle l'Occident accueillit la tentative de Julien. Il y avait encore beaucoup de païens en Italie; le sénat de Rome surtout passait pour une des citadelles de l'ancien culte. Il ne paraît pas pourtant qu'il ait donné aucun encouragement à l'empereur et qu'il se soit associé à son entreprise. Les villes italiennes, quoique païennes en partie, semblent assister froidement à ce dernier effort du paganisme. L'histoire ne dit pas que chez elles il ait soulevé ces passions et amené ces luttes qui ensanglantèrent l'Asie. N'est-il pas probable qu'elles ont pensé que la réforme de Julien concernait surtout l'Orient et ne les touchait guère? C'est ainsi que ce grand nom d'hellénisme, dont il était si fier, ne l'a pas autant servi qu'il le croyait. Il le regardait comme une force invincible qui devait lui donner la victoire; peut-être a-t-il été un des motifs de sa défaite.

Ce préjugé d'orgueil national régnait surtout dans les écoles, et c'étaient les écoles mêmes qui lui avaient donné l'occasion de naître. Les Grecs étaient très fiers de l'enseignement qu'y recevait la jeunesse, ils lui attribuaient leur supériorité sur le reste du monde; aussi éprouvaient-ils une très grande reconnaissance et une très vive admiration pour les maîtres qui apprenaient à leurs enfants cet art de bien parler qui semblait l'art grec par excellence. Libanius soutient que c'est par la rhétorique seule que la Grèce se distingue des autres nations. « Si le talent de la parole se perdait chez nous, disait-il, nous deviendrions semblables aux barbares[1]. » Julien va plus loin encore : il attribue aux leçons des maîtres de rhétorique et de philosophie, à la lecture des grands écrivains de la Grèce, des effets merveilleux sur l'âme, et affirme « que ces études sont indispensables pour donner le courage, la sagesse, la vertu ». Il dit aux chrétiens avec une impertur-

1. Libanius, *Epist.*, 372.

bable assurance : « Si les jeunes gens que vous appliquez à la lecture de vos livres sacrés, arrivés à l'âge d'homme, valent mieux que des esclaves, je consens à passer pour un maniaque et un insensé, tandis que chez nous, avec notre enseignement, tout homme, à moins d'avoir une nature entièrement mauvaise, devient nécessairement meilleur ». Ce qui est plus surprenant, c'est qu'au fond les chrétiens pensaient comme lui, et nous verrons plus tard qu'ils n'imaginaient pas qu'on pût se passer de l'éducation qui se donnait dans les écoles.

Cependant cette éducation était restée toute païenne, et c'est dans les écoles, par l'influence des maîtres, qui presque tous pratiquaient encore l'ancien culte, que s'est achevée la conversion de Julien. Ces maîtres, nous leur donnons à tous le même nom, celui de sophistes; c'est ainsi qu'on appelle ordinairement Libanius et Thémistius, aussi bien qu'Ædésius, Chrysanthe, Maxime d'Éphèse, et il est certain que, quelle que soit la matière qu'ils enseignent, au premier abord ils ne paraissent guère différer les uns des autres : tous cultivent la rhétorique et se piquent d'être de beaux parleurs. Eunape, à propos d'un philosophe célèbre, nous dit que « sa parole exerçait une séduction voisine de la magie, que la douceur, la suavité, florissaient dans ses discours, qu'elles se répandaient avec tant de grâce que ceux qui écoutaient sa voix s'abandonnant eux-mêmes comme s'ils eussent goûté la fleur du lotus, restaient suspendus à ses lèvres[1] ». Mais si ce souci de l'éloquence, qui leur est commun, et le goût qu'ils ont tous d'en donner des représentations publiques, où leurs disciples ou leurs amis sont appelés à les applaudir, peut les faire confondre, en regardant de plus près on aperçoit entre eux des différences importantes : il y a ceux qui ne sortent pas de l'enseignement de la rhétorique proprement dite, et ceux qui y joignent l'étude de la philosophie. Ce qui est sur-

1. Eunape, *Ædesius*.

tout curieux, c'est que, païens les uns et les autres, ils ne le sont pas tout à fait de la même façon. Libanius peut être regardé comme le meilleur représentant du premier groupe. C'est assurément un païen convaincu, qui fréquente les temples, qui fait des sacrifices, qui consulte Esculape sur ses maladies et se recommande aux prières des hiérophantes. Il gémit doucement quand le culte qu'il préfère est persécuté, et, quoique de sa nature il soit timide et soumis, il a l'audace d'en prendre la défense. Lorsque ce culte triomphe avec Julien, sa joie éclate et déborde. « Nous voilà, dit-il, vraiment rendus à la vie; un souffle de bonheur court par toute la terre, maintenant qu'un dieu véritable, sous l'apparence d'un homme, gouverne le monde, que les feux se rallument sur les autels, que l'air est purifié par la fumée des sacrifices[1]. » Mais cette religion qu'il aime, qu'il célèbre, qu'il est si heureux de voir renaître, c'est l'ancienne, c'est la religion calme, sage, officielle, dont les cités grecques se sont contentées pendant tant de siècles; il la conserve pieusement en souvenir du passé et n'éprouve pas le besoin d'y rien changer. Les philosophes au contraire y ajoutent beaucoup de nouveautés. Porphyre et Jamblique faisaient des miracles; leurs disciples sont des illuminés, qui ne se contentent plus de prier les dieux en employant les formules verbeuses des anciens rituels et qui veulent communiquer directement avec eux par l'extase. On raconte d'eux des prodiges étranges. « On dit que, quand ils prient, ils semblent s'élever du sol à plus de dix coudées, et que leurs corps, comme leurs vêtements, prennent une éclatante couleur d'or[2]. » Ils invoquent familièrement les démons et les génies et les forcent à leur apparaître. Ils pratiquent surtout la divination sous toutes ses formes, et c'est la principale raison de leur succès, car jamais on n'a souhaité plus passionnément de lire

1. Libanius, *Prosphon.* — 2. Eunape, *Jamblique.*

dans l'avenir. Malgré les défenses terribles de la loi, tout le monde veut connaître sa destinée; les supplices dont on punit les devins et ceux qui les consultent ne font qu'en accroître le nombre. Voilà ce qui attire dans les écoles de ces sophistes, qui sont à la fois des philosophes, des magiciens et des prophètes, toutes les imaginations malades, avides d'inconnu, éprises de divin, comme il s'en trouve tant dans les grandes crises religieuses. Ceux qui s'y pressent ne sont pas des disciples ordinaires, qui viennent écouter avec recueillement les leçons d'un maître : ce sont des dévots, des fanatiques dont il faut satisfaire à tout prix les ardeurs emportées. Eunape raconte qu'un de ces sages s'étant un jour enfui dans une solitude, « ses élèves le suivirent à la piste et, hurlant comme des chiens devant sa porte, ils le menacèrent de le déchirer s'il persistait à garder sa science pour les montagnes, les arbres et les rochers[1] ».

Julien a fréquenté successivement ces deux classes de sophistes. Ce furent les rhéteurs qui l'attirèrent d'abord. Quand on l'envoya étudier à Nicomédie, on lui fit promettre de ne pas suivre les cours de Libanius, dont l'enseignement semblait dangereux pour un chrétien. C'était lui précisément qu'il souhaitait le plus entendre, et il est probable que la défense qu'on lui faisait rendait encore son désir plus vif. Il tint pourtant sa promesse, mais s'il n'assistait pas de sa personne aux leçons du célèbre rhéteur, il envoyait des gens pour les recueillir et les lisait avec passion, quand il était seul. Aussi Libanius se regardait-il comme un des maîtres de Julien, et il pouvait se rendre ce témoignage qu'il lui avait enseigné bien autre chose que l'art de parler; on ne peut guère douter que ses discours tout pleins de paganisme n'aient souvent réveillé, dans cette âme pieuse et ouverte aux impressions du passé, le souvenir et le regret de l'ancien culte. Libanius avait

1. Eunape, *Ædesius*.

donc raison de lui dire plus tard : « C'est la rhétorique qui vous a ramené au respect des dieux[1] ». Mais la rhétorique ne pouvait pas longtemps lui suffire. Après avoir fréquenté les rhéteurs, il souhaita connaître les philosophes « et s'enivrer auprès d'eux à satiété de toute sagesse et de toute science ». Eunape raconte qu'il s'adressa d'abord au vieil Ædésius, le chef de l'école. Mais Ædésius, que l'âge rendait prudent, craignit de se compromettre en lui révélant des connaissances suspectes et le renvoya à ses disciples. Julien, que tous ces retards ne faisaient qu'enflammer davantage, alla chercher jusqu'à Éphèse le plus célèbre d'entre eux, Maxime, et se mit sous sa direction. C'est de lui qu'il apprit toute la doctrine secrète des néo-platoniciens, l'art de connaître l'avenir et de se rapprocher des dieux par la prière et l'extase. Quand Maxime le vit sous le charme, pour achever de le conquérir, il adressa « l'enfant chéri de la philosophie », comme on l'appelait, à l'hiérophante d'Éleusis, qui l'initia à ses mystères. — Ce fut comme le baptême du nouveau converti.

Voilà ce que nous savons de la manière dont s'est accomplie la conversion de Julien. Ce ne fut pas un de ces coups subits qui, en un moment, changent un homme ; elle se fit lentement, peu à peu, et nous pouvons rétablir presque tous les degrés par lesquels il est revenu à l'ancienne religion. On nous dit, et nous n'avons pas de peine à le croire, qu'il a toujours eu pour elle, au fond du cœur, une préférence instinctive ; son orgueil de Grec le disposait à croire que les dieux que la Grèce avait si longtemps servis étaient les véritables. Il fut encore rapproché d'eux par l'éducation qu'il reçut dans les écoles, l'étude de la rhétorique, la lecture des livres où ils tenaient tant de place ; mais tout le monde s'accorde à reconnaître que ce furent les leçons des philosophes qui achevèrent de le décider. On doit en conclure que leur enseignement répondait à quelque besoin de

1. Libanius, *Prosphon*.

son âme que le christianisme n'avait pas pu contenter. Cet enseignement, nous l'avons vu, ne se composait pas seulement d'une métaphysique hardie, d'un mélange de raisonnements subtils et de rêveries audacieuses qui donnent le vertige à l'esprit : il prétendait fournir le moyen de communiquer avec la divinité, d'aller vers elle ou de l'attirer à soi, d'entendre sa voix dans les songes ou dans les oracles, et de savoir d'elle-même sa nature et ses desseins. Voilà ce que Julien ne trouvait pas au même degré dans la religion des chrétiens. Quelque part qu'elle ait voulu faire aux surexcitations de la dévotion, il y a toujours eu des âmes à qui son dogmatisme a paru froid et qui n'ont pas pu se passer du charme des révélations et des extases. De là sont nées ces sectes mystiques que l'Église a tantôt tolérées avec méfiance, tantôt repoussées sévèrement de son sein. C'est le même besoin qui a jeté Julien dans les bras de Maxime d'Éphèse et de ses amis. On se trompe souvent sur les motifs de sa conversion : on la regarde comme une sorte de révolte du bon sens contre les excès de la superstition ; c'est une profonde erreur : il y avait certainement plus de croyances et de pratiques superstitieuses dans la doctrine qu'il adoptait que dans celle qu'il a quittée, et, s'il a changé de foi, ce n'est pas en haine du surnaturel, c'est qu'au contraire il ne trouvait pas assez de surnaturel à son gré dans le christianisme.

II

Julien n'a pas compris le christianisme. — Raisons qu'il avait pour le mal juger. — Lettre à Salluste. — Les *Panégyriques*. — Il déclare sa conversion.

Julien a dit quelque part « qu'il a été chrétien jusqu'à vingt ans[1] ». On a vu qu'il ne faut pas prendre ces mots à la lettre. Chrétien fervent et sincère, il est bien probable qu'il ne l'a guère été; mais il faisait au moins profession de l'être. Il avait, pendant vingt ans, vécu parmi les fidèles, fréquenté les églises, lu les livres sacrés, écouté l'enseignement des évêques, lorsqu'il fut tout à fait conquis par le paganisme.

C'est ce qui précisément a causé à quelques bons esprits une surprise profonde : on s'est demandé comment une âme si honnête, si élevée, si religieuse, avait pú traverser le christianisme sans être jamais frappée de ce qu'il y a de grand et de pur dans sa doctrine. D'où peut venir que, l'ayant connu de près et pratiqué pendant plus de la moitié de sa vie, non seulement il lui ait préféré une religion décrépite, mais qu'il n'ait conservé pour lui qu'un implacable mépris? Ce qui est surtout incroyable, ce qui montre le plus bizarre aveuglement, c'est qu'il ait tout à fait méconnu sa supériorité morale, qu'il ne le trouve bon « qu'à faire des âmes d'esclaves », et qu'il affirme avec la plus singulière assurance « que jamais aucun homme ne saurait devenir, chez les chrétiens, courageux et honnête ». On s'explique pourtant un peu ces assertions étranges quand on songe aux spectacles que Julien avait sous les yeux et dont il devait être plus frappé que personne. Depuis la victoire du christianisme,

1. Julien, *Epist.*, 51.

les mœurs publiques n'étaient pas devenues beaucoup meilleures. On n'en est pas fort surpris quand on songe que l'humanité, prise dans son ensemble, ne change guère, que le bien et le mal s'y mêlent toujours dans des proportions à peu près semblables, et qu'aucune doctrine, si pure, si élevée qu'elle soit, n'aura jamais assez de force pour rendre tous les hommes parfaits. Mais les chrétiens avaient souvent annoncé que quand leur religion arriverait à triompher des autres, le monde serait renouvelé. Elle avait remporté la victoire, et le monde était toujours le même. Ne venait-on pas de voir Constantin, le prince qui avait mis le christianisme sur le trône, assassiner successivement son beau-père, son beau-frère, sa femme et son fils? A quoi lui servait donc de bâtir des églises, de s'entourer d'évêques, de présider des conciles, s'il se conduisait comme Néron? Et plus récemment encore, l'avènement de Constance n'avait-il pas été ensanglanté par le massacre de presque tout ce qui restait de sa famille? Les grandes espérances, quand elles ne se réalisent pas, amènent de grands découragements, et il est probable que beaucoup de ceux qui comptaient le plus sur le retour de l'âge d'or, voyant que rien n'était changé et que les princes chrétiens suivaient l'exemple des autres, furent tentés d'accuser le christianisme d'impuissance. C'est l'impression que Julien a recueillie et qu'il exprime. Peut-être aussi le caractère de ceux qui furent chargés de lui apprendre la doctrine de l'Église n'était-il pas de nature à le bien disposer pour elle. Ce devaient être des évêques ariens, hommes de cour, plus occupés d'intrigues politiques que riches de vertu, et qui lui donnèrent sans doute une mauvaise idée de l'éducation chrétienne. Mais ce qui, dès ses premières années, a dû l'éloigner plus que tout le reste du christianisme et l'empêcher de le comprendre, c'est qu'il était la religion de ses persécuteurs. On le forçait surtout à la pratiquer parce qu'on espérait qu'étant chrétien plus fidèle il serait sujet plus soumis. On la lui imposait comme une discipline, il l'accepta comme un châtiment. Il savait bien d'ailleurs que, parmi ceux qui la lui enseignaient, il y en avait qui étaient chargés de surveiller ses actions et de pénétrer dans ses pensées pour en instruire l'empereur. Ils lui semblaient moins être des professeurs que des espions et des geôliers, et la haine qu'il ressentait pour eux s'étendit à leur doctrine. Il ne prêtait guère à leurs leçons qu'une oreille malveillante. Il raconte qu'il prenait plaisir à les troubler de ses objections et qu'il avait la générosité de leur fournir des arguments quand ils étaient embarrassés pour répondre[1]. Ils le félicitaient sans doute quand ils le voyaient plongé dans la lecture de leurs livres saints; ils ne savaient pas qu'il ne les étudiait que pour les combattre, et qu'il préparait ainsi sous leurs yeux, et peut-être avec leur aide, sa grande réfutation du christianisme.

Ainsi la principale raison qu'il avait pour détester cette doctrine qui lui était imposée par le meurtrier de sa famille, c'est qu'elle représentait pour lui la servitude. L'autre, au contraire, lui semblait être la liberté. Il secouait le joug, il reprenait possession de lui-même, il croyait échapper à ses tyrans en reniant leur foi. Dès lors le christianisme se confondit pour lui avec le souvenir des plus tristes années de sa jeunesse et il se rappela toujours qu'au milieu de ses humiliations et de ses misères le paganisme lui était apparu comme une consolation et une délivrance. C'est ce qui explique qu'il l'ait embrassé avec tant d'ardeur. Libanius raconte qu'il pleurait quand il entendait dire que les temples étaient renversés, les prêtres proscrits, les biens des dieux distribués à des eunuques ou à des courtisanes; il nous le montre heureux d'immoler des victimes sur ces autels délaissés « et qui avaient soif de sang ». Quelques amis étaient seuls confidents de ses croyances

1. Julian, *Contra christ.*, p. 347, éd. Neumann.

nouvelles et assistaient à ses sacrifices; cependant le bruit s'en était répandu au dehors, « parmi ceux qui cultivaient les muses et qui adoraient encore les dieux[1] ». Ils venaient voir le jeune prince, s'entretenaient avec lui quand il était seul, et, séduits par sa piété et par sa sagesse, ils priaient les dieux de le garder pour le bonheur de l'empire. Ces communications discrètes, cet air de conspiration et de mystère, le charme du secret, l'attrait du péril, le plaisir de braver des maîtres ombrageux et de résister à leurs ordres, tout rattachait Julien au culte persécuté, et il attendait avec impatience, il appelait de tous ses vœux le jour où il pourrait le pratiquer en liberté et lui rendre les honneurs qu'il avait perdus.

Ce jour se fit attendre dix ans entiers. Pendant dix longues années, pleines de terreurs et de tristesses, il lui fallut tromper le monde, mentir à sa conscience, pratiquer un culte qu'il détestait, et même, pour désarmer tout à fait les inquiétudes de Constance, entrer dans les ordres inférieurs de la hiérarchie sacerdotale et lire au peuple les livres sacrés dans les églises. Il est vraiment difficile de comprendre qu'un jeune homme si ardent, si convaincu, ait été capable d'une si longue dissimulation. On la lui a quelquefois reprochée, ce qui me semble bien injuste, quand on sait sous quelle sévère tutelle il passait sa vie, et que, s'il avait ajouté au crime impardonnable d'être neveu de Constantin la faute de déserter le culte de sa famille, il était perdu. Il lui fallut donc dissimuler pour vivre, et si cette hypocrisie nous déplaît, n'oublions pas qu'il y était condamné sous peine de mort, et qu'il faut moins la reprocher au jeune prince qui s'y résigna qu'à ceux qui la lui rendaient nécessaire.

Devenu césar et chef de l'armée des Gaules, il ne fut pas beaucoup plus libre. L'empereur, même éloigné, continuait à peser sur lui. Il le surveillait toujours avec méfiance et s'empressa de rappeler son préfet, Salluste, quand il s'aperçut

1. Libanius, *Orat. funeb.*

qu'ils s'entendaient trop bien ensemble. Julien, qui le vit partir tristement, lui adressa une lettre que nous avons conservée et qui est un de ses meilleurs ouvrages. Sans qu'il se plaigne ouvertement de l'empereur, on y sent une secrète amertume; tout y fait soupçonner sa foi nouvelle, quoique rien ne la trahisse; on devine aisément que Salluste la partageait, qu'il était un de ces amis sûrs qui priaient avec lui le Roi-Soleil ou la Mère des dieux, et auxquels il confiait ses projets pour la restauration de l'ancien culte. La fin, pleine de tendresse et de gravité, nous attache à ce jeune prince, qui aimait si vivement ses amis, et qui, selon le mot d'Antonin, tout césar qu'il était, savait être homme avec eux. « Pour toi, lui dit-il, car il est temps que je t'adresse des paroles d'adieu, puisse la divinité propice te guider partout où doivent aller tes pas! que le dieu des hôtes te fasse accueil, que le dieu des amis te ménage partout la bienveillance! qu'il aplanisse les routes de terre, et, si tu dois naviguer, qu'il abaisse les flots devant toi! Sois chéri, sois honoré de tous! que la joie accueille ton arrivée, que les regrets accompagnent ton départ! »

On éprouve beaucoup moins de plaisir à lire les panégyriques qu'il a composés vers la même époque pour l'empereur Constance et l'impératrice Eusébie. Ils sont pourtant, quand on les regarde de près, bien plus curieux que la consolation à Salluste. On y trouve sans doute des éloges fort hyperboliques et qui ne pouvaient pas être sincères; mais Julien a soin de nous prévenir qu'un des privilèges du genre, c'est qu'il y est permis de mentir. « Ce n'est pas une honte pour l'orateur que de donner de fausses louanges à des gens qui n'en méritent aucune. On dit, au contraire, qu'il a tiré un bon parti de son art, quand sa parole a su grandir ce qui est petit, rapetisser ce qui est grand, et, pour tout dire en un mot, opposer à la nature des choses la force de son éloquence[1]. » Nous voilà

1. Julien, *Paneg.*, I, 1.

prévenus, et c'est notre faute si nous ajoutons quelque foi à ces hyperboles officielles. Laissons donc de côté tous ces mensonges pompeux, qui se trahissent par leur exagération même; ce qui mérite de nous arrêter, ce qui est véritablement étrange et inattendu dans ces panégyriques, c'est la liberté avec laquelle Julien y touche à des sujets religieux et laisse voir ses opinions véritables, qu'il cachait ailleurs avec tant de soin. On ne peut l'accuser ici d'être un hypocrite; aucune allusion n'y est faite aux doctrines chrétiennes, rien n'y révèle le prince qui fréquentait les églises et qui avait lu au peuple les livres saints. Il y est partout question des philosophes et d'Homère, jamais de l'Évangile. Les sages de la Grèce tiennent la place que devraient occuper les docteurs de l'Église; c'est Platon seul que l'auteur nous cite, quand il veut prouver « que l'homme doit tendre à s'élever vers le ciel, d'où il descend »: pour établir « qu'il vaut mieux pardonner une injure que de se venger », il ne s'appuie que sur une maxime de Pittacus. Dans ces discours destinés à louer un prince chrétien, les vieux récits de la mythologie abondent, et non seulement il les raconte avec plaisir, mais il les justifie. « Gardons-nous de croire, dit-il, ceux qui prétendent que ce sont des mensonges inventés par des ignorants »; et, pour prouver qu'ils se trompent, il nous donne une explication de la légende d'Hercule qui la rend très morale et fort raisonnable. Vers la fin du second discours, il est amené à tracer ce qu'il regarde comme l'idéal d'un bon roi : le portrait est beau; mais c'est celui d'un prince païen. Son premier devoir est la piété, c'est-à-dire « le culte des dieux ». Pour se bien conduire, « il faut qu'il ait l'œil sur le Roi des dieux dont un vrai prince doit être l'organe et le ministre ». S'il se règle sur ce modèle, ses sujets l'aimeront et appelleront toutes les prospérités sur lui. « Les dieux à leur tour devanceront ses prières, et tout en lui accordant d'abord les dons du ciel, ils ne le priveront pas de ceux de la terre. Enfin, quand la fatalité l'aura fait succomber aux chances inévitables de la vie, ils le recevront dans leurs chœurs et dans leurs festins et répandront sa gloire parmi tous les mortels. » Ne dirait-on pas qu'il voulait tracer d'avance le programme de son règne?

Ainsi ces discours officiels, destinés à être prononcés dans des cérémonies solennelles, devant les principaux officiers de l'empire, sont pleins de souvenirs et de sentiments païens. On a quelque peine à comprendre qu'un prince suspect, comme Julien, ait osé les prononcer, et qu'un prince dévot comme Constance, qui mettait sa gloire à fermer les temples et à convertir ses sujets, ait pu les entendre ou les lire. Il faut évidemment que ce genre d'éloquence ait joui de privilèges particuliers; de même qu'il y était permis de mentir effrontément, on pouvait y employer cette phraséologie païenne sans danger. Elle était consacrée par des chefs-d'œuvre, les rhéteurs s'en servaient depuis des siècles, et c'était comme une ancienne mode qu'on tolérait par habitude et par respect. Il n'en est pas moins étrange que, dans un moment où les deux cultes se disputaient encore les âmes, on ait permis à l'homme qui faisait profession d'être chrétien à l'église de rester païen à l'école. Julien pouvait donc à la rigueur, sans étonner les indifférents, sans même trop effaroucher les dévots, invoquer Jupiter[1] et trouver un sens très moral à la légende d'Hercule dans ses panégyriques; mais l'empressement qu'il mit à user de la permission et la manière dont il en profita méritent d'être remarqués. On voit bien qu'il était heureux d'avoir quelque occasion d'exprimer ses sentiments véritables. La gêne dans laquelle il était forcé de vivre lui pesait, et il soulageait son cœur dans ces exercices oratoires où il pouvait au moins être plus libre. Aussi sa joie dut-elle être très vive quand il put jeter le masque et pratiquer sa religion au grand

1. Dans le panégyrique de l'impératrice Eusébie on lit cette exclamation : « Par Jupiter, dieu des amis! »

jour. C'était au moment où il avait perdu tout espoir de s'accommoder avec Constance et où il partait avec son armée pour aller le combattre. Il écrivit alors à son maître, Maxime d'Éphèse : « Nous adorons publiquement les dieux, et toute l'armée qui me suit est dévouée à leur culte. Nous leur sacrifions des bœufs pour les remercier de leurs bienfaits, et nous immolons en leur honneur de nombreuses hécatombes. Ces dieux m'ordonnent de tout maintenir, autant que possible, en parfaite sainteté. Je leur obéis, et de grand cœur. Ils me promettent de m'accorder de grands fruits de mes efforts, si je ne faiblis pas[1]. » Il était alors, comme on le voit, plein d'enthousiasme et d'espoir; mais l'avenir lui gardait beaucoup de mécomptes.

III

Julien attaque le christianisme comme philosophe. — Les livres *Contre les chrétiens*. — Doctrine religieuse de Julien. — Le discours sur le Roi-Soleil. — Infériorité de cette doctrine comparée au christianisme. — Essai de prédication païenne. — Organisation du clergé païen.

Ce qui donnait à Julien une situation particulière pour restaurer l'ancienne religion, c'est qu'étant à la fois un philosophe et un empereur, il avait deux moyens de lutter contre le christianisme. Comme philosophe, il pouvait l'attaquer par ses écrits, le réfuter, le confondre, essayer de le perdre dans l'opinion publique; il pouvait prendre, comme empereur, toutes les mesures qui lui semblaient les plus efficaces pour le

1 Julien, *Epist.*, 53.

détruire. Nous allons le suivre successivement dans ces deux genres de combat qu'il lui a livrés.

Il avait composé un grand ouvrage contre les chrétiens, qui ne nous est plus connu que par la réfutation qu'en a faite saint Cyrille[1]. C'était une œuvre remarquable, que Libanius préfère au travail de Porphyre sur le même sujet et dont saint Cyrille dit « qu'elle a ébranlé beaucoup de personnes et fait beaucoup de mal ». On trouve, dans ce qui en reste, une polémique vive, habile, quelquefois profonde, toujours nourrie par la connaissance des livres saints. En le forçant à les lire et à les méditer, on lui avait mis dans la main une arme qu'il a tournée contre eux. Il a fait durement payer aux évêques et aux prêtres chargés de l'instruire les longs ennuis que lui avait coûtés cette théologie dont on lui infligeait l'étude. Non seulement il reproduit les anciens arguments de Celse, mais il semble qu'il ait prévu la plupart de ceux dont la critique se sert le plus volontiers aujourd'hui : ainsi il fait remarquer les traces de polythéisme que contient le récit de la création dans la Bible; il indique en passant que l'évangile de Jean ne ressemble pas aux trois autres; il affirme que le christianisme s'est formé d'emprunts maladroits faits aux Grecs et aux Juifs, « mais que, comme les sangsues, il a tiré le mauvais sang et a laissé le bon ». Il devance les railleries de Voltaire, il est amusant et spirituel comme lui quand il analyse les récits des livres saints et qu'il en fait ressortir les contradictions et les bizarreries. « Dieu dit : Il n'est pas bon que l'homme soit seul, faisons-lui une aide à sa ressemblance. Cependant cette aide, non seulement ne l'aide en rien, mais elle le trompe et devient pour tous les deux la cause de leur expulsion du paradis.... Quant au serpent dialoguant avec Ève, de quelle langue dirons-nous qu'il se servit?... Et la

1. *Juliani imperatoris librorum contra christianos quæ supersunt.* — Éd. Neumann. Voyez *Journal des Savants*, 1882, p. 557.

défense imposée par Dieu à l'homme et à la femme qu'il avait créés de faire la distinction du bien et du mal, n'est-ce pas le comble de l'absurdité? peut-il y avoir un être plus stupide que celui qui ne sait pas distinguer le mal du bien, pour fuir l'un et chercher l'autre? Dieu était donc l'ennemi du genre humain, puisqu'il lui refusait ce qui est le fond même de la raison, et le serpent en était le bienfaiteur. » Le seul inconvénient de ces railleries, c'est qu'on pouvait les retourner contre les légendes païennes, que Julien trouvait dignes de respect, qu'il essayait d'expliquer et de défendre. Il faut avouer que, quand on vient de se moquer de la tour de Babel, il est difficile de traiter sérieusement ce qu'Homère raconte des Aloades qui s'avisèrent de mettre trois montagnes l'une sur l'autre « afin d'escalader le ciel ». Mais c'est le propre de ces querelles théologiques que ceux qui s'y livrent avec plus d'ardeur que de prudence ne sont plus capables de voir chez eux les imperfections qu'ils discernent chez les autres. Ils dirigent contre leurs adversaires des arguments dont on peut se servir contre eux-mêmes, de façon que les deux partis sortent également blessés de la lutte et qu'en réalité ce sont les incrédules qui en recueillent tous les fruits.

Julien ne croyait pas travailler pour les incrédules, il espérait bien ramener le monde aux anciens dieux; mais il n'ignorait pas que, pour y réussir, un grand effort était à faire. La polémique chrétienne avait porté des coups terribles aux religions populaires, elle en avait montré d'une manière victorieuse les faiblesses et le ridicule, et il n'était plus possible de revenir tout à fait au polythéisme naïf d'autrefois. Aussi était-ce véritablement une religion nouvelle que Julien essaya de composer avec les débris de l'ancienne. Malgré son enthousiasme pour Homère, il comprit qu'on n'était plus au temps de la guerre de Troie, que la société nouvelle avait de nouveaux besoins religieux et qu'il fallait trouver quelque moyen de les satisfaire. Les religions de l'antiquité se composaient de pratiques qu'on était tenu d'accomplir rigoureusement et de légendes que chacun pouvait interpréter à sa façon; elles n'avaient pas de dogmes et ne connaissaient pas d'orthodoxie. Le monde s'était fort bien accommodé pendant des siècles de ces croyances indéterminées, qui ne gênaient la liberté de personne; mais, avec le temps, on était devenu plus difficile. De grands problèmes s'étaient posés à l'esprit d'une façon impérieuse, il fallait qu'ils fussent résolus, et l'on ne voulait plus se contenter d'une religion qui n'apprenait rien de la nature des dieux, de leur action sur le monde et des secrets de l'autre vie. Julien se chargea de combler ce vide avec la philosophie de Platon. Ce fut son premier travail de créer une doctrine religieuse, de donner ce qu'on pourrait appeler des dogmes à ces cultes qui n'en avaient pas. C'est ce qui est visible dans ce long discours « sur le Roi-Soleil » qu'il composa en trois nuits d'insomnie et qui est un de ses plus importants ouvrages.

Ce discours n'est pas facile à comprendre, et Julien y est fort souvent obscur. C'est une sorte d'improvisation où il ne s'est pas donné le temps de préciser ses idées. Il y traite d'ailleurs de questions métaphysiques et parle pour des gens nourris des mêmes opinions que lui, qui l'entendent à demi-mot. Heureusement pour nous, M. Naville a pris la peine de rendre clair ce que Julien s'était contenté d'ébaucher[1]. Je n'ai donc rien de mieux à faire que d'analyser son travail, en lui laissant la parole le plus que je pourrai.

Le Dieu véritable de Julien, c'est le Soleil. Il est le principe de la vie pour toute la nature; sur la terre il fait tout naître et grandir, il préside à tous les mouvements des sphères et des corps célestes, il est le centre et le principe de l'harmonie admirable des cieux : « les planètes règlent leurs mouvements

1. Adrien Naville, *l'Empereur Julien et la philosophie du polythéisme*.

sur les siens, et le ciel est plein de dieux qui lui doivent leur naissance ». Mais ce soleil, auquel Julien adresse tous ses hommages, n'est pas tout à fait celui dont nos yeux suivent le cours, que nous voyons tous les jours se lever et disparaître. Cet astre matériel est seulement l'image et comme le reflet d'un autre soleil que nos yeux ne peuvent saisir et qui, dans une région supérieure, au-dessus de la portée de nos regards, « éclaire les races invisibles et divines des dieux intelligents ». Il faut un effort d'abstraction pour comprendre les idées de Julien sur ces mondes qui s'étagent hiérarchiquement les uns au-dessus des autres et nous mènent de la sphère que nous habitons à celle où résident l'idéal et l'absolu. Mais les explications de M. Naville vont nous rendre ce travail plus facile. « L'univers visible, nous dit-il, est l'image d'un monde supérieur qui est son modèle, et l'on peut d'après l'image se faire une idée du modèle. De l'univers visible enlevez la matière et toutes les imperfections qui résultent de la matière; augmentez au contraire par la pensée, élevez à l'absolu tous les éléments de perfection qu'il contient, et vous serez en chemin de vous faire une notion du monde supérieur. Là aussi, un principe central est le foyer d'où l'harmonie rayonne sur les principes subordonnés. Appelons-le, dit Julien, ce qui est au-dessus de l'intelligence, ou l'Idée des êtres, c'est-à-dire du Tout intelligible, ou l'Un, ou, selon l'usage de Platon, le Bien. De même que le soleil est entouré de l'armée des cieux et que les planètes dansent en chœur autour de lui, de même le Bien est entouré de principes intelligibles auxquels il distribue l'être, la beauté, la perfection, l'unité, en les enveloppant de l'éclat de sa puissance bienfaisante. Aux « dieux visibles » de l'univers correspondent les « dieux intelligibles » du monde supérieur. Ce monde supérieur est le monde absolu, la région des principes primitifs et des causes premières; l'univers visible en procède et en reproduit l'ordonnance, mais il n'en procède pas directement. Entre ces deux mondes, entre l'Un absolu et l'Un divisé, entre l'immatérialité absolue et la matière, entre ce qui est absolument immuable et ce qui change incessamment, entre ce qu'il y a de plus haut et ce qu'il y a de plus bas, la distance est trop grande pour que l'un puisse sortir de l'autre immédiatement : il faut un intermédiaire. Entre le monde intelligible (νοητός) et le monde sensible se trouve le monde intelligent (νοερός). Le monde intelligent est une image du monde intelligible et sert à son tour de modèle au monde sensible, qui est ainsi l'image d'une image, la reproduction au second degré du modèle absolu. » M. Naville fait remarquer que la doctrine de Julien a la forme générale de la plupart des doctrines alexandrines; elle est trinitaire. Sa triade se compose de ces trois termes : le monde intelligible, le monde intelligent, le monde sensible ou visible. A chacun d'eux correspond un soleil particulier, qui est le centre du système. Il y a donc trois soleils, répondant à ces trois mondes divers, et qui ont une importance et des attributions différentes. Celui du monde intelligible, c'est-à-dire le premier principe, l'Un, le Bien, est surtout pour Julien un objet de spéculations philosophiques, que sa pensée aime à entrevoir dans le lointain, mais qui ne se laisse guère aborder. Le soleil du monde sensible, celui que nous voyons et dont nous jouissons, est trop matériel pour être le dernier terme de ses adorations. C'est donc sur le Dieu central du monde intelligent qu'il concentre surtout ses hommages. Il l'appelle « le Roi-Soleil », et le regarde comme une sorte d'intermédiaire par qui les perfections se transmettent du monde intelligible au monde sensible et qui communique à ce dernier les qualités qu'il a reçues lui-même du Bien absolu. M. Naville a raison de dire que, dans ces conceptions, Julien s'est inspiré d'abord de Platon, mais qu'il s'est aussi souvenu de la théologie chrétienne. « Il y a une parenté évidente entre le Roi-Soleil et ce Dieu secondaire, organe de la création, que les Pères du IIe siècle avaient proclamé sous le nom de *Logos*, et le concile de Nicée sous le nom de Fils, et les expressions dont Julien se sert pour définir sa nature rappellent quelquefois celles que les docteurs ecclésiastiques appliquent au deuxième terme de leur Trinité. Julien espérait peut-être substituer le Roi-Soleil au Verbe-Fils dans l'adoration du peuple. »

Je crois que cette analyse rapide suffit pour nous donner une idée de ce que Julien voulait faire. Il part ici du plus important des cultes populaires, celui du Soleil, qui avait peu à peu effacé tous les autres et dans lequel semblaient se concentrer en ce moment toutes les forces vives du paganisme. Par ses origines lointaines, ce culte se rattachait aux vieux mythes d'Apollon, le dieu national de la Grèce, mais il s'était rajeuni et renouvelé par l'introduction d'éléments orientaux. Au moment même où Julien écrivait, c'était une autre incarnation du « Soleil invincible », le dieu persan Mithra, qui, grâce à ses associations secrètes et à ses mystères, attirait et passionnait la foule. A cette dévotion ardente, sur laquelle tout le système de Julien repose comme sur une base solide, il veut donner ce fond de théologie dogmatique qui lui manquait. Il prend à Platon ses spéculations les plus audacieuses et les plus séduisantes sur la hiérarchie des différents mondes, sur l'émanation, qui les fait sortir les uns des autres, sur le Beau absolu, sur les idées, etc., et il espère qu'en appuyant les croyances naïves du peuple sur les doctrines des philosophes, il leur donnera la force de tenir tête au christianisme. L'œuvre était grande assurément et tout à fait digne de cet esprit ingénieux et hardi, mais il n'était pas aisé d'y réussir. Quand on la regarde de près et qu'on la compare au travail qu'accomplissait en même temps la théologie chrétienne, on distingue vite les imperfections qui en compromirent le succès.

D'abord on est très frappé de voir combien les raisonnements de Julien sont subtils et obscurs. Il fallait, pour saisir son système et le suivre dans tous ses détails, un esprit rompu à la dialectique des écoles et familier avec les théories les plus délicates des platoniciens. Il s'en est bien aperçu lui-même et n'en paraît pas fort affligé. « Peut-être, dit-il, les idées que je viens d'exposer ne seront-elles pas comprises par tous les Grecs; mais ne faut-il rien dire que de vulgaire et de commun? » On voit clairement ici à quel public il veut s'adresser, et qu'il écrit seulement « pour les heureux adeptes de la théurgie ». En le faisant, il était fidèle à l'esprit de la philosophie antique, qui ne se communiquait pas à tout le monde, qui choisissait et éprouvait ses disciples, qui avait un enseignement extérieur et superficiel pour la foule, un enseignement secret pour les privilégiés. Mais le christianisme n'acceptait pas ces distinctions aristocratiques. Il prêchait à tous le même évangile, et ce qui attirait surtout le peuple dans ses églises, c'est que tous les fidèles s'y sentaient unis dans la même foi et qu'on leur reconnaissait à tous un droit égal à la vérité. Julien avait tort de se consoler si aisément de n'être pas compris du vulgaire : il faut bien songer au vulgaire, quand c'est une religion et non pas une philosophie qu'on prétend fonder.

C'était donc pour lui un premier désavantage; en voici un second qui n'est pas moins grave. Toutes ces belles théories qu'il développe avec tant de plaisir ne sont après tout que les spéculations d'un esprit isolé, des idées philosophiques qu'on discute comme les autres et non des dogmes qui s'imposent à la foi. Julien prétendait pourtant en faire des dogmes véritables, et il leur en donne le nom dans un passage curieux où il les compare aux systèmes créés par les astronomes pour expliquer les cours des planètes. Ce sont ces systèmes qui lui paraissent n'être que des hypothèses, c'est-à-dire « des probabilités en harmonie avec les phénomènes »; tandis qu'au contraire les théories de Platon, qu'on appelle quelquefois des hypothèses mystiques, sont pour lui des dogmes « attestés par les sages qui ont entendu la voix même des dieux ou des grands démons ». Nous saisissons ici, à ce qu'il me semble, la pensée véritable de Julien. Il sait bien qu'un dogme a besoin de s'appuyer sur une révélation, et c'est aussi sur une révélation qu'il fonde la certitude des siens. Il reconnaît qu'on ne parvient pas à découvrir la nature divine sans le secours des dieux, mais il croit fermement que les dieux se communiquent à ceux qui les cherchent, qu'ils se mettent en rapport avec eux par les rêves et l'extase, qu'ils font entendre leur voix secrète au cœur qui veut les connaître, en sorte que les résultats auxquels arrivent les sages occupés à scruter les mystères de la nature divine peuvent être regardés comme dictés par les dieux eux-mêmes. On pourrait, je crois, comparer ce système à celui des théologiens protestants, quand ils soutiennent que les fidèles peuvent interpréter les livres sacrés par leur inspiration personnelle et que le Saint-Esprit leur communique les lumières nécessaires pour les comprendre. La seule différence, et par malheur elle est très grave, c'est qu'il n'y avait pas de livres sacrés chez les païens. Il était difficile d'attribuer beaucoup d'autorité aux poèmes d'Homère, et les philosophes s'accordaient trop mal ensemble pour qu'on pût tirer d'eux une doctrine commune[1]. Le système de Julien manquait donc d'une base solide. Comme il était obligé de partir de légendes vagues ou de fantaisies philosophiques, tout y était livré aux caprices de l'interprétation individuelle. Ce qu'un sage avait trouvé ne s'imposait pas suffisamment aux autres, et chacun était obligé de reprendre le travail pour son compte. On voulait alors autre chose; les esprits fatigués d'erreurs cherchaient une doctrine fixe et sûre pour s'y reposer en paix, et Julien ne pouvait pas la leur donner.

1. M. Naville a très bien montré que le système de Julien repose sur cette idée que les philosophies antiques aboutissent toutes aux mêmes résultats, et que cette idée n'est pas exacte.

Il était aussi très difficile que sa doctrine, qui se composait d'éléments très divers, formât un tout bien uni. C'était du reste l'inconvénient de toutes les restaurations qu'on essayait alors du vieux paganisme. Comme on prétendait relever les religions populaires par des interprétations philosophiques, il était nécessaire de mêler des spéculations très sérieuses avec des légendes ridicules, ce qui ne produit jamais un effet heureux; il fallait surtout trouver quelque moyen de passer du monothéisme des gens éclairés au polythéisme de la foule, et c'était là un problème encore plus embarrassant que tout le reste. Julien a rencontré devant lui les mêmes difficultés et il ne les a pas tout à fait résolues. On ne voit pas nettement s'il accorde aux mille divinités de la Fable une existence réelle et une personnalité distincte. M. Naville fait remarquer que, lorsqu'il parle d'elles, sa pensée est souvent indécise, que tantôt il semble les regarder comme des forces de la nature ou de simples conceptions de l'esprit, tantôt il les représente comme des personnes animées qu'il croit voir et entendre, dont il invoque le secours, et « pour lesquelles il a les mêmes sentiments que pour des parents et de bons maîtres ». Je ne sais s'il s'est bien entendu lui-même sur ce point important, et je n'oserais pas dire avec autant d'assurance que M. Naville « que l'anthropomorphisme lui est tout à fait étranger ». Mais supposons que M. Naville ait raison, et que Julien parle par métaphore lorsqu'il nous raconte d'un ton si pénétré les apparitions d'Esculape et les voyages de Bacchus : s'il se rapprochait par là des philosophes, du même coup il s'éloignait du peuple. Il arrive donc que cette fusion qu'il a prétendu faire des idées philosophiques avec les religions populaires n'est qu'une vaine apparence, que les ignorants et les lettrés, qu'il réunit dans les mêmes temples, ne s'adressent pas en réalité aux mêmes dieux, que tandis que les uns les prient comme des êtres vivants, les autres ne les regardent que comme des allégories ou des symboles. Ce sont de ces malentendus qui finissent un jour ou l'autre par se découvrir et qui ruinent, en se découvrant, le système qui prétendait s'appuyer sur eux pour vivre.

C'étaient là de grands inconvénients et qui ressortent davantage quand on compare la théologie de Julien à celle de l'Église. Mais il ne semble pas les avoir aperçus. Il croyait fermement que cette façon d'interpréter les fables mythologiques par la philosophie de Platon donnerait naissance à un véritable enseignement religieux qu'on pourrait communiquer au peuple. C'est ce qui ne s'était encore jamais fait. On ne prêchait pas dans les temples, on n'y exposait aucune doctrine, on n'y faisait pas de leçons de morale. Ce furent les philosophes qui s'avisèrent les premiers d'une sorte de prédication populaire; après s'être contentés longtemps de développer leurs idées devant quelques disciples choisis, ils appelèrent la foule à les entendre. Devant elle, ils prononçaient de véritables sermons qui ont quelquefois amené des conversions éclatantes. La parole avait bien plus d'importance encore et produisait des effets plus merveilleux dans les églises chrétiennes, et il est naturel que Julien ait tenté de mettre cette force au service du culte qu'il restaurait. Saint Grégoire de Nazianze nous dit qu'il avait l'intention « d'établir dans toutes les villes des lectures et des explications des dogmes helléniques qui participeraient à la fois de la morale et de la théologie ». C'était une prédication véritable qu'il se proposait d'instituer; il voulait l'aller reprendre à la philosophie pour la rendre à la religion, et la transporter des écoles dans les temples. Il n'est pas douteux que ce projet n'ait été réalisé; nous savons qu'un rhéteur célèbre, Acacius, prononça un jour un sermon sur Esculape dans un temple qui avait été pillé par les chrétiens et qu'on venait de rouvrir. « Votre discours, lui écrivait Libanius, son ami, est d'un bout à l'autre comme le miel des muses, brillant par son élégance, persuasif par ses raisonnements, accomplissant tout ce qu'il se propose. Tantôt, en effet, vous prouvez la puissance du dieu par les inscriptions que des convalescents lui ont consacrées, tantôt vous décrivez tragiquement la guerre des *athées* contre le temple, la ruine, l'incendie, les autels insultés, les suppliants punis et n'osant plus demander la guérison de leurs maux. Vous forcez la conviction par vos arguments, vous charmez par votre style, et la longueur même du discours est une beauté de plus, car elle répond à la gravité des circonstances[1]. » Cette prédication devait se proposer d'enseigner au peuple la nature vraie des dieux, le sens caché des mythes et les leçons morales qu'on en peut tirer. Il est probable aussi que la vie future y tenait une grande place, comme dans celle des chrétiens : Julien en était fort préoccupé, et c'est par des pensées d'immortalité que se termine son discours sur le Roi-Soleil et celui sur la Mère des dieux. Quand on le ramena mortellement blessé dans sa tente, son dernier souci fut pour un de ses officiers, Anatolius, qu'il aimait tendrement et qui venait de périr dans la mêlée. Julien s'étant enquis de son sort, on lui répondit « qu'il avait été heureux, *beatum fuisse* »; il comprit qu'on voulait lui dire qu'il n'était plus et oublia son propre sort pour gémir sur celui de son ami; puis, comme il voyait que tout le monde pleurait autour de lui, il blâma cette faiblesse, « disant qu'il n'était pas convenable de pleurer un prince qui était près de monter au ciel[2] ». Il est donc mort avec la certitude absolue qu'il allait recevoir dans une autre vie la récompense de ses travaux, et que les dieux qu'il avait servis et honorés lui réservaient « un séjour éternel dans leur sein ». Nous sommes loin, comme on voit, des espérances timides que Platon exprime à la fin du *Phédon*. Aussi n'est-ce pas sur la doctrine des philosophes que Julien prétend s'appuyer

1. Libanius, *Epist.*, 607. — 2. Ammien, XXV, 3. Le fameux mot qu'on lui prête à ses derniers moments : « Galiléen, tu as vaincu! » se trouve pour la première fois dans Théodoret, qui écrivait près d'un siècle après les événements qu'il raconte. Il est contraire à tout ce que nous dit Ammien Marcellin, qui fut témoin de la mort de Julien, et n'a aucune authenticité.

pour être sûr que tout ne périt pas avec la vie. « Les hommes, dit-il, sont réduits sur ce sujet à des conjectures; mais les dieux en ont une connaissance complète[1] », et ce sont les dieux qui, en se communiquant à lui, lui ont révélé la vérité.

Un enseignement religieux suppose un clergé instruit et capable de le donner; or il n'existait guère de clergé véritable, au sens où l'entend le christianisme, dans les religions antiques. Les prêtres y étaient en général des magistrats ordinaires, nommés comme les autres, et l'on n'exigeait d'eux, pour leur confier ces graves fonctions, ni éducation préalable, ni dispositions particulières. Cette façon de recruter les sacerdoces de citoyens qui restaient citoyens et ne prenaient pas un esprit différent avec leurs fonctions nouvelles, avait eu certainement quelques avantages : les anciennes religions lui doivent de n'être jamais devenues des théocraties étroites et intolérantes, et d'avoir évité ces conflits fâcheux entre l'Église et l'État qui ont affaibli et déchiré de puissants royaumes; mais elle avait aussi de grands inconvénients dont on s'aperçut quand on eut à lutter contre le christianisme. Un clergé mondain, politique, indifférent, n'était pas une défense suffisante pour ces cultes menacés. Aussi la pensée vint-elle aux empereurs, surtout à Julien, d'en changer le caractère. Le premier de tous, il prit au sérieux ce titre de grand pontife que ses prédécesseurs portaient depuis Auguste et qu'ils ne regardaient que comme une décoration de leur pouvoir. Il sembla à Julien que cette dignité lui créait des devoirs sévères, et il nous dit « qu'il priait tous les dieux de le rendre digne de les bien remplir ». Il voulut d'abord établir entre tous ces sacerdoces divers et isolés une sorte de hiérarchie. Les grands prêtres des provinces, qui présidaient au culte des empereurs divinisés, furent chargés de surveiller les autres. Ils eurent le droit de les destituer « s'ils ne donnaient pas, avec leurs

1. Julien, *Epist.*, 63.

femmes, leurs enfants et leurs serviteurs, l'exemple du respect envers les dieux ». Il prit l'habitude de les choisir non plus, comme autrefois, parmi les citoyens riches, importants, magnifiques, dont la fortune pouvait suffire à des jeux coûteux, mais parmi les philosophes, les sages, les gens éprouvés par leur fermeté, leur constance, pendant les dernières luttes du paganisme. Dans des lettres qui sont de véritables encycliques, il leur recommande de vivre honnêtement, de fuir les théâtres, de ne pas fréquenter les comédiens, d'éviter les mauvaises lectures, de prier souvent les dieux; il veut qu'ils ne négligent aucune vertu, surtout la charité, dont le christianisme a tiré tant d'honneur et de profit. « Il est arrivé, dit Julien, que l'indifférence de nos prêtres pour les indigents a suggéré aux impies galiléens la pensée de pratiquer la bienfaisance, et ils ont consolidé leur œuvre perverse en se couvrant de ces dehors vertueux. » Ce qui a propagé si vite leur doctrine, « c'est l'humanité envers les étrangers, le soin d'inhumer honorablement les morts, la sainteté apparente de la vie ». Il faut faire comme eux, s'occuper des pauvres, des malheureux, des malades. « Il serait honteux, quand les juifs n'ont pas un mendiant, quand les impies galiléens nourrissent les nôtres avec les leurs, que ceux de notre culte fussent dépourvus des secours que nous leur devons[1]. »

Cette religion ainsi modifiée, avec un clergé bien organisé et surveillé sévèrement, un enseignement moral et des dogmes, des hospices dépendant des temples et tout un système de secours charitables dans la main des prêtres, était en réalité une religion nouvelle. Julien le comprit, puisqu'il éprouva le besoin de lui donner un nouveau nom. Nous avons vu qu'il l'appela *l'hellénisme*. C'est l'hellénisme qui allait prendre la place du paganisme vieilli et essayer à son tour de soutenir l'assaut victorieux de l'Église.

1. Julien, *Epist.*, 49, 62.

IV

Rapports de Julien avec le christianisme comme empereur. — Il promet la tolérance. — Comment il tient sa promesse. — Sa partialité pour les païens. — Il défend aux professeurs chrétiens d'enseigner. — Pourquoi?

Voilà de quelle manière Julien essaya de réformer et de rajeunir le culte des anciens dieux. C'est assurément la partie la plus curieuse et la plus intéressante de son œuvre. Mais ce philosophe et ce théologien se trouvait être aussi le maître du monde. En sa qualité d'empereur, il avait à régler la situation des deux religions qui se disputaient l'empire; il pouvait mettre son pouvoir souverain au service de celle qu'il voulait rétablir et employer, pour ruiner l'autre, toutes les forces dont il disposait. Peut-on lui reprocher d'avoir tenté de le faire? A-t-il été véritablement un persécuteur, comme l'ont prétendu les chrétiens, ou mérite-t-il les éloges que les ennemis du christianisme ont accordés à sa sagesse et à sa modération? c'est ce qu'il importe de savoir[1].

Julien a toujours prétendu être un prince tolérant. Au moment même où il rouvrait les temples, il annonçait par des édits solennels qu'il n'entendait gêner en rien les autres cultes. « J'ai résolu, disait-il, d'user de douceur et d'humanité envers tous les galiléens; je défends qu'on ait recours à aucune violence et que personne soit traîné dans un temple ou forcé à commettre aucune autre action contraire à sa volonté[2]. » Loin de paraître courir après les conversions forcées et de vouloir grossir le nombre des païens par des abjurations rapides, il annonçait fièrement que les nouveaux convertis ne

1. Voyez, sur cette question, F. Rode, *Geschichte der Reaktion Kaiser Julians*. — 2. Julien, *Epist.*, 43.

seraient admis aux cérémonies sacrées « qu'après avoir lavé leur âme par des supplications aux dieux, et leur corps par des ablutions légales ». Il persista jusqu'à la fin dans ces principes, et il écrivait encore vers les derniers temps de sa vie : « C'est par la raison qu'il faut convaincre et instruire les hommes, non par les coups, les outrages et les supplices. J'engage donc encore et toujours ceux qui ont le zèle de la vraie religion à ne faire aucun tort à la secte des galiléens, à ne se permettre contre eux ni voies de fait ni violences. Il faut avoir plus de pitié que de haine envers des gens assez malheureux pour se tromper dans des choses si importantes[1]. »

Ce sont là de belles paroles, et je conçois que Voltaire les ait plusieurs fois citées avec admiration. Par malheur, à côté de celles-là il y en a d'autres où les chrétiens sont traités avec le dernier mépris. Une tolérance qui s'exprime d'une manière si insultante cause quelque inquiétude, et l'on ne peut s'empêcher de craindre qu'un homme si violent, si emporté, ne reste pas toujours maître de lui. Ces gens envers lesquels il promet de se montrer juste et modéré, il ne peut prononcer leur nom sans les outrager cruellement; il les appelle des insensés, des impies, des athées, des fous furieux, « la lèpre de la société humaine ». Quand il est amené à les menacer ou à les punir, il y joint toujours quelque amère raillerie où éclate sa haine. S'il les dépouille de leurs biens, il déclare que « c'est pour leur rendre le chemin du ciel plus facile »; s'il refuse de châtier les magistrats qui les maltraitent, il leur rappelle « que leurs livres les exhortent à supporter leurs maux avec patience ». Ce sont là des sarcasmes de théologien enragé, ce n'est pas le ton d'un juge et d'un prince. Il abondait trop dans sa propre opinion, il se croyait trop sûr de la vérité de sa doctrine pour ne pas mettre hors du bon sens et de la raison tous ceux qui ne pensaient pas comme lui. C'est un grand

1. Julien, *Epist.*, 53.

danger de trop mépriser ses adversaires. Il est rare que des gens qui considèrent ceux qui ne partagent pas leurs sentiments comme des fous et des malades n'arrivent pas à croire que l'humanité commande de leur faire un peu de violence pour leur rendre la santé. On voit bien que cette pensée a traversé un moment l'esprit de Julien : « Peut-être serait-il plus convenable, dit-il dans une de ses lettres, de guérir les galiléens malgré eux, comme on fait pour les frénétiques[1]. » Il est vrai qu'il s'empresse d'ajouter « qu'il leur accorde la liberté de rester malades » ; mais il est bien possible que plus tard, s'il avait vu sa tolérance impuissante et ses ennemis lui tenir tête, il fût revenu à sa première idée et qu'il se fût dit que, puisqu'ils refusaient obstinément tous les remèdes, il fallait bien essayer de « les guérir malgré eux ». C'est le prétexte dont se couvrent toutes les persécutions.

N'oublions pas d'ailleurs que Julien a promis d'être tolérant, mais non pas d'être impartial. Il ne traînera personne dans les temples, il ne forcera pas les chrétiens à sacrifier aux dieux, comme faisaient ses prédécesseurs ; voilà tout. Jamais il ne s'est engagé à traiter tous les cultes de la même façon et à leur accorder une faveur égale. La religion qu'il pratique est celle de l'État, il est bien juste qu'elle soit la préférée. Sa partialité pour elle est visible et lui paraît toute naturelle. Les mêmes actions changent pour lui de caractère, suivant le culte qu'on professe. Les païens qui n'ont pas voulu renier leur foi sont des martyrs ; les chrétiens qui refusent d'abjurer sont des impies. S'ils résistent avec courage aux sollicitations de l'empereur, il les maltraite et les accuse de lui manquer de respect. Tandis qu'il défend aux évêques de faire des prosélytes[2], il cherche par tous les moyens à propager sa doctrine ; il attire à elle tous les ambitieux par l'appât des dignités

1. Julien, *Epist.*, 42. — 2. Voyez la lettre 6 où il ordonne d'expulser de l'Égypte Athanase, « ce misérable qui, sous mon règne, a osé baptiser des femmes grecques de distinction ».

publiques : « Je ne veux, dit-il, ni maltraiter les galiléens. ni permettre qu'on les maltraite; je dis seulement qu'il faut leur préférer les hommes qui respectent les dieux, et cela en toute rencontre[1]. » C'était annoncer que les dignités publiques leur étaient absolument réservées, et je ne doute pas que, s'il eût vécu, il n'eût plus laissé aucun chrétien dans l'administration civile et militaire de l'empire. Les mêmes procédés furent employés sans plus de scrupule pour ramener à l'ancien culte des populations entières. Dans ce vaste empire, qui se composait d'une agglomération d'anciens États libres, les villes voisines étaient souvent rivales. Elles voulaient dominer l'une sur l'autre, ou se disputaient avec acharnement quelques lambeaux de territoire. C'était une occasion pour l'empereur de se les attacher en prenant parti pour l'une ou pour l'autre. M. Rode a montré, par l'histoire de Nisibe et de Gaza, que Julien faisait profession de se déclarer toujours pour celles qui partageaient sa foi[2]. « Si l'on honore les dieux, disait-il, il faut honorer aussi les hommes et les villes qui les respectent. » C'est un principe qui peut mener loin. Quand Pessinonte, célèbre par son temple de Cybèle, s'adresse à lui pour obtenir une faveur, Julien laisse entendre à quel prix il l'accordera. « Je suis disposé, dit-il, à venir en aide à Pessinonte, à la condition qu'on se rendra propice la Mère des dieux. Faites donc comprendre aux habitants que, s'ils désirent quelque chose de moi, ils doivent tous ensemble s'agenouiller devant la déesse[3]. » Voilà qui est clair : Julien connaissait les hommes, il savait qu'on en trouve toujours qui sont décidés à sacrifier leur foi à leur fortune; mais il ne pouvait pas ignorer non plus qu'il ne faut guère compter sur ces recrues que l'intérêt ou l'ambition amènent aux religions qui triomphent et que ce sont des conquêtes dont elles ne tirent pas beaucoup plus de profit que d'honneur.

1. *Epist.*, 7. — 2 Rode, p. 84. — 3. Julien, *Epist.*, 49.

Ses projets en général étaient fort habilement conçus, mais ils n'eurent pas tout le succès qu'il en attendait. Il avait pris, dès son arrivée à Constantinople, une mesure généreuse et qui devait bien disposer l'opinion pour lui : il rappela tous ceux que Constance avait exilés pour des motifs religieux, et rendit les biens qu'il avait confisqués. Parmi ces exilés, il y en avait de toutes les sectes chrétiennes; mais, comme Constance était arien, c'était principalement sur les catholiques qu'il avait frappé. On vit donc revenir dans leur pays un grand nombre d'évêques victimes des tracasseries du régime précédent, et, parmi eux, l'invincible Athanase. Julien était très fier de cet acte de clémence dont ses amis durent lui faire beaucoup de compliments. Il en parle souvent dans ses lettres et se plaint avec amertume que les chrétiens ne lui en aient pas témoigné plus de reconnaissance[1]. C'est que les chrétiens, comme tout le monde, s'étaient bien vite aperçus que le bienfait de Julien cachait un piège et qu'en ayant l'air de les servir il travaillait contre eux. S'il avait fait revenir tous les proscrits, c'était uniquement dans la pensée que leur retour ranimerait les querelles théologiques. « Il savait, nous dit Ammien Marcellin, que les chrétiens étaient pires que des bêtes féroces, quand ils disputaient entre eux », et il comptait qu'affaiblis par leurs luttes intérieures, ils lui opposeraient moins de résistance. C'était sa tactique de diviser ses ennemis pour les vaincre. En même temps qu'il essayait d'exciter les diverses sectes les unes contre les autres, dans les mêmes églises il voulait séparer les fidèles de leurs chefs. Toutes les fois qu'il se produisait dans une ville chrétienne quelque émotion populaire, il affectait d'en rejeter la faute sur le clergé. Les coupables, pour lui, c'étaient toujours les prêtres, « qui ne pouvaient se consoler qu'on leur eût ôté le pouvoir de nuire ». Un jour

1. *Epist.*, 52.

l'évêque de Bostra et ses clercs, qu'il accusait d'avoir fomenté quelque révolte, lui adressèrent une lettre dans laquelle on lisait ces mots : « Quoique les chrétiens soient chez nous en nombre égal à celui des Hellènes, nos exhortations les ont empêchés de commettre le plus léger excès. » Julien s'empressa de renvoyer la lettre aux habitants avec un commentaire perfide, où il dénaturait les intentions de l'évêque. « Vous voyez, leur disait-il, que ce n'est pas à votre bon vouloir qu'il attribue votre modération; il dit que c'est malgré vous que vous êtes restés tranquilles et que vous n'avez été contenus que par ses exhortations. Chassez-le donc de votre ville sans hésiter comme étant votre accusateur[1]. » La mauvaise foi de Julien est ici manifeste. Il est pourtant probable que ces excitations furent écoutées, puisque Libanius nous apprend que de graves désordres, dus à des motifs religieux, troublèrent alors la tranquillité de Bostra.

Il avait d'autres moyens encore d'atteindre les chrétiens et de leur nuire. Le décret qui rendait à leurs anciens possesseurs tous les biens confisqués sous prétexte de religion s'appliquait à tout le monde, et les païens devaient en profiter comme les autres. Sous les derniers règnes, un grand nombre de temples avaient été dépouillés de leurs richesses; on avait pris les terres qui leur appartenaient, et souvent on s'était approprié sans façon le temple lui-même pour le faire servir à des usages profanes. Julien ordonna que tout serait restitué. C'était une loi juste, mais dont l'exécution présentait beaucoup de dangers. Comme les faits remontaient quelquefois assez haut et qu'il n'était pas facile, après un long temps, de retrouver les vrais coupables, la porte était ouverte à toutes les délations; on pouvait toujours perdre un ennemi en l'accusant d'avoir pris sa part des biens sacrés. Les lettres de Libanius prouvent que beaucoup d'excès furent

1. *Epist.*, 52.

commis à cette occasion, qu'on envahit de riches maisons chrétiennes sous prétexte d'y aller chercher le trésor des temples qui ne s'y trouvait pas et qu'on les mit au pillage. « Prenez garde, disait le sage rhéteur à ses amis, de mériter vous-même le reproche que vous adressez aux autres. Les dieux ne ressemblent pas à de cruels usuriers : si on leur restitue ce qui leur appartient, ils ne réclament pas davantage[1]. » Mais ces conseils de modération n'avaient alors aucune chance d'être écoutés. Partout les esprits étaient émus, les haines ravivées. Dans les villes qui se partageaient entre les deux religions, la population païenne, qui se sentait soutenue, se jeta sur les chrétiens. Les gens qu'on accusait de s'être signalés par leur zèle contre l'ancien culte furent poursuivis, battus, jetés en prison, quelquefois déchirés par la foule. Les écrivains ecclésiastiques ont raconté longuement toutes ces vengeances, et M. Rode pense qu'en général ils ont dit la vérité. Julien lui-même se plaint qu'en certains endroits on soit allé trop loin. « Le zèle de mes amis, dit-il, s'est déchaîné sur les impies plus que ne le souhaitait ma volonté[2]. » Sur un mot imprudent qu'on rapporta de l'évêque Georges, la populace d'Alexandrie, la plus indisciplinée de toutes celles qui peuplaient les grandes villes de l'empire, massacra l'évêque et deux de ses amis. Julien blâma cette exécution, mais il n'osa pas la punir. Il écrivit une lettre fort singulière aux Alexandrins, dans laquelle il déclarait qu'après tout Georges méritait son sort, que l'indignation du peuple était naturelle, et que, « comme il ne voulait pas guérir un mal violent par un remède plus violent encore », il se contentait de leur envoyer quelques reproches et quelques conseils[3]. Des chrétiens ne s'en seraient pas tirés à si bon compte. Le sang a donc coulé sous le règne de ce

1. Libanius, *Epist.*, 1426. Voyez aussi 673, 730, 1053, 1057. — 2. Julien, *Misopogon*, 22. — 3. Julien, *Epist.*, 10

prince qui faisait profession d'être tolérant; tout ce qu'on peut dire pour le défendre, c'est qu'il n'a pas coulé par son ordre. Il est coupable sans doute de n'avoir pas assez fait pour prévenir ou pour venger ces violences, mais au moins est-il sûr qu'il ne les avait pas commandées.

Ce qui lui appartient tout à fait, ce qui est véritablement son œuvre, c'est le fameux édit par lequel il défendait aux rhéteurs, aux grammairiens et aux sophistes chrétiens d'enseigner dans les écoles. Il est aisé de voir quels motifs le décidèrent à prendre cette mesure grave. C'était l'éducation qui l'avait ramené au paganisme, et il comptait bien qu'elle aurait sur les autres la même influence que sur lui. « Le chrétien, disait-il, qui touche aux sciences des Grecs, n'eût-il qu'une lueur de bon naturel, sent aussitôt du dégoût pour ses doctrines impies. » L'admiration qu'il éprouvait pour Homère et pour Platon lui faisait croire qu'on ne pouvait pas les lire sans partager les croyances qui les avaient si bien inspirés. Mais pour que cet enseignement produisît tout son effet, il ne fallait pas qu'on pût le dénaturer. Le rhéteur ou le sophiste devenu chrétien était forcé d'opposer une autre doctrine à celle des philosophes qu'il faisait lire à ses élèves, de donner un sens nouveau aux légendes racontées par les poètes, et d'affaiblir par des explications ou des réserves l'impression de ces beaux récits. C'est ce que Julien ne voulait à aucun prix permettre; c'est ce qui lui donna la pensée d'interdire à tous ceux qui avaient quitté l'ancienne religion de la Grèce de lire les poètes ou les philosophes grecs devant la jeunesse. L'édit dans lequel il le leur défendait, et que nous avons conservé, est plein d'une bienveillance hypocrite pour eux qui n'est au fond qu'une cruelle ironie. Il a l'air vraiment de prendre leurs intérêts; il déclare qu'il veut leur rendre un grand service et mettre enfin d'accord leurs sentiments et leurs paroles. Est-il convenable que des gens qui font profession de former leurs élèves non seulement à l'éloquence, mais à la morale, soient forcés d'expliquer devant eux des auteurs dont ils ne partagent pas les croyances et qu'ils accusent d'impiété? « Jusqu'ici, dit-il, on avait beaucoup de raisons pour ne pas fréquenter les temples, et la crainte suspendue de toutes parts sur les têtes faisait excuser ceux qui cachaient les opinions les plus vraies au sujet des dieux. Mais puisque les dieux nous ont rendu la liberté, il est absurde d'enseigner aux hommes ce qu'on ne croit pas bon. » La tolérance doit amener avec elle la sincérité. Chacun étant libre dans ses opinions, personne ne doit plus agir ou parler contre ses croyances. Si les professeurs pensent que les écrivains de la Grèce se sont trompés, ils doivent cesser d'interpréter leurs ouvrages; « autrement, puisqu'ils vivent des écrits de ces auteurs et qu'ils en tirent leurs honoraires, il faut avouer qu'ils font preuve de la plus sordide avarice et qu'ils sont prêts à tout endurer pour quelques drachmes ». Ils ont donc le choix ou de ne pas enseigner ce qu'ils croient dangereux, ou, s'ils veulent continuer leurs leçons, de commencer par se convaincre eux-mêmes qu'Hésiode et Homère, qu'ils sont chargés de faire admirer aux autres, ont dit la vérité. La conclusion de tout ce raisonnement, c'est qu'il faut qu'ils reviennent l'ancienne religion « ou qu'ils aillent dans les églises des galiléens interpréter Mathieu et Luc[1] ».

Cet édit, qui déplut aux païens modérés[2], souleva une colère violente chez les chrétiens. Ils en furent même plus irrités que de beaucoup d'autres mesures qui auraient dû, à ce qu'il me semble, leur être plus désagréables. Il ne s'agissait après tout que de ces écoles où ils savaient bien que le paganisme régnait en maître, et l'on éprouve quelque surprise de les trouver si attachés à un enseignement hostile à leurs croyances. Nous avons vu de nos jours des docteurs rigoureux effrayer les âmes timides du danger que présente la lecture des auteurs païens pour les jeunes gens et demander qu'ils

1. Julien, *Epist.*, 42. — 2. Ammien Marcellin, XXII, 10, 7.

soient bannis de nos collèges. L'édit de Julien leur donnait satisfaction, et il est probable que, loin de s'en plaindre, ils auraient été fort contents qu'on forçât les maîtres chrétiens de renoncer aux chefs-d'œuvre antiques et « d'interpréter Mathieu et Luc ». Mais on pensait autrement au IVe siècle. Quoique le christianisme fût encore dans la ferveur de sa jeunesse, l'Église n'avait pas ces scrupules exagérés; autant que la société païenne, elle tenait à l'éducation, et elle ne croyait pas qu'on pût élever quelqu'un, lui apprendre à penser et à parler, sans lui faire lire ces grands écrivains qui étaient les maîtres de la parole et de la pensée. On ne renonçait pas à les étudier et à les admirer en devenant chrétien. Ils étaient le bien commun de toute la race grecque, et quand Julien voulait en faire le monopole d'un seul culte, saint Grégoire répondait fièrement à cette insolente prétention : « N'y a-t-il donc d'autre Hellène que toi[1]? » Cette insistance nous prouve que l'Église, surtout en Orient, entrait dans une phase nouvelle. Le temps des luttes ardentes avec la société païenne allait finir. Il n'était plus question de combattre le vieux paganisme, qui était vaincu, il fallait prendre sa place, et l'on sentait bien qu'on ne pouvait pas le remplacer sans faire un peu comme lui. Depuis qu'il était moins à craindre, on s'apercevait que tout n'était pas à répudier dans son héritage. On devient vite conservateur quand on est le maître. Au lieu de se donner la peine de créer de toutes pièces une société nouvelle, on trouvait plus sûr de ne pas détruire ce qui pouvait se garder du passé. Il s'agissait seulement d'accommoder ce qu'on gardait avec l'esprit du christianisme, ce qui ne paraissait pas impossible. Il y avait déjà des sophistes chrétiens, Proérèse à Athènes, Victorinus à Rome; on allait avoir des poètes qui essayeraient d'appliquer les procédés de l'art antique à des sujets tirés de l'Évangile et de la Bible. On peut donc dire que dès ce moment

1. Saint Grégoire, *Contra Jul.*, I, 107.

commençait à se faire cette union de la sagesse grecque et de la doctrine chrétienne, ce mélange d'idées anciennes et nouvelles sur lequel repose la civilisation moderne. Il semble qu'on avait, autour de Julien, le sentiment confus que ce mélange achèverait de perdre l'ancienne religion en la rendant inutile. Aussi prétendait-il l'empêcher en chassant les maîtres chrétiens des écoles. Plus ses ennemis souhaitaient conserver, pour leurs rhéteurs ou leurs sophistes, le droit de lire et d'expliquer Homère ou Platon, plus il tenait à les en priver. Il croyait assurer par là le succès définitif de son entreprise. Les autres mesures qu'il avait prises contre les chrétiens leur nuisaient dans le présent, celle-là leur enlevait l'avenir. Ou bien leurs enfants continueraient à suivre les écoles de rhétorique et de philosophie redevenues tout à fait païennes, et ils ne pouvaient manquer de se laisser séduire à cet enseignement qui les ramènerait à l'ancienne foi; ou ils cesseraient de les fréquenter, et, après quelque temps, privés de cette éducation salutaire qui fait l'homme, ils perdraient peu à peu les belles qualités de l'esprit grec et deviendraient des barbares. De cette façon, la secte achèverait de s'éteindre dans l'ignorance et l'obscurité.

V

Résultat de l'entreprise de Julien. — Il mécontente beaucoup de païens. — Il gagne peu de chrétiens. — Jugements qu'on a portés sur lui. — Son caractère véritable.

Ces espérances, on le sait, furent tout à fait trompées. De toutes les entreprises dirigées contre le christianisme, aucune n'a été mieux conçue et plus habilement conduite que celle de

Julien; aucune n'a produit de plus médiocres résultats. Une des principales raisons de cet éclatant insuccès, c'est qu'il trouva moyen de se faire des ennemis dans les deux cultes, et qu'en réalité il ne contenta tout à fait personne. On est d'abord tenté de croire que les partisans des anciens dieux ont dû applaudir de tout leur cœur à la restauration de l'ancien culte et qu'ils faisaient tous des vœux pour le prince qui leur rendait leurs temples et leurs cérémonies. Il y eut pourtant des exceptions, et l'on s'aperçoit vite que Julien rencontra parmi les gens même de son parti des résistances obstinées dont il dut être fort chagrin. Beaucoup d'entre eux n'avaient pas d'autre raison de rester païens que leur goût pour une certaine facilité de mœurs que le paganisme tolérait. C'étaient des gens du monde dont l'honnêteté n'était pas très austère, qui aimaient le plaisir et n'y trouvaient pas de crime, qui attachaient plus de prix à la vie présente qu'à cette immortalité problématique qui suit l'existence, et regardaient plus volontiers la terre que le ciel. Julien voulait en faire à toute force des mystiques et des dévots. Ils ne s'y résignèrent pas, et tous ses efforts vinrent se briser contre le scepticisme léger de ces personnes d'esprit qui ne voulaient pas plus être traînées au temple qu'à l'église. Des raisons semblables éloignèrent de lui la populace des grandes villes, amoureuse des jeux et des fêtes. Parmi ces habitants d'Antioche, qui chansonnaient si gaiement l'empereur, qui se moquaient de son petit manteau et de sa barbe de bouc, les chrétiens étaient nombreux sans doute; mais il y avait des païens aussi, puisque Libanius nous apprend qu'on a proféré ces insultes dans le désordre d'une cérémonie sacrée. On lui en voulait surtout de négliger les jeux publics et de n'avoir pas l'air de s'y plaire. On ne le voyait presque jamais à l'hippodrome, ou, s'il y paraissait un instant, il y portait une figure ennuyée, et, après quelques courses, s'empressait d'en sortir. Les mimes ne le retenaient pas plus longtemps, et il se gardait bien de passer ses journées, comme faisaient ses prédécesseurs, « à regarder danser des femmes sans honte ou des garçons beaux comme des femmes ». Ce sont des crimes que nous pardonnerions aujourd'hui très volontiers, mais on les trouvait alors irrémissibles. Julien prenait plaisir à vivre autrement que le peuple, et il s'en faisait gloire. « Nous sommes ici, disait-il aux gens d'Antioche, sept étrangers, sept intrus. Joignez-y l'un de vos concitoyens cher à Mercure et à moi-même, habile artisan de paroles (Libanius). Séparés de tout commerce, nous ne suivons qu'une seule route, celle qui mène au temple des dieux. Jamais de théâtre, le spectacle nous paraissant la plus honteuse des occupations, l'emploi le plus blâmable de la vie[1]. » C'est la conduite d'un sage, mais le peuple en était choqué et le laissait voir. Quand on veut agir sur la foule, il ne faut pas trop vivre en dehors d'elle. Un homme qui est trop étranger à ses goûts et qui méprise trop ses plaisirs ne la comprend pas et n'a guère de chance d'en être compris. Julien s'enfermait trop volontiers avec les sept ou huit personnes qui partageaient tous ses sentiments, il ne tenait pas assez de compte de l'opinion du reste. C'est une grande maladresse pour un prince qui attaquait le christianisme de n'avoir pas mis d'abord tous les païens de son côté.

Réussit-il au moins à gagner beaucoup de chrétiens? c'est ce qu'il n'est pas aisé de savoir, les historiens de l'Église étant plutôt occupés à nous faire connaître ceux qui résistèrent avec courage que ceux qui eurent la faiblesse de céder[2]. On ne peut guère douter que les indifférents et les ambitieux, qui sont toujours prêts à sacrifier leurs convictions à leurs

1. Julien, *Misopogon*, 16. — 2. Cependant saint Jérôme (Chron., *Ad annum* 2378-364) parle de plusieurs apostasies qui furent la suite « de cette persécution insinuante qui attirait plus qu'elle ne poussait à sacrifier, *blanda persecutio, inliciens magis quam impellens ad sacrificandum* ». Sozomène (VI, 5) nous dit aussi que quelques vierges, sous Julien, furent entraînées au mariage.

intérêts, les parfaits fonctionnaires qui font profession de suivre en tout les préférences du maître, ne se soient décidés vite pour la religion de l'empereur. De ceux-là il y en a toujours assez dans un vaste empire, où le prince dispose d'un grand nombre de places, pour que Julien ait pu avoir quelque illusion, au début de son règne, sur le succès de son entreprise. On vit donc alors tout ce peuple de flatteurs qui avait docilement suivi Constantin, quand il quitta le paganisme, se retourner vers les anciens dieux avec la même unanimité. Quelques années plus tard, un évêque, dans un sermon contre l'ambition et l'avarice, rappelle que ces vices ont toujours fait les apostats, qu'ils ont été cause que beaucoup ont changé de religion comme d'habit, et il en donne pour exemple les faits dont on venait d'être témoin. « Quand un empereur, dit-il, déposant le masque dont il s'était couvert, sacrifia ouvertement aux dieux et poussa les autres à le faire par l'appât des récompenses, combien ne quittèrent pas l'église pour aller dans les temples! combien furent séduits par les avantages qu'on leur offrait et mordirent à l'hameçon de l'impie! » Le païen Thémistius, en d'autres termes, parle comme l'évêque et flétrit avec autant de force cette honteuse versatilité : « Misérables jouets des caprices de nos maîtres, c'est leur pourpre, ce n'est pas Dieu que nous adorons, et nous acceptons un nouveau culte avec un nouveau règne! » Il y eut donc, au début, un grand nombre de transfuges, mais il est probable que ce n'étaient pas ceux auxquels l'empereur tenait le plus. Les honnêtes gens restèrent fermes, et ce furent seulement les décriés et les suspects qui vinrent en foule. Julien aurait beaucoup désiré ramener au culte des dieux le sophiste Proérèse, la gloire de l'école, qui venait de se faire chrétien; mais il résista à toutes ses avances. En revanche, il n'eut pas de peine à gagner Hécébole, qui avait séduit Constance par son zèle bruyant contre les païens, rhéteur médiocre, au dire de Libanius, flatteur éhonté du pouvoir présent, et qu'on vit, aussitôt après la mort de Julien, se coucher à la porte d'une église, en criant aux fidèles : « Foulez-moi aux pieds comme un sel corrompu et insipide ». Il ramena aussi Thalassius, un délateur, dont le témoignage avait perdu son frère Gallus. Julien l'avait fort durement accueilli quand il vint le voir à Antioche ; mais Thalassius savait le moyen de le désarmer : il se fit païen et devint tout d'un coup si zélé pour les devins et les oracles que le prince ne tarda pas à en faire son familier. C'étaient là des conquêtes faciles et dont il n'y avait pas lieu d'être fier.

Julien ne pouvait guère espérer d'attirer à lui les chefs de l'Église. Il savait qu'il en était détesté, et le leur rendait bien. Jamais il ne parle d'eux qu'avec un ton de colère et de menace. « Après avoir exercé jusqu'ici leur tyrannie, dit-il, ce n'est pas assez pour eux de ne pas payer la peine de leurs crimes; jaloux de leur ancienne domination et regrettant de ne plus pouvoir rendre la justice, écrire des testaments, s'approprier des héritages, tirer tout à eux, ils font jouer tous les ressorts de l'intrigue et poussent les peuples à se révolter. » Nous savons pourtant aujourd'hui que cet ennemi violent des évêques eut la chance d'en convertir un. C'est une histoire curieuse, que la découverte d'une lettre inédite de Julien nous a récemment révélée et qui mérite d'être connue[1]. Il raconte, dans cette lettre, qu'à l'époque où il fut appelé par Constance au commandement de l'armée, il passa par la Troade et s'arrêta dans la ville qu'on avait construite sur l'emplacement de l'ancien Ilion. Il demanda à voir les monuments du passé. « C'était, nous dit-il, le détour que j'employais pour visiter les temples. » L'évêque du lieu, qui s'appelait Pégase, s'offrit

1. Cette lettre a été trouvée dans un manuscrit grec du *British Museum*, qui contient un recueil de lettres diverses. L'authenticité en est incontestable. Elle a été publiée par M. Henning, dans le *Hermès* de Berlin, en 1875.

à le conduire et le mena aux tombeaux d'Hector et d'Achille. « Là, ajoute le prince, comme je m'aperçus que le feu brûlait presque sur les autels et qu'on venait à peine de l'éteindre, que la statue d'Hector était encore toute brillante des parfums qu'on avait versés sur elle, je dis, les yeux fixés sur Pégase : « Eh quoi! les habitants d'Ilion font donc des sacrifices? » Je voulais connaître, sans en avoir l'air, quelles étaient ses opinions. Il me répondit : « Qu'y a-t-il d'étonnant « qu'ils honorent le souvenir d'un grand homme qui était « leur concitoyen, comme nous faisons pour nos martyrs? » Sa comparaison n'était pas bonne, mais eu égard aux temps la réponse ne manquait pas de finesse. Il me dit ensuite : « Allons visiter l'enceinte sacrée de Minerve Troyenne »; et, heureux de me conduire, il ouvrit la porte du temple. Il me fit voir alors les statues et me prit à témoin qu'elles étaient tout à fait intactes. Je remarquai qu'en me les montrant il ne fit rien de ce que font d'ordinaire ces impies dans des circonstances pareilles; il ne traça pas sur son front le signe qui rappelle la mort du crucifié et ne siffla pas dans ses dents; car c'est le fond de leur théologie de siffler, quand ils sont en présence des statues de nos dieux, et de faire le signe de la croix. » Voilà, il faut l'avouer, un évêque fort complaisant. L'habile homme avait deviné sans doute les opinions secrètes de Julien, qui ne pouvaient pas échapper à des yeux pénétrants, et il voulait d'avance se mettre bien avec l'héritier du trône. Quand le paganisme triompha, Pégase se fit ouvertement païen, et d'évêque d'Ilion il devint grand prêtre des dieux. Mais il paraît qu'il ne fut pas bien accueilli dans son nouveau parti : un ancien évêque était toujours suspect aux ennemis de l'Église. Odieux à ceux qu'il avait quittés, il n'inspirait aucune confiance aux autres, et l'on rappelait, pour le perdre, qu'il avait, lui aussi, détruit des objets sacrés à l'époque où il voulait plaire aux chrétiens. Julien fut obligé de le défendre contre l'animadversion publique, et c'est dans ce dessein qu'il écrivit la lettre qu'on a retrouvée. Il y parle avec un ton de mauvaise humeur visible : « Pensez-vous, dit-il, que je l'aurais nommé à un sacerdoce, si j'avais cru qu'il avait jamais commis quelque impiété? » Puis il le justifie des crimes qu'on lui reproche : s'il a couvert de haillons les statues des dieux, c'était pour leur épargner de plus grands outrages, et il n'a consenti à jeter à bas quelques pans de mur insignifiants qu'afin de sauver le reste. Est-ce une raison de donner aux galiléens le plaisir de le voir malheureux et insulté? « Croyez-moi, dit-il en finissant, il vous faut honorer non seulement Pégase, mais tous ceux qui, comme lui, se sont convertis à notre foi, si nous voulons attirer les autres à nous et ne pas donner à nos ennemis l'occasion de se réjouir. Si au contraire nous accueillons mal ceux qui viennent d'eux-mêmes nous trouver, personne ne sera plus disposé à nous écouter et à nous suivre. »

Il est sûr que l'exemple de Pégase devait donner à réfléchir, et que ce n'est pas un sort très enviable de se trouver en butte aux haines des deux partis, d'être détesté d'un côté et suspect de l'autre. Aussi peut-on affirmer sans crainte que le clergé chrétien ne se laissa pas séduire par ces sacerdoces que Julien offrait si libéralement à ceux qui embrassaient sa foi. Dans le peuple, les convertis furent peut-être plus nombreux; mais, si quelques hommes cédèrent, les femmes paraissent avoir résisté. Julien, qui leur en voulait de la part qu'elles ont eue à la propagation du christianisme, les accusait de trahir leurs maris et leurs pères et « de porter aux galiléens tout l'avoir de la famille ». Libanius prétend que, quand on pressait les gens d'aller au temple, ils répondaient « qu'ils ne voulaient pas faire de la peine à leur femme ou à leur mère », ou que, s'ils se laissaient entraîner et consentaient à offrir un sacrifice, « de retour chez eux, les prières de leur femme, les larmes qui coulaient la nuit, les détournaient de nouveau des dieux[1]. » L'ancien culte ne fit donc, malgré tant d'efforts, que des conquêtes peu solides, Julien, qui était si convaincu de la vérité de sa doctrine, qui ne croyait pas qu'on pût résister à la lumière de Platon et de Porphyre, éprouvait une sorte d'impatience quand il voyait les gens rester insensibles aux arguments qui l'avaient conquis. Il avait cru qu'il suffirait de rouvrir les temples pour que la foule vînt de nouveau s'y précipiter. Les temples étaient rouverts, mais la foule n'en savait plus le chemin, ou si elle y venait à certains jours, il comprenait sans peine que ce n'était pas par dévotion, mais par flatterie, et qu'on cherchait à plaire à l'empereur plus qu'aux dieux. Aussi trouve-t-on, dans ses derniers écrits, la trace d'un découragement qu'il ne peut dissimuler. « L'hellénisme, dit-il dans une lettre, ne fait pas encore tous les progrès que nous voudrions[2]. » Et ailleurs : « Il me faudra beaucoup de monde pour relever ce qui est si tristement tombé[3] ». Mais le temps ni les hommes n'y auraient rien fait, le succès n'était pas possible, et il se serait aperçu un jour que « ce qui était tristement tombé » ne pouvait plus se relever.

Est-ce un malheur qu'il n'ait pas réussi, et l'échec de son entreprise mérite-t-il vraiment quelques regrets? Sur cette question les sentiments sont partagés; tandis que des philosophes, qui ne sont pas suspects de bienveillance pour le christianisme, comme Auguste Comte, traitent Julien avec la dernière rigueur, d'autres pensent qu'il est fâcheux pour l'humanité que la mort ne lui ait pas permis d'exécuter ses projets[4]. Cette diversité d'opinions entre des gens qui appartiennent au même parti ne doit pas nous surprendre et peut s'expliquer sans trop de peine. Comme l'œuvre de Julien était assez complexe, on peut, même quand on partage les

1. Libanius, *Ad Antiochenos, de ira Juliani*. — 2. Julien, *Epist.*, 49. — 3. Julien, *Epist.*, 29. — 4. Émile Lamé, *Julien l'Apostat*.

mêmes opinions, porter sur elle des jugements opposés. Il voulait détruire une religion et en fonder une autre : ce sont deux desseins différents ; selon qu'on est plus frappé de l'un ou de l'autre, l'idée qu'on a de lui change et on lui devient favorable ou contraire.

Au siècle dernier, on n'apercevait qu'un des côtés de son œuvre ; on ne voyait en lui que le prince qui avait combattu le christianisme. C'était donc un allié auquel on était heureux de tendre la main à travers les siècles. On avait recueilli, dans ses ouvrages, quelques belles paroles de tolérance qu'on citait avec admiration, et l'on se plaisait à tracer de lui les portraits les plus séduisants. C'étaient, par malheur, des portraits de fantaisie, où l'on exagérait les qualités, où l'on dissimulait les défauts. A dire le vrai, il n'y a, chez Julien, que le soldat qui mérite des éloges sans réserve. Ces belles campagnes de l'armée des Gaules, cette bataille de Strasbourg, si hardiment engagée, si féconde en résultats heureux, causèrent partout une surprise et un enthousiasme dont le souvenir a longtemps duré. Plus tard, quand les armes romaines ne furent plus victorieuses, quand les barbares ravagèrent l'empire sans qu'on pût les arrêter, on songea souvent avec regret à ce jeune prince qui les avait si vivement rejetés au delà du Rhin. C'est alors que le poète Prudence, un chrétien zélé, mais un bon patriote, disait de lui ce beau mot : « S'il a trahi son Dieu, au moins il n'a pas trahi sa patrie[1] ! » Mais ce n'était pas le soldat qu'admiraient surtout les philosophes du XVIIIe siècle, c'était l'ennemi du christianisme. En le voyant animé contre les chrétiens des passions qu'ils éprouvaient eux-mêmes, ils se le figuraient semblable à eux dans tout le reste. Ils étaient tentés d'en faire un incrédule, un sceptique comme eux, un ennemi du surnaturel et des religions révélées. L'erreur était

1. Prudence, *Apotheosis*, 453 : *Perfidus ille Deo, quamvis non perfidus urbi.*

grossière, et il est difficile d'imaginer comment on a pu la commettre. Rien ne ressemble moins à un libre penseur que Julien. Il aime beaucoup la philosophie, mais celle de Platon et de Pythagore, c'est-à-dire « la philosophie qui nous conduit à la piété, qui nous apprend ce que nous devons savoir des dieux, et d'abord qu'ils existent et que leur providence veille aux choses d'ici-bas[1] ». Quant à celle d'Épicure et de Pyrrhon, il n'en veut pas entendre parler. « C'est par un bienfait des dieux, dit-il, que leurs livres sont perdus. » Il a en horreur les athées, et il répète, à leur propos, une parole de son maître Jamblique, « qu'à tous ceux qui demandent s'il y a des dieux et qui semblent en douter, il ne faut pas répondre comme à des hommes, mais les poursuivre comme des bêtes fauves[2] ». Voilà un mot qui aurait dû refroidir l'admiration que d'Argens et Frédéric éprouvaient pour lui. Ce prince, dont on voulait faire à tout prix un sceptique, un libre penseur, était réellement un illuminé qui croyait voir les dieux et les entendre, un dévot qui visitait tous les temples et passait une partie de ses journées en prières. « Il tient moins, disait Libanius, à être appelé un empereur qu'un prêtre; et ce nom lui convient. Autant il est au-dessus des autres souverains par sa façon de régner, autant par sa connaissance des choses sacrées il dépasse les autres prêtres; je ne dis pas ceux d'aujourd'hui, qui sont des ignorants, je parle des prêtres éclairés de l'ancienne Égypte. Il ne se contente pas de sacrifier de temps en temps, aux fêtes marquées dans les rituels, mais comme il est convaincu de la vérité de ce principe qu'il faut se souvenir des dieux au commencement de toute action et de tout discours, il offre tous les jours les sacrifices que d'autres ne célèbrent que tous les mois. C'est par le sang des victimes qu'il salue le soleil à son lever, et le sang coule encore le soir pour l'honorer quand il se couche. Puis d'autres victimes sont

1. Julien, *Lettre à un pontife*, II. — 2. Julien, *Contre Héraclius*, 20.

immolées en l'honneur des démons de la nuit. Comme il est quelquefois retenu chez lui et ne peut pas toujours se rendre aux temples, il a fait un temple de sa maison. Dans le jardin de son palais, les arbres ombragent des autels et les autels donnent plus de charme à l'ombrage des arbres. Ce qui est encore plus beau, c'est que, pendant qu'on offre quelque sacrifice, il ne reste pas assis sur un trône élevé, entouré des boucliers d'or de ses gardes, servant les dieux par des mains étrangères; il prend part lui-même à la cérémonie, il se mêle aux sacrificateurs, il porte le bois, il prend le couteau. il ouvre le cœur des oiseaux sacrés et sait lire l'avenir dans les entrailles des victimes[1]. » Voilà le Julien véritable, décrit dans un panégyrique par un de ses plus grands admirateurs. Il faut avouer qu'il ne ressemble pas à celui qu'imaginaient Voltaire et ses amis.

On pense bien que ce dévot, ce mystique, n'avait pas le dessein, en combattant le christianisme, de supprimer les religions positives. Il ne voulait le détruire que pour le remplacer; sur ce terrain déblayé il entendait établir sa propre religion, qui devait y régner sans rivale. Cette seconde partie de son œuvre était pour lui la plus importante, c'est sur elle qu'il faut surtout le juger. La religion qu'il entreprend de restaurer, en apparence c'est l'ancienne; mais on a vu qu'il l'a tout à fait changée. Quoiqu'il prétende « qu'en toute chose il fuit la nouveauté », sur ce tronc vieilli il a greffé beaucoup d'idées et de pratiques nouvelles. Les nombreux emprunts qu'il a faits à la doctrine de l'Église sont surtout importants à signaler; ils montrent combien le christianisme est venu à son heure, comme il répondait aux désirs et aux besoins de cette société, comme il était fait pour elle et devait y réussir, puisque Julien, qui le déteste, ne croit pouvoir lui résister qu'en l'imitant. Mais l'imitation était mal faite; elle

1. Libanius. *Paneg.*

avait le tort de réunir des principes contraires qui ne pouvaient pas s'accorder ensemble. Dans ce mélange incohérent, aucun des deux partis ne se reconnut. Julien tentait d'introduire dans l'ancien culte ce que le nouveau avait de meilleur; l'intention était bonne, mais valait-il la peine de supprimer une religion pour la refaire? N'était-il pas naturel de lui laisser continuer son ouvrage, si le monde en devait tirer quelque profit; et qui pouvait mieux accomplir la tâche du christianisme que le christianisme lui-même? Il voulait sauver d'une ruine complète ce qui restait des civilisations antiques, et il faut bien avouer qu'il n'avait pas tort : elles contenaient des éléments qui méritaient de vivre et qui devaient servir à constituer les sociétés modernes. Mais ces éléments, le christianisme était en train de se les assimiler; ils s'y insinuaient, ils y pénétraient de tous les côtés, depuis qu'il était devenu moins sévère et se mêlait davantage au monde; ils devaient finir par se fondre avec lui, sans en altérer le caractère général. L'entreprise de Julien était donc inutile; elle s'accomplissait ailleurs d'une autre manière et dans de meilleures conditions. Son œuvre pouvait échouer, le monde n'avait rien à y perdre.

LIVRE DEUXIÈME

LE CHRISTIANISME ET L'ÉDUCATION ROMAINE

CHAPITRE I

L'INSTRUCTION PUBLIQUE DANS L'EMPIRE ROMAIN

I

La plus ancienne éducation chez les Romains. — Comment étaient élevés les enfants nobles. — L'éducation populaire. — Le *primus magister* ou *litterator*. — Une école primaire dans l'empire romain.

Ce mélange, dont je viens de parler, des idées païennes avec le christianisme, qui nous a conservé ce qu'il y avait de meilleur dans l'ancien monde, devait avoir pour nous les plus grands et les plus heureux résultats; il est donc fort important de chercher de quelle façon il a pu s'accomplir.

La religion nouvelle s'est développée dans une société que l'ancienne avait façonnée à son usage. Les institutions, les habitudes, les sentiments, le langage, la vie entière s'en étaient imprégnés. L'enfant, nous dit Tertullien, ne pouvait pas échapper à l'idolâtrie; elle le prenait au berceau (*omnes idololatria obstetrice nascuntur*[1]), et l'accompagnait jusqu'à la tombe. Mais rien ne l'enracinait plus profondément en lui que l'éducation. C'est surtout l'éducation, je n'en doute pas, qui a fait entrer le paganisme dans l'imagination et dans le

1. Tertullien, *De anima*, 39.

cœur des jeunes chrétiens des classes lettrées, et de là, sans qu'ils s'en soient doutés, dans leur façon de concevoir et d'exprimer leurs croyances religieuses. Mais pour comprendre quels effets elle a produits, et se rendre compte de sa puissance, il faut d'abord savoir ce qu'elle était. Cherchons à connaître d'où était sorti, comment s'était formé le système d'éducation qui fleurissait dans l'empire au IVe siècle, et par quels degrés il était arrivé à prendre tant d'importance que le christianisme lui-même, qui renversa le reste, ne put le vaincre et fut forcé de le subir[1].

En 662 (92 avant J.-C.), les magistrats de Rome apprirent qu'on s'était permis dans la ville d'ouvrir des écoles où la rhétorique était enseignée en latin. Il y avait longtemps que des rhéteurs grecs s'y étaient établis, et l'autorité ne s'en était pas émue; elle pensait sans doute que des leçons données dans une langue étrangère n'étaient pas dangereuses et qu'elles ne pouvaient attirer que fort peu d'auditeurs. Mais, pour les rhéteurs latins, on s'était montré plus sévère, et aucun n'avait encore obtenu la permission d'exercer son métier dans Rome. Cette fois l'occasion semblait meilleure pour eux. On était à la veille des luttes de Marius et de Sylla; la rigueur des mœurs anciennes avait beaucoup fléchi, et l'on ne se préoccupait guère de respecter les vieilles maximes. Cependant les censeurs, qui étaient Cn. Domitius Aenobarbus et L. Licinius Crassus, le célèbre orateur, montrèrent une sévérité à laquelle on ne s'attendait pas et firent impitoyablement fermer les nouvelles écoles. Nous avons conservé l'édit qu'ils publièrent en cette circonstance. On y lit cette phrase curieuse : « Nos ancêtres ont réglé ce qu'ils voulaient qu'on enseignât aux enfants et dans quelles écoles on devait les conduire. Quant à ces nouveautés, qui sont contraires aux habitudes et aux

1. On peut voir, sur l'éducation romaine, le résumé intéressant qu'en a présenté M. Ussing dans son mémoire intitulé *Darstellung des Erziehungs- und Unterrichtswesens bei den Griechen und Römern.*

mœurs de nos pères, elles nous déplaisent et nous les trouvons coupables[1]. » Voilà un texte formel qui semble affirmer qu'il y avait un système officiel d'éducation dans l'ancienne Rome. Mais Cicéron parle tout autrement. Il dit en propres termes qu'à Rome « l'éducation n'était ni réglée par les lois, ni commune, ni uniforme pour tous », et il ajoute que Polybe, qui d'ordinaire faisait profession d'admirer les Romains, les blâmait sévèrement de cette négligence[2].

Ces deux témoignages ne sont pas aussi contraires qu'ils paraissent l'être au premier abord, et il est possible de les concilier ensemble. On peut croire, avec Cicéron, que, tant qu'a duré la république, il n'y a pas eu de loi écrite qui réglât l'éducation de la jeunesse romaine; mais rien n'empêche d'admettre, avec les censeurs, qu'il y avait à ce sujet des traditions, des coutumes fidèlement suivies pendant des siècles, et dont les esprits sages ne voulaient pas qu'on s'écartât. Pour un Romain de l'ancien temps, les lois n'étaient pas plus sacrées que les vieux usages; Ennius n'avait-il pas dit : « C'est sur les mœurs antiques que repose la grandeur de Rome? »

Ces vieux usages sont assez bien résumés dans une lettre intéressante de Pline, où il regrette beaucoup qu'ils se soient perdus. « Chez nos ancêtres, dit-il, on ne s'instruisait pas seulement par les oreilles, mais par les yeux. Les plus jeunes, en regardant leurs aînés, apprenaient ce qu'ils auraient bientôt à faire eux-mêmes, ce qu'ils enseigneraient un jour à leurs successeurs[3]. » C'est dire que l'éducation était alors toute pratique et que les exemples servaient de leçons. Un Romain de grande famille ne connaissait que deux métiers, la guerre et la politique. Il apprenait la guerre dans les camps : après quelques exercices préparatoires au champ de Mars, où

1. *Aulu-Gelle*, XV, 11. — 2. Cicéron, *De Rep.*, IV, 3, 3. — 3. Pline *Epist.*, VIII, 14.

les jeunes gens s'habituaient à manier l'épée, à lancer le javelot, à sauter, à courir, à se jeter tout suants dans le Tibre, ils partaient pour l'armée. Là, dans la tente du général, dont ils formaient la cohorte, « ils se rendaient capables de commander en obéissant ». Quant à la politique, on ne la leur enseignait pas en leur mettant dans les mains quelque traité de Platon ou d'Aristote; on les faisait assister aux séances du sénat. Ils se tenaient sur de petits bancs, près de la porte, et « on leur donnait par avance le spectacle de ces délibérations auxquelles ils devaient bientôt prendre part ». Cette éducation n'était pas la meilleure pour former un philosophe, mais elle faisait des hommes d'action; elle avait de plus l'avantage de les faire vite. A vingt ans, l'homme qui, suivant le mot de Cicéron, avait eu le forum pour école et l'expérience pour maître, qui avait assisté à quelques batailles et entendu parler de grands orateurs, était mûr pour la vie publique.

Je n'ai rien dit encore de ce que nous appelons proprement l'instruction, c'est-à-dire de ces études qui précèdent les autres, qu'on peut abréger et simplifier, mais qu'il n'est pas possible de supprimer tout à fait. Il fallait bien qu'avant de descendre au forum ou de partir pour l'armée, le jeune homme eût reçu ces connaissances élémentaires dont aucun homme ne peut se passer. Pour le commun des citoyens, il y avait des écoles publiques, dont je dirai quelques mots plus tard. Mais les enfants de grandes maisons ne les fréquentaient pas. « Leurs pères, dit Pline, devaient leur servir de maîtres : *suus cuique parens pro magistro.* » Je suppose qu'en parlant ainsi il songeait à Caton. Nous savons que, lorque Caton eut un fils, il tint à l'instruire lui-même. Il composa pour lui toute une encyclopédie des sciences de son temps; elle comprenait des traités d'agriculture, d'art militaire, de jurisprudence, des préceptes de morale, une rhétorique, enfin un livre de médecine où il disait beaucoup de mal des médecins grecs « qui ont juré de tuer tous les barbares avec leurs remèdes, et qui se font payer pour assassiner les gens ». Il opposait sans doute à leur art problématique ce que l'expérience lui avait appris, à savoir que le chou guérit les fatigues de l'estomac et qu'on remet les luxations avec des formules magiques. Caton, comme on le voit, remplissait son devoir avec un zèle exemplaire; mais nous pouvons être certains que les pères comme lui étaient rares. Ordinairement ils s'en tiraient à meilleur compte. Ils achetaient un esclave lettré qu'ils chargeaient d'enseigner à leurs fils ce qu'il était indispensable de lui apprendre. Malheureusement l'esclave avait peu d'autorité dans la famille; pour le fils, c'était un complaisant plus qu'un maître. Plaute, dans une de ses pièces les plus amusantes, représente un jeune débauché, Pistoclère, qui veut entraîner son pédagogue, Lydus, chez sa maîtresse. Lydus résiste, se fâche, fait la morale; mais, quand il a bien parlé, le jeune homme se contente de lui dire : « Voyons, suis-je ton esclave ou toi le mien? » Et Lydus, qui n'a rien à répondre, le suit en maugréant[1]. C'est une scène prise sur le vif, et plus d'un pédagogue de Rome a dû s'entendre dire la phrase de Pistoclère.

Mais les jeunes gens qui ont un pédagogue pour les accompagner, qu'on admet à écouter de la porte les délibérations du sénat, et qui font partie, à l'armée, de la cohorte du général, ne sont qu'un petit nombre : ils appartiennent à cette aristocratie de naissance ou de fortune qui gouverne la république. Entre elle et la masse des prolétaires se trouvent la bourgeoisie aisée et la plèbe industrieuse; c'est un monde intermédiaire qui s'enrichit et s'élève sans cesse et qui cherche à prendre pied dans la politique. Il est évident qu'on ne pouvait pas s'y passer d'une certaine éducation : elle se donnait ordinairement dans les écoles. Il a dû toujours y avoir des écoles

1. Plaute, *Bacch.*, I, 2.

à Rome; les historiens font quelquefois mention des plus anciennes, mais sans nous donner beaucoup de renseignements sur elles. Tout ce qu'on peut dire, c'est qu'elles étaient vraisemblablement communes aux deux sexes et que l'instruction qu'on y donnait devait être fort élémentaire.

Plus tard, quand les professeurs grecs se furent établis à Rome, les anciennes écoles continuèrent d'exister, mais elles ne formèrent plus qu'un degré inférieur de l'éducation. C'était sans doute quelque chose qui ressemblait à ce que nous appelons l'instruction primaire. Les anciens n'avaient pas l'habitude de distinguer aussi nettement que nous le faisons les divers ordres d'enseignement; cependant on trouve, dans les *Florides* d'Apulée, un passage curieux où il semble créer entre eux une sorte de hiérarchie : « Dans un repas, dit-il, la première coupe est pour la soif, la seconde pour la joie, la troisième pour la volupté, la quatrième pour la folie. Au contraire, dans les festins des Muses, plus on nous sert à boire, plus notre âme gagne en sagesse et en raison : la première coupe nous est versée par le *litterator* (celui qui nous apprend à lire), elle commence à polir la rudesse de notre esprit; puis vient le grammairien, qui nous orne de connaissances variées; enfin le rhéteur nous met dans la main l'arme de l'éloquence[1] ». Voilà trois degrés d'instruction qui sont indiqués d'une manière assez précise. Ce *litterator*, chez qui l'on envoie l'enfant quand il ne sait rien et qui se charge de commencer à l'instruire, saint Augustin l'appelle aussi « le premier maître, *primus magister*[2] ». Quelques-uns de ses élèves passent de son école chez le grammairien; mais beaucoup ne vont pas plus loin et n'auront jamais d'autres connaissances que celles qu'il leur a données. Comme cet enseignement élémentaire ne paraît pas avoir changé dans la suite, épuisons ici, avant d'aller plus loin, ce qu'on en peut savoir :

1. Apulée, *Flor.*, 20. — 2. Saint Aug., *Confess.*, I, 13.

on verra que, par malheur, ce que nous savons se réduit à peu de chose.

Qu'apprenait-on dans l'école du « premier maître »? — A lire, à écrire, à compter, nous dit saint Augustin[1]. Ces connaissances, les plus nécessaires de toutes, sont partout le fond de l'instruction populaire. Si elles sont très utiles, elles sont fort modestes aussi, et l'on comprend que les maîtres qui les enseignaient n'aient joui, chez les Romains, que d'une médiocre estime. On ne leur permettait pas de prendre le nom de professeurs, et le code rappelle à plusieurs reprises qu'ils n'ont pas droit aux mêmes privilèges que les rhéteurs et les grammairiens[2]. Cependant l'empereur veut bien les recommander à la pitié des gouverneurs de provinces; il ordonne à ces magistrats d'empêcher qu'ils ne soient accablés de charges trop pesantes; c'est un devoir d'humanité : *ad præsidis religionem pertinet*. Ils sont très pauvres d'ordinaire et ne pourront pas payer l'impôt s'il est trop lourd. On a découvert à Capoue la tombe d'un maître d'école qui s'est donné le luxe de transmettre ses traits à la postérité. Il est représenté sur sa chaire, avec deux élèves, un garçon et une fille, auprès de lui. Des vers assez bien tournés sont gravés au-dessous du bas-relief. Après nous avoir dit que Chilocalus fut un maître honorable, qui veillait avec soin sur les mœurs des jeunes gens qu'on lui confiait, ils nous apprennent qu'en même temps qu'il faisait la classe, il écrivait des testaments avec probité :

Idemque testamenta scripsit cum fide[3].

Ainsi, son métier ne lui suffisait pas pour vivre, et il avait jugé bon d'y joindre une autre industrie, à peu près comme nos maîtres d'école, qui étaient en même temps chantres d'église ou secrétaires de mairie.

1. Saint Aug., *Confess.*, I, 13. — 2. Dig., 4, 5, 2, 8. — 3. Hermes, I, p. 147.

Ces maîtres obscurs et mal payés ont pourtant rendu de grands services à leur pays. L'autorité ne paraît pas s'être beaucoup préoccupée de l'instruction populaire; il semble qu'elle ne se souciât que de celle des classes élevées. Heureusement on avait, à tous les étages du monde romain, le goût de savoir. C'est ce goût qui, sans que le gouvernement eût besoin d'intervenir, multiplia partout les écoles. Il y en avait dans les villages comme dans les villes, et jusque dans ces réunions de hasard, composées souvent de gens sans aveu, qui se formaient autour des centres industriels[1]. En somme, les illettrés devaient être rares. On est frappé, quand on parcourt les rues de Pompéi, d'y voir tant d'affiches qui couvrent les murs. Certainement il y en aurait beaucoup moins si les habitants n'avaient pas su lire. Ils savaient écrire aussi et l'on relève tous les jours, dans des lieux que ne fréquentait pas le beau monde, des inscriptions si grossières qu'on voit bien que ce sont des gens de la lie du peuple qui les ont gravées. Dans l'armée, le mot d'ordre, au lieu d'être transmis de vive voix, était écrit sur des tablettes et passait des mains des centurions dans celles des derniers sous-officiers : on était donc certain qu'ils sauraient le lire.

D'ordinaire, l'école du *primus magister*, comme celle du grammairien et du rhéteur quand ils étaient pauvres, était installée dans un de ces hangars couverts qu'on appelait *pergulæ* et qui servaient d'ateliers aux peintres. Ils se trouvaient quelquefois relégués au plus haut de la maison, et

1. En 1876, on a découvert en Portugal, près du petit bourg d'Aljustrel, dans une région montagneuse, une table de bronze couverte d'une longue inscription latine. Cette inscription, qui est par malheur fort incomplète, contient un règlement au sujet de l'exploitation des mines de la contrée. On y voit qu'autour des mines il s'était formé un véritable village où se trouvaient des bains, des boutiques, tout ce qui pouvait servir aux besoins et aux divertissements des ouvriers. Il y avait aussi des maîtres d'école auxquels le règlement accorde des immunités particulières : *ludimagistros a procuratore metallorum immunis esse placet.*

le maître pouvait dire alors, comme Orbilius, qu'il enseignait sous les toits. Mais le plus souvent ils étaient au rez-de-chaussée et formaient des espèces de portiques qui bordaient la rue. C'est là que l'école s'établissait tant bien que mal. Pour se mettre à l'abri de l'indiscrétion des voisins, on se contentait de tendre quelques toiles d'un pilier à l'autre. Ces toiles cachaient aux élèves les mouvements de la rue, mais elles n'empêchaient pas les bruits de l'école d'arriver aux passants. Ils entendaient les élèves répéter en chœur : « Un et un font deux ; deux et deux font quatre ». « L'horrible refrain ! *odiosa cantio!* » dit saint Augustin, qui avait conservé de ces premières études un fort désagréable souvenir[1]. Ces cris insupportables exaspéraient aussi Martial, et il les mettait parmi les raisons qui lui rendaient le séjour de Rome odieux. « Il est impossible d'y vivre, disait-il; le matin, on est assassiné par les maîtres d'école et la nuit par les boulangers[2]. » En général, le mobilier de l'établissement était fort simple. Les plus pauvres se contentaient de quelques bancs pour les élèves et d'une chaise pour le maître. Quand on pouvait, on y joignait des sphères ou des cubes pour mettre sous les yeux des écoliers les figures de la géométrie[3]. Un grand luxe consistait à tapisser les murs de cartes géographiques. Dans les années heureuses d'un Trajan, d'un Marc Aurèle, d'un Dioclétien, les élèves y suivaient le mouvement des armées, et l'on nous dit que le maître éprouvait un sentiment de fierté patriotique à leur montrer que l'étendue de l'empire égalait presque celle du monde.

Une peinture murale, qui a été trouvée à Pompéi et qui est aujourd'hui au musée de Naples, nous fait assister à une scène curieuse de la vie des écoliers romains au Ier siècle. Nous avons sous les yeux une école, placée sous un portique

1. Saint Aug., *Confess.*, I, 13. — 2. Martial, XII, 57, 5. — 3. On peut voir, pour ces détails, l'ouvrage de Grassberger intitulé *Erziehung und Unterricht im classischen Alterthum.*

que soutiennent des colonnes élégantes reliées entre elles par des guirlandes de fleurs. L'école est entièrement ouverte; aussi des enfants du dehors en profitent-ils pour regarder ce qui s'y passe. Trois écoliers sont assis sur un banc; ils ont de longs cheveux, une tunique qui les enveloppe jusqu'aux pieds, et tiennent sur leurs genoux leur *volumen*, qu'ils ont l'air de lire avec beaucoup d'attention. Devant eux, un homme se promène d'un air grave; sa figure est encadrée d'une grande barbe, ses mains se cachent dans un petit manteau : c'est le maître sans doute; à sa mine renfrognée nous reconnaissons celui dont Martial dit qu'il est en horreur aux garçons et aux filles, *invisum pueris virginibusque caput*. A l'autre extrémité du tableau, on fouette un écolier récalcitrant. Le malheureux est dépouillé de tous ses vêtements; il ne porte plus qu'une mince ceinture au milieu du corps. Un de ses camarades l'a hissé sur son dos et le tient par les deux mains; un autre lui a pris les pieds, tandis qu'un troisième personnage lève les verges pour frapper[1]. Le fouet et les verges étaient fort employés à Rome, et l'usage en a duré depuis le temps de Plaute jusqu'à la fin de l'empire. Quintilien seul fit entendre, à ce sujet, une réclamation timide : « Quant à frapper les enfants, dit-il, quoique Chrysippe l'approuve et que ce soit l'usage, j'avoue que j'y répugne[2]. » Mais Chrysippe l'emporta, et Ausone nous dit que, de son temps encore, « l'école retentissait des coups de fouet[3] ».

1. Cette peinture a été étudiée avec beaucoup de soin par Otto Jahn, dans un travail que contient le douzième volume des *Mémoires de la Société royale de Saxe*. — 2. Quint., I, 3, 13. — 3. Ausone, *Protrept.*, 24. Saint Augustin avait conservé une telle horreur des châtiments des écoles qu'il dit : *Quis non exhorreat et mori eligat si ei proponatur aut mors perpetienda aut rursus infantia?*

II

L'éducation grecque à Rome. — La grammaire. — La rhétorique.

Voilà ce que nous savons de l'instruction populaire dans l'empire romain; c'est peu de chose, comme on voit. Heureusement nous sommes mieux renseignés sur celle des hautes classes de la société. Non seulement elle est plus facile à connaître, mais nous trouvons cet intérêt à l'étudier qu'elle nous montre comment les Romains ont été amenés à concevoir l'idée d'un enseignement public donné au nom de l'État. Ils en étaient d'abord fort éloignés et n'y sont venus que peu à peu, par la force des choses plus que par un système préconçu. Il est intéressant de voir ce qui les y a conduits et le chemin qu'ils ont suivi pour y arriver.

On sait qu'à partir des guerres puniques les Grecs ont envahi Rome. Parmi les aventuriers de toute sorte qui venaient offrir leurs services aux Romains, les professeurs ne manquaient pas. Il s'y trouvait des rhéteurs, des grammairiens, des philosophes, des musiciens, des maîtres de toutes les sciences et de tous les arts. Tous ne furent pas accueillis avec la même faveur : il y a des sciences que les Romains n'ont jamais bien comprises. La philosophie, par exemple, ne leur sembla d'abord qu'un verbiage inutile; la géométrie, les mathématiques ne les frappèrent que par leurs applications pratiques : c'était pour eux l'art de compter et de mesurer, et Cicéron dit qu'ils ne leur trouvaient pas d'autre importance. La grammaire et la rhétorique leur plurent davantage; la première surtout ne leur semblait présenter aucun danger, et nous ne voyons pas qu'ils lui aient jamais fait une opposition sérieuse. La rhétorique leur inspirait un peu plus de méfiance.

Quelques esprits scrupuleux redoutaient cet art nouveau qui enseignait des moyens de plaire au peuple et que les aïeux n'avaient pas connu. Mais il était difficile de lui fermer tout à fait les portes de la ville. Si l'on empêchait le rhéteur de tenir des écoles publiques, comme on fit en 662, il lui restait la ressource d'enseigner dans l'intérieur des familles, où le contrôle des magistrats ne pouvait guère pénétrer. Une fois que quelques jeunes gens avaient reçu cette éducation qui leur apprenait à parler au peuple avec plus d'agrément, les autres étaient bien forcés de faire comme eux; s'ils s'étaient obstinés à ignorer les finesses de la rhétorique grecque, ils se seraient exposés à être vaincus dans ces luttes de la parole où l'on gagnait le pouvoir.

Non seulement la grammaire et la rhétorique se firent insensiblement accepter des Romains, mais, ce qui était peut-être plus difficile, elles finirent par s'accommoder ensemble. Au début, elles s'entendaient assez mal: on nous dit que le grammairien voulait d'abord attirer à lui l'enseignement tout entier et faire l'office du rhéteur[1]; il est vraisemblable que le rhéteur, de son côté, afficha quelquefois la prétention de se passer du grammairien; mais, à la longue, ces conflits cessèrent et chacun des deux maîtres eut son domaine séparé. C'est à peine s'il restait sur la frontière des deux sciences, comme sur la limite de tous les États voisins, quelques terrains vagues qu'on se disputait; pour l'essentiel, on s'accorda. Ce fut un principe reconnu de tout le monde que la grammaire et la rhétorique doivent s'unir l'une à l'autre pour former un cours d'éducation complet.

Le grammairien commence; il prend l'enfant des mains du maître élémentaire qui lui a tant bien que mal appris à lire et à écrire, et il doit le livrer à celles du rhéteur tout préparé pour l'enseignement difficile de l'éloquence; il aura donc beaucoup à faire. « La grammaire, dit Quintilien, comprend deux

1. Suétone. *De Grammat.*, 3.

parties : l'art de parler correctement et l'explication des poètes[1]. » Chacune d'elles demande beaucoup de temps et de peine. Pour bien parler, il faut connaître la valeur des lettres, la prononciation des syllabes, la signification des mots, puis savoir comment les mots s'unissent entre eux pour former des phrases : ce sont des détails qui ne finissent pas. L'explication des poètes n'exige pas moins de travail. Le maître lit d'abord, *prælegit*; l'élève répète, et lorsqu'il a prononcé comme il convient, sans commettre aucune faute contre l'accent et la quantité, on reprend le passage et l'on essaye de se rendre compte de tout. Quand l'enfant sait parler correctement, qu'il a lu les poètes grecs et latins, il semble que son enseignement grammatical soit fini, la définition de Quintilien paraît épuisée; mais, avec le temps, la grammaire s'est fort étendue, elle a reçu peu à peu des développements qui ont singulièrement accru son importance. Et, d'abord, comment admettre que l'élève ne connaisse que les poètes et qu'on le laisse étranger à tous les auteurs qui ont écrit en prose? Si la poésie doit rester l'objet principal de ses études, il faut bien qu'il ait quelque notion du reste : *Nec poetas legere satis, excutiendem omne scriptorum genus*. C'est un champ immense qui s'ouvre devant lui. Ajoutez que ces écrivains de toute sorte et de toute époque, le grammairien ne se contente pas de les lire ou même de les expliquer, il faut qu'il les apprécie et les juge. Il classe ceux des temps passés et leur donne des rangs; il prononce sur le mérite des contemporains. C'est ainsi qu'il est devenu non seulement pour la jeunesse, mais pour la société tout entière, un critique autorisé dont le jugement forme l'opinion publique. Les auteurs qui veulent être célèbres lui font la cour, et ceux qui, comme Horace[2],

1. Voyez, pour tout ce qui concerne le devoir du grammairien, le premier livre de Quintilien. — 2. Horace, *Epist.*, I, 19, 39 :

Non ego nobilium scriptorum auditor et ultor
Grammaticas ambire tribus et pulpita dignor.

négligent de lui plaire, risquent de rester longtemps inconnus. Ce n'est pas tout encore, et l'étude de la littérature entière ne paraît pas suffire à occuper le temps des grammairiens : ils y joignent des sciences accessoires qui semblent indispensables pour que les élèves comprennent les auteurs qu'on leur fait lire. Est-il possible qu'ils mesurent les vers et en saisissent le mécanisme s'ils ignorent la musique? Le grammairien est donc chargé de la leur apprendre. Les poètes sont pleins de passages où ils parlent du ciel et décrivent le lever et le coucher des astres : comment parviendra-t-on à les expliquer si le grammairien n'enseigne pas l'astronomie? Enfin, comme il y a des poèmes entiers, ceux d'Empédocle par exemple et de Lucrèce, qui sont consacrés à exposer et à discuter des systèmes philosophiques, il est bon qu'on sache la philosophie, et la philosophie elle-même ne sera bien comprise que si l'on a quelque notion des sciences exactes, surtout de la géométrie et des mathématiques. C'est donc le cercle entier des connaissances humaines qu'embrasse la grammaire : « Avant de passer aux mains du rhéteur, dit Quintilien, l'enfant doit avoir reçu ce que les Grecs appellent une éducation encyclopédique. »

Au premier abord, il semble que le rhéteur ait moins à faire que son collègue; il n'est pas obligé de se disperser, comme lui, dans des études diverses. Il n'enseigne qu'un art; mais cet art, c'est l'éloquence, le premier et le plus difficile de tous, celui qui demande toute une vie d'homme pour être pratiqué en perfection. Il faut d'abord apprendre à l'élève la théorie complète de la rhétorique : c'est une étude très longue, très délicate, chaque maître s'étant plu à entasser les préceptes, à compliquer la science, à créer des difficultés imaginaires pour le plaisir de les résoudre. A cet enseignement de théorie se joignent des exercices pratiques qui sont plus importants et plus difficiles encore. Quand l'élève connaît les préceptes de l'art, on lui apprend à les appliquer; il faut qu'il compose un discours; qu'il le retienne par cœur, qu'il le débite. Dans le débit, rien n'est laissé au hasard : on a voulu tout prévoir, tout régler. On apprend d'avance à l'élève le ton qui convient à chaque partie du discours, jusqu'où le bras doit s'élever pendant l'exorde et comment il faut tendre la main dans l'argumentation. Sur quelques points, des discussions se sont élevées, qui partagent l'école. Convient-il de frapper du pied dans les moments où l'on s'emporte? Est-il séant de déranger les plis de sa toge et de la laisser flotter sur l'épaule vers la fin du discours? Pline l'Ancien, qui était un homme sérieux et régulier, ne voulait pas en entendre parler, et il allait jusqu'à recommander qu'en s'essuyant le front, quand on suait, on eût grand soin de ne pas déranger sa chevelure. Quintilien était moins rigoureux; il pensait, au contraire, qu'un peu de désordre dans les cheveux et dans la robe marquait mieux l'émotion et pourrait toucher les juges[1]. Un art si minutieux demandait, on le conçoit, beaucoup de temps et de travail, et le jeune homme ne pouvait encore qu'imparfaitement le connaître lorsqu'à dix-sept ans il prenait la robe virile et devenait citoyen.

C'est ainsi que, par l'union de la grammaire et de la rhétorique, fut définitivement constitué ce qu'on pourrait appeler le cycle des études. On sait désormais ce qu'on apprendra dans les écoles; la matière, le fond de l'enseignement public est trouvé. Il reste à voir comment cet enseignement lui-même est arrivé à naître.

1. Quint., XI, 3, 148.

III

L'enseignement privé et l'enseignement public. — Fondation d'une chaire publique d'éloquence à Rome par Vespasien. — L'enseignement municipal dans l'empire romain. — Protection que l'empereur lui accorde. — Situation des professeurs. — Comment ils sont nommés. — Création de l'université de Constantinople. — Le monopole universitaire.

On a dû discuter plus d'une fois à Rome, comme on l'a fait ailleurs, sur l'enseignement public et l'enseignement privé; on s'est demandé sans doute s'il ne vaut pas mieux pour un enfant être élevé dans sa famille, près de ses parents, par un maître particulier, que d'aller dans les écoles où sont réunis les jeunes gens de son âge. La question a été longuement traitée par Quintilien dans un des premiers chapitres des *Institutions oratoires*[1]. Après avoir exposé les raisons qui peuvent faire préférer l'un ou l'autre de ces deux genres d'éducation, il conclut avec beaucoup de force en faveur de l'enseignement public. Ses arguments sont connus; ce sont ceux qu'on donne ordinairement quand on discute cette question, et je les trouve sans réplique. Mais il n'a pas voulu tout dire, et j'avoue qu'aux raisons qu'il indique dans les deux sens j'en ajouterais volontiers deux autres qui ne me paraissent pas sans importance.

D'abord il n'a pas signalé tous les dangers qu'on court dans les écoles publiques; il me semble que ceux qui leur sont contraires pourraient prétendre qu'elles risquent d'étouffer l'originalité de l'esprit. N'est-il pas à craindre qu'en imposant aux élèves les mêmes exercices, en les condamnant aux leçons des mêmes professeurs, on ne risque de les jeter tous dans le même moule? Le danger est réel, et Rome en a beaucoup

1. Quint., 1, 2, 1.

souffert. Quand on lit les écrivains de l'empire, on sent à une certaine monotonie de déclamation qu'ils sont nourris des mêmes préceptes et qu'ils sortent des mêmes écoles. Assurément ce défaut ne suffit pas pour condamner l'enseignement public, mais il nous fait un devoir d'avertir les maîtres qui le donnent; il ne faut pas qu'ils soumettent les esprits à une discipline trop uniforme. Sans doute ils doivent indiquer à leurs élèves la route qui leur semble la meilleure, et il est naturel qu'ils préfèrent ceux qui suivent le chemin qu'on leur a montré, mais ils sont tenus aussi d'avoir égard à ces irréguliers qui sortent des sentiers battus. L'originalité n'a pas besoin qu'on la cultive : c'est une fleur qui croît toute seule; mais il ne faut pas l'empêcher de naître.

L'autre raison plaide au contraire en faveur de l'enseignement public. Quintilien fait très bien voir qu'il place les jeunes gens dans les conditions mêmes où ils doivent se trouver plus tard, et qu'en les jetant dès le premier jour au milieu de concurrents et de rivaux, il les accoutume de bonne heure à ce que les anciens appelaient le grand jour du forum. Mais l'avantage est plus grand qu'il ne le dit; il est bon que celui qui songe à la vie politique soit élevé au milieu du choc des sentiments contraires. L'homme qui a vécu seul s'enivre de ses opinions et il est tenté de regarder ceux qui ne les partagent pas comme des ennemis. Il faut qu'il supporte d'être contredit et qu'il s'habitue à cette tolérance pour les idées des autres sans laquelle l'existence commune est impossible. C'est ce que l'école publique enseigne merveilleusement; aussi peut-on dire qu'elle ne forme pas seulement l'orateur, comme Quintilien l'affirme, mais le citoyen.

Du reste, au moment où Quintilien écrivait son livre, la cause qu'il plaide était gagnée. Longtemps l'aristocratie romaine avait tenu à élever ses enfants chez elle. Elle pouvait le faire aisément et sans beaucoup de frais, tant que l'éducation fut simple. Mais quand vint la mode de faire apprendre aux jeunes gens la grammaire et la rhétorique, il fallut se procurer des gens capables de les leur enseigner, et soit qu'on achetât quelque esclave lettré, comme c'était l'usage dans les premiers temps, soit qu'on fît marché avec un affranchi ou un homme de naissance libre, c'était une grande dépense. Q. Catulus paya, dit-on, un bon grammairien 700 000 sesterces (140 000 francs). Les pères de famille finirent par trouver que l'éducation intérieure leur revenait trop cher, et, de leur côté, les professeurs s'aperçurent qu'ils gagneraient encore davantage en réunissant plusieurs élèves chez eux et que, du même coup, ils auraient l'agrément d'être plus libres. Nous voyons, dans le petit traité de Suétone sur les grammairiens et les rhéteurs, que la plupart de ceux qui avaient commencé par enseigner dans les maisons des grands seigneurs se dégoûtèrent peu à peu du métier et ouvrirent des écoles. Ainsi firent successivement Antonius Gnipho, Lenæus, Cæcilius, Epirota, c'est-à-dire les plus illustres de ces maîtres et les plus recherchés; en sorte, dit Suétone, qu'à un moment on vit à la fois dans Rome vingt écoles célèbres où affluait la jeunesse. C'était la victoire de l'enseignement public[1].

Mais l'enseignement public peut être donné de diverses manières. Tantôt il est dans les mains des particuliers, qui ouvrent des écoles à leurs frais et les dirigent comme ils veulent : c'est l'enseignement libre; tantôt les villes se chargent de l'entreprise, elles choisissent les professeurs et les paient : c'est l'enseignement municipal; tantôt enfin ils sont rétribués par le trésor public et dépendent de l'autorité centrale : c'est l'enseignement de l'État. Ces trois situations différentes, l'instruction à Rome les a successivement traversées. Elle a commencé par la première, s'est maintenue très longtemps dans la seconde, et n'est arrivée à la dernière qu'au moment même où les barbares ont détruit l'empire d'Occident.

1. Suétone, *De gramm.*, 3.

A l'époque où florissaient les vingt écoles dont j'ai parlé, c'est-à-dire vers le temps d'Auguste ou de Tibère, on ne connaissait à Rome que l'enseignement libre. Un grammairien, un rhéteur, qui s'était fait connaître en élevant les fils de quelque grand personnage, devenu client de la famille où il avait été précepteur et comptant sur sa protection, louait, sous quelque portique, une salle plus ou moins vaste, suivant ses ressources ou ses espérances, et attendait les élèves. Le succès de ses entreprises était très variable; tandis que Remmius Palæmon y gagnait plus de 400 000 sesterces par an (80 000 francs), Orbilius, le maître d'Horace, mourait de faim dans un galetas et ne se consolait de sa misère qu'en écrivant un livre d'injures contre les pères de famille qui s'étaient montrés si peu généreux pour lui[1]. Ces chances incertaines décourageaient les hommes de talent, et il est naturel qu'ils aient préféré dans la suite les positions moins brillantes, mais plus sûres, que leur offraient les écoles des villes et de l'État. C'est ainsi que décline et s'efface peu à peu l'enseignement libre qui jetait tant d'éclat sous les premiers césars. Mais il n'a jamais complètement disparu, et nous le retrouverons au ve siècle, mentionné dans l'édit de Théodose II, qui fonde l'école de Constantinople.

Cicéron, nous l'avons vu, se plaignait que la république romaine eût témoigné peu de souci pour l'instruction de la jeunesse; on ne peut pas faire le même reproche à l'empire. Dès le premier jour, il s'occupe des professeurs et semble vouloir les prendre sous sa protection. Jules César donne le droit de cité à tous ceux qui enseignaient les arts libéraux, c'est-à-dire aux grammairiens, aux géomètres, aux rhéteurs, qui étaient presque tous Grecs d'origine[2]. C'était beaucoup d'en faire des citoyens romains, mais on fut plus généreux encore : on leur en accorda les privilèges sans leur en imposer les charges. Ils furent exemptés de la milice, des fonctions judiciaires, des sa-

1. Suétone, *De gramm.*, 9 et 23. — 2. Suétone, *Jul.*, 42.

cerdoces onéreux, des tutelles, des ambassades gratuites au nom des villes, de la nécessité d'héberger les gens de guerre ou les agents de l'autorité dans leurs tournées. Nous avons une loi d'Antonin qui fixe, selon l'importance des villes, le nombre des médecins, des grammairiens, des rhéteurs qui jouiront de ces immunités[1]. On les leur conserva jusqu'à la fin de l'empire, malgré le malheur des temps et les nécessités les plus pressantes. Au moment même où les honneurs municipaux deviennent des fardeaux écrasants auxquels on cherche à se soustraire par la fuite, quand les princes ne semblent occupés qu'à déjouer toutes les ruses par lesquelles on tente d'échapper à ces dignités ruineuses, une loi de Constantin déclare les professeurs « exempts de toutes les fonctions et de toutes les obligations publiques ». C'était alors le plus grand de tous les bienfaits[2].

Mais voici une innovation plus importante. Avec Vespasien, l'enseignement entre dans une phase nouvelle. L'État ne se contente plus d'honorer les professeurs par des privilèges et des immunités; il manifeste pour la première fois la pensée de les prendre à son service. « Vespasien fut le premier, dit Suétone, qui accorda aux rhéteurs, sur le trésor public, un salaire annuel de 100 000 sesterces (20 000 francs)[3]. » Parmi ceux qui touchèrent ce traitement se trouvait Quintilien. Pendant vingt ans, sous des régimes divers, il professa la rhétorique à Rome, aux frais de l'empereur. L'essai de cet enseignement nouveau ne pouvait pas se faire avec plus d'éclat. Quintilien était un avocat illustre, qui avait étudié à fond tous les secrets de son art. Il parlait avec autorité, il écrivait avec talent. Il eut pour élèves Pline le Jeune, peut-être Tacite, et Martial l'appelle le chef et le guide de la jeunesse,

Quintiliane, vagæ moderator summe juventæ[4].

1. Dig., XXVII, 1, 6. — 2. Cod. Theod., XIII, 3, 1 et 3. — 3. Suétone, *Vesp.*, 18. — 4. Martial, II, 90.

L'effet de ses leçons fut considérable, s'il est vrai, comme on le pense, qu'elles contribuèrent à changer le goût public et ramenèrent les jeunes gens de l'admiration de Sénèque à celle de Cicéron.

Est-il vrai pourtant, comme on l'a quelquefois supposé, que les libéralités de Vespasien se soient étendues à l'empire entier et qu'il ait établi partout l'enseignement de l'État? Les paroles de Suétone pourraient le faire croire au premier abord; mais il ne faut pas les prendre à la lettre. L'élévation même du traitement accordé aux rhéteurs nous prouve qu'il ne s'agit que des rhéteurs de Rome. Il n'était pas possible que toutes les chaires fussent rétribuées de la même façon et qu'un professeur de petite ville touchât le même salaire que Quintilien. De plus, si Vespasien avait prétendu créer d'un seul coup un grand système d'enseignement qui s'étendît à tout l'empire, ce système lui aurait sans doute survécu; nous en retrouverions des traces après lui, et ses successeurs n'auraient eu qu'à maintenir son œuvre, tandis que nous les voyons toujours recommencer, comme s'il n'y avait rien de fait avant eux. D'Hadrien, d'Antonin, on nous dit, comme de Vespasien, « qu'ils établirent des traitements pour les grammairiens et les rhéteurs ». Marc Aurèle institua plusieurs chaires de philosophie dans Athènes; les quatre grandes doctrines, celles de Platon et d'Aristote, d'Épicure et de Zénon, y furent enseignées par des maîtres qui recevaient 10 000 drachmes par an (près de 9 000 francs)[1]. — Ne nous étonnons pas qu'il ait été moins généreux que Vespasien : c'était un traitement de province. — Alexandre Sévère, si nous en croyons Lampride, fit encore plus. Non seulement il fixa, comme ses prédécesseurs, un salaire pour les maîtres, mais il leur bâtit des écoles et il eut l'idée de les pourvoir d'élèves en donnant des pensions à des enfants

1. Dion, LXXI, 31. — Lucien. *Eun.*, 3.

pauvres qui purent ainsi suivre leurs cours. C'est donc à lui que remonte l'institution des boursiers[1].

Essayons de nous rendre compte de ce que les historiens veulent dire dans ces divers passages que je viens de citer. Qu'étaient ces fondations impériales dont ils nous entretiennent? Qu'ont fait véritablement pour l'enseignement public les princes dont ils vantent la générosité? D'abord il n'est pas douteux que quelques-uns d'entre eux, Vespasien, Marc Aurèle, n'aient fondé, dans quelques villes importantes, comme Athènes et Rome, quelques chaires qui étaient payées par l'État. Mais est-ce tout? Ces chaires rares, isolées, cet enseignement d'exception, suffisent-ils pour expliquer ces expressions générales dont se servent les historiens? Des phrases comme celles-ci : *salaria instituit*, *salaria detulit per provincias*, semblent bien indiquer qu'il s'agit d'un système étendu d'éducation; elles paraissent s'appliquer à tout l'empire et non à quelques villes privilégiées. Il est donc vraisemblable que ces princes avaient réglé que les professeurs de toutes les écoles publiques recevraient un salaire; seulement ce salaire, ce n'était pas l'État qui devait le donner, c'étaient les villes où ces écoles étaient établies : elles profitaient de l'enseignement, il était naturel qu'on le leur fît payer. L'empereur leur en imposa la charge, comme il en avait le droit. La loi qui l'autorisait à supprimer les libéralités des villes, quand elles lui paraissaient inutiles[2], lui permettait de les contraindre à celles qui lui semblaient nécessaires. C'est en vertu de ce pouvoir qu'il put ordonner qu'elles supporteraient les dépenses de leurs écoles. Les historiens ont donc raison de dire d'Antonin, d'Alexandre Sévère, etc., qu'ils établirent des traitements pour les maîtres : *salaria instituit*, *salaria detulit*; ils auraient dû

1. Lampride, *Al. Sev.*, 44. — 2. *Cod. Theod.*, XII, 2, 1 : *Nulli salarium tribuatur ex viribus reipublicæ nisi ei qui jubentibus nobis specialiter fuerit consecutus.*

seulement ajouter que ce traitement n'était pas fourni par les princes eux-mêmes, mais par les villes, et que leur générosité ne leur coûtait rien. Et si nous voyons cette mention reparaître sous plusieurs règnes successifs, c'est que les villes ne payaient pas volontiers et qu'elles ont essayé souvent de se soustraire au fardeau dont on les avait chargées sans les consulter.

Ainsi, dans quelques villes importantes, quelques chaires, en petit nombre, fondées et dotées par l'État; dans tous les autres, c'est-à-dire à peu près dans l'empire entier, des écoles entretenues aux frais des municipalités : tel était le régime sous lequel a vécu l'enseignement public jusqu'au ve siècle. Je ne sais pourquoi l'on en a douté, tous les documents l'attestent. Libanius, dans le discours qu'il a prononcé en faveur des rhéteurs d'Antioche, affirme qu'ils n'avaient d'autre rétribution fixe que celle que la ville leur payait[1]. Lorsque Constance Chlore nomma son secrétaire Eumène à la direction de la grande école d'Autun, il lui attribua un traitement considérable, qui devait être pris sur les finances de la ville : *ex viribus hujus reipublicæ*[2]. Cet exemple nous montre que l'empereur ne s'interdisait pas tout à fait de s'ingérer dans les affaires de l'enseignement, et l'on pourrait prétendre qu'à cette époque déjà les écoles ressortissaient jusqu'à un certain point au pouvoir central. Mais, comme elles étaient entretenues par les villes, qui fournissaient à leurs dépenses, il s'ensuivait qu'elles avaient surtout, aux yeux de tout le monde, un caractère municipal. C'est ce que dit Ausone en propres termes lorsque, rappelant les trente années qu'il a passées à Bordeaux dans l'enseignement de la grammaire et de la rhétorique, il emploie cette expression : *Exegi mu-*

1. Libanius, *Pro Rhet.* Il demande aux magistrats de donner aux professeurs certains champs qui appartenaient à la ville. — 2. Paneg., IV, 14. On vient de voir employée cette expression *ex viribus reipublicæ* dans une loi du Code Théodosien (XII, 2, 1).

nicipalem operam[1]. Aussi les professeurs n'étaient-ils pas regardés comme des fonctionnaires de l'État. Dans les discours des rhéteurs gaulois du IVe siècle, on dit à plusieurs reprises qu'ils sont de simples particuliers, *privati*, et les fonctions qu'ils remplissent sont opposées à celles des gens qui servent l'empereur dans sa cour et sont employés dans les ministères[2].

Mais sur cet enseignement municipal l'empereur, on vient de le voir, avait la main, et il était naturel que son autorité s'y fît de plus en plus sentir avec le temps. Quand les abus devenaient criants, il était forcé d'intervenir ; il lui fallait mettre à la raison les villes qui refusaient de faire les dépenses que réclamaient leurs écoles. Chez beaucoup d'entre elles, la condition des professeurs était très misérable. Libanius nous dit de ceux d'Antioche « qu'ils n'ont pas même une maison à eux et vivent dans des logements de rencontre, comme des raccommodeurs de chaussures ». Ils mettent en gage les bijoux de leurs femmes pour vivre. Quand ils voient passer le boulanger, ils sont tentés de lui courir après, parce qu'ils ont faim, et forcés de le fuir, parce qu'ils lui doivent de l'argent. Cette misère est causée par la négligence ou la mauvaise foi des villes, qui ne tiennent pas les engagements qu'elles ont pris. Libanius leur reproche de donner à leurs professeurs le moins qu'elles peuvent et de n'être jamais prêtes à les payer. « Mais, dira-t-on, n'ont-ils pas leur traitement qu'ils touchent tous les ans? — Tous les ans? non. Tantôt ils le touchent, et tantôt ils ne le touchent pas. On les fait toujours attendre, et on ne leur donne jamais qu'une partie de ce qu'on leur doit[3]. » Il faut rendre cette justice aux empereurs du IVe siècle

1. Ausone, *Syagrio*, 24. — 2. Paneg., IV, 6. — 3. Il convient pourtant de faire quelques exceptions. Il y avait des villes qui non seulement payaient bien leurs professeurs, mais qui s'imposaient des sacrifices pour enlever à quelque ville voisine un maître renommé et le fixer chez elles. Libanius raconte que Césarée parvint à conquérir par des offres très séduisantes un rhéteur célèbre d'Antioche (*Pro Rhet.*). Les habitants de Clazomène ayant essayé d'attirer dans leur ville Scopélianus, qui enseignait à

qu'ils se sont émus de la situation malheureuse des professeurs et qu'ils ont essayé de rendre leur condition meilleure. Constantin fait une loi pour ordonner que désormais on les paye plus exactement : *Mercedes eorum et salaria reddi præcipimus*[1]. Gratien, l'élève d'Ausone, va plus loin : il déclare qu'il ne veut pas souffrir que leur traitement soit abandonné au caprice des cités, et il fixe ce que chacune d'elles, selon son importance, doit donner à ses grammairiens et à ses rhéteurs[2]. Nous dirions aujourd'hui qu'il inscrit leurs appointements dans le budget municipal parmi les dépenses obligatoires.

Toutes ces mesures que prennent alors les empereurs pour le bien des écoles montrent à la fois l'intérêt qu'ils leur portent et le désir qu'ils ont de les placer, autant que possible, sous leur autorité immédiate. C'est ce qu'il est aisé de voir à propos de la nomination des professeurs. Jusqu'au IVe siècle, il a régné beaucoup d'arbitraire et d'incertitude dans la manière dont les professeurs étaient choisis. Pour les chaires que les empereurs avaient fondées et qu'ils entretenaient à leurs frais, il ne pouvait pas y avoir de doute : ils avaient évidemment le droit de désigner ceux qui devaient les occuper; mais ce droit, ils l'exerçaient de diverses façons. Il leur arrivait de s'en dessaisir et de le déléguer à des personnes de confiance : c'est ainsi que Marc Aurèle chargea son ancien maître, Hérode Atticus, de pourvoir aux chaires de philosophie qu'il avait instituées à Athènes[3]. Quelquefois le choix était remis à une commission de gens éclairés qui faisaient paraître devant eux les candidats et leur proposaient quelque sujet à traiter, ce qui donnait naissance à des concours véritables. Souvent

Smyrne, ce rhéteur, qui ne trouvait pas que Clazomène fût un théâtre digne de lui, répondit avec impertinence : « Il faut un bois aux rossignols : ils ne chantent pas dans une cave. » (Philostrate, *Vitæ Soph.*, I, 21, 4.)

1. Cod. Theod., XIII, 3, 1. — 2. Cod. Theod., XIII, 3, 11. — 3. Philostrate, *Vitæ Soph.*, II, 2, 2.

aussi l'empereur nommait directement lui-même. Philostrate rapporte que les sophistes d'Athènes, qui tenaient beaucoup à « s'asseoir sur le trône », comme on disait, faisaient le voyage de Rome, et que, du temps de Sévère et de Caracalla, comme ils connaissaient l'importance de l'impératrice Julie, ils essayaient de se glisser dans le cortège de géomètres et de philosophes dont elle aimait à s'entourer : avec la protection de la savante princesse, ils étaient sûrs de l'emporter sur leurs rivaux. Quant aux professeurs payés par les villes, c'étaient naturellement les villes qui les nommaient. Il est assez vraisemblable que les décurions prenaient l'avis de gens capables de bien juger[1], mais le choix leur appartenait. Il fallait, suivant l'expression officielle, que le professeur fût approuvé par un décret du conseil : *decreto ordinis probatus*, et, s'il ne rendait pas les services qu'on attendait de lui, le conseil qui l'avait choisi pouvait le destituer. Mais ici encore nous voyons intervenir de bonne heure le pouvoir impérial. Sous prétexte que les fonctionnaires publics se forment dans les écoles et qu'il est de l'intérêt général qu'ils y reçoivent une bonne éducation, il se croit quelquefois autorisé à choisir les maîtres qui les élèvent. C'est un droit que personne ne lui conteste, et quand Eumène fut appelé par Constance Chlore à diriger l'école d'Autun, les habitants ne songèrent qu'à remercier le prince du souci qu'il voulait bien prendre pour eux. Cependant cette intervention de l'empereur devait être rare ; en réalité, c'étaient les villes qui choisissaient presque toujours les maîtres de leurs écoles, le prince ne s'en occupait que par exception. Julien fut le premier qui établit à ce sujet une règle fixe. Il avait un grand intérêt à le faire. Nous venons de voir qu'il avait défendu aux chrétiens d'enseigner dans les

1. Quand les magistrats de Milan voulurent pourvoir à la chaire de rhétorique de leur école, ils s'adressèrent à Symmaque, le priant de leur envoyer de Rome un jeune homme qui serait digne de l'occuper. Symmaque leur envoya saint Augustin. *Confess.*, IV, 13.

écoles publiques; selon le mot de saint Grégoire, il les avait chassés de la science, comme des voleurs du bien d'autrui. Mais il restait beaucoup de villes favorables au christianisme, et, pour que l'édit reçût son exécution, il fallait surveiller les choix qu'elles pouvaient faire. Julien décida, par une loi de 362, que, comme il ne pouvait pas s'occuper de tout, les professeurs seraient désignés par les curiales, ce qui, comme on l'a vu, se faisait ordinairement; mais il ajouta, ce qui était nouveau, que le choix des curiales devrait être soumis à l'empereur, « afin, disait-il, que son approbation donnât un titre de plus à l'élu de la cité[1] ». Nous ne voyons pas que, dans la réaction qui suivit la mort de Julien, cette loi ait été rapportée, et l'on peut croire qu'à partir de ce moment l'empereur participa, d'une manière officielle et régulière, à la nomination de tous les professeurs de l'empire.

Le dernier progrès dans cette voie fut accompli en 425, sous l'empereur Théodose II, par la fondation de l'école de Constantinople. Elle fut établie dans le Capitole de la ville impériale, sous les trois portiques du nord, qui contenaient de vastes exèdres, et qu'on agrandit encore en achetant les maisons voisines. On multiplia le nombre des salles et on les éloigna les unes des autres pour qu'aucune leçon ne fût gênée par le bruit que faisaient les élèves dans le cours voisin. Les professeurs étaient au nombre de trente et un : trois rhéteurs et dix grammairiens latins; cinq rhéteurs et dix grammairiens grecs; un philosophe, deux jurisconsultes[2].

C'est ainsi que fut créée ce que nous pourrions appeler l'université de Constantinople. Cette fois, c'était bien l'autorité impériale qui prenait l'initiative de la création. La loi ne dit pas qui doit fournir à la dépense, mais il est assez probable qu'elle est prise sur le trésor public. Ce qui est sûr, c'est que les professeurs sont traités comme des fonctionnaires,

1. Cod. Theod. XIII, 3, 5. — 2. Cod. Theod., XIV, 9, 3; XV, 1, 53.

et l'empereur règle qu'après vingt ans de bons services, si l'on n'a rien à leur reprocher, ils recevront, en même temps que leur retraite, la dignité de comtes du premier ordre et seront mis sur le même rang que les *ex-vicarii*[1]. L'enseignement de l'État est fondé, et il est curieux de voir que, le jour même où il commence d'exister, il s'attribue aussi tôt le monopole. En même temps que la loi interdit aux professeurs de l'université de donner aucune leçon en dehors du Capitole, on défend aux autres d'ouvrir aucune école publique. Ils pourront continuer à enseigner dans l'intérieur des familles : *intra privatos parietes*; mais, s'ils se font accompagner au dehors par leurs élèves, s'ils les réunissent dans une maison spéciale, ils seront punis des peines les plus sévères et chassés de la ville.

Quoique la loi soit signée par Valentinien III, aussi bien que par Théodose, nous ne savons pas si elle eut un contrecoup dans l'empire d'Occident, qui se débattait alors contre les barbares. Quant à l'université de Constantinople, il appartient à ceux qui s'occupent de l'empire byzantin de savoir quelles furent ses destinées et ce qui est advenu dans la suite de l'œuvre de Théodose II.

1. Cod. Theod., VI, 21, 1.

IV

Organisation d'une école romaine. — Les professeurs. — Grammairiens et rhéteurs. — Leur situation. — Les écoliers. — Rapports des maîtres et des élèves. — Les mauvais écoliers.

Nous sommes arrivés à la pleine organisation de l'instruction publique vers la fin de l'empire; faisons un retour sur l'époque qui a précédé. Essayons d'avoir quelque idée d'une école romaine aux IIIe et IVe siècles de notre ère, demandons-nous ce qu'on y faisait, comment on y vivait et s'il nous est possible d'y faire quelque connaissance avec les maîtres et les élèves. Sur toutes ces questions, les auteurs anciens sont loin de satisfaire notre curiosité; ils nous donnent pourtant quelques renseignements qu'il est utile de recueillir.

Alors, comme aujourd'hui, une école se composant d'un certain nombre de professeurs réunis ensemble, dans un local commun, pour l'instruction de la jeunesse, il est impossible que cette réunion n'ait pas eu son chef. Les Romains avaient trop le respect de l'ordre et de la discipline pour croire que ces établissements pouvaient se passer d'une direction. Il est, en effet, question, à propos de l'école d'Autun, de celui qu'on appelle le premier des maîtres, *summus doctor*[1]; celui-là paraît bien avoir la haute main sur le reste : c'est un personnage important, qu'on paye beaucoup plus que ses collègues et que l'empereur se donne la peine de choisir lui-même. Il est vraisemblable qu'il était professeur dans l'école en même temps qu'il la dirigeait, et que sa situation devait être à peu près celle des doyens de nos Facultés : mais c'est tout ce que nous en savons.

1. Paneg., IV, 5.

Nous venons de voir que l'école de Constantinople, la plus importante de l'empire, comptait trente et un professeurs : vingt grammairiens, huit rhéteurs, deux jurisconsultes et un philosophe. Cette liste, si on la compare à celles des universités d'aujourd'hui, nous paraît fort incomplète. Sans parler de la médecine, qui s'apprenait alors d'une façon particulière, nous sommes étonnés de voir que les sciences exactes n'y figurent pas. Elles n'étaient pas enseignées par des maîtres spéciaux ; le grammairien devait bien en donner quelques notions à ses élèves, mais il avait tant d'autres choses à faire qu'il ne pouvait pas trouver le temps de les approfondir. Malgré ces lacunes qui nous surprennent, soyons assurés qu'à Constantinople l'enseignement devait être beaucoup plus étendu et plus varié qu'ailleurs. D'abord, dans les autres écoles, nous ne rencontrons plus de jurisconsultes. Le droit, cette science romaine, n'avait de maîtres que dans les deux capitales de l'empire et à l'école de Béryte (Beyrouth), qui paraît lui avoir été spécialement consacrée. Quant à l'enseignement philosophique, il n'existait alors d'une manière sérieuse que dans Athènes[1]. On peut dire que la philosophie n'a pas pu vaincre tout à fait la répugnance que les Romains ont témoignée pour elle dès le premier jour, et que, malgré les efforts de Cicéron et des autres, elle n'est jamais entrée dans le cercle régulier des études. C'est une science complémentaire qui plaît à quelques curieux et que la masse du public a de bonne heure délaissée. Nous voyons qu'au temps des Antonins, où elle brille encore de tant d'éclat, les empereurs hésitent à comprendre les philosophes parmi ceux auxquels ils accordent l'exemption des charges municipales. Ils prétendent d'abord qu'ils sont si peu nombreux qu'il est inutile de les mentionner ; puis ils ajoutent que, comme ils font profession de mépriser la richesse, il ne faut

1. Symmaque, X, 5.

pas trop les enrichir[1]. C'est un prétexte facétieux qui permet au législateur de leur refuser les priviléges qu'il accorde aux autres maîtres de la jeunesse. A partir du IIe siècle, la vogue de la philosophie décline de plus en plus. Le triomphe du christianisme lui porte le dernier coup, et les pères de l'Église nous disent que, de leur temps, elle n'est presque plus enseignée nulle part[2]. Il ne reste donc, dans les écoles ordinaires, que des grammairiens et des rhéteurs.

C'est seulement de grammairiens et de rhéteurs que se composait cette école de Bordeaux, que nous connaissons mieux que les autres, grâce à Ausone, qui nous en a beaucoup parlé. Il y avait été élève, puis maître pendant trente ans. Vers la fin de sa vie, il se plaisait, ainsi que tous les vieillards, à revenir aux souvenirs de sa jeunesse, et, comme il était versificateur incorrigible, il s'amusait à les raconter en vers. Un jour, il eut l'idée de chanter la mémoire de ses anciens professeurs. Il les énumère tous, l'un après l'autre, et consacre à chacun d'eux une pièce de vers plus ou moins longue, selon leur mérite et leur célébrité. Cette revue nous paraîtrait fort monotone si elle ne nous donnait quelques détails sur ce personnel des écoles du IVe siècle que nous cherchons à connaître.

Nous y voyons d'abord figurer des grammairiens grecs et latins; les deux langues classiques ont continué d'être la base de l'enseignement officiel. Il est pourtant visible que, dans les pays occidentaux, l'étude du grec commence à n'être plus aussi florissante. Ausone, tout en rendant justice au talent des grammairiens grecs de Bordeaux, s'accuse d'avoir peu profité de leurs leçons[3]. Il ajoute que les autres écoliers faisaient comme lui et que les résultats de cet enseignement étaient médiocres. Il en était de même en Afrique, où, du

1. Digest., 4, 5, 8, 4 et 13, 1, 4. — 2. Saint Jérôme, *Epist. ad Gal.*, prol., 5. — Saint Augustin, *De Civ. D.*, XIII, 16. — 3. Ausone, *Profess.*, 8.

temps de Tertullien et d'Apulée, les lettrés parlaient grec aussi aisément que latin. Saint Augustin, qui a pourtant appris tant de choses, avoue que le grec lui causait, dans sa jeunesse, beaucoup de répugnance, et il est aisé de voir, dans ses œuvres, qu'il ne l'a jamais bien su. Les grammairiens latins étaient, au contraire, en fort grande estime. Tous les élèves passaient par leurs mains et restaient longtemps dans leurs classes; aussi arrivaient-ils quelquefois à la fortune. Cependant l'opinion les mettait fort au-dessous des rhéteurs. Dans l'œuvre d'Ausone, les rhéteurs nous apparaissent comme de grands personnages que l'empereur vient souvent prendre dans leurs chaires pour les attacher à sa personne, comme secrétaires d'État, ou même pour en faire des gouverneurs de province et des préfets du prétoire. Ceux qui n'arrivent pas à cette fortune et qui ne quittent pas l'école n'en ont pas moins, dans la ville où ils enseignent, une situation brillante. Ils font souvent de riches mariages, ils épousent « des femmes nobles et bien dotées[1] ». Leur maison est fréquentée par la bonne société; leur table a de la réputation, et l'on y est attiré moins par les dépenses que fait le maître que par les agréments de son esprit et le charme de sa conversation piquante[2].

Pour comprendre comment les professeurs arrivaient quelquefois à être riches, il faut songer que leurs traitements pouvaient s'élever assez haut. Ils se composaient de sommes payées par l'État ou par les villes et d'une rétribution que donnaient les élèves, c'est-à-dire d'un traitement fixe et d'un traitement éventuel[3]. L'État, dans les rares chaires qu'il avait dotées, était ordinairement assez généreux; les villes, nous l'avons vu, ne se piquaient pas de bien payer les maîtres et de les payer régulièrement. La fortune, quand ils l'obtenaient,

1. Ausone, *Profess.*, 16, 9. — 2. *Profess.*, 1, 31. — 3. Saint Augustin, *Confess.*, I, 16. — *De Civ. Dei*, I, 1.

devait surtout leur venir de leurs élèves. Aussi travaillaient-ils à en attirer le plus qu'ils pouvaient dans leurs écoles. De là des luttes violentes entre eux, des rivalités passionnées, un désir ardent de se faire connaître, et l'emploi de procédés fort étranges pour répandre leur réputation. Du temps d'Aulu-Gelle, les grammairiens et les rhéteurs de Rome fréquentaient les boutiques de libraires[1]. Là, les occasions ne leur manquaient pas pour étaler leur science et faire assaut de belles paroles. Le père de famille, qui ne se fiait pas à la renommée et voulait choisir lui-même le maître de ses enfants, allait les entendre et se décidait pour le plus beau parleur. En Grèce, où les professeurs abondent, le combat pour la conquête des élèves est naturellement plus vif et plus difficile. D'ordinaire, le grammairien s'entend avec le pédagogue, c'est-à-dire avec l'esclave qui est chargé, dans la maison, de surveiller le travail de l'enfant; il le corrompt par des présents, il le paye, et le pédagogue recommande au père le grammairien qui lui a le plus donné[2]. A Athènes, c'est pis encore. Quand l'écolier débarque au Pirée, il y rencontre d'abord des partisans de chaque école philosophique qui essaient de l'embaucher, comme on y trouve aujourd'hui des recruteurs pour les divers hôtels de la ville[3]. Tout n'est pas fini quand il a fait son choix, et les professeurs travaillent par tous les moyens à s'enlever leurs élèves. Il y en a, dit Eunape, qui donnent de bons dîners, avec de jolies petites servantes, pour prendre les jeunes gens dans leurs filets[4]. Libanius lui-même, l'honnête Libanius, ne se refusait pas d'user quelquefois de quelques réclames innocentes. Il priait les magistrats qui lui voulaient du bien, quand ils avaient entendu parler un de ses élèves et que le public paraissait content, de demander : « Où donc ce jeune homme a-t-il étudié? » C'était une manière de mettre

1. Aulu-Gelle, V, 4; XIII, 30; XVIII, 4. — 2. Petit, *Libanius*, p. 109. — 3. Eunape, *Proæres*. — 4. *Id. ibid.*

l'école de Libanius en renom. Du reste, il comptait encore plus, pour son succès, sur son talent, et il avait raison. Le jour où il ouvrit son école d'Antioche, il n'avait que dix-sept auditeurs; après ses premières harangues, il en vint cinquante, et bientôt, nous dit-il, sa renommée fut si grande que l'on chantait ses exordes dans les rues[1]. Le malheur, c'est que, lorsqu'on tient sa réputation et sa fortune de ses élèves, on est trop tenté de les ménager. Comme on a eu beaucoup de peine à les conquérir, on est prêt à faire beaucoup de concessions pour les garder. On n'ose plus les gronder, de peur qu'ils n'aillent chercher des professeurs plus indulgents. Les rôles finissent par être renversés, et ce sont bientôt les élèves qui deviennent les maîtres. Le sage Favorinus s'indignait de ces complaisances : « On voit, disait-il, des professeurs qui vont donner leur leçon chez les jeunes gens riches sans qu'on les ait appelés. Ils s'assoient devant la porte et attendent tranquillement que leur élève ait cuvé le vin qu'il a bu dans les festins de la veille[2]. »

Des maîtres passons aux écoliers. Il y en avait, dans l'antiquité comme chez nous, deux variétés bien différentes : les bons et les mauvais. Les bons écoliers nous sont connus par quelques récits d'Aulu-Gelle. Cet excellent Aulu-Gelle, quoiqu'il soit arrivé à occuper des fonctions publiques, ne fut jamais qu'un de ces élèves honnêtes et appliqués qui redisent toute leur vie avec exactitude la leçon qu'on leur a faite. Il ne parle de ses professeurs que d'un ton attendri; l'époque heureuse pour lui est celle où il étudiait, et son souvenir le ramène toujours à l'école. Quand il y était, il faisait partie de cette élite d'écoliers qui s'attachaient plus particulièrement au maître et ne le quittaient plus. La leçon finie, les autres s'en vont; ceux-là restent. Il est rare que le maître ait un intérieur où il se retire quand son école est fermée. D'ordinaire, il ne s'est pas

1. Voyez Petit, *Libanius*, p. 109 et sq. — 2. Aulu-Gelle, VI, 10.

marié. — Libanius disait à l'un de ses admirateurs, qui était venu lui offrir sa fille, qu'il ne voulait épouser que l'éloquence. — Ses élèves forment donc toute sa famille. Aussi vit-il avec eux dans la plus complète intimité; ils assistent à ses repas, ils l'accompagnent dans ses promenades et le suivent même au chevet d'un ami malade[1]. La vie qu'ils mènent dans sa compagnie nous paraît fort grave et même légèrement ennuyeuse : pas un moment du jour qui ne soit consacré à des occupations savantes; on lit pendant le repas; en se promenant, on disserte. Le repos ne se distingue du travail que par la nature des questions qu'on traite[2]. Ces questions, aussi bien celles des heures sérieuses que des moments de loisir, nous paraissent quelquefois minutieuses et futiles; nous avons peu de goût pour ces recherches pédantes et cette érudition de surface, mais alors on en était charmé. La grammaire, la rhétorique, possédaient les esprits et les rendaient insensibles au reste. Aulu-Gelle raconte qu'il revint un soir, sur un bateau, d'Égine au Pirée, avec quelques-uns de ses camarades. « La mer était calme, dit-il, le temps admirable, le ciel d'une limpidité transparente. Nous étions tous assis à la poupe, et nous avions les yeux attachés sur les astres brillants. » Pourquoi croyez-vous qu'ils regardent ainsi le ciel? pour avoir quelque prétexte de disserter lourdement sur la vraie forme du nom grec et latin des constellations[3]. Voilà ce que trouvent de mieux à faire des jeunes gens qui côtoient les rivages de l'Attique par une belle nuit étoilée! Veut-on savoir ce qu'étaient pour eux les jours de fête et quelles folies ils se permettaient pendant le carnaval? Aulu-Gelle encore va nous l'apprendre : « Quand nous étions à Athènes, nous passions les saturnales d'une manière à la fois très agréable et fort sage, ne relâchant pas notre esprit, — car, suivant le mot de Musonius, relâcher son esprit, c'est la même chose que le

1. Aulu-Gelle, II, 2; IX, 8; XV, 1; XVI, 3; XVIII, 5. — 2. Aulu-Gelle, II, 22; III, 1; VI, 13; XVI, 10. — 3. Aulu-Gelle, II, 21

lâcher ou le perdre[1], — mais l'égayant et le reposant par des conversations piquantes et honnêtes. Nous nous réunissions tous à la même table, et celui qui, à son tour, était chargé des apprêts du repas, devait se procurer d'avance quelque livre d'un ancien écrivain grec ou latin avec une couronne de laurier pour être donnée en prix au vainqueur. Puis il préparait autant de questions qu'il y avait de convives. Quand il en avait donné lecture, on tirait au sort. Le premier commençait, et, si l'on jugeait qu'il avait bien répondu, on lui donnait le prix. Sinon, on passait au voisin, et, quand la question restait sans réponse, on suspendait la couronne à la statue du dieu qui présidait au festin. Quant aux sujets proposés, c'était l'explication d'un texte obscur ou d'un petit problème d'histoire, la discussion d'une opinion philosophique, un sophisme qu'il fallait résoudre, ou bien encore quelque forme étrange ou inusitée d'un mot ou d'un verbe dont on devait rendre compte[2]. » C'est ainsi que, non seulement à Athènes et à Rome, mais dans les lieux de plaisir et de joie, à Tibur, à Ostie, à Pouzzoles, à Naples, se passait le temps des fêtes pour Aulu-Gelle et ses studieux amis.

On pense bien que les mauvais écoliers avaient d'autres goûts et qu'ils se livraient à des divertissements un peu moins pacifiques. Ils étaient bruyants, désordonnés; ils accueillaient les nouveaux arrivés par toute sorte de vexations et les forçaient de payer cher leur bienvenue[3]. Ils formaient des associations qui en venaient quelquefois aux mains dans les rues. Il y en avait à Carthage qui s'appelaient les Ravageurs, *Eversores*, et qui faisaient le tourment de leurs professeurs et de leurs camarades. Ils troublaient le cours des maîtres qui ne leur plaisaient pas et les forçaient de fermer leur école[4]. Pour leur échapper,

1. J'essaie de rendre le jeu de mots qui se trouve dans le latin : *Remittere animum quasi amittere est*. — 2. Aulu-Gelle, XVIII, 2 et 13. — Petit, *Libanius*, p. 24; Sievers, *Leben der Lib.*, p. 33. — 4. Saint Augustin, *Confess.*, III, 3.

saint Augustin prit le parti d'aller enseigner la rhétorique à Rome; mais il y trouva d'autres inconvénients qu'il ne soupçonnait pas. Les élèves y avaient la mauvaise habitude de ne pas payer leurs professeurs; le jour de l'échéance, ils disparaissaient pour aller suivre un autre cours et passaient ainsi d'un maître à l'autre sans s'acquitter envers aucun[1]. Ils vivaient pourtant sous une législation sévère et l'autorité les traitait souvent avec rigueur. Nous avons une loi fort curieuse de Valentinien Ier qui montre toutes les précautions qu'on avait prises pour les tenir dans le devoir. On exige d'abord que dès leur arrivée ils se présentent au magistrat chargé du recensement de la cité (*magister census*) : ils doivent lui remettre le passeport que leur a délivré le gouverneur de leur province et qui contient, avec la permission de venir étudier à Rome, quelques renseignements sur la situation de leur famille. Ils feront ensuite connaître à quel genre d'études ils se destinent et dans quelle maison ils logent, afin qu'on puisse les surveiller. La police aura l'œil sur eux. Elle essaiera de savoir comment ils se conduisent, s'ils ne font pas partie de quelque association coupable, s'ils ne fréquentent pas trop les spectacles, s'ils assistent à ces festins de mauvaise compagnie qui se prolongent jusqu'au jour. « Nous accordons le droit, ajoute l'empereur, au cas où un jeune homme ne se comporterait pas comme l'exige la dignité des études libérales, de le faire battre de verges publiquement et de l'embarquer pour le renvoyer chez lui. » Quant à ceux qui se conduisent bien et qui vaquent assidûment à leurs études, il leur est permis de rester à Rome jusqu'à l'âge de vingt ans. Passé ce temps, s'il y en a qui ne retournent pas volontairement dans leurs foyers, on aura soin de les y contraindre en leur infligeant une peine humiliante[2]. Voilà des mesures dont la sévérité prouve à quels excès se laissait quelquefois entraîner la turbulence des écoliers.

1. Saint Augustin, *Confess.*, V, 12. — 2. Cod. Theod., XIV, 9, 1.

V

Comment la rhétorique est devenue le fondement de l'éducation antique. — Résistance inutile de Cicéron. — Système de Quintilien. — Dangers de cette éducation. — Succès qu'elle a obtenu. — Elle achève pour les Romains la conquête du monde.

Le système d'enseignement dont nous venons d'étudier l'histoire n'est pas, comme tant d'autres institutions humaines, une œuvre de hasard, le produit de quelques circonstances fortuites; il n'a pas été non plus imaginé de toutes pièces par des politiques, imposé à l'empire par des hommes d'État prévoyants. A le prendre dans ses origines lointaines, c'est la réalisation d'une idée philosophique.

Tout le monde se souvient d'avoir lu, dans les prologues de Salluste, les belles phrases où il établit la supériorité de l'esprit sur le corps : « C'est l'esprit qui est le véritable maître de la vie.... L'esprit doit commander, le corps obéir. Le premier nous rapproche des dieux; l'autre nous est commun avec les bêtes. » Cette idée ne nous semble aujourd'hui qu'un lieu commun vulgaire, et nous sommes surpris de l'entendre proclamer d'un ton si solennel. Mais alors elle était nouvelle, surtout chez un peuple que sa nature portait à n'admirer guère que la force brutale. Aussi ne l'avait-il pas trouvée lui-même : elle résumait tout un long travail de la pensée grecque. Née dans les écoles des philosophes socratiques, vers le IIIe siècle avant notre ère, propagée par les écrits des sages et parcourant le monde avec eux, acceptée peu à peu, chez les Grecs et les Romains, comme une incontestable vérité, elle finit par prendre un corps et se traduire en fait. Appliquée à l'éducation de la jeunesse, elle en changea le caractère. L'Hellène, dans les premiers temps, ne mettait pas une grande différence entre son esprit et son corps; comme ils lui sont nécessaires tous les deux, il les soigne autant l'un que l'autre. L'idéal qu'il imagine, le dessein qu'il poursuit dans l'éducation de la jeunesse, c'est d'établir entre eux une sorte d'harmonie. Les philosophes ont dérangé l'équilibre : en insistant comme ils font, sur l'infériorité du corps, ils ont ôté le goût de s'en occuper. Aussi la gymnastique, qui tenait d'abord tant de place dans la vie des Grecs, ne tarde pas à être négligée et finit par disparaître.

Mais voici une autre conséquence : l'esprit étant le maître, le premier de tous les arts doit être celui qui donne le plus à l'esprit le sentiment de sa supériorité. Cet art, sans aucun doute, c'est l'éloquence. Cicéron, Quintilien, Tacite, l'ont bien montré dans les admirables tableaux qu'ils tracent des assemblées populaires. Qu'on se figure, sur la place publique d'Athènes ou de Rome, un peuple entier réuni, c'est-à-dire des gens endurcis à la peine, des artisans vigoureux, des paysans robustes. Ils savent qu'ils sont la force et le nombre; ils s'agitent, ils menacent, ils éclatent en cris de fureur. Tout à coup un homme se lève, un homme pâli par l'étude et la réflexion, quelquefois fatigué par l'âge, le plus faible, le plus chétif de tous. Il parle, et peu à peu les colères tombent, les dissentiments s'apaisent; bientôt cette multitude divisée semble n'avoir plus qu'une âme, l'âme même de l'orateur, qui s'est communiquée à tous ceux qui l'écoutent. N'est-ce pas le triomphe le plus éclatant de l'esprit sur la force matérielle, de l'âme sur le corps? et s'il est vrai que l'éducation doit être surtout la culture de l'esprit, n'est-il pas naturel que l'art où la prédominance de l'esprit se manifeste d'une manière si visible en soit le fondement? C'est ainsi que l'éloquence prit, dans l'enseignement des peuples anciens, une place qu'elle n'a pas tout à fait perdue chez les modernes.

Est-il vrai, comme on l'a dit souvent de nos jours, qu'ils aient eu tort d'en faire la principale étude de la jeunesse?

Je suis bien loin de le croire. Laissons de côté l'utilité directe qu'on trouve dans les pays libres, où la parole est souveraine, à enseigner de bonne heure aux enfants l'art de parler : à Rome, par exemple, c'était un talent nécessaire pour tous ceux que leur naissance appelait à la vie publique, et, comme ils ne pouvaient pas s'en passer, on comprend que leur premier souci ait été de l'acquérir. Mais les autres, ceux auxquels l'accès des honneurs était à peu près fermé et qui ne devaient avoir que très rarement, dans leur vie, l'occasion de parler en public, ne trouvaient-ils donc aucun profit à ces exercices oratoires auxquels on condamnait leur jeunesse? Je pense, au contraire, qu'ils leur étaient fort utiles. A ne les prendre que comme un moyen d'éducation générale, pour former non seulement l'orateur, mais l'homme, et le préparer à tout, il n'y en a guère de plus efficace[1]. Quand on veut composer un discours, faire parler un personnage réel ou imaginaire, dans une circonstance donnée, il faut d'abord trouver des raisons et les mettre en ordre; c'est une nécessité qui force les esprits paresseux à un travail salutaire. Ce qu'il y a d'un peu romanesque dans le sujet qu'ils ont à traiter est pour eux une excitation de plus. On s'imagine aujourd'hui qu'il sera plus facile à un jeune écolier d'exprimer ses sentiments véritables que d'entrer dans ceux des personnages d'autrefois : c'est une grande erreur. La vie ordinaire le frappe très médiocrement; il jouit en ingrat et presque sans s'en apercevoir des biens qu'elle lui prodigue. C'est en sortant un peu de lui qu'il se connaît mieux. L'effort qu'il lui faut faire pour parler au nom d'un autre éveille et ouvre son esprit, et il lui arrive qu'il apprend à distinguer ses impressions propres en essayant d'exprimer celles d'un étranger. Sans compter que, pou

1. C'est ce que Sénèque le père exprimait avec beaucoup de bonheur, quand il disait à son fils : *Eloquentiæ tantum studeas : facilis ab hac ad omnes artes discursus; instruit etiam quos non sibi exercet* (*Controv.*, II, *Præf.*).

prêter à un personnage de l'histoire le langage qui lui convient, il faut le connaître, et qu'il faut connaître aussi ceux auxquels il parle, démêler leurs dispositions, deviner leur caractère, si l'on veut trouver les raisons qui pourront les convaincre : ce qui suppose une première observation du monde et de la vie. Il est donc certain que l'exercice de l'art oratoire n'est pas inutile aux jeunes intelligences, puisqu'il développe chez elles la fécondité de l'esprit, l'habitude de la réflexion, la connaissance d'elles-mêmes et des autres.

Mais s'il est bon que la jeunesse s'exerce dans l'art oratoire, convient-il, comme faisaient les anciens, de lui enseigner l'éloquence par la rhétorique? La rhétorique, je le sais, ne jouit pas d'une bonne renommée; c'est un art suspect et discrédité. Je ne crois pas pourtant qu'il y ait jamais eu d'éloquence sans rhétorique; chaque orateur se fait la sienne quand il ne l'a pas trouvée toute faite avant lui. Caton, l'ennemi des rhéteurs grecs, qui voulait à toute force les empêcher d'entrer à Rome, était un rhéteur à sa façon. Il avait remarqué certains procédés qui ne manquaient pas leur effet sur le peuple, et il les employait volontiers. Il les nota soigneusement dans ses ouvrages quand il devint vieux, et en transmit la connaissance à son fils. Ce n'était guère la peine, puisqu'il avait composé lui-même une rhétorique, d'être si sévère pour celle des Grecs, qui résumait la pratique de plusieurs siècles et contenait des observations si ingénieuses et si vraies. Quant à ce qu'on appelait la déclamation, qu'on a tant attaquée et dont l'abus produit de si mauvais résultats, prise en elle-même et retenue dans de certaines limites, elle peut aisément se défendre. L'apprentissage de tous les métiers et de tous les arts se fait de la même façon; la pratique s'y joint toujours à la théorie; tous imaginent pour l'apprenti des exercices qui ressemblent à ce qu'il doit faire plus tard et l'y préparent. Et qu'est-ce que la déclamation, sinon une manière de former un jeune homme aux luttes réelles par des combats fictifs, la petite guerre avant la grande?

Il n'y avait donc rien de blâmable dans le principe même de cette éducation. Voici d'où vint le péril. Si l'on n'avait pas tort d'enseigner la rhétorique aux jeunes gens, il était dangereux de la leur enseigner seule. Nous avons vu déjà qu'en réalité ils n'apprenaient qu'elle. Le grammairien, qui était chargé de tout le reste, avait trop à faire pour suffire à tout. Il se bornait à donner de toutes les sciences quelques notions confuses et n'enseignait que ce qu'il était indispensable à un orateur de savoir. Son cours, qui aurait dû avoir tant d'importance, était devenu une simple préparation à la rhétorique. Les élèves se trouvaient donc livrés sans contrepoids à une seule étude, et les inconvénients qu'elle peut offrir n'avaient plus pour eux de remèdes. Cicéron, avec son grand bon sens, a vu le mal et il a cherché à le guérir. Dans son traité de l'art oratoire (*De Oratore*), il demande que l'orateur, avant de se livrer à la pratique de son art, ait tout étudié, tout connu, le droit, l'histoire, la philosophie, les sciences, et qu'aucune des connaissances humaines ne lui soit étrangère[1], ce qui revient à dire que l'éducation spéciale, qui fait l'homme de métier, doit être précédée par une éducation générale, aussi large, aussi étendue que possible, ou encore qu'il faut former et façonner l'esprit avant de l'appliquer à quelque profession particulière, de même qu'on n'ensemence la terre qu'après l'avoir tournée et retournée plusieurs fois[2]. Cicéron s'est contenté de poser le

1. *De Orat.*, I, 6 : *Non potet esse omni laude cumulatus orator, nisi erit omnium rerum magnarum atque artium scientiam consecutus.* — 2. *De Orat.*, 1, 30 : *Subacto mihi ingenio opus est, ut agro non semel arato, sed novato et iterato, quo meliores fetus possit edere.* C'est le principe même de l'éducation moderne, que nous avons tant de peine à défendre aujourd'hui contre ceux qui veulent imposer à l'enfant une spécialisation hâtive. Tacite, dans son *Dialogue des orateurs*, a défendu les mêmes doctrines. Il soutient, lui aussi, que l'orateur a besoin d'avoir touché à tout pour parler de tout comme il convient, et que la grande éloquence se nourrit de ces connaissances accumulées (*Dial.*, 30), que les études générales préparent aux professions particulières auxquelles on se destine, que l'esprit, une fois formé, sera propre à tout, et que,

principe, il n'a pas indiqué par quel moyen on pourrait le réaliser. Il y en avait un pourtant, d'une pratique facile et d'un succès assuré. Des deux études dont se composait l'éducation romaine, celle de la grammaire et celle de la rhétorique, la première avait précisément pour but d'enseigner toutes ces connaissances générales que Cicéron exige de son orateur. Il s'agissait donc simplement de la fortifier, de lui accorder plus de temps, plus de considération, plus d'importance. Rien n'était plus juste et plus aisé. Mais le courant qui portait vers la rhétorique était trop fort, et Cicéron ne put pas l'arrêter. On alla plus loin encore après lui. Quintilien, qui se donne pour son élève, professe des principes tout opposés. Sans doute, il comble la grammaire d'éloges; il lui arrive même, dans son premier livre, d'en parler avec une sorte d'enthousiasme (*necessaria pueris, jucunda senibus, dulcis secretorum comes*[1]) : en réalité il veut la diminuer et la restreindre. Le grammairien lui paraît un envahisseur, toujours prêt à se glisser hors de son domaine, et il se donne beaucoup de mal pour l'empêcher d'en sortir[2]. Au contraire, il accroît le rôle et les attributions du rhéteur. Cicéron trouvait exagéré qu'on s'occupât de former l'orateur dès l'âge de sept ou huit ans, quand il entre dans les classes; Quintilien exige qu'on le prenne au berceau, il veut que l'élève entre en rhétorique le jour de sa naissance. Il faut donc que le grammairien n'oublie jamais que c'est un orateur qu'il est chargé de former, qu'il ne doit rien lui enseigner qu'en vue de l'éloquence, et qu'il n'a autre chose à faire que de le préparer pour les leçons du rhéteur. Tel a été le rôle du grammairien dans les écoles du IIIe et du IVe siècle : mis au second rang, surchargé de besogne, moins payé, moins honoré, il perd de plus en plus de son

pour ne parler que de l'éloquence, celui qui acquiert les idées acquiert en même temps, sans qu'il s'en doute, la faculté de les exprimer (*Dial.*, 33).

1. Quintilien, I, 4, 5. — 2. Quint., II, 1, 2.

autorité. Ce qu'il perd, le rhéteur le gagne; de tous les maîtres, il est le seul dont le nom soit connu au dehors, le seul dont l'enseignement passionne les élèves, et toute l'école tourne autour de lui. S'il ne s'agissait que du grammairien lui-même et de son intérêt personnel, on pourrait prendre son parti de le voir moins considéré; mais le discrédit où il tombe rejaillit sur tout ce qu'il enseigne. La grammaire, à la prendre dans son acception ancienne, comprend la philologie, l'histoire, la musique, la géométrie, l'astronomie, les mathématiques, c'est-à-dire toutes les sciences. Que deviendront-elles, si on ne les enseigne que dans leurs rapports avec la rhétorique? Elles veulent être étudiées pour elles-mêmes; elles ne font de progrès et ne prennent tout leur essor que lorsqu'on s'occupe d'elles d'une façon sérieuse et désintéressée. Subordonnées à l'éloquence, bornées et limitées dans leur libre développement, ne servant plus qu'à fournir à l'orateur des arguments et des agréments pour ses discours, elles deviennent stériles. Les écoles romaines n'ont jamais eu de véritable enseignement scientifique, et c'est l'importance donnée à la rhétorique qui en a été cause. Si les idées de Cicéron avaient triomphé, il aurait pu en être autrement; par malheur, ce fut Quintilien qui l'emporta.

La rhétorique, quand elle est seule dans l'éducation de la jeunesse et que rien n'en corrige l'effet, peut avoir des inconvénients de plus d'une sorte, qu'il est inutile d'indiquer tous. Je n'en veux signaler qu'un qui me semble grave. Aristote fait remarquer avec beaucoup de bon sens que le raisonnement oratoire ne repose pas sur la vérité absolue, mais sur la vraisemblance, et que les arguments des orateurs ne sont pas obligés d'être aussi rigoureux que ceux des philosophes. Quand il s'agit d'entraîner une foule ignorante et tumultueuse, un syllogisme aurait peu de succès. Pour se faire écouter et comprendre, l'orateur doit s'appuyer sur les opinions qui ont cours dans la société et suffisent à la pratique de la vie commune. On les appelle des vérités générales, mais elles ne sont vraies qu'en partie; on peut presque toujours leur opposer des vérités contraires, et, entre les unes et les autres, il est permis d'hésiter. La sagesse des nations aime à s'exprimer en proverbes; or il n'y a rien de plus commun que de trouver des proverbes qui se contredisent sans qu'on puisse affirmer qu'aucun d'eux soit tout à fait faux ou entièrement vrai. Il s'ensuit qu'on peut souvent, dans les affaires humaines, soutenir le pour et le contre avec une apparence de vérité, et qu'il est facile, quand on le veut bien, de trouver des raisons probables pour deux causes opposées. Voilà ce qu'apprend, en somme, la rhétorique; et l'on comprend qu'il puisse être dangereux qu'un art qui ne repose que sur les probabilités et la vraisemblance soit étudié seul. Si la jeunesse qui se livre à cette étude n'a pas auprès d'elle un autre enseignement qui la ramène à la vérité, elle risque d'en perdre peu à peu le sentiment et le goût. C'est sur cette pente que glissa l'éducation romaine, et l'on peut dire qu'elle descendit la côte jusqu'au bout. La déclamation devait préparer l'élève, par des plaidoiries fictives, à plaider un jour des causes vraies; c'est un exercice qui ne lui est utile que si les sujets qu'on lui donne ressemblent à ceux qu'il aura plus tard à traiter; or déjà, du temps de Quintilien, on choisissait de préférence dans les écoles des matières extravagantes. On les prenait tout exprès en dehors de la réalité et de la vie pour piquer la curiosité des jeunes gens et leur donner une occasion de montrer leur esprit; les plus ridicules étaient précisément les plus goûtées, parce qu'il y avait plus de mérite à s'y faire applaudir. C'est ainsi que, d'excès en excès, on finit par ne plus faire vivre les élèves que dans un monde de fantaisie, où plus rien n'était réel, où l'on inventait des incidents romanesques, où l'on discutait des lois imaginaires, où des personnages de convention n'exprimaient que des sentiments de théâtre. De plus, on avait l'habitude de faire plaider aux jeunes gens, pour les mieux exercer, les deux causes contraires. Ils les soutenaient successivement l'une et l'autre avec la même indifférence, trouvant toujours quelque chose à dire, grâce aux vérités générales qui fournissent complaisamment des raisons pour tout, et quand ils avaient également réussi dans les deux plaidoiries opposées, ils en concluaient que le sujet par lui-même n'a aucune importance et que l'art consiste uniquement à trouver à propos de tout des arguments ingénieux et de belles phrases. Sur ces entrefaites, l'empire s'était établi et il avait supprimé les assemblées populaires; c'était un changement grave dont l'école ne semble pas s'être aperçue. Elle continue à former des orateurs comme si le forum n'était pas devenu muet et si la parole jouait toujours le même rôle dans les affaires de l'État. Loin de souffrir du régime nouveau, la rhétorique semble d'abord y gagner. Autrefois, elle préparait aux luttes politiques; maintenant, elle devient son but à elle-même; on n'apprend plus à parler que pour le plaisir de savoir parler. C'est ce que Sénèque exprime dans cette phrase énergique : *Non vitæ sed scholæ discimus*[1]. Ce qui est étrange, c'est que jamais la parole n'a été plus aimée que depuis qu'elle ne mène à rien. L'éloquence de l'école, qui n'a plus à craindre la concurrence de l'autre, devient plus triomphante que jamais et s'enfonce dans ses défauts, que la pratique de la vie et la comparaison avec l'éloquence réelle ne peuvent plus corriger.

Il n'est pas douteux que cette éducation n'ait eu, pour les Romains de ce temps, des conséquences fâcheuses. Le jeune homme à qui l'on n'a sérieusement appris que la rhétorique s'habitue à mettre de la rhétorique partout; elle devient le tour d'esprit naturel de tous ceux qui écrivent. De là cette teinte uniformément oratoire qui recouvre et qui gâte toute la littérature de l'empire[2]. Les plus grands esprits de

1. Sénèque, *Epist.*, 106, 12. — 2. Vers cette époque, le mot *eloquen-*

ce temps, Lucain, Juvénal, Tacite lui-même, n'y ont pas échappé; elle s'impose aux vers comme à la prose, et aux genres les plus différents. Mais ce n'est pas seulement la littérature qui en a souffert : soyons sûrs que, jusque dans la vie privée, elle a laissé sa marque sur les générations qu'elle a formées. Pour avoir quelque idée de ce qu'elle a pu faire des élèves, cherchons à savoir ce qu'étaient les maîtres : on doit pouvoir étudier sur eux-mêmes l'effet des leçons qu'ils donnaient aux autres. Les professeurs, nous l'avons vu, formaient alors une classe puissante et nombreuse. Dans cette foule, il devait se trouver des personnages très différents; la plupart pourtant se ressemblent, et ils ont des traits communs qu'ils tiennent du métier qu'ils exercent. Pline le Jeune, parlant d'un rhéteur qu'il venait d'entendre, disait : « Il n'y a rien de plus sincère, de plus candide, de meilleur que ces gens-là : *Scholasticus est; quo genere hominum nihil aut sincerius, aut simplicius, aut melius*[1]. » Je crois que Pline a raison, et que les « hommes d'étude » méritaient ordinairement les éloges qu'il leur a donnés. Leur vie appartenait toute au travail. S'ils voulaient atteindre à la perfection, — et tous y aspiraient, — ils ne pouvaient pas perdre un moment du jour. Toutes les dissipations leur étaient donc interdites, et cette existence studieuse les préservait des dangers auxquels exposent ordinairement les loisirs. En même temps, ils sont fiers de leur art; les applaudissements qui les accueillent les rendent pour ainsi dire respectables à eux-mêmes; ils se regardent comme les prêtres de l'éloquence et ne voudraient rien faire qui fût indigne d'elle. Ce sont donc ordinairement des gens honnêtes, mais, suivant l'expression de Pline, d'une honnêteté naïve : *nihil simplicius*.

tia finit par s'appliquer à tous les genres, les plus légers comme les plus graves, et il prend le même sens que chez nous le mot de *littérature*. Nous le trouvons avec cette signification dans le *Dialogue des orateurs*, ch. 10.

1. Pline, *Epist.*, II, 3. 5.

Comme ils vivent dans un monde imaginaire, ils n'ont guère le sens de la réalité. Ils ne vont pas au fond des choses et s'en tiennent volontiers aux apparences. L'habitude qu'ils ont prise d'appuyer leurs raisonnements sur les opinions qui ont cours dans le monde les rend fort indulgents pour les préjugés. Ils les acceptent aisément et les répètent sans y trop regarder. Avant tout ils respectent les traditions et vivent du passé. Les rhéteurs de l'époque d'Auguste, dont Sénèque le père nous a transmis les déclamations, et ceux du IVe siècle, qui florissaient dans la Gaule, parlent et pensent à peu près de la même façon; sur les hommes et les choses ils ont les mêmes idées. C'est que l'école est de sa nature conservatrice; on y garde religieusement toutes les vieilles pratiques, toutes les anciennes opinions, et les erreurs même y sont traitées avec égard, quand le temps les a consacrées. Voilà pourquoi les écoles de Rome se sont montrées d'abord si rebelles au christianisme. Il n'y avait pas là, autant qu'ailleurs, de ces âmes inquiètes, malades, tourmentées de désirs, éprises d'inconnu, à la recherche d'un idéal. Le rhéteur véritable éprouve une telle admiration pour son art, il en est si occupé, si possédé, qu'il ne découvre rien au delà et que les nouveautés lui sont suspectes. Jusqu'à la fin il s'en est trouvé un certain nombre que la nouvelle doctrine, partout victorieuse, n'a pas pu vaincre. Comme ils ne sont pas agressifs, ils ne lui résistent pas ouvertement, ils se contentent de ne pas s'occuper d'elle; ils ne l'attaquent pas, ils l'ignorent, ils feignent de croire qu'il ne s'est rien passé autour d'eux et que le monde continue son ancien train. Quand ils sont appelés à parler devant l'empereur dans quelque circonstance officielle, ils ne se demandent pas à quelle religion il appartient; ils invoquent sans façon les anciens dieux et continuent à tirer leurs plus beaux effets de la vieille mythologie. Ce qui est merveilleux, c'est qu'on les laisse dire et qu'un prince dévot comme Théodose, qui poursuit partout impitoyablement le paganisme, n'ose pas le proscrire de l'école.

Nous touchons ici à l'un des points les plus curieux et les plus surprenants de l'étude que nous avons entreprise : je veux parler de la confiance absolue, et, pour ainsi dire, du respect superstitieux qu'inspirait alors cette éducation à laquelle nous trouvons tant à reprendre. Dans les premiers temps, beaucoup de bons esprits avaient été frappés des dangers qu'elle présente. « C'est une école d'impudence », disait Crassus, quand il entendait les applaudissements dont les élèves saluaient les déclamations de leurs camarades. « C'est une école de sottise », ajoutait Pétrone; et Tacite n'était pas beaucoup plus indulgent, dans son *Dialogue des orateurs*. Mais peu à peu ces protestations cessent, et à partir du IIe siècle personne n'attaque plus cette façon d'élever la jeunesse. A ce moment, la rhétorique triomphe aussi bien chez les Grecs que dans les pays de l'Occident; ces deux mondes, qui vont se séparant de plus en plus l'un de l'autre, se réunissent encore dans l'admiration qu'ils ont pour elle. Voudra-t-on me croire si je dis que c'est la rhétorique qui a rendu à la Grèce le sentiment d'elle-même et de sa supériorité sur les autres peuples? Il n'y a pourtant rien de plus vrai[1]. Ce sentiment, elle l'avait à peu près perdu après sa défaite. Elle se chercha pendant près d'un siècle et ne sut que flatter bassement ses maîtres. C'est seulement avec l'empire qu'elle se réveille; et lorsque, sous Nerva, commence la seconde sophistique, il s'opère chez elle une sorte de renaissance. Nous avons peine à nous figurer l'enthousiasme qui accueillait les grands sophistes grecs lorsqu'ils sortaient de leurs écoles, dans quelque solennité publique, pour se faire entendre au peuple. Une foule composée de toutes les nations se pressait dans les lieux où ils devaient parler, et les étrangers eux-mêmes, qui ne pouvaient pas les comprendre, « les écoutaient avec ravis-

1. C'est ce qu'a fort bien montré M. Erwin Rohde (*Der griechische Roman*, p. 295 et sq.).

sement, comme des rossignols mélodieux, admirant la rapidité de leur parole et l'harmonie de leurs belles phrases[1] ». C'étaient des fêtes qui rappelaient celles que le dithyrambe et la tragédie donnaient autrefois aux Athéniens; la parole avait remplacé la poésie et la musique, et les contemporains d'Hérode Atticus ou de Polémon prenaient autant de plaisir en les entendant déclamer que leurs pères lorsqu'ils écoutaient un hymne de Pindare ou un drame de Sophocle.

L'admiration que les rhéteurs excitaient à Rome, pour être un peu moins bruyante, n'en était pas moins vive. Les représentations qu'ils donnaient aux grands jours dans les salles de lecture publique, et plus tard à l'Athénée, étaient suivies par tous les lettrés et accueillies par des applaudissements unanimes. C'est sans doute au sortir d'un de ces triomphes que Quintilien appelait l'éloquence la reine du monde : *regina rerum oratio*[2], et qu'il proclamait d'un ton d'oracle « que c'est le don le plus précieux que les dieux ont fait aux mortels ». S'il en est ainsi, les écoles où l'on cultive ce présent du ciel deviennent de véritables sanctuaires, et l'art qui se pique de nous l'enseigner mérite toute notre vénération. Aussi le même Quintilien va-t-il jusqu'à prétendre « que la rhétorique est une vertu[3] ». Nous sommes tentés de sourire de ces éloges exagérés; nous avons tort, et un peu de réflexion nous montre que l'enthousiasme de Quintilien peut aisément s'expliquer. Songeons que non seulement les nations civilisées semblaient s'être alors entendues pour faire de la rhétorique le fondement de leur enseignement public, mais qu'elle charmait aussi les nations barbares. A peine les armées romaines avaient-elles pénétré dans des pays inconnus qu'on y fondait des écoles; les rhéteurs y arrivaient sur les pas du général vainqueur, et ils

1. Philostrate, *Vitæ Soph.*, II, 10, 8. — 2. Quintilien, I, 12, 18. — 3. Quintilien, II, 20.

apportaient la civilisation avec eux. Le premier souci d'Agricola, quand il eut pacifié la Bretagne, fut d'ordonner qu'on enseignât aux enfants des chefs les arts libéraux. Pour les pousser à s'instruire, il les prit par la vanité. « Il affectait, dit Tacite, de préférer l'esprit naturel des Bretons aux talents acquis des Gaulois; en sorte que ces peuples, qui refusaient naguère de parler la langue des Romains, se passionnèrent bientôt pour leur éloquence[1]. » A peine les Gaulois étaient-ils vaincus par César que s'ouvrit l'école d'Autun. Elle fut vite florissante, et nous savons que, quelques années plus tard, sous Tibère, les enfants de la noblesse gauloise venaient en foule y étudier la grammaire et la rhétorique. Pour nous faire entendre qu'il n'y aura bientôt plus de barbares et que les extrémités du monde se civilisent, Juvénal nous dit que, dans les îles lointaines de l'Océan, à Thulé, on songe à faire venir un rhéteur :

De conducendo loquitur jam rhetore Thule[2].

Est-il surprenant que cet art, qui faisait ainsi des conquêtes pour Rome, n'ait pas semblé aux Romains aussi frivole qu'à nous? Ils sentaient bien qu'ils lui devaient une grande reconnaissance et que l'unité romaine s'était fondée dans l'école. Des peuples qui différaient entre eux par l'origine, par la langue, par les habitudes et les mœurs, ne se seraient jamais bien fondus ensemble si l'éducation ne les avait rapprochés et réunis. On peut dire qu'elle y réussit d'une façon merveilleuse : dans la liste des professeurs de Bordeaux, telle qu'Ausone nous l'a laissée, nous voyons figurer, à côté d'anciens Romains, des fils de druides, des prêtres de Bélénus, le vieil Apollon gaulois, qui enseignent, comme les autres, la grammaire et la rhétorique. Les armes ne les avaient qu'imparfaitement soumis, l'éducation les a

1. Tacite, *Agric.*, 21. — 2. Juvénal, XV, 112.

domptés. Aucun n'a résisté au charme de ces études, qui étaient nouvelles pour eux. Désormais dans les plaines brûlées de l'Afrique, en Espagne, en Gaule, dans les pays à moitié sauvages de la Dacie et de la Pannonie, sur les bords toujours frémissants du Rhin, et jusque sous les brouillards de la Bretagne, tous les gens qui ont reçu quelque instruction se reconnaissent au goût qu'ils témoignent pour le beau langage. On est lettré, on est Romain, quand on sait comprendre et sentir ces recherches d'élégance, ces finesses d'expressions, ces tours ingénieux, ces phrases périodiques qui remplissent les harangues des rhéteurs. Le plaisir très vif qu'on éprouve à les entendre s'augmente de ce sentiment secret qu'on montre en les admirant qu'on appartient au monde civilisé. « Si nous perdons l'éloquence, disait Libanius, que nous restera-t-il donc qui nous distingue des barbares?[1] »

Ainsi les services que cette éducation a rendus aux Romains leur en cachaient les défauts. Elle leur avait été si utile qu'il ne venait à l'esprit de personne que Rome pût jamais s'en passer. C'est ce qui explique que ces pauvres empereurs, qui avaient tant d'affaires graves sur les bras, tant d'ennemis à combattre, tant d'adversaires à surveiller, se soient occupés jusqu'au dernier moment avec tant de sollicitude des écoles et des maîtres. L'un d'eux dit hautement « que la connaissance des lettres est la première de toutes les vertus[2] »; un autre proclame qu'il « n'a pas de plus grand devoir que de cultiver dans les jeunes gens les qualités que la fortune ne peut ni donner ni prendre[3] »; ils demandent que ceux qui ont étudié soient mis partout au-dessus de tous les autres. Une partie des gouverneurs de provinces, souvent les préfets du prétoire et les ministres de l'empereur sont tirés des universités. On vit même des rhéteurs arriver à

1. Libanius, *Epist.*, 372. — 2. Cod. Theod., XIV, 1, 1 : *Litteratura, quæ omnium virtutum maxima est.* — 3. Paneg., IV, 14.

l'empire, sans qu'on en fût trop surpris. « Puisque tu sais l'art de parler, disait Libanius à l'un de ses amis, tu sais l'art de commander[1]. » Mais ce qui prouve bien qu'il ne faut pas accorder trop de confiance à ce préjugé démocratique que l'instruction est une sorte de remède universel, et qu'en la répandant on guérit tous les maux d'un État, c'est que tout cet effort ne parvint pas à retarder la ruine de l'empire et le triomphe de la barbarie.

1. Libanius, *Epist.* 248.

CHAPITRE II

COMMENT LE CHRISTIANISME S'ACCOMMODA DE L'ÉDUCATION ROMAINE

I

Répugnance des chrétiens pour une éducation toute païenne. — Opinion de Tertullien. — Il permet aux jeunes gens de fréquenter les écoles. — Les professeurs chrétiens. — Édit de Julien qui leur interdit l'enseignement.

J'ai tenu à montrer longuement et en grand détail l'importance que l'éducation avait prise dans la société romaine de l'empire pour qu'on pût comprendre les embarras qu'elle allait causer au christianisme.

Était-il possible à un chrétien pieux de s'en accommoder? C'est une question qu'on ne devait guère se poser dans les premières années, car ceux auxquels le christianisme s'adressa d'abord se préoccupaient fort peu de la grammaire et de la rhétorique. Mais, avec le temps, il pénétra dans les classes plus élevées de la société, où l'instruction était en grand honneur; et alors, quand il arrivait que ces gens du monde, qu'il venait de gagner à ses doctrines, avaient des enfants en âge d'être envoyés dans les écoles, on peut croire qu'ils devaient éprouver de grandes perplexités.

Les écoles étaient toutes païennes. Non seulement on célébrait régulièrement les cérémonies du culte officiel, surtout les fêtes de Minerve, qui était la patronne des maîtres et des écoliers, mais on y apprenait à lire dans des livres tout pleins de la vieille mythologie. L'enfant chrétien y faisait connaissance avec les dieux de l'Olympe. Il était exposé à y prendre des impressions contraires à celles qu'il recevait dans sa famille. Ces fables, qu'on lui apprenait à détester chez lui, il les entendait tous les jours expliquer, commenter, admirer par ses maîtres. Était-il convenable de le placer ainsi entre des enseignements opposés? Que fallait-il faire pour qu'il fût élevé comme tout le monde sans courir le risque de perdre sa foi?

Tertullien se le demande, dans son traité de l'*Idolâtrie*, et il ne trouve pas grand'chose à répondre. Quand il s'agit du maître, il n'hésite pas. Un professeur, nous dit-il, est obligé de fêter Minerve aux *Quinquatries*, de fleurir son école quand viennent les jours consacrés à Flore, et « ce serait un crime pour lui de s'abstenir d'aucune de ces cérémonies diaboliques ». Pour faire comprendre aux élèves les récits des poètes, il faut qu'il leur raconte l'histoire scandaleuse de l'Olympe, qu'il leur explique les attributions des dieux et qu'il déroule devant eux toute leur généalogie; c'est ce qui d'aucune façon ne saurait convenir à un chrétien; un chrétien ne sera donc pas professeur. Peut-il au moins être élève? Il semble que Tertullien, pour rester fidèle à lui-même, n'aurait pas dû le permettre. L'enseignement qu'un maître ne peut pas donner sans crime, comment un élève pourrait-il le recevoir sans danger? Si ces noms de dieux et de déesses souillent la bouche qui les prononce, est-il possible qu'ils ne blessent pas l'oreille qui les entend? Mais ici, contre son ordinaire, ce logicien impitoyable ne pousse pas son opinion jusqu'au bout. Il s'arrête au milieu du chemin, et souffre chez l'élève ce qu'il a défendu au professeur. C'est qu'il ne lui paraît pas possible qu'on empêche un jeune homme d'aller à l'école, et la raison qu'il en donne mérite d'être rapportée. « Comment, dit-il, se formerait-il sans cela à la sagesse humaine? Comment apprendrait-il à diriger ses pensées et ses actions, l'éducation étant un instrument indispensable pour l'homme pendant toute sa vie[1]? » Ainsi ce sectaire scrupuleux, à qui toutes les professions étaient suspectes, et qui voudrait enfermer le chrétien chez lui, pour le tenir loin d'un monde empesté d'idolâtrie, n'ose pas l'arrêter au seuil de l'école, quoiqu'il en connaisse les dangers. C'est une nécessité qu'il ne subit qu'à regret, mais à laquelle il lui paraît impossible de se soustraire. Il n'imaginait pas qu'un jeune homme pût se passer d'apprendre les lettres humaines, ni qu'on pût les enseigner autrement qu'on le faisait de son temps.

Du moment qu'un docteur si rigoureux autorisait les jeunes gens à fréquenter les écoles, on pense bien que personne ne s'avisa de le leur défendre. Seulement ses recommandations ne furent suivies qu'en partie. On l'écouta, lorsqu'il disait qu'un chrétien peut étudier les lettres profanes; on lui désobéit, quand il lui défendait de les enseigner. Non seulement l'Église permit aux professeurs de ne pas quitter leurs chaires, mais elle les encouragea même à les garder. Elle y trouvait son compte, et il lui semblait avec raison qu'un enseignement, qui lui était à bon droit suspect, présentait moins de dangers, s'il était donné par un chrétien. Vers la fin du IIIe siècle, le christianisme avait fait des conquêtes nombreuses parmi les lettrés. « On trouve chez nous, dit Arnobe avec orgueil, beaucoup de gens de talent, des orateurs, des grammairiens, des professeurs d'éloquence, des jurisconsultes, des médecins et de profonds philosophes[2]. » Arnobe lui-même était un

1. Tertullien, *De Idololat.*, 10 : *Quomodo quis institueretur ad prudentiam interim humanam vel ad quemcumque sensum vel actum, cum instrumentum sit ad omnem vitam litteratura?* — 2. Arnobe. *Adv. nat.*, II, 5.

rhéteur célèbre de l'Afrique, et son disciple Lactance fut appelé à Nicomédie, où résidait alors l'empereur, pour y enseigner la rhétorique latine. Comme le christianisme a toujours attiré de préférence les plus humbles, il est vraisemblable que les maîtres élémentaires (*primi magistri*) étaient venus à lui en plus grand nombre encore et plus tôt que les rhéteurs. On a trouvé aux catacombes l'inscription d'un *primus magister* qui s'appelait Gorgonus; M. de Rossi la rapporte au IIIe siècle[1]. Prudence raconte qu'en passant à Forum Cornelii (Imola), il vit dans l'église un tableau qui lui sembla fort curieux, et qu'il en demanda l'explication au sacristain. Ce tableau représentait le martyre d'un de ces maîtres modestes, Cassianus, qui, devenu chrétien, fut mis à mort dans l'une des persécutions. Cassianus était *notarius*, ce qui veut dire qu'il enseignait la sténographie, un art dont on faisait un grand usage dans cette monarchie administrative et paperassière. Ses élèves ne l'aimaient pas, parce qu'il était dur pour eux et qu'il les avait quelquefois privés de congé[2]. Les bourreaux ayant imaginé de le leur abandonner, ils se vengèrent de lui en le perçant de ces poinçons de fer qui leur servaient pour écrire. Le poète, qui a le goût de l'horrible, nous les montre heureux de labourer de leur *stylus* ce corps misérable, d'exercer sur sa chair le talent qu'il leur avait donné, et il semble prendre plaisir à nous redire les plaisanteries inhumaines dont tout ce petit monde cruel assaisonne sa vengeance.

Au moment de la conversion de Constantin, il y eut, suivant l'expression de saint Augustin, toute une cohue de païens qui se précipita dans la religion nouvelle. Il est naturel qu'alors le nombre des chrétiens ait augmenté parmi les professeurs, comme dans tous les métiers. Les partisans de l'ancien culte devaient en être fort alarmés. Ils regardaient l'école comme un

1. Rossi, *Roma sotterr.*, II, p. 310. — 2. Prudence, *Perist.*, 9.

des derniers asiles de leur religion, et ils purent craindre qu'elle ne fût bientôt envahie par le christianisme. C'est ce qui fait comprendre le fameux édit de Julien, dont nous avons parlé plus haut, qui défendait aux professeurs chrétiens de lire, dans leurs classes, et de commenter des auteurs dont ils ne partageaient pas les croyances. C'était en réalité leur interdire l'enseignement. Le maître alors ne pouvait rien sans le livre; on ne disait pas d'un grammairien qu'il enseignait, mais qu'il lisait, *prælegebat*, et sa leçon consistait uniquement à expliquer un passage d'auteur classique, dont il avait d'abord donné lecture à ses élèves. Or les livres dont on se servait dans les classes étaient remplis de paganisme, et le maître chrétien à qui l'on défendait d'en faire usage était réduit à abjurer sa religion ou à quitter l'école. Sans doute il dut s'en trouver quelques-uns qui cédèrent : il leur était si dur de renoncer à un métier dont ils tiraient tant d'honneur et tant de profit! mais il y en eut aussi qui tinrent bon. Des grammairiens, des rhéteurs célèbres, Victorinus, en Italie, Musonius et Proérèse, en Orient, descendirent de leur chaire plutôt que de trahir leur foi[1].

II

Importance du livre dans l'éducation. — Tentative des Apollinaires. — On revient à l'étude des ouvrages païens. — Pourquoi les chrétiens n'ont pas l'idée d'étudier la littérature dans les livres saints et les auteurs ecclésiastiques. — Le traité de la *Doctrine chrétienne* de saint Augustin.

La tentative de Julien dut attirer l'attention de l'Église sur une des conditions essentielles de l'enseignement, dont elle

1. Voyez sur Victorinus saint Aug., *Confess.*, VIII, 5; sur Musonius,

paraît s'être peu préoccupée jusque-là : elle lui montra l'importance du livre. Nous venons de voir que dans l'école on ne se servait que de livres pleins de paganisme, et que c'était un grand danger pour les jeunes gens qui professaient d'autres croyances. A la vérité le maître, quand il était chrétien, ne les commentait qu'avec mesure et discrétion ; il pouvait, tout en admirant la forme, glisser quelques réserves à propos du fond, et mettre ainsi le remède auprès du mal ; mais le mal subsistait toujours. D'ailleurs il était au pouvoir d'un prince partisan de l'ancien culte de les confisquer au profit de sa religion, comme venait de le faire Julien, et, en défendant aux chrétiens de s'en servir, de leur rendre l'enseignement impossible. Il fallait donc trouver quelque moyen de procurer aux chrétiens des livres dont on ne pût pas leur enlever l'usage. C'est ce qui fut essayé par les Apollinaires, le père et le fils, deux savants hommes, dont l'un était grammairien, l'autre rhéteur, à Laodicée, en Syrie. Le père traduisait en vers la Bible ; il composa un poème épique de vingt-quatre chants avec les événements qui vont jusqu'au règne de Saül ; du reste il fit des tragédies sur le modèle d'Euripide, des comédies à la façon de Ménandre, des odes imitées de Pindare. Le fils mit les Évangiles et les écrits des apôtres en dialogues qui reproduisaient ceux de Platon[1]. On pense bien que cette littérature improvisée n'était pas de force à tenir tête aux chefs-d'œuvre de l'art antique, qu'elle avait la prétention de remplacer. Les Apollinaires devaient avoir plus de facilité que de talent, et, pour accomplir avec succès ce qu'ils se proposaient de faire, il aurait fallu du génie. Ce n'est pas d'un ouvrage quelconque que le maître a besoin pour le commenter dans sa classe ; il lui

Philostrate, *Vida Ædes* ; enfin, sur Proérèse, saint Jérôme, *Chron.*, *anno* 366. Saint Jérôme dit que Julien avait proposé à Proérèse de ne pas lui appliquer sa loi et de lui laisser sa chaire sans condition, mais que Proérèse ne voulut pas accepter.

1. Socrate, *Hist. eccles.*, III, 16 ; Sozomène, V, 18.

faut des livres qui s'imposent à l'admiration de la jeunesse et puissent lui servir de modèles. Or ces livres ne sont pas de ceux qui se fabriquent à volonté et en quelques mois; c'est le temps seul qui les consacre, et ils sont toujours assez rares. C'est à peine s'il en reste deux ou trois par siècle qui flottent au-dessus de ces milliers d'écrits que le torrent emporte à l'abîme. On ne sera donc pas surpris que la prose et les vers des Apollinaires n'aient pas survécu à la circonstance qui les avait fait naître. Dès que Valentinien Ier eut révoqué l'édit de son prédécesseur, les grammairiens et les rhéteurs chrétiens reprirent leurs fonctions, et l'on revint à l'étude des grands écrivains classiques avec d'autant plus d'empressement que c'était un plaisir dont on avait été quelque temps sevré, et qu'on regardait comme une victoire d'avoir reconquis le droit de les lire et de les expliquer.

Aujourd'hui, nous savons apprécier la poésie des récits de la Bible, les élans lyriques des prophètes, le charme des Évangiles, la dialectique passionnée de saint Paul, et nous sommes disposés à croire que les chrétiens étaient moins dépourvus de littérature qu'on ne le prétendait. Il nous semble qu'ils auraient pu trouver chez eux quelques ouvrages qu'il fût possible d'introduire dans les écoles et qui pouvaient à la rigueur servir de thème aux leçons des maîtres et aux études des élèves; mais personne alors ne le croyait. Le respect même qu'on portait aux livres saints ne permettait pas qu'on les traitât comme des œuvres littéraires. On en goûtait le fond plus que la forme, on y cherchait des préceptes de morale et des règles de doctrine; on aurait cru les rabaisser en leur demandant des modèles de l'art d'écrire. Il y avait, du reste, une raison qui contribuait beaucoup à en dissimuler les beautés. Saint Augustin rapporte qu'à mesure que le christianisme se répandit en Occident, ceux qui, dans les communautés naissantes, connaissaient un peu la langue grecque, se chargèrent de traduire tant bien que mal la version des Septante[1]. C'étaient en général des gens peu lettrés, qui ne connaissaient que le langage populaire. Ils écrivirent comme ils parlaient et semèrent leurs traductions de fautes de tout genre[2]. C'est donc à travers ce latin barbare que les livres saints se montrèrent pour la première fois aux gens du monde, quand ils vinrent à la foi nouvelle. La grossièreté de la forme ne leur permit pas d'en saisir la poésie, et si on leur avait proposé de s'en servir dans les écoles, comme on faisait d'Homère et de Platon, je suppose qu'on les aurait fait sourire. « Les livres saints, dit très nettement l'historien Socrate, n'apprennent pas à bien parler; or il faut savoir bien parler pour défendre la vérité[3]. »

Il ne semble pas qu'on ait été plus juste pour les écrivains latins qui s'étaient donné la tâche, depuis le IIe siècle, de défendre et d'expliquer le christianisme, et j'avoue que cette injustice me paraît tout à fait inexcusable. Je ne vois rien qui pût empêcher un chrétien de comprendre leur mérite et de le proclamer. Tertullien, Minucius Félix, saint Cyprien seraient à toutes les époques des orateurs et des polémistes remarquables; mais à la fin de ce IIIe siècle, si vide de bons écrits, ils devaient tenir les premières places. Lactance est pourtant bien froid pour eux. Il se contente d'appeler Minucius Félix un assez bon avocat (*non ignobilis inter causidicos*); Tertullien lui paraît fort savant, mais il le trouve obscur, embarrassé, rocailleux. Quant à saint Cyprien, il lui semble s'être trop enfermé dans les questions de doctrine et ne pouvoir

1. Saint Augustin, *De Doct. christ.*, II : *Qui enim scripturas ex hebræa lingua in græcam verterunt numerari possunt, latini autem interpretes nullo modo. Ut enim cuique primis fidei temporibus in manus venit codex græcus, et aliquantulum facultatis sibi utriusque linguæ habere videbatur, ausus est interpretari.* — 2. Saint Augustin cite quelques exemples de ces fautes, notamment le barbarisme *floriet*, qui est mis pour *florebit*, dans la traduction d'un psaume. Il ne veut pas qu'on le corrige, de peur de dérouter les fidèles qui ont pris l'habitude de chanter le psaume ainsi. *De Doct. christ.*, II, 13. — 3. Socrate, III, 16.

pas être compris de ceux qui ne partagent pas ses croyances. Il fait malicieusement remarquer que les doctes du siècle se moquent de lui, et il a soin de rapporter leurs railleries, qui sont fort médiocres, sans prendre la peine de le défendre. Il conclut en disant « que l'Église a tout à fait manqué de défenseurs habiles et instruits[1] », ce qui est vraiment bien sévère. Mais Lactance est un rhéteur, et il a tous les défauts de sa profession. Quand on a passé toute sa vie à recommander la pureté, la correction, l'élégance, c'est-à-dire les petits mérites du style, on devient souvent incapable de voir les grands. On se fait un type de perfection, qui se compose d'absence de défauts plutôt que de qualités réelles, et l'on ne peut plus être sensible à ce qui est original et nouveau.

Il est pourtant visible que, vers la fin du IVe siècle, il se fait un changement dans l'opinion. Saint Jérôme, qui sait l'hébreu et qui a vécu familièrement avec les livres saints, en apprécie mieux la beauté. « Est-il rien, dit-il, de plus harmonieux que les psaumes? Peut-on rien voir qui soit plus poétique que les beaux endroits du *Deutéronome* et des prophètes[2]? » Il est encore plus explicite ailleurs et ménage moins les louanges. « David, dit-il, c'est notre Pindare à nous, notre Simonide, notre Alcée, notre Horace, notre Catulle, notre Sérénus[3]. » Voilà des rapprochements qui devaient causer, chez les beaux esprits du temps, un grand scandale. Pour les écrivains ecclésiastiques latins, saint Jérôme est plus réservé; il leur reproche beaucoup d'imperfections et n'est entièrement satisfait d'aucun d'eux[4]. Il faut croire pourtant qu'ils ne lui semblaient pas trop méprisables, puisqu'il a cru devoir faire pour eux ce qu'avait fait Suétone pour la littérature profane. Dans le tableau qu'il nous a présenté, sous le titre pompeux de *De Viris illustribus*, de tous les chrétiens

1. Lactance, *Inst. Div.*, V, 1 et 2. — 2. Saint Jérôme, *Interp. Chron. Eus.*, *Præfat.* — 3. Saint Jérôme, *Epist.*, 30. — 4. Saint Jérôme, *Epist.*, 49.

qui ont écrit, il parle honorablement des auteurs latins, et il est si content de cette longue énumération d'écrivains de tout âge et de toute qualité, qu'il s'écrie d'un air de triomphe : « Que Celse, que Porphyre, que Julien, qui ne cessent d'aboyer contre nous, que leurs sectateurs, qui soutiennent que l'Église n'a produit ni philosophe, ni orateur, ni savant, apprennent quels sont les hommes qui l'ont fondée, qui l'ont bâtie, qui l'ont ornée, et qu'ils cessent de prétendre qu'ils n'y a chez nous que des sots et des rustres[1] ! » Mais ce ne sont encore là que des éloges généraux et vagues; saint Augustin fait mieux. Le premier, dans son traité de la *Doctrine chrétienne*, il détaille et précise les qualités littéraires des livres saints et des auteurs ecclésiastiques, et proclame ainsi l'existence d'une littérature chrétienne[2].

Ce traité est un livre d'éducation; mais il ne s'adresse pas à tout le monde; saint Augustin ne veut élever que des clercs. « Voilà, dit-il, ce que devront faire ceux qui se proposent d'étudier les Écritures et de les enseigner, de défendre la vraie doctrine et de réfuter l'erreur[3]. » Son dessein est double : il veut leur apprendre d'abord comment ils arriveront à comprendre eux-mêmes les livres saints, puis de quelle façon ils les feront comprendre aux autres.

« Pour les comprendre, leur dit-il, on doit passer par trois degrés successifs : le premier est la crainte, le second la piété, le troisième la science[4]. » Cette science est difficile; elle demande un travail patient et de longues préparations. Parmi les études préliminaires qui aident à l'acquérir, saint Augustin place sans hésiter celles qui se font dans les écoles. Il montre, par des raisonnements ingénieux, que tout ce qui

1. Saint Jérôme, *De Viris ill*, préf. — 2. Tertullien dit bien, à propos de ce que les chrétiens peuvent lire : *Satis nobis litterarum, satis versuum, satis sententiarum, satis etiam canticorum* (*De Spectac.*, 29) : mais il ne veut pas parler d'une littérature véritable. — 3. *De Doct. christ.*, IV, 4. — 4. II, 7.

s'y enseigne, aussi bien la grammaire, la rhétorique, la dialectique, que l'histoire et les sciences naturelles, peut servir à l'intelligence des Écritures. Quoique imprégnée de paganisme, cette éducation trouve grâce devant lui. C'est une sorte de préparation générale qui étend, qui fortifie l'esprit, et dont profiteront plus tard d'autres études plus sérieuses. Il ne veut pas qu'on y renonce à cause de ses origines profanes. D'où que vienne une vérité, elle est bonne à prendre : *profani si quid bene dixerunt, non aspernandum*[1]. Les ouvrages des païens contiennent des maximes utiles pour la conduite de la vie; leurs philosophes ont entrevu le Dieu véritable, et donné de sages préceptes sur la manière dont il convient de l'honorer. Ces biens ne leur appartiennent pas; ils sont à ceux qui en feront un bon usage. N'est-il pas écrit que les Israélites, quand ils retournèrent chez eux, enlevèrent les vases d'or des Égyptiens pour les consacrer au service de leur Dieu? C'est ainsi qu'ont fait les plus grands docteurs de l'Église; ils sont venus à leur foi nouvelle avec les dépouilles de l'ancienne. « De combien de richesses n'était pas chargé, en sortant de l'Égypte, ce Cyprien, qui fut un si éloquent évêque et un bienheureux martyr! Combien en emportèrent avec eux Lactance, Victorinus, Optat, Hilaire, pour ne pas parler des vivants! Combien en ont ravi ces illustres chrétiens de la Grèce[2]! » Saint Augustin approuve leur conduite. Ce grand conservateur trouvait juste que ce que l'ancienne société avait de bon ne pérît pas avec elle; il souhaitait qu'on en sauvât non seulement « les institutions sages, dont on ne peut se passer », mais tous ces trésors de poésie, d'art et de science, qui avaient répandu tant de charme dans la vie; du moment qu'on les employait à la gloire de Dieu, il ne voyait aucun crime à les garder.

Dans la seconde partie de son livre, saint Augustin se

1. II, 18. — 2. II, 40

demande comment un clerc qui possède l'intelligence des Écritures pourra la communiquer aux autres. C'est ici surtout qu'il se trouve en présence de l'éducation qu'on donnait dans les écoles de l'empire et qu'il est amené à en dire son sentiment. Le prédicateur ne doit pas se contenter d'instruire; il faut qu'il plaise et qu'il touche : c'est précisément ce que la rhétorique se pique d'enseigner. Mais convient-il qu'un orateur chrétien se serve de la rhétorique? Saint Augustin n'éprouve aucun scrupule à le lui conseiller. Puisque c'est un art qu'on emploie tous les jours pour soutenir le mensonge, qui oserait dire qu'il ne faut pas le mettre au service de la vérité? Ne serait-ce pas une folie de laisser cet avantage à ceux qui propagent les fausses doctrines de charmer et de toucher les gens qui les écoutent? « Le talent de la parole étant à la disposition de tout le monde, des méchants comme des bons, pourquoi les honnêtes gens ne s'appliqueraient-ils pas à l'acquérir, puisque les malhonnêtes s'en servent pour faire triompher l'erreur et l'injustice[1]? » Mais où doit-on chercher la rhétorique? D'abord dans les écoles où elle s'enseigne. Saint Augustin n'est pas un ennemi de cet enseignement dont il avait été nourri. Il veut seulement qu'on s'y livre quand on est jeune; plus tard, on aura mieux à faire. Cependant il ne le croit pas tout à fait indispensable, et il indique les moyens de s'en passer. « Celui qui a l'esprit pénétrant et vif, nous dit-il, deviendra plus facilement éloquent en lisant ou en écoutant parler ceux qui le sont, qu'en s'attachant aux règles des rhéteurs[2]. » D'autres l'avaient dit avant lui; mais voici la nouveauté. Les livres qu'il conseille de lire pour se former à l'art de la parole ne sont pas les chefs-d'œuvre classiques; quelle que soit leur perfection, il suppose que celui qui se destine au ministère

1. IV, 2. — 2. IV, 3. Tacite soutient la même opinion, dans son *Dialogue des orateurs.* Saint Augustin a discuté à plusieurs reprises, dans son livre, l'utilité des règles de la rhétorique et l'a fait à chaque fois avec une admirable sagacité. Voyez surtout II, 31, et IV, 3.

sacré n'a ni le temps ni le goût de les parcourir; aussi ne veut-il pas l'arracher à l'étude des livres saints qui doit faire désormais l'occupation de sa vie; mais il prétend qu'ils ne lui apprendront pas seulement la saine doctrine et qu'ils lui enseigneront encore l'éloquence. Il est donc conduit, pour le prouver, à faire voir que ceux qui les ont composés, apôtres ou prophètes, sont de grands écrivains aussi bien que de grands docteurs de la foi, que. sans le vouloir et sans le savoir, ils ont respecté ces règles « que les rhéteurs font sonner si haut et payer si cher[1] », et qu'on peut en trouver des modèles chez eux, comme chez les auteurs profanes.

Ce n'est pas une opinion qu'on puisse énoncer sans preuve. Pour en démontrer la vérité, saint Augustin prend un passage du prophète Amos, un pâtre, un conducteur de troupeaux, comme il s'appelle lui-même; il l'analyse en grammairien subtil, appelant à son aide les souvenirs de son ancien métier. Il y trouve trois périodes de deux membres qui se répondent entre elles, et des images dont la hardiesse et la beauté lui semblent incomparables. Il applique la même méthode aux *Épîtres* de saint Paul. Il y montre des exemples de cette figure qu'on appelle, dans les classes, *échelle* ou *gradation*, des phrases symétriquement balancées, des périodes à plusieurs membres, enfin tout l'appareil de la rhétorique. Ce n'est pas que saint Paul l'ait jamais apprise ou s'en souciât; mais l'éloquence étant chose naturelle, ceux à qui le ciel la donne ne savent pas pourquoi ils la possèdent. « Quand la sagesse marche devant, l'éloquence la suit comme une fidèle compagne, sans qu'on ait besoin de l'appeler pour qu'elle vienne[2]. » De saint Paul, saint Augustin descend aux auteurs ecclésiastiques des derniers siècles. Là, on sent qu'il est plus à l'aise; il n'a pas d'effort à faire pour trouver chez eux la rhétorique; quelques-uns l'avaient enseignée, tous l'avaient

1. IV, 7. — 2. IV, 6.

apprise, et même en changeant de religion ils n'étaient pas parvenus à l'oublier. Quelquefois même ils s'en sont trop souvenus. Saint Augustin cite à ce propos un passage de saint Cyprien, qui lui paraît trop orné et trop travaillé; mais, comme il n'a plus commis cette faute, il en prend occasion de dire spirituellement : « Ce saint homme a montré qu'il était capable de parler ainsi, en le faisant une fois, et qu'il ne le voulait pas, en n'y revenant plus[1] ». Il prend ensuite dans ses ouvrages et dans ceux de saint Ambroise des morceaux qui lui semblent des modèles achevés des trois genres d'éloquence; il montre qu'ils ont su employer, selon les circonstances, le style simple, le style tempéré et le style sublime, et conclut « que par l'assiduité qu'on aura à les lire, à les entendre, et en s'exerçant quelquefois à les imiter, on pourra se donner les qualités qu'ils possèdent ».

III

Ce qu'on pouvait tirer du traité de la *Doctrine chrétienne* pour l'éducation commune. — Pourquoi aucun changement n'y fut apporté au IVe et au Ve siècle. — L'éducation au temps de Théodoric. — Ennodius. — Cassiodore. — Conclusion.

Quoique le traité de la *Doctrine chrétienne* ne s'occupe que de l'éducation des clercs, on pouvait en tirer quelques conséquences importantes pour celle de tout le monde, et il est surprenant qu'on ne l'ait pas fait. Nous sommes étonnés que saint Augustin ne se plaigne nulle part, dans son ouvrage, de la façon dont on élève la jeunesse de son temps[2]; non

1. IV, 14. — 2. Je crois que nous ne devons pas tenir compte de quelques expressions méprisantes dont saint Augustin se sert à propos de la

seulement il trouve bon qu'on envoie dans les écoles les jeunes gens qui doivent rester dans le monde, mais il lui paraît utile que ceux qui sont destinés aux fonctions ecclésiastiques les aient au moins traversées. Il admet sans doute qu'à la rigueur ces derniers peuvent s'en passer, mais on voit bien que, puisqu'il faut qu'ils sachent la grammaire et la rhétorique, il trouve naturel qu'ils les aient apprises où on les enseigne. Sur ce fond de connaissances générales il veut construire une éducation nouvelle, qui se composera surtout de la méditation des livres saints et de l'étude des questions religieuses, et il sait bien qu'elle sera d'autant plus forte que les premières assises en auront été plus solides.

Il n'ignorait pas pourtant les dangers qu'un chrétien pouvait courir à trop fréquenter les écoles. Son expérience les lui avait révélés. Personne n'a jamais été plus touché que lui par le charme des études mondaines; on sait qu'elles l'avaient longtemps écarté de la vérité. Aussi parle-t-il avec colère, dans ses *Confessions*, « de ce vin d'erreur, versé à une jeunesse ignorante par des maîtres qui s'en sont eux-mêmes enivrés, et qui menacent leurs élèves pour les obliger de le boire avec eux ». Il s'élève avec force « contre ces habitudes du passé, qui nous entraînent comme un torrent, et finissent par nous noyer dans une mer de préjugés et de mensonges, dont se sauvent à grand'peine ceux mêmes qui montent la barque du Christ[1] ». Il semble que la conclusion naturelle de ces invectives aurait été d'interdire à la jeunesse chrétienne l'étude des lettres profanes; mais cette conclusion n'est nulle part dans les œuvres de saint Augustin. Même dans le passage des *Confessions* que je viens de citer, on ne la trouve pas, et l'on a vu que le traité de la *Doctrine chrétienne*, qui est l'un de ses derniers ouvrages, la contredit formellement. C'est

rhétorique (IV, 1). Ces façons de parler ne tirent pas à conséquence chez les écrivains ecclésiastiques.

1. *Confess.*, I, 16.

que personne alors, pas plus saint Augustin que Tertullien, n'imaginait qu'on pût se passer de cette éducation que tant de siècles avaient faite et où tant de générations avaient puisé les premiers éléments de la science de la vie.

Mais s'il paraissait nécessaire de la conserver, ne pouvait-on pas y introduire quelques modifications qui l'auraient rendue moins dangereuse? Il y en avait une au moins qui semblait facile. Sans doute il ne pouvait pas être question de bannir tout à fait de l'école les auteurs classiques : aurait-on pu comprendre la rhétorique sans Cicéron, et la grammaire sans Virgile[1]? Mais il n'était pas défendu, pour tempérer le mal, de mettre auprès d'eux quelques écrivains ecclésiastiques; puisque saint Augustin venait de prouver que l'étude en est profitable, et qu'ils pouvaient, eux aussi, fournir des modèles de l'art d'écrire, qui empêchait de les introduire dans les écoles et de leur donner une place à côté de leurs grands devanciers?

Pourquoi n'a-t-on pas essayé alors de le faire? Je n'y vois qu'une seule raison, c'est que l'habitude était prise de faire autrement. Il semble que rien ne coûte plus à un peuple que de réformer son système d'enseignement. Pour s'y attacher avec tant d'obstination, on a d'ordinaire quelques bonnes raisons et des motifs moins sérieux. D'un côté il répugne aux esprits sages, qui savent l'importance de l'éducation, d'en faire un champ d'expérience et de livrer au hasard de théories aventureuses l'avenir des jeunes générations. De l'autre, il arrive toujours qu'à mesure que nous vieillissons le lointain et le regret donnent un grand charme aux souvenirs de la jeunesse, que tout nous plaît dans nos jeunes années, que nous n'en voulons rien reprendre, que le respect que nous éprouvons

1. Saint Jérôme (*Epist.*, 21) se plaint des ecclésiastiques qui ont trop de goût pour la lecture de Virgile, mais en même temps il s'empresse de reconnaître que les jeunes gens ne peuvent pas faire autrement, *in pueris necessitatis est.*

pour ces maîtres qui nous ont formés sert de défense à leurs méthodes. Ajoutons qu'un certain contentement de soi, auquel personne n'échappe, nous amène à penser que ce système d'éducation, qui nous a fait ce que nous sommes, produisait d'assez bons résultats. Ce qui est sûr, c'est que rien ne fut changé après l'apparition du traité de la *Doctrine chrétienne*, et que l'on continua jusqu'à la fin à élever la jeunesse comme on le faisait depuis quatre ou cinq siècles.

Nous possédons à ce sujet les renseignements les plus curieux. Ils nous sont donnés par l'évêque de Pavie, Ennodius, qui fut l'un des lettrés les plus distingués de l'époque de Théodoric. Cet évêque était avant tout un bel esprit, qui ne renonça jamais à la rhétorique, quoiqu'il ait paru prendre congé d'elle avec éclat en se consacrant au saint ministère[1]. Les écoles l'intéressaient beaucoup, et il nous en parle souvent dans ses ouvrages. Nous voyons, par ce qu'il en dit, qu'elles continuaient d'être alors ce qu'elles avaient toujours été. Pourtant la situation était bien différente; de grands événements venaient de s'accomplir, un roi barbare régnait à Ravenne, et l'empire d'Occident n'existait plus. Mais rien n'était changé dans les écoles; les maîtres expliquaient les mêmes auteurs, corrigeaient les mêmes devoirs, enseignaient à leurs élèves à bien écrire et à bien parler, comme s'il s'agissait de parler ou d'écrire en ce moment. Ennodius est d'avis, comme eux, qu'il n'y a rien de plus important que ces exercices. Au moment où la force brutale domine partout, il persiste à proclamer que l'art de la parole est le premier de tous les arts et qu'il doit mener le monde[2]. Il dit aux jeunes gens de bonne naissance qu'un grand seigneur qui n'a pas étudié est la honte de sa maison, et que les belles connaissances relèvent l'éclat de la noblesse[3]. Il exige que les ecclé-

1. *Eucharistion*, p. 308 (éd. Hartel). — 2. *Ambrosio et Beato*, p. 407. *Ante scipiones et trabeas est pomposa declamatio.* — 3. *Dictiones*, 7 et 8.

siastiques passent d'abord par les écoles, et se fâche contre une mère qui a engagé son enfant dans les ordres avant qu'il n'ait fini ses classes[1]. Cette éducation, qui lui semble nécessaire pour tout le monde, même pour les prêtres, est tout à fait la même qu'autrefois et animée du même esprit. On y enseigne toujours la grammaire et la rhétorique, et par les mêmes procédés[2]. Le rhéteur fait déclamer ses élèves, comme du temps de Sénèque le père et de Quintilien. Les sujets qu'il leur donne à traiter n'ont pas changé : ce sont les mêmes dont Tacite se plaint et dont Pétrone se moque ; il est question de pères que leurs enfants refusent de nourrir, de marâtres qui empoisonnent leur beau-fils, de tyrans qu'on assassine, etc. Mais voici ce qu'il y a de plus extraordinaire : ces maîtres semblent oublier que le christianisme est, depuis près de deux cents ans, la religion de l'État ; leurs sujets sont le plus souvent empruntés à l'ancien culte. Ils demandent à un jeune chétien de faire parler Didon, Thétys ou Junon ; il faut qu'il attaque l'audacieux qui demande qu'en récompense de ses hauts faits on lui permette d'épouser une vestale[3], ou qu'il s'emporte contre l'impie qui a commis le crime de porter une statue de Minerve, la déesse virginale, dans un mauvais lieu[4] ! tant il est vrai que jusqu'au bout l'école est restée païenne.

Il y avait pourtant un homme, à ce moment, un homme d'esprit et de cœur, qui avait lu avec soin le traité de la *Doctrine chrétienne*, qui s'était imprégné des idées de saint Augustin, et qui cherchait quelque moyen de les appliquer : c'était Cassiodore. Il avait été, comme l'évêque de Pavie, un excellent élève de rhétorique, et s'en souvenait trop souvent. Mais cette éducation, qui causait une admiration si naïve et si complète à Ennodius, ne lui paraissait pas sans péril. Sans doute il se gardait bien de vouloir la supprimer, car il savait

1. *Epist.*, IX, 9. — 2. *Ambrosio et Beato*, p. 406 et 407. — 3. *Dictiones*, 15, 17, 18, 21. — 4. *Dictiones*, 16 et 20.

qu'elle forme l'esprit et le rend capable de comprendre les lettres sacrées. Seulement il trouvait que ces dernières ont le droit d'occuper leur place dans l'enseignement, qu'elles en doivent être le couronnement, si les autres en sont la base. Aussi avait-il entrepris, avec l'aide du pape Agapet, de fonder à Rome, par souscription, des écoles chrétiennes, « dans lesquelles l'âme pût connaître la science du salut éternel et l'esprit se former au talent d'une éloquence honnête et pure ». Cette union de la science sacrée et de la science profane, pour former un enseignement complet et véritablement chrétien, était une nouveauté. Le malheur des temps ne permit pas à Cassiodore d'exécuter son entreprise. Il voulut au moins en laisser le plan dans ses ouvrages[1], pour qu'on pût un jour le réaliser. Mais au moment même où il prenait la peine de l'écrire, l'empire romain achevait de périr et la barbarie prenait possession du monde.

De ce qui vient d'être dit il me semble qu'une conclusion importante se dégage; je vais la résumer en quelques mots.

Le christianisme, dès qu'il a pénétré dans les classes aisées, s'est trouvé en présence d'un système d'éducation qui jouissait de la faveur générale. Il ne s'est pas dissimulé que cette éducation lui était contraire, qu'elle pouvait singulièrement nuire à ses progrès, et que, même dans les âmes qu'il avait conquises, elle entretenait le souvenir et le regret de l'ancien culte. Il est sûr que c'est elle surtout qui a prolongé l'existence du paganisme, et que, dans les derniers combats qu'il a livrés, les grammairiens et les rhéteurs ont été pour lui des auxiliaires plus utiles que les prêtres. L'Église ne l'ignorait pas; mais elle savait aussi qu'elle ne serait pas assez forte pour écarter les jeunes gens des écoles, et elle supporta de bonne grâce un mal qu'elle ne pouvait pas empêcher. Ce qui est

1. *De Institutione divinarum litterarum* et *De Artibus et disciplinis liberalium litterarum.*

plus extraordinaire, c'est qu'après sa victoire, quand elle s'est vue toute-puissante, elle n'ait pas cherché quelque moyen de se faire une part dans l'enseignement, d'en modifier l'esprit, d'y introduire ses idées et ses écrivains, et de le rendre ainsi moins dangereux pour la jeunesse. Elle ne l'a pas fait. Nous venons de voir que jusqu'au dernier jour le paganisme a régné dans l'école, et que l'Église, pendant une domination de deux siècles, n'a pas eu la pensée ou le pouvoir de créer une éducation chrétienne.

Les conséquences en ont été graves. L'enfant à qui, suivant l'expression de saint Augustin, le vin d'erreur est une fois versé, en garde le goût toute la vie. L'imagination et l'esprit conservent le pli des premières années ; ce qu'on a lu dans Platon et dans Homère, dans Cicéron et dans Virgile, il est bien difficile qu'on l'oublie. Le malheureux saint Jérôme, à qui l'on faisait un crime de son instruction classique, répondait avec douleur : « Comment voulez-vous que nous perdions la mémoire de notre enfance ? Je puis jurer que je n'ai plus ouvert les auteurs profanes depuis que j'ai quitté l'école ; mais j'avoue que là je les avais lus. Faut-il donc que je boive de l'eau du Léthé, pour ne plus m'en souvenir[1] ? »

C'est donc en vain que l'Église se flattait « de déraciner le paganisme de la terre », puisqu'elle lui laissait une porte ouverte ou entr'ouverte dans l'éducation. Par cette ouverture presque toute l'antiquité païenne a passé.

1. *Adversus Rufinum*, I, 30.

LIVRE TROISIÈME

CONSÉQUENCES DE L'ÉDUCATION PAÏENNE POUR LES AUTEURS CHRÉTIENS

CHAPITRE I

LE TRAITÉ DU « MANTEAU » DE TERTULLIEN

I

Tertullien. — Son caractère. — Situation des chrétiens au milieu de la société romaine de ce temps. — Questions qu'ils se posent. — Comment Tertullien y répond. — Le traité *De Idololatria*. — Métiers dont un chrétien doit s'abstenir. — Plaisirs dont il lui faut se priver. — Rigueur de Tertullien. — Dangers que présente cette rigueur. — Trouble jeté dans les consciences chrétiennes. — Irritation de l'autorité publique. — Opinion de Tertullien sur les persécutions.

Comment ces idées, ces impressions, que laissait dans l'esprit d'un jeune chrétien, qui avait fréquenté les écoles, le souvenir d'une éducation païenne, ont-elles pu se concilier avec sa foi?

Au premier abord il semble qu'il était impossible à ces deux éléments contraires de vivre tranquillement l'un près de l'autre, qu'ils devaient se combattre avec acharnement, qu'ils cherchaient à se supprimer. C'est bien ce qui est arrivé quelquefois, et de là sont nées sans doute bien des luttes cruelles, qui ont déchiré les âmes pieuses; mais souvent aussi ils se sont mieux entendus qu'on ne pouvait le supposer. Ils ont même trouvé moyen, en se faisant des concessions mutuelles, de se fondre ensemble, et, avec le temps, de ces débris du vieux paganisme mêlés aux sentiments chrétiens un tout harmonieux s'est formé.

Il n'y a pas un écrivain de cette époque où ces deux principes opposés ne se rencontrent; nous les retrouvons chez tous, qui luttent entre eux ou qui essayent de s'accorder. Mais, comme il faut se borner, je n'en vais prendre que quelques-uns; et même, de ceux-là, je n'étudierai pas leur vie ou leur œuvre entière. Je me contenterai de choisir un de leurs ouvrages ou un moment de leur existence, et j'y chercherai comment se dénoue pour eux le conflit, auquel personne n'échappe, entre les souvenirs de l'éducation et les croyances chrétiennes, c'est-à-dire entre le présent et le passé.

Je commence par Tertullien, c'est-à-dire par le plus ancien de tous, et j'étudierai surtout un de ses livres, le traité du *Manteau*. Mais pour comprendre l'ouvrage, il faut d'abord avoir une idée de l'auteur. L'homme est, du reste, fort intéressant et assez facile à connaître. C'est une figure originale et d'un relief si puissant qu'il est aisé d'en esquisser les contours.

De sa biographie nous savons peu de chose : il était de Carthage et vivait à l'époque de Septime Sévère. Ses premiers ouvrages datent de la fin du IIe siècle et l'on suppose qu'il a prolongé sa vie jusqu'au milieu du siècle suivant. Il n'était pas chrétien de naissance, et rappelle plus d'une fois le temps où il attaquait et raillait la nouvelle doctrine qu'il ne connaissait pas encore. On voit, à la façon dont il en parle, qu'il devait être alors pour elle un ennemi fougueux; mais quand il l'eut embrassée, il en devint aussitôt le plus passionné défenseur.

C'était en toute chose une nature de feu. D'ordinaire, on attribue la violence de son tempérament au pays d'où il tirait son origine, et l'explication paraît d'abord assez plausible. Cependant il faut ne pas oublier que l'Afrique a donné à l'Église des docteurs qui ne ressemblent guère à Tertullien.

Pour n'en citer qu'un, l'évêque de Carthage, saint Cyprien, fut un politique habile, qui sut se tirer adroitement de conjonctures délicates et ne poussa rien à l'extrême. Il n'hésita pas à se dérober aux bourreaux, dans une première persécution, parce qu'il jugeait utile de vivre, et s'offrit à la mort, dans la seconde, parce qu'il voulait donner aux fidèles un grand exemple. Cet homme sage, qui n'agissait jamais qu'avec réflexion et mesure, était pourtant un Africain comme Tertullien, ce qui montre que l'influence des milieux n'est pas aussi souveraine qu'on le dit, et que le même pays peut produire à la même époque des opportunistes et des intransigeants.

En réalité, les gens de ce tempérament ne sont tout à fait rares nulle part, même dans l'Église, et nous en avons vu de nos jours qui, sans être nés en Afrique, apportaient des humeurs terribles à la défense d'une religion de paix. Le premier trait de leur caractère, c'est qu'ils sont raides, entiers, absolus, qu'ils regardent toute concession comme une faiblesse, qu'au lieu d'éviter les difficultés ils les font naître, qu'ils exigent qu'on accepte aveuglément leurs opinions et qu'en même temps ils travaillent à les rendre de moins en moins acceptables, qu'ils semblent fiers de heurter le sentiment public, qu'ils prennent volontiers des poses d'athlètes et vont en guerre à tout propos, qu'ils possèdent le talent de l'insulte, et l'exercent de préférence aux dépens de leurs meilleurs amis.

Ces violents ont en général de grands avantages sur les modérés : non seulement ils plaisent aux violents comme eux, par l'affinité de leurs caractères, mais ils ne déplaisent pas non plus aux timides, sur qui la décision et la force exercent un grand empire, et qui sont très portés à admirer chez les autres des qualités dont ils ne se sentent pas eux-mêmes capables. Celui-ci avait de plus un très beau génie ; il possédait une grande vigueur de dialectique, de vastes connaissances, une façon de s'exprimer frappante et personnelle. L'Église, lorsqu'elle eut fait sa conquête, dut être très fière de lui; elle avait eu jusque-là fort peu d'hommes de lettres, ce qui semblait donner raison à ses ennemis, quand ils se moquaient de l'ignorance des chrétiens et prétendaient que les plus savants d'entre eux n'étaient bons qu'à discuter avec de pauvres gens ou de vieilles femmes. Les ouvrages de Tertullien réfutaient ces railleries : l'Église avait enfin un défenseur qu'elle pouvait opposer à tous les beaux esprits de l'école. L'apologie qu'il publia de la religion chrétienne, et qui fut un de ses premiers livres, était de nature à causer une vive admiration dans la communauté et quelque surprise en dehors d'elle. Aucune œuvre de ce genre et de cette importance n'avait encore paru en latin[1]. Et ce n'était pas seulement la langue qui était nouvelle; la défense du christianisme y était présentée d'une façon originale et tout à fait appropriée à l'esprit de ceux pour qui le livre était écrit. Les apologistes grecs, si nous en jugeons par saint Justin, se servaient d'ordinaire d'arguments généraux et philosophiques, ils invoquaient en faveur des chrétiens la raison, le bon sens, l'humanité; ils s'adressaient à l'homme plus qu'au Romain. C'est le Romain surtout que Tertullien veut convaincre; il lui parle en juriste et en politique. Il essaie de lui prouver que tout est injuste dans les procédures qu'on applique aux chrétiens. Il soutient que la torture, qui a été imaginée pour découvrir la vérité, ne doit pas servir à leur faire dire un mensonge. Il montre qu'on va chercher, pour les perdre, des lois hors d'usage, et demande hardiment qu'on porte enfin la cognée dans cette forêt de vieux plébiscites et de sénatus-consultes démodés, qui, si on ne les abroge une bonne fois, peuvent fournir des armes à toutes les haines et autoriser toutes les iniquités. A cette façon de raisonner on reconnaît

1. Saint Jérôme dit positivement que Tertullien était le premier des chrétiens qui eût écrit en latin, après le pape Victor, auteur de quelques opuscules sur la Pâques, et le sénateur Apollonius, qui avait prononcé une apologie du christianisme devant le sénat (*De Viris illustribus*, 53).

l'homme d'affaires accoutumé aux discussions juridiques et qui a dû fréquenter le tribunal du préteur. Voilà ce qu'il y avait de nouveau dans l'*Apologie* de Tertullien. C'est par ces qualités qu'elle frappa non seulement les Romains, pour qui elle était faite, mais aussi les Grecs, qui d'ordinaire n'admiraient qu'eux-mêmes et qui pourtant s'empressèrent de la traduire dans leur langue[1]. Ainsi la chrétienté entière l'adopta, et elle devint la défense commune de toute l'Église menacée. C'était un grand service que Tertullien rendait à ses frères; mais nous allons voir que par ses exagérations et ses violences il les a plus compromis encore qu'il ne les avait servis.

La société chrétienne traversait à ce moment une crise difficile. On n'était plus à l'époque où la petite congrégation, presque uniquement composée de gens du peuple ou d'étrangers, pouvait s'isoler du reste du monde, où les fidèles se réunissaient paisiblement, aux jours de fête, dans quelques oratoires ignorés, et, le reste du temps, vaquaient à leurs occupations obscures, dans leurs boutiques et leurs ateliers, sans se faire remarquer de personne. Peu à peu, à ces gens peu connus et dont on ne savait pas le nom, s'étaient joints des personnages de quelque importance, des bourgeois, de riches affranchis, comme ce Calixte, un futur pape, qui avait commencé par être banquier et même, à ce qu'on dit, par emporter l'argent de ses clients, des professeurs, des officiers, des magistrats, et, sous Marc Aurèle, des sénateurs. Ce succès réjouissait beaucoup Tertullien, qui disait aux païens, d'un air de triomphe : « Nous remplissons les villes, les châteaux, les îles, les municipes, les bourgades, les camps même, les tribus, les décuries, le palais du prince, le sénat, le forum; nous ne vous laissons que vos temples[2]. » Mais cette diffusion rapide, dont le christianisme était si fier, allait lui créer de grands embarras. L'ancienne religion, pendant une domination de

1. Eusèbe, *H. E.*, II, 2. — 2. *Apol.*, 37.

tant de siècles, avait trouvé le moyen de se mêler à tout. La famille et l'État reposaient sur elle. Il n'y avait pas d'acte de la vie publique et intérieure qui ne fût accompagné de prières et de sacrifices. Le magistrat municipal, le fonctionnaire de l'empire, le soldat et l'officier ne pouvaient se dispenser sous aucun prétexte de prendre part à des cérémonies qui se célébraient pour l'État et le prince. A la vérité, c'étaient ordinairement de pures formalités qui n'engageaient guère la conscience. La religion officielle ne consistait qu'en pratiques extérieures auxquelles la plupart des gens attachaient si peu de signification qu'ils ne comprenaient pas qu'on eût quelque scrupule à les accomplir. « Pourquoi, disait-on aux chrétiens, ne pas consentir à brûler un peu d'encens et à murmurer quelques prières devant la statue de Jupiter? » et, s'ils s'y refusaient, les plus doux, les plus cléments de leurs ennemis, comme Pline le Jeune, perdaient patience et les traitaient d'orgueilleux, d'entêtés, dont l'obstination méritait tous les supplices. Que fallait-il donc faire? Devait-on, en se faisant chrétien, quitter le rang qu'on avait dans le monde, s'éloigner de la carrière qu'on avait jusque-là suivie, cesser d'être décurion ou duumvir dans sa ville natale, tribun ou centurion dans l'armée, procurateur de César, administrateur ou fonctionnaire? et même, si l'on ne pouvait pas échapper autrement à la contagion de l'idolâtrie, était-on forcé de renoncer à toutes les habitudes de la vie intime, aux réunions de la famille ou de l'amitié, et de se condamner à une sorte de retraite ou de sécession, dans l'intérieur de la maison? Ces questions préoccupaient douloureusement la société chrétienne, d'autant plus qu'elles n'étaient pas résolues par tous les docteurs de la même manière. Les plus doux étaient portés à rassurer les âmes troublées et se prêtaient volontiers à des accommodements qui permettaient aux fidèles de garder leur foi sans abandonner leur position; mais il y en avait aussi de rigoureux, à qui les moindres compromis paraissaient des crimes.

Je n'ai pas besoin de dire de quel côté se trouvait Tertullien. Personne ne sera surpris qu'avec le caractère qu'on lui connaît il fût au premier rang de ceux qui ne voulaient pas entendre parler de concessions. Nous avons un traité de lui contre l'idolâtrie (*De Idololatria*), qui est bien connu et qu'on a souvent cité et analysé, mais auquel il faut toujours revenir quand on veut avoir une idée de la situation des chrétiens et des embarras cruels auxquels ils étaient alors livrés. Il y traite à sa manière quelques-unes des questions que les fidèles posaient avec anxiété aux docteurs de l'Église. Il commence par celles qui semblent les plus faciles à résoudre. Et d'abord il se demande si un chrétien peut fabriquer des idoles; assurément non, puisqu'il sert ainsi la cause d'une religion ennemie. On a beau lui dire qu'on les fabrique, mais qu'on ne les adore pas : « Tu les adores, répond Tertullien, puisque c'est grâce à toi qu'elles peuvent être adorées. Tu ne te contentes pas de leur offrir le sang d'une bête, tu te sacrifies toi-même en leur honneur; tu leur immoles ton génie, tu leur verses tes sueurs en libation. Au lieu d'encens, tu leur fais hommage de ton art. Tu es plus qu'un prêtre pour elles, puisque c'est par toi qu'elles ont des prêtres; c'est ton talent qui en fait des dieux[1]. » Rien d'abord ne semble plus naturel que cette défense; mais quand on regarde de près, on voit qu'elle va plus loin qu'il ne paraît, et que, si on la pousse à l'extrême, elle peut avoir les plus graves résultats. Depuis si longtemps que régnait l'idolâtrie, l'Olympe semblait être devenu le pays naturel des imaginations. Les scènes de la mythologie alimentaient la peinture comme la poésie; les statues des dieux et des déesses, en marbre, en bronze, en terre cuite, remplissaient les maisons aussi bien que les temples. Défendre aux sculpteurs et aux peintres de les reproduire était tarir la source de leurs inspirations ordinaires et proscrire les arts. L'Église semblait avoir

1. *De Idolol.*, 6.

reculé devant cette conséquence rigoureuse. Dans la peinture décorative, où les représentations ont moins d'importance, elle permettait qu'il se glissât quelques figures qui venaient en droite ligne de la vieille mythologie. Sur les voûtes mêmes des catacombes, dans les lieux les plus saints, on trouve parfois des génies ailés, portant des flambeaux et des couronnes, à côté des graves Orantes ou de Jonas sous son arbre. Nous ne voyons pas que les artistes qui peignent ces images profanes soient, dans la communauté chrétienne, plus mal notés que les autres, et Tertullien nous dit même qu'il y eut de ces faiseurs d'idoles qu'on éleva aux honneurs ecclésiastiques[1]. Une pareille faiblesse l'indigne; et, loin de tremper dans ces complaisances, il se plaît à jeter une sorte de défi à cette société où le goût des arts était resté si vif. Pendant qu'elle cherche à faire ses dieux les plus beaux possible, il éprouve une joie insolente à soutenir que Jésus-Christ était laid[2]. Il n'est pas éloigné de vouloir qu'on se tienne aux prescriptions du *Deutéronome*, qui défend absolument qu'on reproduise la figure des hommes et des animaux. Si les artistes réclament, il se moque d'eux et entreprend de leur prouver qu'ils ne sont pas tant à plaindre : ne peuvent-ils pas employer leur talent à d'autres usages? Celui qui travaille le bois, « au lieu de faire sortir le dieu Mars d'un tilleul », en tirera des armoires et des coffres; ceux qui travaillent les métaux feront des plats et des marmites. Ils ne risquent pas au moins de manquer d'ouvrage : on a plus souvent besoin dans le monde de marmites que de dieux[3]. Ces plaisanteries nous font bien connaître que l'intérêt des arts était le moindre de ses soucis.

Après avoir ainsi condamné les fabricants d'idoles, Tertullien s'occupe de ceux qui les ornent et les décorent; puis, de tous les métiers qui ont quelque rapport avec l'idolâtrie, des architectes qui bâtissent ou réparent les temples, des marchands

1 *De Idolol.*, 7. — 2. *De Carne J.-C.*, 9. — 3. *De Idolol.*, 9.

d'encens, de victimes ou de fleurs. Pendant qu'il est en train, il voudrait bien étendre sa sévérité au commerce tout entier. Comment le commerce peut-il convenir à un serviteur de Dieu, puisqu'il repose sur l'avidité et la convoitise? Tout négociant désire devenir riche, et le moyen qu'il prend d'ordinaire pour y arriver plus tôt c'est de tromper et de mentir[1]. Il y a au moins certaines professions dont un chrétien doit s'abstenir à tout prix; par exemple, il ne sera pas diseur de bonne aventure, ou astrologue : celui qui essaie de lire l'avenir dans les astres traite les astres comme des dieux, ce qui est un crime. Il ne sera pas *lanista*, ou maître des gladiateurs; le *lanista* enseigne à ces malheureux à se tuer avec grâce, et le Seigneur a dit : « Tu ne tueras point ». Il ne sera pas non plus mettre d'école ou professeur de belles-lettres : il serait forcé de faire expliquer aux enfants des livres pleins de fables, de leur enseigner l'histoire, les attributs et les généalogies des dieux. D'exclusion en exclusion, il en arrive à se demander s'il peut être permis à un chrétien d'entrer dans les fonctions publiques. C'était une question grave, et nous voyons qu'elle était fort discutée autour de Tertullien. Pour lui, la réponse n'est pas douteuse : « Si l'on admet, dit-il, qu'on puisse être magistrat sans faire des sacrifices ou en ordonner, sans offrir des victimes, sans s'occuper des temples ou désigner des gens qui s'en occupent, sans donner des jeux et y présider, sans juger de la fortune ou de la vie des citoyens, sans les condamner à la prison et à la torture, alors on pourra décider qu'il est permis à un chrétien d'être magistrat[2]. » Les jeux surtout lui causent une aversion profonde. Ils étaient devenus la plus grande passion du monde antique. Le plaisir que les Romains y prenaient était si vif que sans le théâtre et le cirque ils ne comprenaient plus l'existence. Il ne leur semblait pas possible qu'un homme pût y renoncer de son plein gré; aussi étaient-ils tout à fait surpris

1. *De Idolol.*, 11. — 2. *De Idolol.*, 18.

de voir que les chrétiens s'abstenaient ordinairement d'y paraître. Ils n'étaient pas éloignés de croire que c'était pour eux une manière de se préparer au martyre, et supposaient qu'ils se privaient de ce qui faisait le charme de la vie pour avoir moins de peine à la quitter. Tertullien est sans pitié pour tous ceux qui assistent aux spectacles; il regarde ce crime comme le plus grand de tous et le plus indigne de pardon. Le théâtre lui semble la maison du diable, et il raconte qu'un malin esprit s'étant un jour emparé d'un chrétien qui se trouvait par hasard à des jeux publics, comme l'exorciste demandait au démon de quel droit il se permettait d'entrer dans le corps d'un serviteur de Dieu, l'autre répondit : « Je l'ai rencontré chez moi[1] ». On peut donc dire que la conclusion de Tertullien est qu'il faut se tenir loin des plaisirs, des honneurs, des affaires, c'est-à-dire de tout ce qui semblait aux Romains de ce temps mériter la peine de vivre.

Au premier abord cette rigueur ne nous surprend guère : il y a toujours eu deux courants opposés dans l'Église; aux docteurs sévères, qui veulent qu'on se sépare tout à fait du monde, s'opposent les moralistes plus indulgents qui cherchent une manière honnête de s'accommoder avec lui; les jansénistes et les jésuites sont de tous les temps. Au milieu du IIIe siècle, pendant la persécution de Dèce, le poète Commodien, qui était de l'école de Tertullien, se plaint amèrement de ces ecclésiastiques faciles qui, par bonté d'âme, par intérêt ou par peur, dissimulent aux fidèles la vérité, cherchent à leur rendre tout aisé, tout uni, et ne leur disent jamais que ce qu'il leur fera plaisir d'entendre; il va même jusqu'à les accuser à deux reprises de recevoir de petits présents pour se taire[2]. Non seulement ces casuistes indulgents devaient être assez nombreux, mais il est probable que leur influence l'emportait sur celle de leurs adversaires.

1. *De Spectaculis*, 26. — 2. Commodien, *Instruct.*, II, 16.

puisque en réalité il y avait chez les chrétiens des négociants, des banquiers, des artistes, des professeurs, des magistrats, ce qui prouve bien que les anathèmes de Tertullien ne parvenaient pas à prévaloir contre les nécessités de la vie. Naturellement, il en était fort irrité, et, comme l'opposition ne faisait que l'exaspérer, on comprend que, dans sa colère, il ait passé toutes les bornes. Du reste, ces exagérations sont naturelles à tous ceux qui entreprennent de réformer les mœurs publiques; ils enflent la voix pour se faire mieux entendre et demandent beaucoup afin d'obtenir quelque chose. Mais il faut avouer qu'ici la sévérité poussée jusqu'à ces limites présentait de grands dangers et que les esprits sages n'avaient pas tort de s'en plaindre.

Elle avait d'abord l'inconvénient de porter le trouble dans les consciences chrétiennes. Les sacrifices que le christianisme exigeait de ceux qui embrassaient ses doctrines étaient graves; il est clair qu'ils ne devaient pas s'y résigner sans douleur. Quand on leur demandait de rompre avec de vieilles habitudes et de respectables traditions de famille, de quitter des occupations qui leur étaient chères et profitables ou des dignités qu'ils regardaient comme l'honneur de leur maison, on comprend que leur âme ait été déchirée de regrets. Cette épreuve pénible, dont tous ne sortaient pas aisément victorieux, Tertullien a le tort de la rendre plus pénible encore par l'excès de ses exigences et la dureté avec laquelle il traite ceux qui se permettent d'hésiter. Ces malheureux fouillaient les livres saints pour y trouver quelque texte qui favorisât leur résistance. La nécessité les rendait ingénieux, subtils, habiles à interpréter dans leur intérêt les mots et les phrases de l'Écriture; mais ils avaient affaire à un maître dialecticien qui n'était jamais à court, qui opposait à leurs textes des textes contraires et les foudroyait sans cesse d'arguments nouveaux. Quand, pour s'excuser de prendre quelque part aux plaisirs de la foule, ils s'appuyaient sur cette parole de l'apôtre : « Réjouissez-vous avec ceux qui se réjouissent et pleurez avec ceux qui pleurent », il leur rappelait qu'un autre apôtre a dit : « Le siècle se réjouira, mais vous, vous pleurerez[1] ». Aux astrologues qui se défendent par l'exemple des mages dont le Christ a bien voulu accepter les présents, ce qui prouve qu'il ne leur était pas contraire, Tertullien se contente de dire que sans doute les mages ont été bien reçus au berceau du Christ, mais qu'en les avertissant de s'en aller par une autre route, Dieu voulait évidemment leur donner l'ordre d'abandonner leur méchant métier[2]. Les fonctionnaires publics, pour se faire pardonner, rappellent que Daniel et Joseph ont été ministres d'un roi : « Daniel et Joseph, réplique Tertullien, étaient esclaves, et par conséquent forcés d'accepter les fonctions dont on les chargeait. Vous autres, vous pourriez les refuser, puisque vous êtes libres, et vous les demandez[3]. » Si par malheur, dans cette lutte de citations et de subtilités, ces pauvres gens, harcelés par leur redoutable adversaire, se permettent de dire, ce qui nous semble bien naturel : « Mais comment vivrons-nous? » il ne se contient plus : « Pourquoi dites-vous : « Je serai pauvre »? le Seigneur n'a-t-il pas dit : Bienheureux les pauvres? « Je n'aurai pas de quoi manger. » — N'est-il pas écrit qu'on ne doit pas s'inquiéter du vivre et des vêtements? — « J'avais pourtant quelque fortune. » — Il faut vendre tout ce qu'on a et le donner aux pauvres. — « Mais nos fils et nos petits-enfants, que deviendront-ils? » — Quiconque met la main à la charrue et regarde en arrière est un mauvais ouvrier. — « Je jouissais pourtant dans le monde d'un certain rang. » — On ne peut pas servir deux maîtres. Si tu veux être le disciple du Seigneur, prends ta croix et suis le Seigneur. Parents, femme, enfants, il t'ordonne de tout quitter pour lui. Quand Jacques et Jean furent emmenés par Jésus-Christ

1. *De Idolol.*, 13. — 2. *De Idolol.*, 9. — 3. *De Idolol.*, 17.

et qu'ils laissèrent là leur père et leur barque, lorsque Mathieu se leva de son comptoir de percepteur et trouva même qu'il était trop long de prendre le temps d'ensevelir son père, aucun d'eux a-t-il répondu à Jésus qui les appelait : « Je n'aurai pas de quoi vivre »?[1] C'est de ce ton qu'il réfute leurs arguments; il n'éprouve aucune pitié pour leurs inquiétudes et leur trouble, et semble même triompher du désespoir où il les jette.

Et remarquons qu'il ne s'agissait pas seulement d'une grande bataille qu'on livrait une fois en sa vie pour savoir s'il fallait ou non quitter la profession qu'on avait exercée jusque-là; le combat recommençait sans cesse. Tous les jours des questions nouvelles se posaient pour des minuties, et Tertullien, en sa qualité de moraliste intraitable, n'est pas moins exigeant pour les petites choses que pour les grandes. Sur toutes les matières, il pousse le scrupule jusqu'à des raffinements incroyables. Il peut arriver à un chrétien d'être invité par des parents, des amis, des voisins, à des fiançailles, à une noce, aux fêtes qui se célèbrent dans les familles, quand le fils de la maison, huit jours après sa naissance, reçoit le nom qui doit le désigner, ou, à dix-huit ans, prend la robe virile; dans ces cérémonies, il y a des prières, des sacrifices : est-il permis au chrétien d'y paraître; et, s'il y assiste, quelle attitude doit-il garder? Quand il rencontre un païen sur son chemin, il ne peut refuser de causer avec lui. Avec quel soin, s'il lui parle, ne doit-il pas veiller sur ses paroles! Quels raffinements de scrupules, pour ne pas dire un mot qui puisse compromettre sa foi! Par exemple, il est entendu qu'un chrétien ne doit pas prononcer le nom des dieux, c'est un sacrilège. Mais que fera-t-on quand ce nom désigne une rue ou une place publique? Sera-t-il défendu de dire qu'un tel demeure dans la rue d'Isis ou sur le quai de Neptune? Pour cette fois,

1. *De Idolol.*, 12.

Tertullien cède, car les plus rigoureux ne vont jamais jusqu'au bout de leur intransigeance[1]. Mais bientôt il reprend toute sa sévérité. Un jour qu'un fidèle se disputait avec un païen, l'autre lui dit : « Que Jupiter t'emporte! — Qu'il t'emporte plutôt toi-même! » répond le chrétien, sans penser à mal. Aussitôt Tertullien entre en fureur. Parler ainsi, n'est-ce pas reconnaître la divinité de Jupiter et renier le Christ[2] ? Et voilà comment un mot qui échappe dans la chaleur d'une discussion peut devenir un crime. Avec cette nécessité de se surveiller sans cesse et les périls que la foi court à chaque instant, Tertullien a bien raison de comparer la vie à un voyage sur mer entre des écueils et des bas-fonds[3].

Un autre danger de ce rigorisme extravagant, c'est qu'il risquait de brouiller tout à fait la communauté chrétienne avec l'autorité publique, qui était déjà bien mal disposée pour elle. Au fond, pourtant, Tertullien n'était pas un ennemi de l'autorité. Comme tous les esprits de sa trempe, il avait du goût pour les gouvernements forts. L'opposition philosophique et libérale, qui ne se manifestait d'ordinaire que par des bons mots, avait le don de l'irriter, et il parle légèrement de cette société élégante et amollie qui n'était rebelle qu'en paroles, *sinon armis, saltem lingua semper rebelles estis*[4]. Au contraire, il prêche partout l'obéissance aux pouvoirs établis et se montre plein de respect pour le prince, qui lui semble une sorte de lieutenant de Dieu, *a Deo secundus*[5]. Mais ce respect n'a rien de servile. S'il honore l'empereur, il refuse énergiquement de l'adorer. Il lui fait sa part, une très large part, dans les choses humaines; mais il n'entend pas lui accorder tout : « Si tout est à César, dit-il, que restera-t-il pour Dieu[6]? » Or César est accoutumé à tout prendre, et il

1. *De Idolol.*, 20. — 2. *De Idolol.*, 21. — 3. *Inter hos scopulos et sinus, inter hæc vada et freta idololatriæ velificata spiritu Dei fides naviget. De Idolol.*, 24. — 4. *Ad Nat.*, I, 17. — 5. *Ad Scapulam*, 2. — 6. *De Idolol.*, 15.

est probable que ces réserves, quelque raisonnables qu'elles nous paraissent, ne seront pas de son goût. Il trouvera, du reste, dans les opinions soutenues par Tertullien, d'autres motifs de se fâcher. Nous avons vu ce que Tertullien pense des jeux publics et avec quelle rigueur il défend aux chrétiens d'y assister. Ces jeux étaient presque toujours donnés en l'honneur du prince; ils rappelaient ou l'anniversaire de sa naissance ou son avènement au trône, ou quelque événement heureux qui lui était arrivé; en refusant de s'y associer, on devait paraître indifférent ou contraire à son bonheur et à sa gloire. Quand une lettre couronnée de lauriers apportait à Rome l'annonce d'une victoire, c'était l'usage, chez les bons citoyens, d'illuminer leur porte et de l'entourer d'une guirlande de fleurs. Rien ne paraît d'abord plus innocent, et nous savons que les chrétiens étaient fort empressés à rendre à l'empereur un hommage qui ne leur semblait pas contraire à leur religion[1]. Mais tel n'est pas le sentiment de Tertullien. Il se souvient que, dans la maison antique, la porte est un endroit sacré, et que Varron lui attribue trois dieux, qui sont spécialement chargés de la protéger. N'est-il pas à craindre qu'en y plaçant des fleurs et des lumières on n'ait l'air d'honorer les idoles? Il faut donc qu'au milieu de l'allégresse commune les portes des chrétiens seules restent sombres et nues. Les voilà ouvertement désignés à la méfiance de l'empereur et à la colère du peuple. A plus forte raison leur doit-il être défendu de se mêler, pendant les jours de fête, aux explosions de la joie populaire. Tertullien, pour les en détourner, se plaît à leur en faire des tableaux peu flattés; il leur montre combien elles sont bruyantes, désordonnées, grossières : « La belle affaire d'allumer des feux devant sa porte, de dresser des tables dans les carrefours, de dîner sur les places, de changer Rome en cabaret, de répandre du vin le long des chemins, de

1. *De Idolol.*, 15.

courir en troupe pour s'injurier, pour se battre et commettre toute sorte de désordres! La joie publique ne peut-elle se manifester que par le déshonneur public[1]? » Les chrétiens resteront donc chez eux, quand tout le monde est dans les rues; ils seront sérieux, graves, au milieu de l'allégresse générale, et l'on ne manquera pas de dire qu'ils s'affligent du bonheur commun, que ce sont des mécontents, des factieux, des rebelles, et qu'on a bien eu raison de les appeler « des ennemis du genre humain! » Ainsi vont s'accréditer dans la foule les accusations calomnieuses dont ils ont été tant de fois victimes; mais c'est un danger qui touche peu Tertullien.

Au contraire, il ne lui déplaît pas d'être calomnié; il s'en réjouit, il en triomphe, il se pare de ces reproches qu'on adresse à ses doctrines comme d'un hommage qu'on est forcé de leur rendre : « O calomnie, dit-il, sœur du martyre, qui prouves et attestes que je suis chrétien, ce que tu dis contre moi est à ma louange! » Il est dans la nature de cet esprit fougueux d'aimer à contredire et à choquer ses adversaires. Il travaille de ses mains à creuser le fossé profond qui sépare l'Église de l'empire; il les montre autant qu'il peut inconciliables et irréconciliables. Il s'en prend de préférence aux plus vieilles opinions, aux maximes les plus respectées. Dans une société qui honore avant tout le mariage, qui a longtemps regardé les lois Juliennes et les peines rigoureuses prononcées contre les célibataires comme la sauvegarde de l'État, il condamne sans pitié les secondes noces et ne permet les premières que de fort mauvaise grâce. S'il a peine à pardonner à ceux qui ont une femme, il félicite ouvertement ceux qui n'ont pas d'enfants : « Il y a des serviteurs de Dieu, dit-il, auxquels il semble que des enfants soient nécessaires, comme s'ils n'avaient pas assez de veiller à leur propre salut. Pourquoi le Seigneur a-t-il dit : « Malheur au sein qui a conçu et aux mamelles qui

1. *Apolog.*, 35.

« ont nourri »? c'est qu'au jour du jugement les enfants seront un grand embarras »; et il lui semble que ceux qui n'en ont pas seront bien plus tôt prêts à répondre à la trompette de l'ange[1]. Que devaient dire, en entendant ces étranges paroles, des gens accoutumés à accabler les célibataires de reproches, à regarder comme un malheur et une honte de ne pas laisser d'héritier de leur nom et de mourir les derniers de leur famille? Ils n'étaient guère moins choqués de la façon dont Tertullien s'exprime au sujet des fonctionnaires publics. Un Romain regardait comme une obligation sacrée de servir l'État; il croyait lui devoir toute sa vie et toutes ses forces, et l'on admirait beaucoup Caton d'avoir dit que « le bon citoyen est comptable à la république de ses loisirs comme de ses travaux ». Chez un peuple qui a toujours affiché le respect superstitieux des anciennes maximes, même quand il ne les pratiquait plus, que devait-on penser d'une doctrine où l'on faisait naître des scrupules aux gens d'être magistrats, fonctionnaires et soldats, et où l'un des chefs de la secte pouvait écrire ces mots sans hésiter : « Il n'y a rien qui nous soit plus étranger que les affaires publiques, *nobis nulla res magis aliena quam publica*[2] ». Il faut reconnaître que de semblables principes, qu'un Romain ne pouvait entendre sans colère, justifient la haine que les empereurs avaient vouée au christianisme, et que, jusqu'à un certain point, ils expliquent la persécution.

Ce n'était pas assez de la provoquer par d'imprudentes paroles; quand elle était venue, il semble que Tertullien prenait à tâche de la rendre plus lourde et plus générale. Une persécution était toujours pour la société chrétienne une épreuve redoutable. Il s'agissait de risquer sa fortune, sa liberté, sa vie, et ce sont des sacrifices auxquels on ne se résigne pas volontiers. L'Église l'avait bien compris; aussi n'exigeait-elle pas de tout le monde le même héroïsme dont

1. *Ad Uxorem*, I, 5; *De Exhort. cast.*, 6. — 2. *Apolog.*, 38.

elle savait bien que tous n'étaient pas capables. D'abord elle défendait sous les peines les plus sévères de courir au-devant du danger et de l'attirer sur soi par des bravades inutiles. En s'exposant soi-même, on exposait les autres; et, d'ailleurs, était-on sûr de pouvoir triompher des supplices? Loin de faire un devoir de les braver, elle conseillait de s'y soustraire quand on ne se sentait pas la force de les vaincre. Beaucoup fuyaient et se cachaient, et parmi ceux qui se dérobaient ainsi à la mort, il y avait des prêtres et des évêques. Quelquefois les gens riches parvenaient à force d'argent à désarmer la police : celui qui paye pour échapper aux poursuites n'est pas un héros sans doute; il ne livre pas sa vie, mais il sacrifie sa fortune, ce qui est bien quelque chose, et l'Église ne le condamnait pas. Quelquefois même on le comblait d'éloges quand il pouvait donner assez pour sauver tous ses frères, quand il obtenait par ses libéralités qu'on ne tiendrait pas compte de l'édit du prince et que la communauté ne serait pas inquiétée. Ce n'est pas l'opinion de Tertullien; il regarde toutes les précautions qu'on prend pour échapper au péril comme des faiblesses coupables. Pour lui, celui qui fuit est un lâche; celui qui dissimule, un renégat. Il est honteux de devoir la vie à la complaisance de ses ennemis, et l'argent qu'un homme donne sous le manteau (*sub tunica et sinu*) pour se sauver le déshonore. En résumé, les persécutions lui paraissent plus à souhaiter qu'à fuir; elles rendent les fidèles meilleurs pendant qu'ils les prévoient et s'y préparent; elles leur ouvrent le ciel quand ils y succombent. Dans tous les cas, elles viennent de Dieu, et c'est un crime de s'opposer aux décrets de la Providence[1].

Tels sont les principes de Tertullien; on voit combien les ménagements lui déplaisent, et qu'en toute occasion, dans les circonstances les plus graves comme les plus futiles, il est toujours pour les solutions les plus rigoureuses. Cette humeur

1. *De Fuga*

violente l'amenait fatalement à rompre avec la société de son temps; il en répudie les principes, les goûts, les habitudes, il fait un devoir au chrétien de s'éloigner d'elle. Il emploie toute sa dialectique à lui prouver qu'elle n'a pas de place pour lui et qu'il n'y peut vivre sans manquer à sa foi. Tel est l'esprit qui anime ses ouvrages les plus importants, par exemple son traité de *l'Idolâtrie* et celui sur les *Spectacles*. J'ai cru devoir le faire bien connaître par des analyses et des citations, afin qu'il fût plus facile de saisir et d'apprécier la différence qui sépare ces livres du traité du *Manteau*, qui est très loin de leur ressembler.

II

Le traité du *Manteau*. — La toge et le *pallium*. — Pourquoi Tertullien cessa de porter la toge. — Reproches qu'on lui adresse. — Comment il y répond.

Le traité de Tertullien intitulé *de Pallio* (du Manteau) doit une partie de sa célébrité à la peine qu'on éprouve pour le comprendre. Les commentateurs qui sont attirés vers l'obscurité, comme d'autres vers la lumière, s'en sont fort occupés; ils ont fait de grands efforts pour l'éclaircir, et n'y sont arrivés qu'en partie. Un de ces commentaires surtout, celui de Saumaise, est resté dans la mémoire des savants. C'est une œuvre remarquable, et qui fait grand honneur à l'érudition française du XVIIe siècle. Il s'en faut pourtant que Saumaise ait dissipé tous les nuages; s'il a mieux expliqué le détail des mots et des phrases, le sens de l'œuvre entière reste toujours assez incertain. On a tant de difficultés à s'en rendre compte que Malebranche, dans sa *Recherche de la vérité*, n'y voit qu'un amas d'images incohérentes, et qu'il regarde Tertullien comme le type de ces auteurs brillants et vides « qui ont le pouvoir de persuader sans raisons, en étourdissant et en éblouissant l'esprit, et uniquement par cette puissance trompeuse que les imaginations exercent les unes sur les autres ». Malgré cet arrêt sévère, on verra que le traité du *Manteau* mérite d'être étudié et qu'il peut nous donner quelques renseignements utiles sur la difficulté que les chrétiens même les plus rigoureux éprouvaient à échapper aux souvenirs de leur éducation.

Voici d'abord ce qui donna à l'auteur l'occasion de l'écrire.

Tertullien, qui jouissait du droit de cité romaine, comme tous les habitants de la colonie de Carthage, et portait la toge, la quitta un beau jour pour se revêtir du *pallium*, c'est-à-dire de l'habit grec. Il a longuement insisté, dans son ouvrage, et avec des détails minutieux, qui font la joie et le tourment des antiquaires, sur les différences qu'il y avait entre ces deux sortes de vêtements. La toge consistait en une grande pièce de laine ronde, ou plutôt semi-circulaire, qui formait par son ampleur même des replis d'un maniement difficile. Elle pouvait enfermer le corps tout entier et pendait également de tous les côtés. Le *pallium* était, au contraire, un morceau d'étoffe carré de dimensions moindres et d'un usage plus simple, dont les bords inférieurs formaient des pointes d'inégale longueur. C'était un manteau léger, susceptible d'être drapé de diverses manières, et qui a rendu de grands services à la sculpture antique[1]. La toge était moins élégante et surtout moins commode; cependant on n'y renonçait guère, malgré ses inconvénients : elle était l'insigne du citoyen romain, et l'on se résignait à étouffer sous cette lourde chape pour convaincre ceux qu'on rencontrait qu'on appartenait à la *gens togata* et qu'on avait droit au respect de tous

1. On peut voir au musée du Louvre un bel exemple de l'emploi du *pallium* dans la statue qu'on appelle la Pallas de Velletri.

Pourquoi Tertullien renonça-t-il tout d'un coup à la porter? Quelle raison pouvait-il avoir de changer ses anciennes habitudes, de quitter un vêtement dont on tirait vanité et qui était celui des maîtres du monde, pour prendre l'habit des vaincus? C'est ici que les incertitudes commencent. On en a donné diverses explications dont il me paraît difficile d'être satisfait. L'opinion la plus ancienne et qui a été longtemps accréditée, c'est que le *pallium* était le vêtement particulier des chrétiens et que Tertullien l'adopta quand il se convertit. Mais Saumaise a montré que, lorsque Tertullien écrivit son traité du *Manteau*, il y avait longtemps qu'il n'était plus païen, qu'il avait déjà professé publiquement le christianisme et publié des ouvrages où il en prenait la défense. Pourquoi donc avait-il tant tardé à se couvrir du même habit que ses frères, ou, s'il en était vêtu depuis qu'il était chrétien, pourquoi ne s'en serait-on pas étonné plus tôt? J'ajoute qu'aucun auteur ancien ne nous dit que les chrétiens eussent un costume particulier, et qu'il n'est guère vraisemblable qu'une religion proscrite ait commis l'imprudence de se désigner ainsi ouvertement à ses ennemis. Elle aurait, en le faisant, singulièrement simplifié l'œuvre des magistrats et de la police. Pour découvrir les chrétiens pendant les persécutions, on n'aurait plus eu besoin d'espions et de délateurs, puisqu'ils avaient la complaisance de se livrer eux-mêmes. A cette hypothèse, que Saumaise a victorieusement combattue, il en substitue une autre qui me paraît soulever aussi beaucoup d'objections. Après avoir montré que le *pallium* n'était pas le costume des chrétiens ordinaires, il suppose que ce devait être celui des prêtres. Il s'appuie, pour le prouver, sur une expression du traité de Tertullien, qui lui paraît dire que le *pallium* est un ornement sacerdotal, *sacerdos suggestus*. Mais, outre que le texte est douteux et le sens obscur, on peut y voir simplement une allusion au costume des prêtres d'Esculape, qui en étaient revêtus. Chez les chrétiens, les prêtres n'avaient pas plus de raison que les simples fidèles de se faire connaître aux ennemis de leur culte; au contraire, comme on leur en voulait plus qu'aux autres, et que, pendant les persécutions, ils étaient les plus menacés, ils devaient aussi se cacher avec plus de soin. Je remarque d'ailleurs que Tertullien, qui en effet fut prêtre — nous le savons par saint Jérôme, — ne paraît pas tenir beaucoup à cette qualité. Il en parle d'ordinaire d'une façon assez peu respectueuse, et il lui plaît même une fois de se mettre parmi les laïques pour affirmer que les laïques, à leur façon sont des prêtres aussi : *nonne laici et sacerdotes sumus?*[1] Ce ne sont pas là les sentiments d'un homme disposé à se parer du sacerdoce, à l'étaler avec complaisance aux yeux des indifférents et des infidèles jusqu'à courir le risque d'exposer, pour s'en faire honneur, sa liberté ou sa vie. Enfin on peut dire que, si le *pallium* était le vêtement ordinaire des prêtres, les gens de Carthage, où il se trouvait beaucoup de chrétiens, auraient été plus accoutumés à le voir, et que Tertullien, quand il s'en revêtit, n'aurait pas causé tant de surprise. L'étonnement qu'on éprouva semble bien montrer qu'on était en présence d'une nouveauté. Remarquons qu'il ne défend jamais que lui-même, ce qui peut faire croire qu'il n'avait pas de complices. Il est donc naturel de penser qu'en prenant le *pallium* il ne suivait pas une coutume, mais qu'il prétendait donner un exemple.

Comme il n'a dit nulle part d'une manière formelle les motifs qui l'ont décidé à cette innovation, nous sommes réduits à les conjecturer. De toutes les conjectures, voici celle qui me paraît la plus naturelle. Je suppose qu'en se distinguant des autres par le costume, il s'engageait à se séparer d'eux par sa conduite. C'était une sorte de profession publique qu'il entendait faire d'une vie plus grave et moins dissipée. Il n'y avait pas de moines encore, et ils n'ont commencé que bien plus tard;

1. *De Exhort. cast.*, 7.

mais les besoins d'où la vie monastique est sortie ont toujours existé dans l'Église. De tout temps, il y a eu chez elle des chrétiens épris de perfection, et qui trouvaient que les exigences du monde, la dissipation des affaires, le charme amollissant de la famille, ne permettaient pas de pratiquer à la lettre et dans leur rigueur les préceptes du Christ. Quand ils relisaient le début des *Actes des apôtres*, et revoyaient le tableau de ces premières années bénies « où tous vivaient ensemble, ne possédant rien en propre et n'ayant qu'un cœur et qu'une âme », ils ne pouvaient s'empêcher d'être saisis d'une grande confusion, et cherchaient à revenir de quelque manière vers ce paradis où les ramenaient tous leurs rêves. Ils s'imposaient alors des règles sévères et se faisaient autant que possible une existence à part; on les appelait, chez les Grecs, des *ascètes* et, dans les pays occidentaux, des *continents*[1]. N'est-ce pas quelque chose de semblable que Tertullien a voulu faire, quand il a revêtu le *pallium*? Il n'a pas prévu sans doute le grand mouvement qui, un siècle plus tard, poussa les fidèles vers les solitudes de l'Égypte; il semble même qu'il ait voulu le condamner d'avance. En répondant à ceux qui accusaient les chrétiens d'être des gens inutiles, il leur disait, dans son *Apologie* : « Nous ne sommes pas, comme les brachmanes et les gymnosophistes, des habitants des forêts, des exilés de la vie, *neque enim brachmanæ aut Indorum gymnosophistæ sumus, silvicolæ et exsules vitæ*[2] ». C'est d'une autre façon, en restant au milieu du monde et en vivant autrement que lui, qu'il prétendait inaugurer son existence nouvelle. Mais, s'il blâmait les gymnosophistes, qui allaient chercher la perfection dans le désert, il ne se refusait pas pourtant à imiter d'autres sectes philosophiques. C'était

1. Il est question de ces « continents » (*qui se volunt continentium nomine nuncupari*) dans une loi de Valentinien Ier (Cod. Theod., XVI, 20). C'étaient évidemment les prédécesseurs des moines dans l'Occident. — 2. *Apolog.*, 42.

l'usage, chez les Grecs, que ceux qui faisaient profession de mener une conduite plus régulière, qui ne se contentaient pas d'étudier les préceptes de la philosophie et qui voulaient les pratiquer, prenaient un costume particulier. On disait d'eux, comme on l'a dit plus tard des moines : « Il a pris l'habit, *vestem mutavit* ». A douze ans, Marc-Aurèle prit l'habit de philosophe, ce qui surprit beaucoup chez un héritier de l'empire ; d'autant plus qu'en se couvrant du *pallium*, il se mit à vivre d'une façon plus austère et à coucher sur la dure. A l'époque où nous sommes, l'habit philosophique n'était pas toujours bien porté. Il ne manquait pas de mendiants et d'aventuriers qui couraient le monde vêtus d'un *pallium* usé : c'était un moyen commode de s'acquérir à peu de frais le respect et la subsistance. L'un d'eux se présenta un jour devant Hérode Atticus, demandant l'aumône avec insolence, au nom de la philosophie : « Je vois bien une barbe et un manteau, répondit Hérode ; je ne vois pas un philosophe[1]. » Tertullien n'ignore pas les reproches qu'on peut faire au *pallium* ; il sait qu'il a couvert des gens qui ne méritaient pas de le porter, mais il espère lui rendre toute sa dignité en le faisant chrétien. Voilà donc quel est son projet : il accommode un usage païen au christianisme, *il prend l'habit*, comme Marc-Aurèle ; il veut être dans l'Église ce qu'est un philosophe sérieux et pratiquant dans la société profane, un Épictète, qui, au lieu des vertus stoïciennes, suit les préceptes de l'Évangile ; en un mot, c'est une sorte de moine, avant les moines[2].

1. Aulu-Gelle, IX, 2. — 2. L'usage de prendre le *pallium*, quand on faisait profession d'un christianisme plus austère, paraît avoir été fréquent en Orient. Saumaise a réuni les exemples d'Origène, d'Eusèbe, de Socrate, qui le prouvent. Aussi la vie ascétique fut-elle appelée chez les Grecs φιλόσοφος βίος. Il est, du reste, à remarquer que Saumaise, après avoir soutenu que le *pallium* était le vêtement des prêtres chrétiens, paraît incliner, vers la fin de son ouvrage, à l'opinion que nous croyons la plus vraie. Voici comment il s'exprime : *Nec enim omnes christiani, ut antea observavimus, pallium philosophicum sumebant, sed soli ascetæ, et qui, inter*

Dans les beaux temps de la république, on considérait comme un crime pour un Romain de se vêtir d'un costume étranger. Scipion avait soulevé l'indignation publique pour s'être montré dans les rues de Syracuse avec des sandales et une robe de Grec. Plus tard, à une époque où les mœurs étaient pourtant fort altérées, Cicéron fut obligé de défendre un malheureux banquier de ses amis, Rabirius Postumus, qui ayant commis l'imprudence de prêter trop d'argent au roi d'Égypte, pour rentrer dans ses fonds et se payer de ses mains s'était laissé faire son ministre des finances. Il lui avait bien fallu prendre le costume de l'emploi, puisqu'il en remplissait les fonctions, et ses ennemis prétendaient qu'en s'habillant comme un Grec, il avait cessé d'être Romain. Mais depuis longtemps on était devenu moins rigoureux, et l'on se permettait de faire beaucoup d'infidélités à la toge. C'était un vêtement majestueux, mais fort incommode. « Il n'y en a pas, dit Tertullien, qu'on soit plus heureux de quitter. C'est bien le cas de dire qu'on le porte : on n'en est pas couvert, mais chargé. » Aussi s'en servait-on le moins possible. Juvénal prétend qu'il y avait des municipes, en Italie, où personne ne la mettait que pour se faire enterrer décemment, *nemo togam sumit nisi mortuus*[1]. A Rome, les malheureux clients, obligés de revêtir l'habit de cérémonie pour aller, le matin, saluer le patron et chercher la sportule, regardaient cette nécessité comme un supplice[2]. A plus forte raison devait-elle paraître gênante dans les pays chauds, comme en Afrique. Il est donc vraisemblable qu'à Carthage les gens qui tenaient à être à leur aise, et ne voulaient pas étouffer, se contentaient le plus

christianos, exactioris disciplinæ et strictioris propositi rigore censeri volebant. Voilà, je crois, la vérité. Le *pallium* fut bien, comme le dit M. de Rossi, *un segno di cristiano ascetismo* (*Roma sott. crist.*, II, 349).

1. Juvénal, III, 172. — 2. Ajoutons que, lorsqu'on prenait la toge, ue Itt'étiq evoulaiqu'onquittât la sandale, chaussure si commode dans les asy chauds, pour enfermer ses pieds dans des souliers, ce qui paraît à Terullien un commencement de prison.

souvent de la tunique, et ne prenaient l'habit officiel que dans les grandes occasions. Cependant Tertullien nous dit que, lorsqu'il osa y renoncer et mettre le manteau grec, on affecta de paraître indigné. Cette indignation ne devait pas être fort sincère, et, quoiqu'elle se couvrît de prétextes très honorables, au fond, elle s'explique par des motifs peu élevés. Un homme comme Tertullien, si célèbre et si violent, devait avoir beaucoup de jaloux et d'ennemis. Il était rude à ceux qui ne partageaient pas ses opinions, aussi saisirent-ils avec empressement l'occasion qu'il leur offrait de se venger. Elle était d'autant plus favorable qu'ils avaient l'air, en attaquant un adversaire qui ne les avait pas ménagés, de défendre les traditions anciennes et l'honneur national. Quand ils le voyaient fièrement passer, dans les rues de Carthage, avec son accoutrement nouveau, ils semblaient transportés de colère, ils levaient les bras au ciel en disant : « Il a quitté la toge pour le *pallium, a toga ad pallium!* » Dans un petit ouvrage qu'il a écrit sur la patience, Tertullien commence par avouer que c'est la moindre de ses vertus. Il n'était pas d'humeur à supporter les injures et ne se laissa pas attaquer sans se défendre. A ces gens qui, pour lui nuire, feignaient d'être des patriotes indignés, à ces prétendus partisans des vieux usages et des antiques costumes, il répondit par son traité du *Manteau*.

L'analyse, si l'on avait le loisir de la faire, en serait facile; Tertullien y a fidèlement suivi la méthode employée de son temps dans les écoles de rhétorique, où il avait fait son éducation : il développe régulièrement son sujet au moyen des idées générales. C'est Cicéron qui avait mis ce procédé en usage chez les Romains. Il le trouvait utile pour donner à ses discours les qualités qu'on appréciait le plus autour de lui, et vers lesquelles le portait son goût naturel, l'ampleur, l'élévation, la majesté. De là vint, dans ses ouvrages, cette *copia dicendi* qui, parmi ses contemporains, fit sa gloire. Après lui, les rhéteurs héritèrent du procédé, qui leur rendit de très grands services. Ils avaient pris la mauvaise habitude de faire plaider à leurs élèves le pour et le contre; ils aimaient à traiter devant eux les sujets les plus extraordinaires, les moins raisonnables, choisissant même ceux-là de préférence parce qu'ils étaient les plus difficiles et qu'ils mettaient leur esprit dans son jour; quand les panégyriques devinrent une sorte d'institution d'État, et que ce fut un devoir pour les rhéteurs de prononcer tous les ans l'éloge du prince ou de quelques grands personnages, ils durent se tenir prêts à célébrer des gens qui ne le méritaient guère, à leur découvrir à tout prix des qualités, et à tout tourner chez eux en éloge. Il leur fallut donc se faire une provision d'arguments de toute sorte, qui leur permît de plaider toutes les causes, de louer tous les princes avec une apparence de sincérité, et de n'être jamais pris au dépourvu. Les idées générales les aidèrent à se tirer d'affaire. Nous avons déjà vu qu'on en trouve toujours qui s'opposent l'une à l'autre sans avoir l'air de se contredire, et qui, dans les sens les plus contraires, sont également justes[1]; elles leur permirent de soutenir, avec une parfaite conviction, les opinions les plus opposées. S'il leur fallait célébrer un parvenu, ils déclaraient que le plus grand mérite d'un homme consiste à ne devoir sa fortune qu'à lui-même, ce qui est rigoureusement vrai. Si leur héros était de grande maison, ils soutenaient qu'il n'y a rien de plus glorieux qu'un grand nom bien porté, ce qui n'est pas faux non plus. S'il avait usé du pouvoir avec douceur, c'était l'occasion d'affirmer qu'il n'y a pas de plus belle vertu que la clémence; s'il s'était montré rigoureux, on établissait doctement que l'énergie est la première qualité d'un chef d'État. C'est ainsi que les idées générales ont des réponses à tout et qu'avec elles un orateur est sûr de ne jamais rester court.

1. Voyez plus haut page 188.

Elles ont fourni à Tertullien son principal argument dans le traité du *Manteau*. « Pourquoi, dit-il à ses adversaires, me reprochez-vous d'avoir changé d'habit? Tout ne change-t-il pas dans le monde? » Voilà un beau sujet d'amplification; il n'est pas tout à fait nouveau, mais il est riche, et si Tertullien avait voulu tout dire, il aurait pu nous donner toute une encyclopédie. Il se borne à choisir, dans cette masse de faits que lui fournissent ses immenses lectures, ceux qui se prêtaient le mieux à être exprimés d'une manière piquante. Il montre que la nature change continuellement d'aspect, qu'elle n'est pas la même le jour que la nuit, l'été que l'hiver, pendant l'orage ou pendant le calme. Autrefois les mers ont couvert les montagnes et elles y ont laissé des coquillages qui attestent leur séjour; les volcans bouleversent les terres, les continents deviennent des îles, les îles se perdent au fond des mers. Les bêtes aussi sont sujettes à mille variations, et nous les voyons prendre des formes et des couleurs différentes sous nos yeux; à ce propos, Tertullien ne parle pas seulement du paon et du caméléon, qui lui donnent l'occasion de descriptions brillantes, mais de la vipère qui, à ce qu'on croyait, change de sexe, mâle pendant une saison, femelle ensuite; du serpent « qui, en entrant dans son trou, sort de sa peau et quitte ses années avec ses écailles[1] ». Et l'homme, que de fois, depuis qu'il a commencé à se couvrir d'un vêtement de feuilles, n'a-t-il pas changé la matière ou la forme de ses habits! Comme il s'est tour à tour vêtu de lin, de laine, de soie, au sujet de ces divers tissus, de leur nature, de leur préparation, de la manière dont on les a découverts et employés, l'érudition de Tertullien se donne carrière. C'est un luxe fatigant de souvenirs, d'allusions, d'anecdotes, tirés de la mythologie, de l'histoire, de la science naturelle, j'entends la science comme on la comprenait alors,

1. Toute cette amplification interminable paraît être un lieu commun d'école. On la retrouve développée de la même manière dans le discours qu'Ovide prête à Pythagore à la fin de ses *Métamorphoses*.

celle de Pline l'Ancien, que notre auteur reproduit avec une confiance imperturbable, et qu'il pare de toutes les fleurs de sa rhétorique. Il y mêle une foule de réflexion morales sur le costume des hommes et celui des femmes, sans oublier les gens comme Achille, qui ont porté les vêtements des deux sexes, ou comme Omphale, qui eut un jour la fantaisie de se couvrir de la peau du lion de Némée, ce qui donne un prétexte à Tertullien pour s'indigner au nom de tous les monstres qu'Hercule a vaincus et dont la dépouille a été profanée par un caprice de courtisane.

III

Les raisonnements de Tertullien dans le traité du *Manteau*. — Le style. — Les idées. — Pourquoi a-t-il écrit son livre. — Influence de la rhétorique sur Tertullien.

Il me semble que cette analyse d'une partie de l'ouvrage de Tertullien suffit pour donner une idée du reste ; elle montre de quelle façon il raisonne. Ses arguments, il faut bien l'avouer, ne sont pas irréprochables, et Malebranche, qui se pique d'être un homme très sensé, ne peut s'empêcher d'en éprouver une violente colère. Eh quoi ! dit-il, Tertullien soutient que, parce qu'autrefois les Carthaginois ont porté le manteau et qu'ils l'ont quitté pour la robe, il a le droit de quitter la robe pour revenir au manteau ! « Mais est-il permis présentement de prendre la toque et la fraise, à cause que nos pères s'en sont servis ? Et les femmes peuvent-elles porter des vertugadins et des chaperons, si ce n'est au carnaval, lorsqu'elles veulent se déguiser en masques ? » Il nous fait des descriptions pompeuses et magnifiques des changements qui arrivent dans le monde, et prétend en conclure que, puisque tout se renouvelle et que rien ne reste le même, il peut bien se permettre de changer d'habit. « Peut-on de sang-froid et de sens rassis tirer des conclusions pareilles? et pourrait-on les voir tirer sans en rire, si cet auteur n'étourdissait et ne troublait l'esprit de ceux qui le lisent? » Malebranche a tout à fait raison. Il est sûr que Tertullien n'a rien prouvé du tout; mais il n'en a pas moins atteint son but, car il ne voulait rien prouver. Lorsqu'il traite un sujet sérieux, qu'il a quelque erreur à réfuter, quelque vérité à établir, il s'y prend autrement : est-il besoin de rappeler que l'auteur de *l'Apologie* et du traité de *la Prescription* sait être, quand il veut, un raisonneur puissant, un dialecticien vigoureux? S'il ne l'a pas été ici, c'est qu'il ne voulait pas l'être. Il ne prétendait pas livrer une bataille véritable, mais un combat à armes émoussées, comme ceux où s'exerçaient les gladiateurs avant les luttes sans merci. On l'attaquait sans conviction, il s'est défendu sans sérieux. On avait pris la première occasion pour le taquiner; il s'est servi de la réponse comme d'un prétexte pour s'amuser à faire briller son esprit.

On achèvera de se convaincre qu'il n'a pas eu d'autre dessein, si l'on observe de quelle manière l'ouvrage est écrit. Tertullien est partout un écrivain obscur, précieux, plein d'expressions violentes et singulières qu'on ne saisit pas toujours du premier coup; mais ici la recherche et l'obscurité passent toutes les limites. C'est une série d'énigmes que l'auteur paraît proposer au public. Quand on commence à lire le traité du *Manteau*, on croit entreprendre un voyage dans les ténèbres. Il est vrai qu'au bout de quelque temps il arrive à ceux qui le lisent comme aux gens qui prennent l'habitude de deviner les rébus : les yeux se font à cette pénombre, on commence à s'y reconnaître, on devient familier avec ces procédés de style qui sont presque partout semblables; on se sait gré de la difficulté vaincue et l'on finit même par y prendre quelque plaisir. Il me semble qu'à ces caractères il est facile de voir pour qui le traité de Tertullien est écrit. Quoiqu'il s'y trouve des mots et des tours populaires, on peut être certain que l'ouvrage n'a pas été fait pour le peuple. En général, ce n'est pas de la foule que Tertullien est occupé, bien qu'il se soit piqué quelquefois d'écrire pour elle[1]. Un homme comme lui, naturellement porté aux subtilités et aux exagérations, prompt à sortir de ces grandes voies de modération et de bon sens que suivent si volontiers les génies bien équilibrés, comme saint Augustin ou Bossuet, devait se plaire dans les petits comités et les cercles restreints; mais jamais il n'a plus évidemment travaillé pour une société étroite et fermée. C'est au petit monde des gens d'étude et d'école que le traité du *Manteau* s'adresse : eux seuls étaient capables de le comprendre; c'est pour leur plaire qu'il se sert de cette langue pénible, qu'il entasse tant d'allusions historiques et mythologiques, qu'il cherche partout des façons de parler nouvelles et inattendues, — que par exemple il dit : regarder avec les yeux d'Homère, *Homericis oculis spectare*, pour : regarder sans voir, — ou, qu'afin de mieux peindre la régularité des plis formés par le manteau quadrangulaire, il l'appelle *quadrata justicia*, — ou que, faisant allusion à l'arbre qui porte la laine et à certains crustacés dont on peut tirer une matière qui sert à fabriquer des tissus, il prétend « que nous semons et que nous pêchons nos habits ». Tout, à peu près, est écrit de cette façon. Ce style ne lui appartient pas en propre : on parlait ainsi autour de lui dans les sociétés de lettrés. Il n'en est pas non plus le créateur, puisque nous en savons les origines. Elles remontent à cette école brillante ou brillantée de Sénèque, qui voulait mettre de l'esprit partout et ne parler qu'en figures. A ces raffinements un écrivain d'Afrique, Apulée, a trouvé moyen d'ajouter encore. C'est chez lui qu'on rencontre en

1. *De Test. animæ*, 1.

abondance ces petites phrases hachées qui se répondent ou s'opposent l'une à l'autre, deux à deux ou trois à trois, avec des rimes ou des assonances. Tertullien est leur successeur, leur élève, et souvent il surpasse ses maîtres; mais, dans le traité du *Manteau*, il s'est surpassé lui-même. La manière, la recherche, le travail y sont poussés au point qu'il est impossible d'y voir autre chose qu'une gageure et qu'un jeu d'esprit.

Et c'est là précisément ce qui nous étonne. Tertullien ne nous fait pas l'effet d'un homme qui s'amuse à ces enfantillages laborieux. Comme à distance nous sommes portés à simplifier les caractères, et à ne plus voir chez les gens de talent que leur qualité maîtresse, nous nous le figurons toujours sérieux, et uniquement préoccupé des intérêts de sa foi. Aussi le traité du *Manteau* est-il pour nous une très grande surprise; et notre surprise augmente encore si nous laissons de côté la façon dont il est écrit pour pénétrer jusqu'au fond et examiner les idées. Il s'en trouve beaucoup que nous ne sommes pas accoutumés à rencontrer chez Tertullien. Je ne parle pas des allusions mythologiques et de tous ces souvenirs de la Fable, qui sont rappelés non seulement sans colère, mais avec une certaine complaisance : c'est peu de chose quand on songe au respect dont la philosophie y est entourée. Il n'a pas l'habitude ailleurs de lui être favorable; les philosophes sont pour lui des « marchands de sagesse et d'éloquence, *sapientiæ et facundiæ caupones* »; il appelle Athènes, pour tout éloge, « une ville bavarde[1] », et se moque cruellement de ce « misérable Aristote », l'inventeur d'une science merveilleuse qui donne le moyen de mettre en crédit le mensonge et de ruiner la vérité[2]. Ici il s'exprime d'un autre ton; on peut dire qu'il s'y est mis sous la protection même de la philosophie. Si le *pallium* lui semble honorable à porter, c'est qu'il a couvert des sages, et que ces sages ont rendu les plus grands services

1. *De Anima*, 3. — 2. *De Præscript.*, 1, 7.

à l'humanité. Nous voilà bien loin de ces *sapientiæ et facundiæ caupones* qu'il raillait tout à l'heure! A la fin de son livre, il prête au *pallium* la parole, et, dans une prosopopée éloquente (il n'y a pas de bon discours d'école sans prosopopée), il lui fait énumérer les nobles causes qu'il a défendues et les grands coupables qu'il a poursuivis. L'occasion est bonne pour une de ces débauches d'érudition auxquelles Tertullien se complaît. Il ne manque pas d'en profiter et nous remet sous les yeux les noms des prodigues et des débauchés de l'ancien temps, depuis celui qui donna tant d'argent d'une table en bois de citronnier incrusté, et cet autre qui paya un poisson six mille sesterces, ou ce fils de l'acteur Æsopus qui faisait dissoudre des perles dans les plats qu'on lui servait pour que son repas lui coûtât plus cher, jusqu'à ce Vedius Pollio, un affranchi d'Auguste, qui jetait ses vieux esclaves dans ses viviers, pensant que la chair de ses murènes en serait plus exquise. C'est la gloire du *pallium* d'avoir flétri tous ces excès par la voix de ceux qui en étaient vêtus. Mais son effet est plus grand encore; il n'a pas besoin de parler pour instruire : « Même quand je me tais, dit-il, retenu par une sorte de pudeur naturelle (car le philosophe ne tient pas toujours à bien discourir, il lui suffit de bien vivre[1]), rien qu'en me montrant, je parle. Le seul aspect d'un sage sert de leçon. Les mauvaises mœurs ne supportent pas la vue du *pallium*. » On avouera qu'il est difficile de pousser plus loin l'éloge. Il faut pourtant qu'à la fin Tertullien rende hommage à sa foi; l'équivoque ne peut pas se prolonger jusqu'au bout. Il faut qu'il dise nettement, à ceux qu'il entretient

1. Remarquons que Tertullien supprime ici d'un trait de plume le reproche que les chrétiens adressaient ordinairement aux anciens sages de ne pas mettre leurs actions d'accord avec leurs principes, et la facile antithèse qu'ils ne manquaient pas d'établir à ce propos entre le christianisme et la philosophie. *Non eloquimur magna, sed vivimus*, disait Minucius Félix. Tertullien semble dire ici la même chose de la philosophie païenne.

de philosophie depuis le début de son ouvrage, qu'il n'est pas un philosophe, mais un chrétien. Il le fait au moment de prendre congé de ses lecteurs, et seulement en quelques mots. Après s'être félicité d'avoir associé le *pallium* à une école de sagesse divine, il ajoute : « Réjouis-toi, Manteau, et triomphe. Te voilà relevé jusqu'à une philosophie meilleure, depuis que tu couvres un chrétien. » Ainsi le christianisme n'est « qu'une philosophie meilleure », c'est-à-dire un dernier progrès accompli dans l'humanité, après beaucoup d'autres, la conclusion et le couronnement d'un long travail, qui avait commencé longtemps avant lui et dont il a profité. C'est ainsi que parlent beaucoup de savants d'aujourd'hui qui cherchent dans la sagesse antique les origines de la doctrine de Jésus. Tertullien nous dit qu'on le faisait déjà de son temps. Des chrétiens, des apologistes de la religion nouvelle travaillaient à la rapprocher des opinions des anciens philosophes ; ils étaient heureux de faire voir ce qu'elle a de commun avec eux, et triomphaient quand ils croyaient avoir montré qu'elle n'avait rien dit de bien nouveau et qui fût de nature à causer beaucoup de surprise (*nihil nos aut novum aut portentosum suscepisse*[1]). Cette méthode était suspecte à Tertullien, qui en voyait les dangers. Il déclare, dans son traité de la *Prescription*, qu'il n'a aucun goût pour ce christianisme philosophique, et il affirme qu'il ne peut rien y avoir de commun entre Athènes et Jérusalem, entre l'Académie et l'Église[2]. Voilà sa pensée véritable, et je m'imagine qu'il ne pardonnerait pas à celui qui s'est permis, un jour, d'écrire que le christianisme n'est qu'une philosophie meilleure, si ce n'était lui-même !

Si grande que soit la contradiction, elle s'expliquerait facilement si l'on pouvait croire, comme beaucoup l'ont pensé, que

1. *De Testim. animæ*, 1. — 2. *De Præscr.*, 1, 7 : *Quid ergo Athenis et Hierosolymis? Quid Academiæ et Ecclesiæ?* Il avait dit déjà dans l'*Apologeticus*, 46 : *Quid simile philosophus et christianus? Græciæ discipulus et cæli?*

ce traité est un des premiers qu'il ait composés, et qu'il remonte à l'époque où il n'était encore qu'à moitié converti. Beaucoup de saints personnages ont passé par la philosophie avant d'arriver au christianisme, et dans la nouveauté de leur foi ils ont quelque temps gardé la trace de leurs anciennes opinions. La lettre de saint Cyprien à Donat ressemble par moments à un traité de Sénèque plus qu'à un ouvrage chrétien. Nous allons voir que les dialogues que saint Augustin a écrits dans sa retraite, avant de recevoir le baptême, sont des œuvres purement philosophiques où le nom du Christ n'est presque jamais prononcé. Nous savons que Tertullien avait traversé une crise semblable, et l'on possédait de lui un ouvrage qu'il avait composé à cette époque contre les inconvénients du mariage. Saint Jérôme, qui le trouvait fort amusant, le faisait lire aux jeunes filles qu'il poussait vers la vie monastique[1]. Mais le traité du *Manteau* est bien postérieur. Les événements historiques auxquels l'auteur fait allusion nous permettent d'en savoir la date précise; il est de l'an 208 ou 209, c'est-à-dire de la fin du règne de Septime Sévère[2]. Tertullien avait alors écrit ses plus beaux ouvrages, expliqué et défendu sa foi, livré ses plus vigoureuses batailles contre les païens et les hérétiques. Non seulement il était chrétien depuis longtemps, mais le christianisme orthodoxe ne suffisait plus à cet esprit emporté. Il accusait l'Église de faiblesse, parce qu'elle était sage et modérée; il lui reprochait de ménager la société et le pouvoir, parce qu'elle refusait de les braver follement et de s'en faire des ennemis irréconciliables, il l'avait enfin quittée pour une secte plus rigide. Et c'est à ce moment même, entre deux ouvrages inspirés par le plus sévère montanisme, que nous le voyons se retourner vers ce monde dont il s'était séparé avec éclat. Après l'avoir tant de fois accablé de ses

1. Saint Jérôme, *Epist.*, 22. — 2. Voyez le mémoire intitulé *Die Abfassungzeit der Schriften Tertullians* de Nœldechen.

insultes, il lui fait des avances, il flatte ses goûts, il s'empreint de ses idées, il copie sa façon d'écrire, et de sa retraite, où on le croit occupé des plus graves problèmes, il lui adresse un livre brillant et futile, un ouvrage de rhéteur, où il se met l'esprit à la torture pour mériter de lui plaire.

Qu'en doit-on conclure? Qu'au fond il était moins détaché du monde qu'il ne le prétend, et qu'entre eux il restait encore un lien, un seul peut-être, qu'il n'avait pu briser. Il parle assez légèrement quelque part des gens qui, dans les temps nouveaux, s'obstinent à conserver le souvenir et la curiosité de la vieille littérature; il est de ceux-là plus qu'il ne paraît le croire. Il a subi, dans sa jeunesse, le charme des lettres : c'est un mal dont il n'a jamais pu se guérir. Nous plaisantons volontiers de la vieille rhétorique, avec ses arguments puérils, ses fleurs fanées, son pathétique de convention, ses amplifications éternelles. Il faut bien croire qu'elle avait des agréments auxquels nous ne sommes plus sensibles, puisque personne alors ne lui échappait, et qu'une fois qu'elle avait ensorcelé la jeunesse, on lui appartenait jusqu'au dernier jour. Tertullien était au nombre de ces disciples fidèles. Il n'y a pas un seul de ses ouvrages, j'entends les plus sérieux, les plus profonds, où la rhétorique ne trouve moyen de s'insinuer, et il ne faut qu'un prétexte pour qu'elle devienne tout à fait maîtresse. Si, par exemple, le sujet l'amène à parler du monde et surtout des femmes, aussitôt le plaisir de bien dire le reprend. Il attaque leurs défauts, l'incertitude de leur humeur, la futilité de leurs goûts et surtout la passion qu'elles éprouvent pour la parure. Le voilà qui nous décrit les ornements dont elles aiment à se couvrir, « et ces pierres précieuses qui servent à faire des colliers, et ces cercles d'or dans lesquels on s'enferme le bras, et ces couleurs d'un rouge de feu où l'on plonge la laine, et cette poudre noire dont on se colore le tour des yeux pour leur donner un éclat provocant[1] ». Le saint

1. Voyez *De Cultu fœminarum*, 1, 2, 5, et *De Virginibus velandis*, 12.

homme a fait grande attention à tous ces colifichets qu'il blâme, et il déploie en les dépeignant toutes les finesses de son esprit, toutes les grâces de son langage. Il faut donc en prendre son parti : cette âme n'était pas tout d'une pièce, comme elle voulait le paraître; elle cachait au fond d'elle-même une faiblesse secrète qui, plus d'une fois, l'a dominée. Dans cet âpre génie, dans ce penseur vigoureux, qui semblait tout à fait détaché des choses du monde et uniquement occupé des intérêts du ciel, il y avait un homme de lettres incorrigible, qui ne demandait qu'une occasion pour s'échapper. C'est l'homme de lettres qui a écrit le traité du *Manteau.*

Quant à l'occasion qu'il eut de l'écrire, nous ne la connaissons pas; mais il me semble qu'il n'est pas trop téméraire de l'imaginer. Souvenons-nous que Tertullien vivait alors à Carthage, et qu'il n'y avait pas de pays où l'on se piquât plus de littérature : « Ici, disait Apulée, tout le monde connaît l'éloquence : les enfants l'apprennent, les hommes la pratiquent, les vieillards l'enseignent »; et il montre tout un peuple d'amateurs de beau langage, au théâtre, se pressant à ses conférences, et occupé à examiner chaque métaphore, à peser et à mesurer tous les mots[1]. Dans cette ville lettrée, Tertullien avait dû obtenir des succès oratoires, et le souvenir lui en était resté cher, quoiqu'il s'efforçât de l'oublier. Ce livre contre le mariage, dont saint Jérôme nous dit « qu'il était tout rempli de lieux communs, en style de rhéteur[2] », avait sans doute beaucoup réussi auprès de ces affamés de rhétorique. Je me figure qu'ils avaient moins goûté les beaux ouvrages que Tertullien a écrits après sa conversion, où l'on trouve des pensées graves et des spéculations profondes, mais aussi moins de rhétorique et de lieux communs. Il leur semblait donc que Tertullien avait faibli, et ils en faisaient retomber la faute sur le christianisme. On pensait généralement que

Apulée, *Florides*, I, 9; IV, 20. — 2. *Adv. Jovin.*, 1.

c'était une doctrine contraire aux gens d'esprit, et plus tard Rutilius la comparait à Circé, qui changeait les hommes en bêtes. Il est donc vraisemblable qu'on affectait de plaindre ce pauvre Tertullien, qui avait subi la loi commune, et qu'on insinuait qu'il ne serait plus capable d'écrire les beaux ouvrages d'autrefois. Sous ces reproches, sa vanité d'homme de lettres se cabra et bondit. Il consentait de bonne grâce à renoncer à tout : « Je n'ai plus souci, disait-il, ni du forum, ni du champ de Mars, ni de la curie; je ne m'attache à aucune fonction publique. On ne me voit pas escalader la tribune ou assiéger le tribunal du préteur. Je n'essaye plus de faire violence à l'équité; je ne hurle plus pour une cause douteuse. Je ne suis ni juge, ni soldat, ni maître de rien. J'ai fait retraite loin du peuple, *secessi de populo.* » Mais il tenait toujours à sa réputation de bel esprit et souffrait de la voir contestée. Le scandale qu'il donna en quittant la toge pour le *pallium* ayant ranimé les médisances, il lui fut impossible de se contenir. Il voulut, en répondant à ses détracteurs, prouver qu'il n'avait rien perdu, et qu'on annonçait sa décadence trop vite. Pour les combattre, il reprit ses anciennes armes et s'efforça de leur montrer qu'il savait toujours s'en servir. Il redevint, pour un moment, le rhéteur et même le philosophe d'autrefois. Il lâcha la bride aux métaphores, il mit toute son érudition en mouvement, il se fit plus maniéré, plus subtil, plus raffiné qu'il n'avait jamais été; il tint à se dépasser lui-même. Le résultat de ce beau travail fut le traité du *Manteau.*

Ce traité n'est donc en lui-même qu'un jeu d'esprit, une curiosité littéraire, et mériterait à peine de nous arrêter un moment, s'il ne mettait dans tout son jour la tyrannie que l'éducation exerçait même sur les âmes qui s'étaient le plus complètement livrées au christianisme.

Certes il n'y avait personne qui semblât plus fait que Tertullien pour résister à ces souvenirs de jeunesse. Sans doute, il croyait, comme tout le monde, que l'enfant ne pouvait pas se dispenser de fréquenter les écoles, et nous avons vu qu'au moment même où il interdit à un chrétien d'être professeur, il lui permet d'être élève. Mais il comptait bien qu'une fois l'éducation finie, on oublierait les impressions qu'on y avait prises, et il parle avec dédain de ces petits esprits qui gardent de leur enfance lettrée le goût des curiosités puériles[1]. Ces reproches retombent sur lui; pas plus que ceux qu'il raille, il n'a su lui-même oublier; et quand un homme comme lui, aussi déterminé, aussi rigoureux dans ses croyances, aussi jaloux de la pureté de sa foi, qui faisait un devoir aux fidèles de rompre avec la société païenne, d'en répudier tout à fait les usages et les opinions, s'est laissé dominer par les souvenirs de l'école au point d'écrire le traité du *Manteau*, ne sommes-nous pas en droit de conclure que personne ne pouvait s'y soustraire?

1. *De Test. animæ*, 1 : *Nonnulli quibus de pristina litteratura et curiositatis labor et memoriæ tenor perseveravit.*

CHAPITRE II

L'« OCTAVIUS » DE MINUCIUS FÉLIX

I

Le dialogue intitulé *Octavius*. — Les interlocuteurs. — Le lieu de la scène. — Les préliminaires.

L'influence des études classiques est bien plus visible encore chez Minucius Félix que chez Tertullien. Nous n'avons de lui qu'un tout petit livre, qui même dans le manuscrit unique qui nous l'a conservé, ne porte pas son nom[1]. Mais cet ouvrage a toujours fait le charme des délicats. Halm l'appelle « un livre d'or », et M. Renan « la perle de l'apologétique chrétienne ».

C'est un dialogue cicéronien, où figurent seulement trois interlocuteurs, Minucius et deux de ses amis. Cicéron, qui a souvent emprunté le fond de ses dialogues philosophiques aux stoïciens, s'éloigne d'eux en ce qu'il n'y fait pas disputer les héros de la vieille mythologie, mais des Romains illustres, ou même des gens de sa famille et de son intimité. Minucius a suivi son exemple. Ses personnages sont réels : nous le savons parfaitement pour deux d'entre eux, et nous devons le présumer du troisième. L'auteur d'abord, qui s'est donné dans

1. Ce manuscrit se trouve à la Bibliothèque nationale. L'ouvrage de Minucius y forme le huitième livre du traité d'Arnobe intitulé *Adversus nationes*.

son œuvre un rôle assez effacé, était un avocat qui, nous dit-on, ne manquait pas d'une certaine réputation[1]. Quoiqu'il exerçât sa profession à Rome, il n'était pas Romain de naissance; il venait de l'Afrique, où vraisemblablement il avait passé sa jeunesse[2]. Pourquoi l'avait-il quittée, et quelle ambition le conduisit un jour dans la capitale de l'empire? Nous ne le savons pas. Peut-être a-t-il été tenté par la brillante fortune de son compatriote, l'orateur Fronton, devenu le maître, puis l'ami d'un empereur, et l'un des premiers personnages de son temps. L'Afrique s'était mise à pratiquer l'art de la parole; les écoles de Carthage produisaient des rhéteurs habiles, dont la renommée s'étendait au loin, et dans ce pays, où la civilisation était si récente, il commençait à se former une littérature africaine. On peut donc imaginer que des succès obtenus chez lui ont engagé Minucius Félix, comme plus tard saint Augustin, à chercher un plus grand théâtre et des récompenses plus dignes de son talent. Si vraiment il avait rêvé d'obtenir la grande situation de Fronton, nous ne voyons pas que son espérance se soit réalisée; il ne fut ni préteur, ni consul, comme lui, mais il ne chercha pas non plus à l'être. Devenu chrétien, il se tint loin des fonctions publiques : c'était son opinion qu'un chrétien doit refuser les honneurs et qu'il ne lui convient pas de se vêtir de la robe à bande de pourpre[3]. Voilà ce que nous savons de Minucius. Un hasard heureux nous a conservé quelques renseignements sur un autre des interlocuteurs du dialogue, Cæcilius Natalis, celui qui défend le parti des païens. Il était de Cirta[4], la ville la plus importante de la Numidie, qui prit

1. Lactance, *Inst. div.*, V, 1. — 2. On a trouvé une inscription d'un Minucius Félix à Tebessa (*Corp. inscr. lat.*, VIII, 1964) et une autre tout récemment, à Carthage (*Bull. arch. du Comité des trav. hist.*, 1886, 2, p. 205). — 3. *Octavius*, 31 : *Honores vestros et purpuras recusamus*. — 4. En parlant de Fronton, qui était né dans le territoire de Cirta, Cæcilius dit *Cirtensis noster* (*Oct.*, 9), et Octavius *Fronto tuus* (*Oct.* 31).

plus tard le nom de Constantine; or à Constantine on a trouvé toute une série d'inscriptions qui très vraisemblablement le concernent[1]; elles nous apprennent que c'était un homme riche, qui fut revêtu des plus hautes magistratures dans son pays et dans les villes voisines, et qui, pour reconnaître les honneurs qu'il avait reçus, se montra fort généreux pour ses compatriotes. Il ne se contenta pas de verser soixante mille sesterces, en échange des dignités municipales (on sait qu'alors c'étaient les fonctionnaires qui payaient les administrés); il y ajouta des statues en l'honneur de l'empereur, un édifice tétrastyle, quelque temple sans doute, des jeux scéniques, qui durèrent sept jours, enfin un arc de triomphe, dont il est resté quelques pierres. A ce moment, Cæcilius était encore païen, puisqu'il donnait des jeux au peuple; on remarque pourtant que les statues qu'il élève ont un caractère singulier : la première représente la Sécurité du siècle (*Securitas sæculi*); une autre, l'Indulgence du maître (*Indulgentia domini nostri*); la troisième, sa Vertu : c'est le triomphe de l'abstraction. Ne dirait-on pas qu'avant de se faire chrétien Cæcilius avait traversé une de ces sectes philosophiques auxquelles il répugnait de trop individualiser les dieux, et qui se réfugiaient dans le vague de l'allégorie pour éviter de leur donner des traits personnels et de leur faire une figure humaine? Ce prince, dont Cæcilius glorifie l'indulgence et la vertu, était Caracalla, qu'on ne détestait pas dans les provinces autant qu'à Rome, ce qui nous donne la date approximative du dialogue : il a dû être écrit vers l'an 215. Le troisième et le

1. *Corp. inscr. lat.*, VIII, 6996 et 7094-7098. M. Dessau me semble avoir montré que le Cæcilius des inscriptions est le même que celui du dialogue (*Hermes*, 1880, p. 471). Une seule raison pourrait empêcher de le croire, c'est si l'on était forcé de placer l'*Octavius* avant l'*Apologie* de Tertullien. M. Ebert a soutenu cette opinion, et M. Renan la partage. Mais les arguments de M. Ebert me semblent fort ébranlés dans un mémoire intéressant de M. Massebiau (*Revue de l'histoire des religions* t. XV, mai 1887).

plus important des interlocuteurs, Octavius Januarius, qui donne son nom à l'ouvrage, est aussi celui que nous connaissons le moins. Tout ce que nous savons de lui, c'est qu'il était Africain, comme ses deux amis[1], marié, père de famille, et qu'il venait à Rome pour les intérêts de son commerce. On nous dit aussi qu'il a embrassé le premier le christianisme, qu'il jouit d'une grande autorité dans sa secte[2], et l'on nous laisse entendre qu'il n'a pas été inutile à la conversion de Minucius Félix. C'est lui qui se charge de répondre aux objections de Cæcilius, resté païen, et qui finit par le conquérir à sa foi.

Les personnages étant réels, on est tenté de croire que les circonstances pourraient bien n'être pas imaginaires. Rien n'empêche que les choses se soient passées à peu près comme Minucius les présente. La conversion d'un homme riche et considéré, d'un magistrat de grande ville, comme Cæcilius, devait être un événement dans une petite communauté, où les puissants de la terre n'étaient pas en grand nombre, on comprend que Minucius Félix s'en soit souvenu volontiers et qu'après la mort de son ami il ait pris plaisir à la raconter.

L'occasion de l'entretien est un voyage d'Octavius à Rome. Minucius et lui, qui ne s'étaient pas vus depuis longtemps, passent deux jours entiers à se dire tout ce qu'ils ont fait dans l'intervalle; puis, comme les vacances de septembre arrivent, et que les tribunaux sont fermés, ils se décident à se diriger vers Ostie, « la charmante Ostie », comme ils l'appellent, où ils pourront se délasser à prendre des bains de mer et continuer en paix leurs conversations infinies. C'est une idée qui ne viendrait aujourd'hui à personne. La plage d'Ostie est un désert

1. On a retrouvé le nom d'un Octavius Januarius parmi les inscriptions de Bougie (*Corp. inscr. lat.*, VIII, 1962). — 2. Je crois qu'il faut corriger, avec Stieber et Halm, les mots *pistorum præcipuus* (au chap. 14), qui n'ont pas de sens, en *christianorum præcipuus*, changement que la paléographie autorise.

empesté, où règne la fièvre; les voyageurs ne s'y hasardent plus pendant l'automne. C'était alors un lieu de plaisir où les avocats et les professeurs venaient se reposer des fatigues de la grande ville. Nous savons que, vers le temps de Marc-Aurèle, le philosophe Favorinus y était venu avec quelques amis, et que c'était leur plaisir, quand le soir tombait, de reprendre les arguties des vieilles écoles, « qu'ils se demandaient, par exemple, s'il est vrai de dire que, puisqu'une *amphore* de vin n'est pas complète quand il lui manque un *congius*, c'est le *congius* qui fait l'amphore[1] ». — Les questions que Minucius et ses amis allaient agiter sur cette plage étaient d'une autre importance.

Voici comment la discussion s'engage. Octavius et Minucius ont amené avec eux, à Ostie, Cæcilius, qui partageait leur intimité, mais qui était toujours païen. Pendant qu'au lever du jour ils suivent le bord de la mer, « caressés par l'air frais du matin qui ranime leurs forces et joyeux de fouler le sable humide qui cède sous leurs pas », Cæcilius, ayant aperçu une statue de Sérapis, la salue, selon l'usage, en approchant sa main de ses lèvres et lui envoyant un baiser. Octavius, qui le voit faire, se retourne vers Minucius et lui dit : « Vraiment, ce n'est pas bien, mon cher ami, d'abandonner un homme qui vous aime et ne vous quitte jamais dans les égarements d'une vulgaire ignorance, de lui permettre, en un si beau jour, d'adresser des hommages à des pierres, surtout quand vous savez que vous n'êtes pas moins responsable que lui de sa honteuse erreur. » La promenade continue ensuite sur ces bords charmants; on va et l'on vient entre tous ces vaisseaux tirés sur le sable, qui font un spectacle animé; on regarde les enfants qui s'amusent à faire ricocher des cailloux sur les flots; mais Cæcilius ne prend plus part à la conversation, il reste sérieux et préoccupé. Est-ce déjà la grâce qui pénètre

1. Aulu-Gelle, XVIII, 1.

son cœur en silence, ou éprouve-t-il seulement quelque tristesse de ne plus se sentir d'accord avec ses amis? Il veut enfin qu'on s'explique; il faut qu'il leur dise toutes les raisons qui l'attachent à ses anciennes croyances et qu'il sache d'eux pourquoi ils les ont quittées. Arrivés au bout du môle, les trois amis s'assoient sur les blocs de pierre qui protègent le port, et la discussion commence.

II

Discours de Cæcilius. — Est-il une reproduction de celui de Fronton? — Le personnage de Cotta dans le *De Natura Deorum* de Cicéron. — En quoi Cæcilius lui ressemble. — Cæcilius est à la fois sceptique et dévot.

Cæcilius prend la parole le premier pour défendre l'ancienne religion et attaquer la nouvelle. Il parle avec une force et un éclat qui nous surprennent un peu quand nous songeons que son discours, où le christianisme est fort maltraité, est l'œuvre d'un chrétien. C'est un acte d'impartialité, dont il faut savoir gré à Minucius. D'ordinaire, quand on se fait adresser des objections avec la pensée d'y répondre, on a soin de se ménager un triomphe facile. Sans le vouloir, on est tenté d'affaiblir les arguments qu'on doit réfuter pour en avoir plus aisément raison. Minucius est plus généreux : son païen n'a pas cette attitude ridicule qu'on donne quelquefois aux personnages qu'on imagine pour exprimer les idées qu'on veut combattre; c'est un homme de sens et d'esprit, dont les préventions mêmes partent de motifs très honorables. Aussi s'est-on demandé, en lisant ce discours où les arguments sont exposés avec tant de force, si l'on ne se trouvait pas en présence d'un acte d'accusation véritable, qui aurait été dressé contre les chrétiens par un de leurs ennemis, et si Minucius ne s'est pas contenté d'en transcrire les principaux griefs, au lieu de se donner la peine de les inventer. C'est ainsi qu'Origène a reproduit exactement, dans sa réfutation, l'ouvrage de Celse, et saint Cyrille celui de Julien. Précisément, nous savons par le dialogue même que quelque temps auparavant l'orateur Fronton avait attaqué les chrétiens avec violence. Ne peut-on pas soupçonner que Cæcilius, qui s'appuie sur son témoignage, n'a fait que reproduire ses paroles, et qu'il nous a ainsi conservé une des œuvres du maître de Marc-Aurèle?

Si Minucius Félix n'avait pas pris la peine deux fois de nous le dire, nous n'aurions jamais imaginé qu'un homme comme Fronton, qui nous semble si occupé de sa rhétorique, si noyé dans les soucis futiles du beau langage, eût pris quelque part à des débats aussi sérieux. Il n'est pas vraisemblable qu'il ait jamais composé contre le christianisme un long ouvrage de polémique, comme celui de Celse. Minucius dit positivement que c'était un discours (*Cirtensis nostri oratio*[1]), ce qui ne doit pas surprendre, quand on se souvient que Fronton n'a jamais été qu'un orateur. Quant aux circonstances pour lesquelles ce discours fut écrit, il me semble qu'on n'en peut raisonnablement imaginer que deux : ou bien il fut prononcé dans le sénat pour appeler la sévérité de l'empereur sur les chrétiens, ou il fut composé simplement pour quelque débat judiciaire. Il se peut que Fronton, rencontrant un chrétien parmi ses adversaires, les ait tous attaqués afin d'atteindre plus sûrement son ennemi. C'était une pratique familière à Cicéron, qui n'hésitait pas à malmener les Gaulois, les Alexandrins, les Asiatiques ou les Juifs, quand il pouvait en tirer quelque profit pour sa cause. Cette dernière hypothèse me paraît la plus vraisemblable. On ne peut s'expliquer le peu

1. *Oct.*, 9.

de bruit qu'a fait le discours de Fronton qu'en supposant qu'il ne s'occupait des chrétiens que par hasard et dans une cause privée; si un personnage de cette importance, qui garda toute sa renommée jusqu'à la fin de l'empire, avait consacré tout un discours à les combattre devant le sénat, il me semble qu'on en aurait parlé davantage et qu'il en resterait plus de traces. Quoi qu'il en soit, Fronton n'avait pas pris la peine d'étudier la doctrine des chrétiens avant de les attaquer. Nous savons qu'il se contentait de répéter ce que leur reprochait la foule. Il y avait alors comme aujourd'hui, comme toujours, tout un répertoire d'accusations banales, à l'usage de tous les partis, au service de toutes les haines, qu'on répétait depuis des siècles, sans qu'elles se fussent jamais discréditées; c'est ainsi que, pendant toute l'antiquité, on a reproché la vénalité aux hommes d'État ou la trahison aux généraux malheureux et qu'on a prétendu que les philosophes étaient des impies et les savants des magiciens. Ce furent des accusations de ce genre qu'on tourna contre les chrétiens, après les avoir employées contre beaucoup d'autres. On les appela des *athées* : c'était le nom qu'on donnait à tous ceux qui refusaient de reconnaître les dieux officiels. On raconta que, dans leurs agapes, où ils assistaient avec leurs mères et leurs sœurs, les lumières s'éteignaient à un signal convenu, et que des adultères ou des incestes se commettaient dans l'ombre : cinq siècles auparavant on avait reproché le même crime aux fanatiques réunis pour célébrer les Bacchanales[1]. Enfin on prétendit que les chrétiens avaient coutume de couper un enfant par morceaux et de le donner à dévorer à tous ceux qu'ils admettaient à leurs mystères : c'était encore une vieille fable et bien souvent employée; Salluste raconte à peu près la même histoire de Catilina et de ses complices[2]. Voilà pourtant les calomnies qu'un sénateur, un consulaire, ne craignit pas de répéter, sans

1. Tite-Live, XXXIX, 13 et sq. — 2. *Catil.*, 22.

prendre soin d'en vérifier l'exactitude. « Il ne parle pas, dit très justement Minucius, avec la gravité d'un témoin qui vient affirmer un fait; il lui suffit de nous injurier comme un avocat[1]. » Il est sûr qu'en parlant ainsi Fronton suivait encore les traditions de l'ancienne rhétorique. Cicéron recommande à ceux qui veulent réussir au barreau d'embellir leurs plaidoyers de quelques petits mensonges agréables, *causam mendaciunculis adspergere*. Ces mensonges, il n'eut même pas la peine de les imaginer; il les trouva dans la bouche de tout le monde[2]. En recueillant avec soin et reprenant pour son compte des calomnies qui pouvaient servir à déconsidérer un adversaire, il était fidèle aux leçons de ses maîtres.

Le discours de Fronton devait exister encore à l'époque où le dialogue fut composé. Est-il vraisemblable, comme on l'a dit quelquefois, que Minucius Félix en ait mis l'essentiel dans la bouche de Cæcilius? L'hypothèse est séduisante, mais voici les raisons qui m'empêchent de la croire vraie. D'abord le style des deux écrivains n'est pas le même. Je retrouve beaucoup moins, dans l'*Octavius*, ces affectations d'archaïsme, ces imitations des vieux auteurs, qui étaient la manie de Fronton et de son école. Quoique la langue de Minucius soit toute nourrie des auteurs classiques, il s'y glisse des expressions qui sentent la décadence[3]; on y trouve des tournures qui n'étaient que des singularités et des exceptions chez les bons écrivains, et qui sont devenues chez lui une habitude[4]. Fronton se piquait d'être un puriste, un délicat, un artiste en beau langage, et ces négligences l'auraient scandalisé. Mais ce n'est pas seulement par le style que Cæcilius et Fronton diffèrent; ils se ressemblent encore moins par les opinons. Nous allons voir que Cæcilius traite fort honorablement les anciens

1. 31. — 2. Aubé, *Hist. des perséc. de l'Église*, II, 83. — 3. Par exemple l'emploi de *quisque* pour *quisquis*, 13, 1. — 4. Emploi très singulier de l'infinitif, 1, 3; 17, 2; 26, 11. Emploi de la préposition *de*, 7, 2; 19, 4.

sages et imite Sénèque à l'occasion, tandis que Fronton avait horreur de la philosophie et se moquait volontiers de Sénèque. Tout apologiste qu'il prétend être du paganisme, Cæcilius est en somme une sorte de sceptique, qui ne croit guère à cette religion qu'il défend, qui ne s'y rattache que faute de mieux et pour couper court à des discussions inutiles. Au contraire, Fronton était un dévot sincère et un païen pratiquant. Il raconte qu'il sacrifiait à tous les autels, quand un de ses amis était malade, qu'il visitait toutes les chapelles et faisait ses dévotions à tous les arbres des bois sacrés. Fronton ne peut donc pas être le modèle sur lequel Minucius Félix a formé son personnage. Ce n'est pas qu'il l'ait imaginé tout à fait à sa fantaisie; nous savons au contraire qu'il est allé le prendre chez un écrivain autorisé. M. Ebert a montré qu'il ressemble au principal interlocuteur du dialogue de Cicéron sur la *Nature des dieux*, au pontife Aurelius Cotta[1]. C'est donc à Cotta que songeait Minucius en faisant parler son païen, ou plutôt à Cicéron lui-même, car Cicéron s'est représenté sous les traits de Cotta; et, comme à la fin de son ouvrage, l'auteur du dialogue montrait Cæcilius convaincu par les arguments de son adversaire et promettant d'embrasser la foi qu'il vient de combattre, il devait lui sembler que c'était Cicéron lui-même qu'il amenait au christianisme. Convertir Cicéron, quelle joie et quel triomphe pour un chrétien ami des lettres!

Cotta est un grand seigneur et un homme d'État, qui a rempli des fonctions politiques et religieuses, et qui est membre du collège des pontifes. Il appartient par sa naissance au parti du passé, toutes les innovations lui répugnent et l'effrayent. Cependant il a reçu l'éducation que donnent les professeurs grecs, et, comme il est du grand monde, il n'a pu se dispenser d'étudier la philosophie qu'il est à la mode de connaître; mais il a choisi, parmi les sectes philosophiques, celle

1. *Hist. de la littér. latine chrét.*, p. 37 (traduct. française).

qui lui permet de combattre toutes les autres : il est académicien, et, en cette qualité, il professe que s'il y a quelques opinions probables, il n'en est pas de certaine; ce qui l'autorise à contester toutes les solutions qu'on a données des grands problèmes. Il se sert ainsi de la philosophie contre la philosophie même. Comme il n'y a rien de plus impatientant pour un homme qui nie qu'un homme qui affirme, il maltraite de préférence les écoles les plus dogmatiques. A ce titre, les stoïciens lui sont particulièrement insupportables; c'est surtout contre eux qu'il dirige ses coups, et, en les frappant, il se trouve atteindre les grandes vérités qu'ils ont essayé d'établir, notamment l'existence de Dieu et son action sur le monde. Pour un pontife c'est aller loin que de douter de Dieu et de nier la Providence; ses adversaires ne manquent pas de le lui faire remarquer. Cotta répond que, tout en attaquant les opinions religieuses des philosophes, il entend défendre et conserver la religion de son pays. « Si j'abandonne, dit-il, Zénon, Cléanthe ou Chrysippe, je veux suivre Ti. Coruncanius, P. Scipion, P. Scævola, qui ont été grands pontifes[1]. » La religion nationale est une institution comme les autres, il faut la respecter au même titre. Les philosophes, en prétendant l'expliquer, l'ébranlent[2]. Un bon citoyen l'accepte et la pratique, parce qu'elle est le fondement de la cité[3]. Il n'a pas besoin qu'on vienne lui rendre compte de ses croyances; il les tient de ses pères, cela lui suffit[4] : voilà toute la doctrine de Cotta.

Tel est le personnage sur lequel Minucius Félix a les yeux fixés, quand il fait parler Cæcilius. Entre Cæcilius et Cotta il n'y a que les différences qu'explique la diversité des temps;

1. *De Nat. deorum*, III, 2. — 2. Id., 4 : *Rem mea sententia minime dubiam argumentando dubiam facis.* — 3. Id., 2 : *Mihi ita persuasi Romulum auguriis, Numam sacris constitutis fundamenta jecisse nostræ civitatis.* — 4. Id., 4 : *Mihi enim unum satis erat ita nobis majores nostros tradidisse.*

pour l'essentiel leur attitude est semblable, et ils s'expriment de la même façon. Cæcilius est un académicien, comme Cotta, et c'est par erreur qu'on le qualifie quelquefois d'épicurien. Il expose clairement, dès le début de son discours, quels sont ses principes philosophiques, lorsqu'il dit « que tout, dans les choses humaines, est incertain et douteux, et qu'il peut y avoir des vraisemblances, mais qu'il n'y a pas de vérités[1] ». Son école est donc celle d'Arcésilas et de Carnéade, dont il loue quelque part le doute prudent, *Arcesilæ et Carneadis et academicorum plurimorum tuta dubitatio*[2]; et, si le doute est quelque part légitime, c'est surtout quand on agite ces questions obscures, sur lesquelles il est si malaisé de se satisfaire. Que ne fait-on comme Simonide, quand Hiéron l'interrogea sur l'existence des dieux et sur leur nature? « Il demanda un jour pour y réfléchir, puis un autre, puis un troisième; et comme Hiéron voulait savoir la cause de ces retards, il lui répondit que plus il y songeait, moins il y voyait clair[3]. » Il faut donc que l'homme s'habitue à regarder à ses pieds plutôt que de se perdre dans les nues. Socrate avait bien raison de dire que ce qui est au-dessus de nous ne nous regarde pas[4]; laissons dormir ces grands problèmes que la philosophie se pose depuis des siècles et dont elle n'a pas trouvé la solution. Cæcilius pense que c'est perdre son temps que de les agiter et qu'on n'arrivera jamais à les résoudre; ce sont pour lui des mystères qui doivent toujours rester obscurs. Toutes les preuves qu'on a tenté de donner de l'existence de Dieu lui paraissent faibles, et, si l'on a réuni un certain nombre d'arguments qui semblent établir que Dieu veille sur le monde, il en énumère d'autres qui laissent croire qu'il ne s'en occupe pas[5].

Mais cette profession de foi, qui semble aussi nette que

1. 5, 2. — 2. 12 et 13. — 3. 13, 4. — 4. 13, 1 : *Quod supra nos nihil ad nos.* — 5. 5.

possible, est suivie d'une volte-face inattendue. Ce sceptique va devenir tout d'un coup un croyant; et, ce qui est le plus curieux, ce sont ses doutes mêmes sur Dieu et sur la Providence qui le ramèneront à la religion de son pays. « Plus le hasard est aveugle, nous dit-il, plus la nature est cachée, et plus il convient de rester fidèle aux traditions de nos aïeux. » Puisque toutes les recherches que nous essayons de faire sur l'existence et la nature de Dieu ne nous mènent à rien, que nous reste-t-il de mieux que d'accepter aveuglément ce qu'ont établi ceux qui vivaient avant nous[1]? C'est bien à peu près ainsi que raisonne Cotta; seulement il y a cette différence entre Cæcilius et lui qu'il reste toujours un homme politique et ne devient pas un dévot. On sent qu'il joue un rôle lorsqu'il célèbre les pratiques instituées par Numa Pompilius, et l'on soupçonne qu'il se moque au fond du cœur de ce qu'il défend en public. Cæcilius est plus sincère; il appartient à une époque croyante. Si les superstitions le blessent, en sa qualité d'homme éclairé, il ne croit pas qu'on puisse se passer d'une religion[2]. Puisqu'il en faut une à l'homme, celle qui a donné tant de gloire à son pays lui paraît préférable aux autres. On voit bien que, malgré son scepticisme apparent, il ne demande qu'un prétexte pour suivre la foule dans ces temples qui rappellent tant de beaux souvenirs. Une fois qu'il en a franchi le seuil, il est repris par toutes les croyances de sa jeunesse. Il accepte toutes les fables, il croit à tous les prodiges, il glorifie les oracles, il regarde les devins comme les bienfaiteurs de l'humanité[3]; il attribue à la piété des Romains toute leur grandeur : « C'est parce qu'ils ont attiré chez eux tous les dieux de l'univers qu'ils sont devenus les maîtres du monde[4]. » Ces opinions sont bien d'un homme de ce temps. Il y avait alors fort peu

1. 6, 1 : *Nec de numinibus ferre sententiam sed prioribus credere.* — 2. 13, 15. — 3. 7, 6 : *Dant cautelam periculis, morbis medelam, spem adflictis, opem miseris, solacium calamitatibus,* etc. — 4. 6, 3 : *Sic dum universarum sacra suscipiunt, etiam regna meruerunt.*

d'incrédules véritables, et Cæcilius a raison de nous dire « que ceux mêmes qui passaient leur journée à nier les dieux croyaient les voir et les entendre pendant leur sommeil[1] ».

La sévérité de Cæcilius contre le christianisme s'explique aisément. Nous venons de voir qu'il y a chez lui à la fois un sceptique et un dévot; le dévot et le sceptique s'entendent pour être également hostiles aux chrétiens. On comprend qu'en sa qualité d'académicien, comme Cotta, il soit, comme lui, l'ennemi acharné des dogmatiques. Il ne peut pas souffrir des gens qui ne doutent jamais de rien, et qui, par exemple, paraissent si certains de l'existence d'une autre vie. « Ils en parlent, dit-il, avec tant d'assurance, que vous diriez qu'ils en reviennent[2]. » Ce qui augmente sa colère, c'est que la plupart d'entre eux n'ont jamais étudié et ne sortent pas des écoles. « Peut-on voir sans douleur, sans indignation, des ignorants, des illettrés, décider souverainement des choses divines et trancher des questions sur lesquelles les philosophes ne sont pas d'accord! » Voilà les reproches que leur adresse le sceptique; le dévot est plus rigoureux encore : il déclare, avec une violence qui surprend chez ce sage désabusé, « qu'il est impossible de souffrir des audacieux, des impies, qui essayent d'affaiblir ou de détruire une religion si vieille, si utile, si salutaire »; il les traite de sacrilèges, de va-nu-pieds[3], de misérables, qui sortent de la lie du peuple. Ce sont des gens de ténèbres, qui se taisent devant le monde et ne deviennent bavards que lorsqu'ils vous tiennent seuls dans un coin, *latebrosa et lucifuga natio, in publicum muta, in angulis garrula*[4]. Il en vient aussi à ces accusations abominables de

1. 7, 6. — 2. 11. 2 : *Putes eos jam revixisse.* C'est ainsi que Cicéron représente un philosophe exposant sa doctrine avec une confiance ridicule, *tanquam modo ex deorum concilio descendisset* (*De Nat. deorum*, 1, 8). — 3. *Seminudi.* — 4. 8, 4. Celse leur fait le même reproche avec encore plus de violence. « On ne voit pas, dit-il, les coureurs de foire et les charlatans ambulants s'adresser aux hommes de sens et oser faire leurs

débauche, d'assassinat, d'inceste[1] qu'on s'étonne de trouver dans la bouche d'un homme comme Cæcilius; il connaît de longue date Octavius et Minucius, il les aime, il les estime : comment a-t-il pu un moment supposer que d'aussi honnêtes gens pouvaient s'être affiliés à une secte qui commettrait tant d'horreurs?

III

Discours d'Octavius. — Comment il se sert des philosophes anciens pour réfuter Cæcilius. — Sa défense du christianisme. — Il ne parle pas du Christ ni de l'Évangile. — De quelle manière on a expliqué ce silence. — Était-il un nouveau converti qui connaissait mal sa religion? — Il n'a pas voulu tout dire. — Pourquoi? — Quels sont les gens auxquels il s'adresse? — Ses efforts pour gagner les gens du monde. — Christianisme de Minucius.

Cæcilius ne peut s'empêcher d'être fort satisfait de lui-même, et plein de confiance dans la force de ses arguments. « Que va répondre Octavius? » dit-il en achevant de parler. Octavius, qui ne paraît pas fort troublé par cette assurance, prend la parole et la garde longtemps. Son discours est la partie importante de l'ouvrage; il mérite d'être étudié avec soin.

Il faut avouer que des gens comme Cæcilius et Cotta, qui tiennent à être à la fois dévots et sceptiques, prennent une situation qu'il n'est pas aisé de défendre, et que leurs raison-

tours devant eux; mais s'ils aperçoivent quelque part un groupe d'enfants, d'hommes de peine ou de gens sans éducation, c'est là qu'ils plantent leurs tréteaux, exhibent leur industrie, et se font admirer. De même, quand les chrétiens peuvent attraper en particulier des enfants de la maison ou des femmes, qui n'ont pas plus de raison qu'eux, ils leur débitent leurs merveilles. »

1. 9.

nements ne peuvent pas toujours être très logiques. Octavius ne manque pas d'en profiter dans sa réponse. Il est étrange, en effet, qu'on doute de l'existence de Dieu en général, et qu'on affirme avec acharnement celle des dieux particuliers d'un pays; qu'après qu'on a nié l'intervention divine dans les affaires humaines, on soutienne l'efficacité d'un culte, et qu'on en recommande la pratique, c'est-à-dire qu'on exige des gens qu'ils se tournent vers le ciel, quand on vient de leur dire qu'il est vide, et qu'ils adressent des prières à des divinités qui ne peuvent pas les entendre. Octavius a quelque droit de se demander si ceux qui raisonnent ainsi sont des trompeurs ou des dupes[1]. Par malheur, c'est quand il s'agit de choses religieuses, c'est-à-dire lorsqu'on devrait chercher surtout à voir clair dans sa pensée, qu'on se pique le moins d'être d'accord avec soi-même. On cherche, de la meilleure foi du monde, des compromis impossibles entre des opinions contraires; on essaye de concilier ensemble les doutes que nous suggère notre raison avec les croyances que l'habitude et la tradition nous imposent.

Octavius commence par défendre contre Cæcilius l'existence de Dieu et la Providence, et il le fait avec les preuves dont on s'est servi de tout temps dans les écoles. Il cite Thalès, Anaximène, Xénophane, Zénon, Chrysippe, Platon, et même les beaux vers de Virgile, dans le sixième livre de son poème. Après avoir prouvé qu'il y a un Dieu, il établit qu'il n'y en a qu'un. Pour démontrer que les divinités populaires n'existent pas, que ce sont des abstractions sans réalité ou des hommes auxquels la reconnaissance ou la peur ont attribué les honneurs divins, il invoque l'autorité de Prodicus, de Diodore, surtout le roman sacré d'Evhémère, dont les pères de l'Église ont tiré tant de profit dans leur polémique. Cæcilius a cru faire merveille, pour le triomphe de sa cause, d'insister sur les miracles

1. 16, 1.

que les dieux ont accomplis en faveur de Rome, sur les prédictions des devins qui se sont réalisées, sur les succès qu'ont obtenus les généraux qui se sont conformés aux avis du ciel interprétés par les augures, et les infortunes de ceux qui les ont négligés. L'argument paraît faible à Octavius, qui commence par nier la plupart des miracles que Cæcilius vient d'énumérer avec complaisance. Ce sont pour lui des contes de vieilles femmes. « Si ces merveilles s'étaient jamais accomplies, dit-il, elles s'accompliraient encore de nos jours; puisqu'il n'y en a plus de semblables, c'est qu'il n'y en a jamais eu[1]. » Quant aux miracles qui lui semblent mieux attestés, ils ne le troublent guère. Il en rend compte le plus facilement du monde en disant qu'ils sont l'œuvre des démons, et cette théorie de l'intervention des démons, qui permet aux chrétiens d'expliquer tous les faits extraordinaires de la mythologie, les dieux qui apparaissent, les statues qui parlent, les devins qui prédisent, etc., il l'appuie sur le témoignage de toute l'antiquité. Comment pourrait-on douter de leur existence? « Les poètes en parlent, les philosophes s'occupent d'eux, Socrate les a connus, les magiciens et surtout leur chef Hostanes distinguent les bons des mauvais. Que dire de Platon, qui, dans son *Banquet*, a essayé de déterminer leur nature?[2] »

Dans tous ces raisonnements, que j'ai fort abrégés, l'artifice de Minucius est facile à saisir. Il consiste à invoquer, à l'appui des idées nouvelles, des autorités antiques. Nous avons vu plus haut[3] que, parmi les apologistes du christianisme, il y avait deux écoles. Les uns, plus audacieux, plus sincères aussi, insistaient de préférence sur les côtés nouveaux de la doctrine;

1. 20, 4 : *Quæ, si essent facta, fierent; quia fieri non possunt, ideo nec facta sunt*. Il est assez piquant que ce raisonnement ait été emprunté à Minucius pour être tourné contre les miracles chrétiens. Voyez Renan, *Vie de Jésus*, Introd. : « Nous repoussons le surnaturel par la même raison qui nous fait repousser l'existence des centaures et des hippogriffes : c'est qu'on n'en a jamais vu. » — 2. 26, 9. — 3. Voyez p. 254.

il leur plaisait de montrer qu'elle rompait avec les traditions anciennes et qu'elle travaillait à changer le monde. Les autres, au contraire, des politiques, des mondains, des lettrés, des gens d'école, voulaient à toute force la rattacher au passé. Ils recueillaient avec soin tout ce qui, chez les philosophes, ressemblait aux dogmes de l'Église, pensant que c'était un coup de maître de réfuter les païens par eux-mêmes[1]. Minucius est pour nous le type des théologiens de cette école. Tout son travail consiste à chercher dans les livres des anciens sages des précédents au christianisme; et, quand il y trouve des opinions qui lui paraissent se rapprocher des siennes, il le constate d'un air de triomphe : *Eadem fere sunt ista quæ nostra sunt*[2].

La seconde partie du discours d'Octavius est la plus intéressante. Après avoir attaqué la religion de son adversaire, il faut bien qu'il en vienne à défendre la sienne. Elle a été, on vient de le voir, fort maltraitée, et Cæcilius en est venu, dans l'excès de son zèle, jusqu'à ramasser toutes les infamies dont on se servait à Rome, depuis des siècles, pour flétrir les associations politiques ou religieuses qu'on ne voulait pas se donner la peine de connaître. A ces accusations banales d'inceste et d'assassinat Octavius ne répond qu'un mot : « Ceux-là seuls, dit-il, pourront croire à ces horreurs, qui seraient capables de les commettre[3]. » Les honnêtes gens n'auront pas besoin qu'on en dise davantage. Quant aux autres reproches, ce sont encore les philosophes païens qui lui fournissent des armes pour les réfuter : la méthode est bonne, il persiste jusqu'au bout à l'employer. On raille les chrétiens parce qu'ils ne doutent pas que l'âme ne survive au corps; on ne peut pas souffrir que ces « présomptueux », comme on les appelle, parlent avec une assurance insolente des châtiments et des récompenses de l'autre monde; mais ces récompenses et ces punitions ne sont pas

1. 20, 2. — 2. 19, 15. — 3. 30, 2 : *Nemo hoc potest credere, nisi qui possit audere.* Tertullien s'exprime tout à fait de la même façon. *Apol.*, 8 : *Qui ista credis de homine, potes et facere.*

des inventions nouvelles; les vieilles religions ne les ont-elles pas figurées déjà dans le Styx et les Champs Élysées? Pythagore et Platon ont entrevu la croyance à l'immortalité de l'âme, et il suffit que leur doctrine s'accorde sur ce point avec celle de l'Église pour qu'on ne se permette plus de se moquer des chrétiens[1]. Il en est de même de ces prédictions de la fin du monde et de l'embrasement universel, qui sont pour les ennemis du christianisme un sujet éternel de raillerie ou de colère. Ils ont bien tort d'en plaisanter, puisque les stoïciens annoncent qu'un moment doit venir où le feu consumera la voûte du ciel avec tout ce qu'elle enferme[2]. Les chrétiens disent-ils autre chose? On leur reproche aussi quelquefois leur pauvreté; on s'étonne que ces favoris du ciel manquent de tout sur la terre, et que leur Dieu, qui leur promet une immortalité de délices après leur mort, ne puisse pas leur donner du pain pendant leur vie. L'objection n'est guère sérieuse; Octavius y répond en empruntant les idées et quelquefois même les expressions de Sénèque. Celui-là seul est pauvre, dit-il, qui manque des choses dont il a besoin; or le vrai chrétien possède tout ce qu'il désire. Les biens du monde n'ayant aucun prix pour lui, il lui est indifférent d'en être privé. On ne doit pas les railler non plus, ni même affecter ironiquement de les plaindre, parce qu'ils s'exposent volontairement pour leurs croyances à être brûlés vifs ou mis en croix. Comment les païens, qui comblent d'éloges, qui élèvent jusqu'aux nues un Scævola, un Regulus, osent-ils insulter les martyrs qui se sont offerts, comme eux, à la mort, et avec plus de courage? Il ne faut pas prétendre que Dieu les abandonne. En les laissant souffrir, il les éprouve, et il les couronne quand ils résistent. « N'est-ce pas le plus beau des spectacles, et le plus digne de Dieu, de voir un chrétien aux prises avec la douleur, braver

1. 34, 9 : *Satis est etiam in hoc sapientes vestros in aliquem modum nobiscum consonare.* — 2. 34, 2.

la mort et les bourreaux, rester maître de lui en face des rois et des princes, et triompher du juge même qui vient de prononcer la sentence?[1] »

C'est ainsi qu'en s'aidant des philosophes antiques, Octavius réfute tous les arguments de son adversaire; il se met à sa suite, sur ses pas, reprenant tour à tour toutes ses objections, et semble tenir à n'en laisser aucune sans la relever. Il y en a une pourtant à laquelle il n'a pas répondu, et ce silence nous cause d'autant plus de surprise qu'elle nous paraît plus importante : Cæcilius a reproché durement aux chrétiens d'adorer un homme crucifié pour ses crimes; « ils honorent la croix, dit-il, parce qu'ils la méritent, *id colunt quod merentur*[2] ». L'insulte est cruelle; elle aurait dû révolter Octavius. D'ailleurs l'occasion était bonne pour lui de faire connaître aux païens ce Christ qu'ils outragent. On s'attend qu'il sera heureux de la saisir. Au contraire, il tourne court, et se contente d'une phrase brève et obscure, qui semble dire que, si c'était un homme comme les autres et s'il avait commis quelque crime, on ne l'honorerait pas comme un Dieu[3]. Voilà tout. Pourquoi donc s'est-il refusé à donner des explications sur lesquelles on comptait? Comment peut-il se faire que, dans une apologie du christianisme, il n'ait pas voulu prononcer le nom du Christ? Et non seulement le Christ est absent de l'ouvrage de Minucius, mais il n'y parle ni de la Bible, ni de l'Évangile, ni des apôtres. Parmi les dogmes essentiels de l'Église, il n'est question que de ceux qui ressemblent aux opinions des philosophes. La doctrine de la grâce non seulement n'est mentionnée nulle part, mais elle semble même formellement contredite. Pour répondre aux plaisanteries de son adversaire qui se moque de ces ignorants, de ces gens de rien, qui osent disputer sur Dieu et sur le monde, Octavius lui dit : « Sachez que tous les

1. 37, 1. — 2. 9, 4. — 3. 39, 2 : *Longe de vicinia erratis, qui putatis Deum credi aut meruisse noxium, aut potuisse terrenum.*

hommes, sans distinction d'âge, de sexe, de position, sont capables de raison et de bon sens, et qu'ils peuvent arriver d'eux-mêmes à la sagesse[1]. » Si la nature les y conduit toute seule, s'ils n'ont pas besoin de l'aide de Dieu pour l'obtenir, que devient la nécessité de la grâce? Il ajoute un peu plus loin, que, pour connaître Dieu, au lieu d'écouter les erreurs de ceux qui nous entourent, il suffit de nous interroger nous-mêmes et de croire en nous, *sibi credere*[2]. C'est tout à fait ainsi que s'exprime Sénèque[3]; mais l'apologiste Athénagore, un contemporain de Minucius, parle bien autrement. Il attaque ces sages du monde qui prétendent que la raison toute seule peut les conduire à la vérité, et se flattent de connaître Dieu par leurs propres lumières. « Nous autres, dit-il, quand nous cherchons ce qu'il nous faut croire, nous nous fions au témoignage des prophètes, lesquels, étant inspirés de Dieu, nous parlent de lui en son nom[4]. » Voilà un langage vraiment chrétien et qui semble une réponse directe aux paroles de Minucius.

Si nous nous en tenons à ces déclarations de Minucius, sa religion ne paraît être qu'un monothéisme rigoureux, quelque chose comme l'islamisme; et non seulement elle n'a pas de dogmes, mais il semble même qu'elle se passe de culte. On reproche aux chrétiens, comme une sorte de sacrilège, de ne posséder ni autels ni temples. Octavius ne s'émeut guère de cette accusation : « Est-il besoin, dit-il, d'élever à Dieu des statues, si l'homme est son image? Pourquoi lui bâtirait-on des temples, puisque l'univers, qu'il a formé de ses mains, ne suffit pas pour le contenir? Comment enfermer cette immensité dans une petite chapelle? C'est notre âme qui doit lui servir de demeure, et il demande que nous lui consacrions notre cœur. A quoi sert de lui offrir des victimes, et ne serait-ce

1. 16, 5. — 2. 24, 2. Voyez aussi le passage suivant, où la nécessité de la grâce pour arriver à la vérité ne semble pas admise : *Cum sit veritas obvia, sed requirentibus*, 23, 2. — 3. Sénèque, *Epist.*, 31, 5 : *Unum bonum est, sibi fidere.* — 4. Kühn, *Der Octavius*, etc., p. 30.

pas une ingratitude, après qu'il nous a donné tout ce qui naît sur la terre pour notre usage, de lui rendre les présents qu'il nous a faits? Sachons qu'il ne réclame de nous qu'un cœur pur et une conscience honnête. C'est prier Dieu que de conserver son innocence; c'est l'honorer que de respecter la justice. On se le rend favorable en s'abstenant de toute fraude, et quand on sauve un homme d'un danger, on lui fait le sacrifice qu'il préfère. Ce sont là les victimes, c'est le culte que nous lui offrons. Chez nous, celui-là est le plus religieux qui est le plus juste[1]. » Voilà sans doute une belle profession de foi, mais Sénèque l'aurait signée aussi bien que Minucius. Si c'est là toute la doctrine des chrétiens, ils ne sont qu'une secte philosophique comme les autres.

Comment donc se fait-il que Minucius, qui parle en leur nom, nous les ait si mal présentés? Quelques savants supposent, pour l'expliquer, que c'était un nouveau converti, qui, dans l'ardeur de sa foi, entreprit de défendre une religion qu'il n'avait pas eu le temps de bien connaître[2]. C'est ce qui arriva, dit-on, pour Arnobe : saint Jérôme raconte que, lorsqu'il composa ses sept livres contre les païens, il n'était pas encore admis parmi les catéchumènes, et qu'il fit une apologie du christianisme pour mériter l'honneur d'être reçu dans l'Église. On comprend qu'il ne fût pas très au courant d'une doctrine qu'il venait d'embrasser. Mais Minucius ne se trouvait pas dans la même situation qu'Arnobe. Quand il écrivit son ouvrage, l'entretien qu'il rapporte était déjà vieux de quelques années, puisque Octavius était mort dans l'intervalle; or, à l'époque où l'entretien se passait, Minucius était déjà chrétien. On ne peut donc pas prétendre que ce soit un nouveau converti et que le temps lui ait manqué pour s'instruire. Du moment que ses erreurs ou ses omissions ne viennent pas

1. 32, 3. — 2. Voyez notamment Kühn, dans le mémoire que je viens de citer, p. 30 et sq.

d'une instruction incomplète, elles doivent être volontaires, et s'il n'est pas un ignorant, il faut qu'il soit un hérétique. On l'a quelquefois soutenu, mais, je crois, sans aucune vraisemblance. S'il l'avait été, Lactance et saint Jérôme l'auraient-ils mis, sans faire quelque réserve, au rang des défenseurs du christianisme.? Lactance surtout lui est très favorable : il regrette qu'entraîné vers d'autres travaux, il n'ait pas donné tout son temps à l'apologétique, et déclare qu'il aurait pu rendre de grands services à l'Église s'il s'était uniquement occupé à la défendre[1]. Cette estime et ce regret montrent clairement qu'il ne le regardait pas comme un hérétique.

Quant à moi, comme il a surtout péché par omission[2] et qu'en général ce qu'il dit du christianisme est vrai, mais qu'il n'a pas dit toute la vérité, il me semble plus simple de supposer qu'il avait ses raisons pour se taire et qu'il en sait plus long qu'il n'en a dit. C'est du reste ce qu'il laisse entendre lui-même à la fin de son ouvrage. Quand Octavius a fini de parler, Cæcilius se déclare convaincu par les paroles de son ami. Il ne doute plus de l'existence de Dieu ou de la Providence, il reconnaît l'injustice de ses préjugés contre les chrétiens. Cependant il a besoin, avant de se décider, de quelques éclaircissements encore. Ce ne sont plus des objections qu'il veut présenter, c'est un complément d'instruction qu'il

1. Lactance, *Inst. div.*, V, 1. — 2. Quelques savants, notamment M. Kühn, ont cru trouver dans Minucius des erreurs graves de doctrine. Mais, outre que les dogmes n'étaient pas alors aussi arrêtés, aussi précis qu'ils le devinrent dans la suite, plusieurs de ces erreurs tiennent à l'effort que fait l'auteur pour n'employer que les termes de la langue ordinaire. En cela il forme un parfait contraste avec son compatriote Tertullien, qui parle hardiment le latin de l'Église et n'hésite pas à créer des tours et des expressions qui rendent l'originalité de ses idées. Minucius tient à rester plus classique; il ressemble quelquefois à ces humanistes du XVIe siècle, employés par la chancellerie pontificale, qui écrivaient les brefs du pape avec des phrases de Cicéron (voyez, par exemple, 1, 4 et 16, 1). Il est bien possible que plusieurs des erreurs qu'on lui reproche viennent de ce qu'il s'est servi d'expressions élégantes, qui ne rendent pas exactement sa pensée.

réclame, et comme le soleil s'approche de son coucher, la conversation est remise au lendemain. On peut donc admettre que ce qui n'a pas été dit ce jour-là est réservé pour les jours suivants. Ainsi l'auteur reconnaît lui-même qu'il n'a pas exposé toute la doctrine chrétienne dans son ouvrage, et il n'y a aucune conclusion grave à tirer des lacunes qui s'y trouvent, puisqu'il annonce qu'il ajoutera plus tard ce qui manque.

Je vais plus loin; il me semble que, même s'il ne se donnait pas la peine de nous apprendre qu'il n'a pas voulu ou n'a pas pu tout dire, s'il ne nous laissait pas entrevoir qu'il compte ajouter certains compléments à l'exposition de sa doctrine, qui pourront bien la présenter sous un jour nouveau, il serait possible de le deviner à quelques contradictions qui lui échappent. Je remarque que sa manière de concevoir le Dieu unique et tout-puissant paraît au début beaucoup plus abstraite et philosophique qu'elle ne l'est à la fin. Il déclare d'abord qu'il ne veut pas l'appeler un père, de peur d'en faire un être charnel, ni un roi ou un maître, ce qui lui donnerait l'air d'un homme. Il l'appellera seulement Dieu, et cela suffit. « Loin d'ici, dit-il, tous ces abus de noms inutiles ! [1] » Ce qui n'empêche pas que ces noms qu'il blâme, il n'hésite pas, un peu plus loin, à les lui donner. Quand il se fâche contre ceux qui ne reconnaissent pas sa puissance, il l'appelle sans scrupule *parentem omnium et omnium dominum*[2]. Mais voici ce qui paraît plus grave. Pendant tout le cours de son ouvrage, il se montre plein de respect et d'admiration pour les philosophes; il leur emprunte leurs raisonnements, il s'appuie de leur opinion, il va jusqu'à dire que la doctrine de Platon est divine[3]; puis tout d'un coup, dans un des derniers chapitres, il change de ton, sans qu'on sache pourquoi; il appelle Socrate, le maître de tous ces sages, « le bouffon d'Athènes[4] »; il traite

1. 18, 10 : *Aufer additamenta nominum.* — 2. 35, 4. — 3. 19, 14. — 4. 35, 5 : *Scurra atticus.*

ses disciples de corrupteurs et de débauchés, « qui ne peuvent pas tonner contre les vices sans s'attaquer eux-mêmes[1] ». N'est-ce pas l'indice qu'il a volontairement dissimulé quelques aspects du christianisme et qu'il n'a voulu le faire voir que d'une certaine façon, mais que par moments il oublie le rôle qu'il s'est donné et que la vérité lui échappe? Remarquons que c'est à la fin de son discours que ces contradictions se trouvent. On dirait qu'à mesure qu'il avance, il se sent plus maître de celui qui l'écoute et qu'il ne se croit plus tenu à prendre autant de précautions.

Pourquoi donc s'est-il cru obligé d'user de ces artifices? La réponse est aisée : c'est qu'il voulait amener au christianisme des gens qui lui étaient fort contraires, et dont l'esprit en avait été jusque-là très éloigné. Il a craint de les en détourner pour jamais, s'il le leur montrait d'abord dans toute sa rigueur, et il lui a semblé utile, pour désarmer leurs préjugés, de commencer par le leur présenter sous les couleurs qui pouvaient le plus leur plaire[2].

Cæcilius avait dit à plusieurs reprises que les chrétiens ne sont qu'un ramassis de pauvres et d'illettrés, de gens sans naissance et sans instruction[3]; Octavius relève très vivement ces insultes. Il proclame, nous l'avons vu, que tous les hommes,

1. *Semper adversus sua vitia facundos.* — 2. Minucius félicite Octavius d'avoir rendu la vérité si facile à accepter et si agréable à croire, *tam facilem et tam favorabilem* (39). C'est ce que dit d'une autre façon M. Renan, quand il compare l'auteur du dialogue au prédicateur de Notre-Dame, se faisant tout à tous, étudiant les faiblesses, les manies des personnes qu'il veut convaincre, faussant son symbole pour le rendre acceptable. « Faites-vous chrétien sur la foi de ce pieux sophiste, rien de mieux; mais souvenez-vous que tout cela est un leurre. Le lendemain, ce qui était présenté comme accessoire deviendra le principal. L'écorce amère qu'on a voulu vous faire avaler sous un petit volume et réduite à sa plus simple expression. retrouvera toute son amertume. » *Marc-Aurèle*, p. 403. — 3. 5, 4 : *Studiorum rudes, litterarum profanos, expertes artium etiam sordidarum*; 6, 4 : *De ultima fæce collectis imperitioribus*; 12, 7 : *Indoctis, imperitis, rudibus, agrestibus.* Ce reproche se retrouve plusieurs fois aussi chez Celse.

sans distinction de rang et de fortune, peuvent avoir accès à la vérité, et que beaucoup de philosophes, avant de s'être fait un grand nom, ont été traités d'ignorants et de gens de rien. Il n'en est pas moins vrai que cette accusation le touche plus qu'il ne veut bien le dire. Il laisse entendre que, même pour le présent, elle n'est pas entièrement juste et qu'il est faux « que les chrétiens ne se composent que de la lie du peuple[1] ». Dans tous les cas il désire qu'elle cesse tout à fait d'être méritée dans l'avenir. Il comprenait que la victoire du christianisme ne serait complète et sûre que s'il parvenait à s'attacher les classes dirigeantes et lettrées, qui, à la longue, entraînent les autres. Mais on ne pouvait les gagner qu'en commençant par dissiper leurs préventions. Il fallait leur prouver d'abord qu'un chrétien n'est pas, comme on se le figurait ordinairement, une sorte de sauvage prêt à détruire cette civilisation qui craint de l'accueillir; qu'au contraire il est capable de la comprendre et de s'accommoder avec elle, si elle veut bien lui faire une place. La bonne société leur reprochait de ne pas partager ses goûts et de vivre autrement qu'elle : c'est un crime qu'elle ne pardonne guère. Quand on les voyait s'isoler du monde et ne pas prendre part aux plaisirs communs, comment ne pas les soupçonner d'être « des ennemis du genre humain »? Minucius est bien forcé de reconnaître qu'ils ne fréquentent pas les théâtres, qu'ils s'éloignent des fêtes où la religion est mêlée. Il avoue aussi, ce qui est plus grave, qu'ils se refusent aux dignités publiques, qu'ils ne veulent être ni fonctionnaires de l'État, ni magistrats dans les municipes. Mais il veut prouver au moins que, pour ce qui est des devoirs ordinaires de la vie, les chrétiens ne les désertent pas, et il le démontre d'une façon fort ingénieuse, par des faits plus que par des raisonnements. M. Ebert fait remarquer que lorsqu'il montre les trois amis attendant, pour quitter Rome, que les

1. 31, 6.

vacances d'automne aient commencé, il nous laisse entendre, sans en avoir l'air, que leur religion ne force pas les chrétiens à rompre avec les emplois qu'ils exercent, qu'ils ont leurs occupations aussi, qu'ils les prennent au sérieux, comme tout le monde, et que lorsqu'ils sont *causidici*, comme était Minucius, ils ne s'éloignent du forum que quand les tribunaux ont congé. C'est justement le stratagème auquel Cicéron a recours, dans ses dialogues, pour rassurer les gens sévères à qui la science grecque est suspecte; il affecte de ne s'en occuper que pendant les jours de repos, pour leur faire voir qu'elle ne détourne pas des affaires sérieuses, qu'elle n'empiète pas sur le temps qui leur est réservé, et qu'elle est compatible avec elles. Minucius montre de la même manière, sans aucune apparence de démonstration, que les chrétiens ne sont pas étrangers aux affections humaines, et que par la manière dont ils les éprouvent, ils ressemblent à tout le monde. Octavius et lui sont tendrement liés ensemble, et, pour caractériser la force du sentiment qui les unit, il emploie les termes mêmes par lesquels Salluste définit la véritable amitié[1]. La phrase mignarde qui dépeint le plaisir que ressent un père à entendre ses enfants quand ils s'essayent à parler[2], n'est pas une vaine coquetterie de langage, comme on pourrait bien le croire; elle nous fait voir l'intensité de l'amour paternel d'Octavius, et que cet amour est chez lui ce qu'il est chez tout le monde. Par cette habile mise en scène Minucius veut montrer, sans le dire, que les chrétiens, qu'on met hors l'humanité, sont des gens comme les autres, occupés des mêmes affaires, sensibles aux mêmes affections, et que la société peut les accueillir sans péril.

Mais le chef-d'œuvre en ce genre, ce qui occupe Minucius plus que tout le reste, c'est la peine qu'il s'est donnée pour montrer que les croyances chrétiennes, qu'on accuse d'être

1. *Catilina*, 20. — 2, 2, 1.

nouvelles, se retrouvent en partie dans la philosophie antique. Aujourd'hui ce sont les ennemis du christianisme qui étalent ces ressemblances pour l'attaquer ; Minucius s'en sert pour le défendre. Nous savons qu'il n'était pas un chrétien de naissance, mais un lettré converti. Il connaissait donc à merveille, et par son expérience personnelle, d'où venait la résistance que la société lettrée opposait à la doctrine du Christ : c'était, n'en doutons pas, de la peine qu'éprouvaient ces gens d'esprit à se séparer des admirations de leur jeunesse, à renoncer à l'étude de la philosophie, à la pratique des lettres, au culte des arts, à dire adieu à tous ces nobles divertissements, qui semblaient seuls donner du prix à la vie. On les croyait incompatibles avec le christianisme, qui paraissait les condamner rigoureusement ; et plutôt que de se résigner à les abandonner pour toujours, beaucoup refusaient de devenir chrétiens. Minucius voulut prouver que ce sacrifice n'était pas nécessaire. Au lieu d'insister, comme faisaient tant d'autres, sur les différences qui séparent la sagesse antique de la doctrine chrétienne, il fait voir que souvent elles s'accordent. On veut faire des philosophes d'autrefois des adversaires irréconciliables des disciples du Christ ; quelle erreur ! « Leurs opinions sont tellement semblables qu'on est forcé de croire ou que les chrétiens d'aujourd'hui sont des philosophes, ou que les philosophes d'autrefois étaient des chrétiens[1]. » Et le voilà qui fouille Platon, Aristote, Zénon, Cicéron, Sénèque ; il les cite, il les commente, il les imite ; et toutes les fois qu'il trouve chez eux quelque opinion qui s'accorde avec les siennes, il semble se retourner vers les détracteurs dédaigneux du christianisme et leur dire d'un air de triomphe : « Vous voyez bien que nous ne sommes pas des barbares ! Ces philosophes dont vous êtes si fiers, nous pouvons invoquer aussi leur autorité. Loin de nous condamner, comme on le prétend, ils avaient pressenti

1. 20, 1.

nos croyances, ils étaient déjà chrétiens sans le savoir. Et vous aussi, vous pouvez le devenir sans vous mettre en contradiction avec eux, sans craindre qu'il vous blâment, sans être forcés de renoncer à les lire et à les admirer. »

C'est ce qui fait pour nous l'intérêt principal de l'*Octavius*. Quand on lit ce charmant ouvrage, qui, par les *Tusculanes*, remonte jusqu'au *Phèdre*, et semble éclairé d'un rayon de la Grèce, on voit bien que l'auteur imaginait une sorte de christianisme souriant et sympathique, qui devait pénétrer dans Rome sans faire de bruit et la renouveler sans secousse, qui serait heureux de garder le plus possible de cette société brillante, qui n'éprouverait pas le besoin de proscrire les lettres et les arts, mais les emploierait à son usage et les sanctifierait en s'en servant, qui respecterait enfin les dehors de cette vieille civilisation, en faisant circuler en elle la sève de l'esprit nouveau. Tel était sans doute le rêve que formait Minucius, et avec lui tous ces lettrés incorrigibles, qui s'étaient laissé toucher par la doctrine du Christ, mais conservaient au fond de leur âme les souvenirs et les admirations de leur jeunesse, et qui, tout en lisant l'Évangile, ne pouvaient entièrement oublier qu'ils avaient commencé par lire Homère et Cicéron.

CHAPITRE III

LA CONVERSION DE SAINT AUGUSTIN

I

Les récits divers que saint Augustin a faits de sa conversion. — Différences qui s'y trouvent. — Comment peut-on les expliquer?

Il me semble que rien ne montre mieux, et d'une manière plus frappante, la place que tenaient, même dans l'esprit d'un chrétien qui l'était depuis sa naissance, les souvenirs de l'éducation classique, et comment ils pouvaient tantôt servir ses croyances et tantôt leur nuire, que le récit de la conversion de saint Augustin.

L'Église la regarde comme un des plus grands événements de son histoire; elle en a fait une fête, qui se célèbre tous les ans au mois de mai. C'est un honneur qu'elle n'accorde qu'à saint Paul et à lui, et en rapprochant ainsi le maître et le disciple, elle semble dire qu'elle leur doit presque autant à tous les deux : sa doctrine théologique, commencée par l'un, a été achevée par l'autre.

Pour nous, le principal intérêt que présente la conversion de saint Augustin, c'est qu'il nous l'a lui-même racontée. Elle occupe la plus grande partie de ses *Confessions*, et l'on peut même dire qu'elle en est presque l'unique sujet; c'est là que vont l'étudier les dévots qui veulent s'édifier et les profanes qui cherchent simplement à connaître l'histoire d'une âme et son passage de l'incrédulité à la foi. Mais il y en a d'autres récits ailleurs. Parmi les ouvrages de saint Augustin, un certain nombre remontent à l'époque même où il traversait cette crise qui a décidé de sa vie. Nous avons de ce temps, ou des années voisines, des dialogues philosophiques, des traités de grammaire, des lettres; il y parle souvent de lui, de ses hésitations, de ses luttes, de ses progrès, et nous le voyons s'avancer pas à pas vers cette perfection de conduite et cette sûreté de doctrine à laquelle il aspire. Ce sont les mêmes événements qu'il nous raconte dans ses *Confessions*, mais présentés un peu autrement; non pas que les faits diffèrent, c'est la couleur générale qui est changée, et il faut bien reconnaître que ces divers récits, quoique au fond semblables, ne laissent pas la même impression.

Est-ce à dire que, dans ses *Confessions*, saint Augustin ait volontairement altéré la vérité? Tout le monde, au contraire, est d'avis que la sincérité en est le plus grand mérite. C'est une qualité rare dans les ouvrages de ce genre, et je n'en connais aucun qui la possède au même degré. On n'y sent nulle part cette impertinente vanité qui nous fait trouver du charme à mettre tout le monde dans la confidence de nos erreurs mêmes et de nos fautes; il n'a point écrit son livre, comme c'est l'usage, pour le plaisir de se mettre en scène et de parler de soi; sa pensée était plus sérieuse et plus haute. Il s'est souvenu que, dans l'Église primitive, les gens qui avaient commis un péché grave venaient le confesser en public et en demander pardon à Dieu devant leurs frères, et il a voulu faire comme eux; il imite ces pieux pénitents qui mêlaient à l'aveu de leurs fautes des gémissements et des prières. Comme eux, il s'adresse tout le temps à Dieu avec des transports et des effusions qui finissent par nous paraître monotones; il lui rappelle toutes les erreurs de sa jeunesse, non pas pour les lui faire connaître — qui les sait mieux que lui? — mais pour apprendre au pécheur par son exemple, et en lui montrant de quel abîme il a lui-même été tiré, qu'on ne doit jamais perdre courage et dire : « Je ne peux pas[1] ». Il fallait donc que la confession, pour être efficace, fût complète, sans faux-fuyants, sans réticences : la moindre tentative pour dissimuler ou pallier une faute serait un crime, puisqu'elle ôterait quelque mérite à la bonté de Dieu; ce serait de plus un crime inutile, car Dieu, qui voit tout, aurait bien vite dévoilé et confondu le mensonge.

Ainsi saint Augustin a voulu être vrai, et pour l'essentiel il l'a été : il nous fait l'histoire de sa jeunesse comme elle lui apparaissait au moment où il a écrit ses *Confessions*; mais il ne faut pas oublier qu'il les a rédigées onze ans après son baptême. Il lui est alors arrivé ce qui nous arrive toujours quand nous jetons un regard en arrière : le présent, quoi qu'on fasse, prête ses couleurs au passé, et, après un certain intervalle, nous n'apercevons notre vie antérieure qu'à travers nos opinions et nos impressions du moment. Quand Saint-Simon écrivit la dernière rédaction de ses *Mémoires*, les événements ne lui apparaissaient plus comme à l'époque où ils se passaient devant lui; les voyant de plus loin et de plus haut, il les embrassait dans leur ensemble, avec leurs causes lointaines, qu'on aperçoit mal quand on est placé près d'eux, et les conséquences bonnes ou mauvaises qui en étaient sorties; par suite, il en saisissait mieux qu'auparavant le véritable caractère. Il n'y a donc pas lieu de lui reprocher, comme on le fait, la diversité de ses jugements; peut-être n'en avait-il pas lui-même une conscience bien claire, tant il nous est naturel de transporter dans le passé nos opinions actuelles, de nous persuader que nous n'avons jamais changé, et de croire que nous jugions autrefois les hommes et les choses comme

1. *Confess.*, X, 3.

nous le faisons aujourd'hui. Il en est de même de saint Augustin, et s'il lui est arrivé de nous présenter d'une façon un peu différente les divers incidents de sa vie, suivant qu'il en était plus voisin ou plus éloigné, sa sincérité ne peut pas être mise en doute, puisqu'il les a dépeints à chaque fois comme il les voyait.

Il n'en est pas moins curieux de recueilllir et de constater ces différences involontaires; elles permettent de mieux connaître ses sentiments véritables aux diverses époques de sa vie, et nous font suivre de plus près les phases par lesquelles il a passé avant de se reposer dans une doctrine précise et définitive.

II

Impulsions contraires que reçoit saint Augustin pendant sa jeunesse. — Sa mère veut en faire un chrétien, son père un lettré. — Éducation de saint Augustin. — Séjour à Carthage. — Ses désordres. — Lecture de l'*Hortensius*. — Il devient manichéen. — Sa vie privée.

Saint Augustin était né d'un de ces mariages mixtes que désapprouvaient beaucoup les chrétiens rigides, et qui étaient pourtant alors très fréquents. Son père, Patricius, païen de naissance, ne se convertit qu'à la fin de ses jours; Monique, sa mère, sortait d'une famille chrétienne. De bonne heure elle lui enseigna le christianisme; son père, dès qu'il eut grandi, lui fit donner une éducation profane. Il reçut donc, dès ses premières années, deux impulsions contraires, qui me semblent expliquer les indécisions et les contradictions dans lesquelles s'est passée sa jeunesse.

Les paroles de sa mère, lorsque, tout petit encore, elle

essayait d'en faire un chrétien, durent le toucher profondément. Il aimait Monique avec passion. Une des plus belles pages des *Confessions* est celle où il nous raconte l'entretien qu'il eut avec elle à Ostie, quelques jours avant qu'elle ne mourût. Ils étaient seuls, accoudés à une fenêtre, et, en regardant le ciel, ils conversaient ensemble avec une ineffable douceur. Oublieux du présent, penchés vers l'avenir, ils cherchaient à deviner ce que serait la vie éternelle que Dieu promet à ses élus. Leur pensée montait toujours plus haut, de la terre au ciel, de l'homme à l'être des êtres; « et pendant que nous parlions, dit-il, et que nous étions tout ardeur et tout désir pour cette vie céleste, nos âmes, comme d'un bond, y touchèrent un moment[1] ». Je me figure qu'il avait déjà éprouvé quelquefois dans son enfance des impressions semblables et « touché, d'un bond de son âme, à la vie céleste », pendant que sa mère lui parlait du Christ. Elle devait trouver, dans ces occasions, de ces mots et de ces images dont le cœur se souvient toujours. Il nous dit qu'ayant été pris alors d'un mal subit qui lui fit craindre de mourir, il demanda avec instance à être baptisé; mais comme on ne le trouvait pas aussi malade qu'il croyait l'être, et que c'était l'usage de différer le baptême jusqu'à un âge plus avancé, on aima mieux attendre[2]. L'enfant guérit; puis vinrent les années de l'adolescence, avec leurs entraînements auxquels une nature fougueuse comme la sienne ne pouvait guère résister; l'ardeur des passions, la curiosité de l'esprit, le jetèrent dans d'autres chemins, mais il n'oublia jamais ces premières émotions religieuses : elles subsistèrent toujours au plus profond de lui-même, et nous les verrons se réveiller dans toutes les circonstances graves de sa vie.

Si Monique voulait qu'il devînt un chrétien parfait, son père tenait surtout à en faire un homme instruit et bien élevé.

1. *Confess.*, IX, 10. — 2. *Confess.*, I, 11.

Il s'épuisa pour lui donner l'éducation que recevaient les classes lettrées de l'empire. Ce petit bourgeois d'une ville obscure de Numidie avait confiance en son enfant; comme le père d'Horace, qui était un ancien esclave, comme le père de Virgile, qui n'était qu'un paysan, il lui fit apprendre tout ce qu'on enseignait aux fils des maisons les plus riches et les plus anciennes. Par malheur, ses ressources étaient très médiocres. Tant qu'on se contenta d'envoyer le jeune homme à l'école de Thagaste, sa ville natale, ou même à Madaura, dans les environs, la fortune paternelle y suffit. Mais, lorsqu'il fut question de le faire partir pour Carthage, il fallut avoir recours à la bourse d'un ami. Il y avait alors, dans toutes les villes de l'empire, grandes ou petites, quelques importants personnages, qu'on s'empressait d'élever à toutes les dignités de l'endroit, dont on faisait des décurions, des duumvirs, des flamines, et qui, en échange de ces honneurs, étaient tenus de donner des jeux, de célébrer des fêtes, de bâtir des édifices, et surtout d'être généreux envers tout le monde. C'était Romanianus qui jouait ce rôle à Thagaste. Saint Augustin nous dit qu'on ne parlait que de lui dans la petite ville; il venait, à propos sans doute de quelque dignité dont il était revêtu, d'y donner des spectacles extraordinaires, notamment un combat d'ours. Aussi ses concitoyens, dans leur reconnaissance, avaient-ils placé sur sa porte une belle inscription qui devait raconter aux races futures que la municipalité de Thagaste, par une délibération solennelle, avait choisi Romanianus pour son protecteur[1]. Patricius était un de ses clients, peut-être même un parent pauvre, en sorte qu'il avait plus de droits qu'un autre à sa générosité. Aussi en reçut-il tous les secours nécessaires pour bien faire élever son fils. Saint Augustin lui en garda toute sa vie une grande reconnaissance, et plus tard, quand Romanianus, à force d'aider tout le monde, se fut lui-

1. *Contra Acad.*, I, 2.

même ruiné, il trouva des moyens délicats de lal ui témoigner.

Les *Confessions* nous font connaître dans le détail l'éducation de saint Augustin. Elles nous disent qu'il commença par profiter assez mal de la peine qu'on prenait pour l'instruire. Tout occupé des plaisirs de son âge, il n'écoutait que d'une oreille fort distraite les leçons de ses premiers maîtres, et le calcul lui sembla surtout fort désagréable[1]. On voulut ensuite lui apprendre le grec : c'est par là que commençait alors une éducation sérieuse, comme elle débute chez nous par le latin: mais il n'y trouva pas plus d'agrément qu'au calcul; aussi ne l'a-t-il jamais su que très imparfaitement. Ce fut, dans une éducation si solide et si étendue, une lacune fâcheuse et qu'il a dû plus d'une fois regretter. Combien son esprit n'aurait-il pas gagné à lire Platon dans la beauté du texte! Il n'a jamais pu l'entrevoir et le deviner que dans des traductions souvent médiocres. Cependant, à mesure qu'il avançait dans l'étude de la grammaire, il y prenait plus de goût. La poésie surtout le charma; il prit le plaisir le plus vif à lire Virgile, et s'est accusé plus tard comme d'un crime des larmes que la mort de Didon lui fit verser. La rhétorique lui parut encore plus agréable, et il en pratiqua les exercices avec une telle supériorité qu'il passa dès lors auprès de ses maîtres et de ses condisciples pour un jeune homme de grande espérance.

Il fréquentait en ce moment les écoles de Carthage, et, comme il le dit lui-même, tout l'essaim des plaisirs bourdonnait autour de lui. Carthage était une ville de bruit et de joie, où la jeunesse venue pour s'instruire trouvait mille occasions de s'amuser. On y célébrait encore des fêtes païennes. Les processions de la Mère des dieux, ou de la Vierge céleste, l'Astarté des Phéniciens, parcouraient les rues et les places, avec leur cortège de prêtres eunuques, de femmes perdues,

1. *Confess.*, I, 13.

de musiciens qui chantaient des chansons d'amour. On y était surtout passionné pour le théâtre, où l'on allait applaudir des pièces obscènes, qui mettaient sous les yeux des spectateurs les histoires légères de l'Olympe. Augustin ne résista pas plus que les autres à ces excitations, et se livra au plaisir avec toute la fougue de son tempérament et de son âge. « Rien ne me plaisait, dit-il, que d'aimer et d'être aimé[1]. » Ces désordres étaient si ordinaires que personne ne parut s'en étonner; il semble même que son père en ait éprouvé une joie secrète. En vrai païen qu'il était, il ne pensait qu'à surprendre chez son fils les signes de la puberté naissante pour le marier au plus vite, et avoir sans retard des petits-enfants. Les amis de la famille, même ceux qui étaient chrétiens, ne se montraient pas trop scandalisés de ces folies de jeunesse. « Laissez-le faire, disaient-ils : il n'est pas encore baptisé. » Seule Monique pleurait en silence et redoublait ses exhortations. Mais, se voyant peu écoutée, et n'osant pas demander trop, de peur de ne rien obtenir, elle bornait ses prières à recommander à son fils de ne point porter le trouble dans les familles et de ne détourner jamais de son devoir une femme mariée.

C'est pourtant alors qu'au milieu de sa vie dissipée il reçut la première secousse qui commença sa conversion. Elle lui vint d'un auteur profane. La rhétorique était en ce moment son unique étude, et il lui donnait toutes les heures que ne prenaient pas les plaisirs. Il est donc probable qu'il n'était guère occupé que d'ouvrages concernant l'art oratoire, quand un jour, on ne sait comment, il tomba sur un dialogue philosophique de Cicéron, l'*Hortensius*. « En le lisant, nous dit-il, je me sentis devenir tout autre. Toutes ces vaines espérances que j'avais jusque-là poursuivies s'éloignèrent de mon esprit, et j'éprouvai une passion incroyable de me consacrer à la

1. *Confess.*, II, 2,

recherche de la sagesse et de conquérir par là l'immortalité. Je me levai, Seigneur, pour me diriger vers vous[1]. »

L'*Hortensius* est perdu, et il nous est difficile de savoir ce qui put causer une si vive émotion à ce jeune homme de dix-neuf ans; les quelques fragments qui nous restent de l'ouvrage, et qui nous ont été presque tous conservés par saint Augustin, nous apprennent qu'il contenait un magnifique éloge de la philosophie. Cicéron, dans son admirable langage, exhortait les Romains à l'étudier, non seulement en faisant voir tout le bien qu'elle peut faire à la vie présente, mais en leur montrant aussi les grands horizons qu'elle ouvre sur la vie future. « Celui qui lui donne tout son temps, disait-il, ne risque pas d'être dupe. Si tout finit avec nous, qu'y a-t-il de plus heureux que de s'être consacré, tant qu'on a vécu, à ces belles études? Si notre vie se continue de quelque manière après la mort, la recherche assidue de la vérité n'est-elle pas le meilleur moyen de se préparer à cette autre exi tence, et une âme à qui ces méditations et ces contemplations apprennent à se détacher d'elle-même ne s'envolera-t-elle pas plus vite vers cette demeure céleste, qui vaut mieux que toutes les habitations de la terre? » Cicéron était bien malheureux alors : il venait de perdre sa fille qu'il adorait; il assistait à la ruine du régime politique qu'il avait servi; n'étant plus jeune et n'ayant plus le droit de compter sur l'avenir, il lui fallait mettre son espérance ailleurs; aussi, quand il comparait les misères de la vie terrestre aux consolations que l'autre peut donner, sa parole devait-elle avoir des accents personnels et pénétrants. Augustin en fut touché jusqu'au fond de l'âme. Il nous le dit aussi bien dans ses *Confessions* que dans ses ouvrages antérieurs; mais ici déjà la différence des temps et des situations se montre. Devenu chrétien fervent, à l'époque où il écrivait ses *Confessions*, il lui répu-

1. *Confess.*, III, 4.

gnait d'avouer que sa conversion avait commencé par la lecture d'un auteur profane. Il s'en est vengé en maltraitant celui qui lui avait pourtant rendu un si grand service. « C'est un certain Cicéron, dit-il, dont on loue beaucoup plus l'esprit que le cœur. » L'injustice est criante; mais il parle autrement dans ses *Dialogues*; là Cicéron est un grand homme, un sage dont on ne cite le nom qu'avec respect. Il le nomme : « notre ami Tullius »; il rappelle qu'avant lui il n'y avait pas de philosophie romaine, et qu'il l'a du premier coup portée à sa perfection : *a quo in latina lingua philosophia inchoata est et perfecta*[1]; ce sont là, soyons-en sûrs, les sentiments véritables que lui laissa la lecture de l'*Hortensius*.

Le voilà donc, à ce qu'il semble, conquis à la philosophie; il ne lui reste plus qu'à marcher dans la voie que l'*Hortensius* lui a ouverte, à passer de l'étude de Cicéron à celle des sages de la Grèce, qui furent ses maîtres, à tirer une doctrine de leurs ouvrages et à y conformer sa vie. Ce n'est pas pourtant ce qui arriva. Un premier élan l'avait porté vers les philosophes, un second l'entraîna plus loin. L'*Hortensius*, sans qu'il s'en aperçût peut-être, ranima dans son âme de plus anciens souvenirs qui n'y étaient qu'assoupis. Monique aussi lui parlait autrefois de la vie éternelle, mais d'une manière bien différente; et quand il songeait aux peintures merveilleuses qu'elle lui en avait faites, et qui ravissaient sa jeunesse, toutes ces espérances d'immortalité, si incertaines et si froides, que les sages proposaient à l'homme, ne le contentaient plus. A mesure que se réveillaient en lui les émotions pieuses de ses premières années, les systèmes des philosophes lui semblaient vides et incomplets. « Il y manquait, nous dit-il, le nom du Christ, ce nom que j'avais puisé avec le lait sur les genoux de ma mère, et que je gardais au fond de mon cœur; et je compris que toute doctrine où ce nom ne serait

1. *Contra Acad.*, I, 8.

pas, quelque vérité qu'elle contînt, avec quelque élégance qu'elle fût exposée, ne pourrait jamais me satisfaire[1]. »

Il lui fallait donc retourner au christianisme. C'est dans cette pensée qu'il se mit à lire les Écritures; mais, dès les premières pages, il s'arrêta : pour un homme nourri de rhétorique comme lui, c'était une lecture trop rebutante. Quand on a été tout à fait charmé des littératures classiques, il arrive qu'on ne peut plus comprendre qu'elles. Le moule dans lequel elles jettent la pensée paraît si simple, si naturel, qu'il semble impossible qu'elle s'exprime autrement. On se laisse prendre à ces larges périodes si savamment construites, avec leurs incises qui se balancent, à ces développements réguliers où les phrases s'enchaînent entre elles, où une idée mène à l'autre, et l'on finit par croire que le bon sens et la raison ne peuvent pas employer d'autre langue. Il est naturel que des gens habitués dès l'enfance à cette façon d'écrire aient eu peine à souffrir ce qu'il y avait de brusque, de heurté, d'incohérent dans les littératures orientales. En face d'œuvres extraordinaires, inégales, démesurées, ces élèves des rhéteurs, qui tenaient surtout à la proportion et à la mesure, se trouvaient tout dépaysés. Ajoutons que la forme en était encore plus mauvaise que le fond n'en semblait étrange. Nous avons déjà dit que les premiers qui traduisirent les livres saints en latin n'étaient pas des écrivains de profession, mais seulement des chrétiens scrupuleux, qui ne cherchaient d'autre mérite que d'être des interprètes fidèles. Préoccupés surtout de calquer leur version sur le texte, ils créaient des mots nouveaux, ils inventaient des tours bizarres, ils torturaient sans pitié la vieille langue pour qu'elle pût s'accommoder au génie d'un idiome étranger. Qu'on se figure ce que devait souffrir un admirateur de Virgile, un élève de Cicéron, jeté brusquement au milieu de cette barbarie; Augustin en fut

1. *Confess.*, III, 4.

révolté, et, laissant là des ouvrages qui blessaient toutes les délicatesses de son goût, il s'empressa de reprendre ses auteurs chéris et de revenir à ses anciennes études.

Mais il n'y revint pas tout à fait comme il était parti, et de cet ébranlement qu'il avait ressenti à la lecture de l'*Hortensius*, il lui resta quelque chose. D'abord il avait fait connaissance avec la philosophie antique. Elle était en ce moment fort négligée dans les écoles, au point qu'Augustin, pour l'avoir étudiée avec quelque soin, passa pour un prodige. Cette étude lui rendit de très grands services; elle en fit, dans les controverses théologiques, un dialecticien si terrible, que ses rivaux refusaient de combattre avec lui, et qu'il lui était plus difficile de les joindre que de les vaincre. Elle éveilla son esprit sur des questions importantes, lui fournit des solutions nouvelles et lui permit souvent de faire profiter la théologie chrétienne des découvertes des anciens philosophes. Mais, en même temps qu'il s'éprenait de la philosophie, il s'était aperçu qu'elle ne pouvait pas lui suffire. Son âme ne réclamait pas des théories, mais des croyances; il lui fallait une religion. Ne se sentant pas la force d'aller jusqu'à celle de sa mère, et ne pouvant pas n'en avoir aucune, il s'arrêta à mi-chemin dans l'hérésie, et devint manichéen. On ne sait trop ce qui l'attira de ce côté. La façon dont les manichéens expliquent l'origine du mal, en supposant que ce monde est l'œuvre de deux principes, un bon et un mauvais, lui parut plus tard ridicule, et il ne nous semble pas qu'elle ait jamais pu séduire un si bon esprit; mais il trouvait chez eux cet avantage qu'ils ne prétendaient pas imposer leurs doctrines. La rigueur du dogme catholique épouvantait ce raisonneur; il voulait avoir le droit de se faire ses opinions et de ne se rendre qu'à l'évidence. Du reste, il nous dit qu'il ne fut jamais un manichéen très résolu. Il resta sur les limites de la secte, refusant de s'engager trop avant et toujours prêt à reprendre sa liberté.

Quant à sa vie privée, il est probable qu'elle n'a pas beaucoup changé à cette époque, et qu'après la lecture de l'*Hortensius*, comme avant, elle fut toujours fort dissipée. Nous voyons pourtant qu'il cesse alors de passer d'un amour à l'autre, et qu'il choisit une maîtresse à laquelle il se fait un devoir de rester fidèle. C'est ce que le bon Tillemont appelle « se régler dans son dérèglement ». Voici comment il parle lui-même de cette liaison : « En ce temps-là, j'avais une femme qui ne m'était pas unie par le mariage, et que m'avaient fait rencontrer mes amours vagabonds et coupables. Pourtant je ne connaissais qu'elle et je lui gardais ma foi. Mais je ne laissais pas de mesurer par mon exemple toute la distance qu'il y a entre la sagesse d'une légitime union, dont le but avoué est de propager la famille, et ces liaisons voluptueuses où l'enfant naît contre le vœu de ses parents, quoique aussitôt après sa naissance il nous soit impossible de ne pas l'aimer[1]. » Cette femme, qui lui inspira un attachement sérieux, devait appartenir à ce monde léger des affranchies, que leur condition semblait condamner à ces unions irrégulières. Après avoir été sa compagne fidèle pendant plus de dix ans, à un moment où il songeait à se marier, elle le quitta, sans doute pour ne pas le gêner dans ses nouveaux desseins. Mais ce qui prouve qu'elle n'avait pas seulement partagé son lit et qu'il l'avait initiée aussi aux luttes de sa pensée et de son âme, c'est qu'en le quittant elle se tourna vers Dieu, et fit vœu d'achever ses jours dans la continence et dans la retraite. Il en avait un fils, Adeodatus, « le fils de son péché », comme il l'appelle, qu'il aimait tendrement, et dont il ne voulut jamais se séparer.

La vie recommença donc pour lui comme auparavant. Mais, en reprenant avec la même ardeur ses études de rhétorique et de philosophie, il sentait bien qu'il ne possédait pas le repos définitif, que ce n'était qu'une halte, et qu'il lui faudrait un jour se remettre en marche vers la vérité. Les succès d'école

1. *Confess.*, IV, 2.

qu'il obtenait ne l'empêchaient pas d'être inquiet, mécontent, et d'éprouver au fond de l'âme une sorte de regret vague de l'idéal un moment entrevu ; il est probable que, de cet abri provisoire où il s'était arrêté, il regardait devant lui, et, comme les ombres de Virgile, « tendait la main avec amour vers la rive opposée ».

III

Saint Augustin professeur : à Carthage, à Rome, à Milan. — Rapports avec saint Ambroise. — Dernières luttes. — La conversion.

A vingt ans, Augustin cessa d'être élève pour devenir professeur. Il enseigna d'abord la grammaire dans sa petite ville, à Thagaste. Mais bientôt, comme il avait la conscience de son talent, il chercha un plus grand théâtre, et voulut s'établir à Carthage. L'excellent Romanianus, quoiqu'il fût fort triste de le voir partir, paya le voyage et fournit aux premiers frais de l'installation. A Carthage, Augustin ouvrit une école de rhétorique. Quelques-uns de ses élèves de Thagaste l'avaient suivi ; ils en attirèrent d'autres, et le jeune maître ne tarda pas à se faire une grande réputation. Carthage était toujours, comme au temps de Tertullien, une ville amie des lettres, où l'on avait un goût très vif pour tous ces agréments et ces artifices dans lesquels se complaisait la rhétorique. Un bon discours improvisé sur un sujet scabreux, choisi par quelqu'un de l'assistance, y paraissait un spectacle presque aussi amusant que les courses de chars et les combats de gladiateurs. Apulée s'était fait un si grand renom d'éloquence par ces tours de force, que la ville émerveillée lui avait élevé une statue. Il est probable qu'Augustin donna des conférences de ce genre et qu'il s'y fit applaudir comme son prédécesseur. Nous savons même qu'il prit part à un concours de poésie et qu'il fut couronné par le proconsul[1]. Mais ces succès ne parvinrent pas à le fixer à Carthage; il s'y déplut au bout de quelque temps et voulut en sortir. Est-ce seulement, comme il le dit, parce que les écoliers avaient des habitudes trop turbulentes, ou voulait-il aller chercher des triomphes plus retentissants? Toujours est-il qu'un beau jour, à l'insu de tout le monde, et même de sa mère, qui l'avait accompagné jusqu'au port, sans se douter de rien, et qu'il éloigna sous un prétexte au dernier moment, il s'embarqua sur un navire qui partait pour Rome.

A Rome, il ne semble pas avoir obtenu autant de succès qu'à Carthage. Les maîtres y étaient plus nombreux, plus célèbres, et, dans une aussi grande ville, les réputations ne pouvaient pas se faire aussi vite. D'ailleurs, il s'aperçut bientôt que les écoliers, pour être un peu moins remuants que ceux de Carthage, ne valaient pas mieux. Il avait ouvert chez lui une école privée et ne pouvait vivre que des rétributions de ses élèves; or ils avaient coutume d'être assidus tant qu'on ne leur demandait rien, et de disparaître dès qu'il fallait payer. Aussi fut-il heureux d'apprendre que les magistrats de la ville de Milan, ayant besoin d'un professeur d'éloquence pour leurs écoles publiques, s'étaient adressés à Symmaque, l'un des plus grands orateurs de ce siècle, qui était alors préfet de Rome, pour lui demander d'en choisir un parmi les jeunes maîtres qu'il connaissait. Augustin fut présenté à Symmaque par un manichéen de ses amis : les païens et les hérétiques s'entendaient en général fort bien ensemble. Symmaque, pour avoir une idée de son talent, le fit déclamer devant lui sur un sujet qu'il lui proposa, et, l'épreuve lui ayant paru satisfaisante, il le fit partir pour Milan, dans une voiture de la

1. *Confess.*, IV, 5.

peste impériale, comme un personnage. A Milan, Augustin s'acquitta pendant deux ans des fonctions ordinaires des rhéteurs : il enseignait l'art oratoire aux jeunes gens, et de temps en temps, aux fêtes publiques, il prononçait des panégyriques du prince ou des premiers magistrats de l'empire. « J'y débitais, nous dit-il, beaucoup de mensonges, sûr d'être applaudi par des gens qui savaient très bien la vérité[1]. »

A ce moment, il avait rompu avec les manichéens, et, dans cette rupture, la science profane avait encore joué un rôle. Voici comment il s'était séparé d'eux. Ils avaient un évêque, nommé Faustus, qui jouissait, dans la secte, d'une grande renommée, et passait pour un théologien accompli. Augustin, qui ne le connaissait pas, souhaitait beaucoup le rencontrer pour lui soumettre quelques doutes qui l'empêchaient d'accepter entièrement la doctrine de Manès. Il lui paraissait notamment très difficile de croire à certaines fables cosmologiques, que contenaient les livres des manichéens, sur le ciel, sur les astres, sur le soleil et la lune; elles étaient en contradiction avec les données de la science grecque, et il semblait à Augustin que c'étaient les Grecs qui avaient raison. Aussi lui tardait-il d'obtenir de Faustus quelque explication qui pût mettre sa conscience à l'aise. Il ne put le joindre que vers la fin de son séjour à Carthage, et cette rencontre lui causa un très grand désenchantement. Aux premières questions qu'il lui posa, l'évêque lui répondit sans détour qu'il était inutile de lui en demander davantage, qu'il ignorait les sciences exactes et qu'il avait accepté les opinions de ses maîtres sans les vérifier. En réalité, ce n'était qu'un rhéteur habile, qui connaissait quelques discours de Cicéron et quelques traités de Sénèque et s'en servait à propos; son savoir n'allait pas plus loin. Augustin lui sut gré de sa franchise, mais il jugea que, puisque le plus renommé des manichéens était incapable de

1. *Confess.*, VI, 6.

dissiper ses doutes, il était inutile d'en interroger d'autres. Une fois la doctrine ébranlée dans ses bases scientifiques, le reste ne résista guère, et quelques réflexions suffirent pour lui en montrer le néant.

Il n'était donc plus manichéen, mais il n'était pas catholique. Il flottait entre les croyances, indécis, incertain, et, quoique avec un penchant secret qu'il s'avouait à peine, n'osant encore rien affirmer. Cette situation le gênait et il avait hâte d'en sortir. Sa nature n'était pas de celles qui trouvent le repos dans le doute. Il a dit quelque part « qu'il aimait à aimer » ; il aimait aussi à croire, et son esprit avait besoin d'opinions arrêtées autant que son âme avait besoin d'amour.

C'est dans cette disposition qu'il lut pour la première fois Platon, que venait de traduire un professeur célèbre de Rome, Victorinus. Cette lecture lui fit plus d'impression encore que celle de l'*Hortensius*, et elle eut pour lui plus d'importance. Il nous dit qu'elle lui permit de se faire une idée plus juste de la nature de Dieu. Jusque-là il n'avait pu le concevoir que sous une forme matérielle; il se le figurait, à la façon de certains philosophes, ou comme un souffle, ou comme une flamme, qui anime tout l'univers. Le sens du spirituel et du divin lui manquait : Platon le lui donna. Depuis, il a fait bien des progrès dans cette voie; sa doctrine s'est de plus en plus spiritualisée, ou, si l'on veut, subtilisée; il s'est plu aux recherches les plus délicates, les plus vaporeuses, sur l'essence de l'âme et sur celle de Dieu. Quoique son ferme bon sens l'ait souvent retenu à terre, il a séjourné aussi bien souvent dans le monde des spéculations métaphysiques, et y a entraîné les esprits après lui : n'oublions pas que c'est à la suite de Platon qu'il s'y est élancé.

Mais nous allons voir se renouveler ici ce qui nous a déjà frappés plus haut; il lui arriva comme à l'époque où il lisait l'*Hortensius* : Platon le ravit sans le contenter, ses théories lui en rappelèrent d'autres qui lui semblaient encore plus belles,

elles éveillèrent en lui le souvenir des premiers enseignements qu'on lui avait donnés; et, pour la seconde fois, l'élan qui lui était communiqué par la sagesse antique le porta plus loin qu'elle. Nous avons vu que ce qui l'avait détourné des ouvrages philosophiques de Cicéron, c'est qu'il n'y trouvait pas le Christ. Le Christ était dans Platon : Augustin n'eut pas de peine à le reconnaître dans ce *Logos* divin qui sert d'intermédiaire entre l'homme et Dieu, et qui est la même chose que le Verbe du quatrième évangile. Mais la doctrine platonicienne ne nous présente le Verbe que dans tout l'éclat de sa puissance : c'est un Dieu triomphant, qui crée le monde et le gouverne, et ce que cherchait Augustin, c'était le Verbe fait chair, revêtant la condition des hommes pour être plus près d'eux, acceptant les misères de l'humanité pour les consoler. Cette notion d'un Dieu pauvre, humble, persécuté, les philosophies antiques ne pouvaient pas la lui donner. « Vous l'avez cachée aux sages, disait-il à Dieu dans sa prière, et révélée aux petites gens, afin que ceux qui sont accablés et chargés vinssent à vous[1]. » Cette fois, il voyait nettement où son âme devait s'adresser pour trouver enfin le repos.

A Milan, où sa conversion devait s'achever, Augustin connut saint Ambroise. C'était alors le plus grand personnage de l'Église d'Occident, et peut-être l'un des plus importants de l'empire. Il dépassait les autres évêques par son talent, ses vertus, l'affection qu'il inspirait à son peuple et le respect que les princes lui témoignaient. Sa naissance, ses relations, ses habitudes, le rattachaient à l'ancienne société; il tenait à la nouvelle par ses croyances et sa dignité, et pouvait ainsi faire une sorte d'union entre elles. Dès que le jeune professeur d'éloquence fut arrivé à Milan, il s'empressa d'aller voir l'évêque, dont on parlait partout : il avait bien des conseils à lui demander, bien des doutes à lui soumettre. Par malheur, il ne

1. *Confess.*, VII, 9.

put pas l'entretenir autant qu'il l'aurait voulu : saint Ambroise recevait tout le monde, à toutes les heures du jour, et naturellement on abusait beaucoup de sa facilité; c'était toute la journée un flot de fidèles qui venaient voir leur évêque pour entendre de lui quelque parole d'édification. Augustin y alla comme les autres, mais la foule était si grande qu'il n'eut le temps que de dire un mot. Dans la suite, il y retourna souvent, sans être plus heureux. Il lui est arrivé plus d'une fois de traverser le cabinet où saint Ambroise travaillait et où il admettait tout le monde; il y venait avec la pensée de lui parler, mais quand il le voyait silencieux, immobile, les yeux fixés sur le texte des Écritures, tandis que son esprit cherchait à en pénétrer le sens, il n'osait pas troubler ses méditations; comme les autres, il regardait ce spectacle, et s'en allait tristement sans rien dire. « C'est ma seule douleur, disait-il plus tard dans ses *Soliloques*, de n'avoir pas pu lui découvrir, autant que je l'aurais souhaité, toute mon affection pour lui et pour la sagesse[1]. » Il est clair que saint Ambroise, distrait comme il l'était par des occupations si graves, ne distingua guère ce jeune homme qui se mettait si obstinément devant ses yeux; il ne sut pas deviner, dans les courts entretiens qu'ils eurent ensemble, le grand avenir auquel il était réservé. Peut-être cet esprit si net, si ferme, si décidé, fait pour l'action et le gouvernement, eut-il quelque peine à comprendre les éternelles hésitations d'un homme qui, depuis plus de treize ans, cherchait sa voie sans la trouver, et s'arrêtait à chaque pas sur ce chemin de la vérité, où lui-même avait marché si vite[2].

Ne pouvant pas voir saint Ambroise en particulier autant qu'il le désirait, Augustin ne manquait pas de se rendre tous les dimanches à l'église, pour l'entendre parler à son peuple,

1. *Solil.*, II, 14, 26. — 2. Si saint Ambroise fit peu d'attention au jeune professeur, il paraît avoir été plus frappé de sa mère, qui était venue le rejoindre à Milan. L'évêque avait remarqué l'ardente piété de Monique, et il en parlait avec attendrissement à son fils.

et il en sortait toujours charmé. Ce n'était pas seulement le talent de l'orateur qu'il admirait, mais la façon dont il présentait et expliquait les Écritures aux fidèles. La méthode qu'il suivait, nouvelle pour les Occidentaux, était familière aux docteurs chrétiens de l'Orient, et leur venait, comme tant d'autres choses, des philosophes grecs. Quand les stoïciens entreprirent de raccommoder les religions populaires avec la philosophie, ils furent fort embarrassés de beaucoup de vieilles légendes que les esprits sensés trouvaient immorales ou ridicules. Pour s'en tirer, ils imaginèrent de dire qu'on ne devait pas les prendre à la lettre, qu'il fallait les traiter comme des allégories qui, sous un air frivole, cachaient des enseignements profonds. De cette façon, ils parvinrent, à force de finesse et de subtilité, à leur donner une assez bonne apparence. C'est ainsi que, par exemple, Hercule, Thésée et les autres héros de la force brutale, dompteurs de géants et vainqueurs de monstres, devinrent des symboles du sage qui lutte contre les vices et les passions, et qu'on en fit des saints du stoïcisme. Plus tard, Philon le juif eut l'idée d'appliquer le même système aux récits de l'Ancien Testament, et Origène, qui le trouva commode, l'introduisit dans les écoles chrétiennes d'Alexandrie; de là il passa en Occident avec saint Hilaire et saint Ambroise. Quand on se rappelle la disposition d'esprit d'Augustin à ce moment, on n'a pas de peine à comprendre qu'il ait été fort satisfait de cette manière d'expliquer les livres saints. Bien que sa foi commençât à s'affermir, il devait encore être quelquefois blessé des légendes singulières de la Bible, dont Porphyre et Julien s'étaient si finement moqués. Assurément, la nouvelle méthode d'interprétation ne les supprimait pas, puisqu'il était entendu qu'il fallait en accepter la réalité avant d'y chercher un sens mystique. Un vrai croyant devait donc regarder d'abord comme certain qu'Isaac fut trompé grossièrement par Jacob et qu'il le bénit, sans le savoir, au détriment de son frère Ésaü: mais ce qu'il y a d'un peu naïf dans cette histoire disparaît dès qu'on aperçoit les explications qu'on peut en donner. Ce fils aîné que son cadet supplante, avec l'approbation du père, n'est-ce pas une image des juifs remplacés par les gentils, de la loi nouvelle qui se substitue à l'ancienne, de l'Église détrônant la synagogue, c'est-à-dire une sorte de prédiction de la conquête du monde par l'Évangile? Devant ces grandes perspectives la pauvreté de la légende primitive s'efface, et, quand elle est ainsi cachée sous les interprétations qui la recouvrent, on a moins de peine à l'accepter. C'était un service important que ce système rendait aux esprits scrupuleux, indécis, à qui la Bible toute nue aurait causé quelque répugnance. En même temps, quand on était, comme Augustin, un bon élève des rhéteurs, un lettré délicat et subtil, cette façon de retourner un texte en tous sens, d'y trouver sans cesse des significations nouvelles, d'en tirer des allusions, des allégories, des images, dont les autres ne s'étaient pas avisés, pouvait sembler un des exercices les plus agréables de l'intelligence. Il en fut, quant à lui, si charmé, qu'en voyant l'usage ingénieux qu'on faisait des livres saints, il se sentit plus de goût pour eux et se remit à les lire. Seulement, il avait trop présumé de lui-même en abordant Isaïe, dont saint Ambroise lui avait conseillé la lecture : mais les *Épîtres* de saint Paul lui plurent beaucoup, et, depuis ce moment, il en a fait son livre de prédilection.

Que manquait-il pour que la conversion fût complète? Le cœur était gagné depuis longtemps; l'esprit venait de capituler, seule la chair résistait encore. Une première fois, se croyant assez fort pour en avoir raison, il s'était séparé de la femme qui l'avait suivi d'Afrique, qui partageait sa vie depuis tant d'années, et qui était la mère d'Adeodatus. Mais, après son départ, il avait succombé de plus belle et formé une nouvelle liaison. Ce n'était plus passion, mais habitude, et les habitudes sont de tous les liens les plus difficiles à rompre. Changer brusquement la vie qu'on a menée depuis sa jeunesse, cesser tout d'un coup de faire ce qu'on a toujours fait, renoncer à des occupations qui ont commencé quelquefois par être des gênes et qui finissent par devenir des besoins, il n'y a rien de plus malaisé. Le combat contre ces petites choses tyranniques, contre ces dernières révoltes de la chair, dura plus qu'il n'aurait voulu ; il l'a décrit en termes saisissants dans ses *Confessions* : « Des sottises de sottises, des vanités de vanités, mes vieilles amies, me retenaient encore. Elles me tiraient par mon manteau de chair, me disant tout bas : Tu vas donc nous quitter? Encore un moment, et nous ne serons plus avec toi! Encore un moment, et *ceci et cela* te seront à jamais interdits! Et par ces mêmes mots *ceci et cela*, qu'entendaient-elles? Puisse la miséricorde de Dieu en effacer pour toujours le souvenir! Quelles misères, quelles hontes elles me mettaient devant les yeux! Je ne les écoutais plus qu'à demi, et elles n'osaient pas me parler. Seulement, pendant que je m'éloignais, elles venaient murmurer à mon oreille et me tirer par derrière. C'en était assez pour me retenir, et je ne me sentais plus capable de faire un pas, quand j'entendais ces anciennes habitudes me dire : Pourras-tu vivre sans nous?[1] »

La lutte, pourtant, touchait à sa fin. Après tant d'émotions, d'incertitudes, de combats, Augustin en était à ce point d'attente impatiente et de surexcitation fébrile où les moindres circonstances prennent une signification particulière. Il nous raconte qu'un jour, étendu sous un arbre, dans le petit jardin de sa maison, il pleurait et gémissait, se reprochant sa lâcheté, s'exhortant à faire un dernier effort et à briser ses dernières chaînes, lorsqu'il entendit une voix d'enfant qui, de la maison voisine, répétait en chantant cette sorte de refrain : « Prend et lis ; prends et lis ». Ces mots lui parurent un avertissement du ciel, et, ouvrant au hasard les *Épîtres* de saint Paul, qu'il avait sous la main, il tomba sur le passage suivant : « N

1. *Confess.*, VIII, 11.

vivez pas dans les festins et dans l'ivresse, dans l'impudicité et la débauche; mais revêtez-vous de Notre-Seigneur Jésus-Christ, et ne cherchez pas à contenter votre chair par les plaisirs des sens. » L'apôtre semblait parler pour lui. « Aussitôt, nous dit-il, il se répandit dans mon âme comme une lumière qui lui donna le repos, et tous les nuages de mes doutes se dissipèrent en même temps[1]. »

Cette fois il était vaincu : sa résolution fut prise de quitter définitivement le monde. Comme on approchait des vacances de septembre[2], il annonça qu'il ne remonterait pas dans sa chaire à la rentrée. Un de ses amis, Vérécundus, professeur à Milan comme lui, possédait dans les environs une maison de campagne appelée *Cassisiacum*. Il la mit à la disposition d'Augustin, qui s'y retira pour se préparer au baptême.

IV

La retraite de Cassisiacum. — Société qui y était réunie. — Ce qu'on y faisait. — Études de grammaire et de littérature. — La philosophie. — Caractère des ouvrages composés alors par saint Augustin. — Lutte contre les académiciens. — Manière dont il présente sa conversion. — Avances faites aux lettrés.

Jusqu'ici nous avons suivi fidèlement le récit des *Confessions*; c'est le seul où saint Augustin nous ait conservé le souvenir de sa jeunesse. Mais, pour l'époque où nous arri-

1. *Confess.*, VIII, 12. — 2. Vers cette époque, un édit de Théodose et de Valentinien II régla définitivement les vacances pour les tribunaux de l'empire et vraisemblablement aussi pour les écoles. C'étaient d'abord deux mois à la fin de l'été « pour éviter les chaleurs de la saison et cueillir les fruits de l'automne, *æstivis fervoribus mitigandis et autumnis fœtibus decerpendis* », puis quinze jours à Pâques et trois jours au premier

vons, nous sommes plus riches. Il a beaucoup écrit pendant son séjour à Cassisiacum, et ses ouvrages, que par bonheur nous possédons encore, vont nous donner le moyen de savoir exactement comment il y passait sa vie.

Quand on songe qu'il s'y était enfermé pour se préparer au baptême, on est d'abord tenté de croire qu'il y a uniquement vécu dans la solitude et la pénitence, et l'on imagine un de ces couvents rigoureux où le temps s'écoule entre les abstinences, les larmes et la prière. Il n'en est rien. Nous connaissons fort mal la maison de Vérécundus, mais elle ne nous fait pas l'effet d'un couvent. Tout ce qu'on nous en dit, c'est qu'elle était voisine de Milan et située vers le sommet des montagnes. Il est donc vraisemblable qu'elle s'élevait sur les premiers contreforts des Alpes, en face des belles plaines et des lacs enchantés de la Lombardie. Saint Augustin ne paraît pas avoir été touché du pays charmant qu'il avait sous les yeux, et nulle part il n'a pris la peine de le décrire. Mais on sait qu'en général les chrétiens se méfiaient de la nature, la grande inspiratrice du paganisme, et qu'ils avaient autre chose à faire que d'en contempler les beautés. Je me figure qu'absorbés par la recherche de la perfection morale, quand ils se trouvaient en présence d'un beau paysage dont la vue pouvait les distraire de leurs méditations, ils se disaient, comme Marc-Aurèle : « Regarde en toi-même ». Il ne faudrait donc pas conclure du silence de saint Augustin que la villa où Vérécundus allait se reposer des fatigues de l'enseignement eût rien de triste et d'austère.

D'ailleurs saint Augustin n'y était pas arrivé seul ; il y avait mené avec lui une assez nombreuse compagnie : sa famille d'abord, c'est-à-dire sa mère, son fils, un de ses frères, ses

de l'an. Dans l'année, on avait congé tous les dimanches, à l'anniversaire de la naissance de l'empereur et de son avènement, et pour la fête de Rome. Il est remarquable que, quand tant de choses ont changé depuis quinze siècles, les congés soient restés à peu près les mêmes.

cousins; puis quelques jeunes gens, ses élèves chéris, dont il n'avait pas voulu se séparer en quittant le monde, deux surtout, qui étaient devenus ses amis les plus chers, après avoir été ses meilleurs disciples, Alypius, qui le suivait depuis Thagaste, et Licentius, le fils de son ancien protecteur, Romanianus. Tout ce monde était jeune, bruyant, agité. On vivait en commun, sous la direction d'Augustin; Monique était naturellement chargée du ménage, mais on verra qu'elle ne s'y tenait pas confinée, et qu'elle était admise aussi dans les entretiens les plus savants. Augustin, quoiqu'il eût rompu avec le monde, ne laissait pas d'avoir quelques affaires sérieuses à traiter. Il semble que Vérécundus, en abandonnant sa maison à son ami, l'avait chargé d'y tenir tout à fait sa place. Le domaine devait être assez important : Augustin s'en occupait comme s'il en eût été vraiment le maître; il surveillait les ouvriers, il tenait les comptes, et ces travaux de propriétaire et de bon agriculteur lui prenaient une partie de son temps; le reste était donné à l'étude[1]. Mais voici qui est fait pour nous surprendre : cette étude n'est pas uniquement celle des livres saints, la seule, à ce qu'il semble, qui dût convenir à un pénitent. Dans le tableau qui nous est tracé de l'emploi des journées à Cassisiacum, il n'est guère question que des sciences profanes, surtout de la rhétorique et de la grammaire. Nous voyons qu'on y lit avec le plus grand soin les auteurs classiques; une fois on explique tout un livre de Virgile avant le dîner, et l'on achève les autres les jours suivants[2]. Il semble vraiment qu'Augustin ne fasse autre chose que de continuer, pour quelques élèves de choix, son métier de professeur. Cependant il nous dit qu'il en était bien las, bien ennuyé,

1. Quelques heures pourtant étaient occupées à écrire des lettres, et c'est alors qu'a commencé cette admirable correspondance de saint Augustin, que nous avons conservée, et qui jette tant de lumière sur l'état des esprits à ce moment. *Contra Acad.*, II, 25. — 2. *Contra Acad.*, I, 15 : *Diesque totus tum in rebus rusticis ordinandis, tum in recensione primi libri Virgilii peractus est. De Ord.*, I, 26.

pendant les derniers mois de son séjour à Milan, qu'il lui tardait de descendre de cette chaire qu'on le félicitait d'occuper, et que, quand le terme de l'année scolaire fut venu, il avait été heureux d'annoncer aux magistrats « qu'ils auraient à se pourvoir d'un autre vendeur de paroles[1] ». Si les exercices de l'école lui paraissaient si futiles, s'il a mis tant d'empressement à les fuir, on a grand'peine à comprendre que le premier usage qu'il fait de la liberté, dès qu'il l'a reconquise, consiste à reprendre des occupations pour lesquelles il vient de témoigner tant de dégoût.

Il est vrai qu'à cet enseignement de la grammaire et de la rhétorique il joint celui de la philosophie, qui, depuis la lecture de l'*Hortensius*, avait toutes ses préférences. Mais il faut remarquer que, malgré son affection pour elle, il ne lui sacrifie pas les autres études : ici, comme il arrivait alors dans les écoles, elle ne vient qu'après le reste et aux moments perdus. C'est une récompense et une distraction que le maître accorde à ses élèves, lorsqu'il est content d'eux. Elle lui sert aussi à mesurer les progrès qu'a faits leur intelligence et à savoir s'ils sont devenus capables de penser tout seuls. Quand il croit devoir leur permettre ce divertissement, après un repas léger qui leur laisse toute la vivacité et la liberté de l'esprit, il les emmène, s'il fait beau, dans la campagne, sous un grand arbre; si le temps est mauvais, on descend dans la salle de bain, qui est spacieuse et commode; on fait alors venir un sténographe (*notarius*), qui doit recueillir toute la conversation pour empêcher qu'elle ne s'égare : il ne faut pas qu'on soit tenté de retirer les concessions qu'on a faites et de revenir sur le chemin qu'on a parcouru; ne serait-il pas fâcheux, d'ailleurs, « que le vent emportât toutes les belles choses qu'on va dire? » Augustin pose ensuite une question, et la discussion commence.

Tous y prennent part à leur tour; Monique même dit son

1. *Confess*, IX, 5.

mot à l'occasion, et ce mot est toujours si sensé, si juste, que saint Augustin se demande pourquoi l'on refuse aux femmes le droit d'agiter ces problèmes. « Il y a eu, dit-il à sa mère, des femmes philosophes dans l'antiquité, et je n'en connais pas dont la philosophie me plaise autant que la tienne[1]. » Les jeunes gens sont chargés d'animer et d'égayer l'entretien. L'un d'eux, Licentius, est poète, poète accompli, nous dit Augustin, qui le juge avec trop de complaisance. « C'est un genre d'oiseau, ajoute-t-il, qui voltige sans cesse et ne reste jamais à la même place. » Licentius changeait donc souvent d'opinions et de goûts, ce qui désespérait son maître. Il venait précisément d'écrire un poème sur Pyrame et Thisbé, dont il était fort satisfait; mais, dès que la discussion commence, la philosophie lui fait oublier les Muses : « Elle vaut mieux que Pyrame, s'écrie-t-il; elle est plus belle que Thisbé; elle a plus de charmes que Vénus et Cupidon![2] » Et il ne songe plus qu'à disputer. Il se jette alors avec ardeur dans la lutte, il se défend, il attaque; il est spirituel[3], incisif, provocant, si bien que la querelle entre les jeunes amis devient quelquefois assez vive, et que le maître est obligé d'intervenir. En général, c'est lui qui, vers la fin, prend la parole; il résume le débat et il en tire les conclusions. A ce moment, le ton s'élève; on voit se dessiner les conséquences des idées qu'on a discutées en se jouant, et d'ordinaire la conversation, légère et capricieuse, s'achève dans un grave discours.

Un ami des lettres classiques, quand il lit les ouvrages où sont rapportés ces entretiens, ne se trouve pas dépaysé; il lui semble qu'il parcourt des lieux qui lui sont connus. Saint Augustin, en les écrivant, avait Cicéron devant les yeux; et au delà des dialogues philosophiques de Cicéron, dont il était

1. *De Ordine*, I, 31. — 2. *De Ordine*, I, 21. — 3. Il fait même, à l'occasion, des calembours : *facilius est errorem definire quam finire. Contra Acad.*, I, 4.

ravi, il entrevoyait ceux de Platon, qui les ont inspirés. C'est ce qui s'aperçoit dès le début. Quand il conduit le matin ses disciples causer de la vie heureuse et de la Providence, sous un grand arbre, dans un pré, on voit bien qu'il songeait à ce platane du *Phèdre*, qui entendit Socrate parler si merveilleusement de la beauté, et à celui de Tusculum, sous lequel Crassus, Antoine et leurs amis étaient venus un jour s'asseoir, entre deux orages politiques, pour s'entretenir de l'éloquence. Ces entretiens l'ont charmé; ce n'est pas assez dire qu'il en garde le souvenir, il semble qu'il y assiste encore, et tous ses efforts tendent à les reproduire le plus fidèlement possible. Il veut surtout que ses personnages, comme ceux de Cicéron, s'expriment en périodes cadencées, dans un style élégant, semé de métaphores classiques. Point de mots ou de tours nouveaux, si ce n'est ceux qui échappent sans qu'on le veuille, quand on est habitué à entendre mal parler autour de soi; point ou presque point de ces phrases raboteuses et de ces figures incohérentes qui vont devenir nombreuses dans les *Confessions* et ailleurs. Il ne cherche pas seulement à les faire bien parler, il veut qu'ils évitent toute apparence de pédantisme; quoique au fond ces questions lui tiennent au cœur plus qu'il ne veut le dire, il affecte quelquefois de les traiter avec une sorte de légèreté. Quand la nuit le force d'interrompre la discussion : « Voici le moment, dit-il à ses jeunes gens, d'enfermer vos jouets dans leur coffre[1] »; on les reprendra le lendemain. Ce n'est pas qu'il ne s'y rencontre souvent des passages sérieux, où l'émotion d'un cœur troublé se découvre, quelque effort qu'il fasse pour la contenir. Nous venons de voir que d'ordinaire le ton devient plus grave vers la fin. Mais il tient à ne pas nous laisser sur ces impressions; la question traitée et le débat fini, la compagnie se sépare avec un sourire : *Hic quum arrisissent, finem fecimus*[2].

1. *Contra Acad.*, II, 29. — 2. Il faut avouer que l'imitation est poussée

On voit à quel point, dans ces *Dialogues*, le style, la composition, la forme enfin, sont imités de Cicéron; le fond paraît être plus encore. Quand on lit les titres que saint Augustin leur a donnés (*Contra Academicos, De Vita beata, De Ordine*), on se croit à Tusculum, parmi les contemporains de César. Sont-ce là vraiment les sujets qui préoccupaient les esprits sous Gratien ou sous Théodose, en plein christianisme, à la veille de l'invasion? Il est difficile de le croire. Passe encore pour les études sur l'ordre du monde, sur la Providence, sur l'origine du mal : ces questions sont de tous les temps, et elles ont troublé plus d'une fois le sommeil d'Augustin; mais était-ce bien la peine alors d'attaquer les académiciens, et avait-on véritablement quelque danger à craindre d'eux? Saint Augustin nous dit lui-même qu'à ce moment les vieilles écoles étaient désertes, et qu'à l'exception de quelques cyniques vagabonds, qui amusaient la foule en attendant qu'ils fussent remplacés par les moines mendiants, et de quelques platoniciens ou pythagoriciens qui cachaient sous ce nom honorable un goût malsain pour les sortilèges et les maléfices, il n'y avait presque plus de philosophes[1]. Puisqu'ils étaient si peu nombreux, si mal écoutés, si près de disparaître, pourquoi se mettre en peine de les combattre? Est-ce à dire pourtant qu'il n'eut aucune raison de le faire et qu'il entreprit une œuvre inutile? Je ne le crois pas. En vérité, c'est moins à une secte particulière qu'il en veut qu'à une tendance générale de l'esprit antique, qui,

quelquefois jusqu'à un point qui ne laisse pas de surprendre. Il arrive à Cicéron, qui, comme on sait, était fort vaniteux, de profiter de la forme du dialogue pour se décerner à lui-même toute sorte d'éloges, sous le nom d'un de ses interlocuteurs. Saint Augustin fait comme lui. A la fin de son traité *Contre les Académiciens*, il a placé une tirade admirative d'Alypius qui s'achève par ces mots : « Nous suivons un guide qui, avec l'aide de Dieu, nous fera connaître tous les mystères de la vérité ». La modestie de saint Augustin a dû souffrir de transcrire ces compliments; mais il fallait bien imiter Cicéron.

1. *Contra Acad.*, III, 42.

malgré la diversité des temps, pouvait encore survivre chez quelques personnes. Les Grecs, on le sait, étaient plus curieux de problèmes que de solutions. En toute chose, le plaisir qu'ils prennent sur la route les rend moins impatients d'arriver au but. La philosophie leur semble plutôt un moyen d'exercer leur intelligence que de conquérir la vérité. Aristote l'appelle « l'activité libre d'une âme sans besoin ». A l'époque de saint Augustin, cette définition n'était plus de mise : les âmes alors avaient besoin de croyances solides, et, comme la philosophie avait peine à les leur donner, elles les demandaient à la religion. C'est ce qui les amenait de tous les côtés au christianisme. Si l'on avait pu se contenter de cette demi-obscurité où nous laissent les discussions sages et s'y endormir en paix, on aurait eu moins de raison de devenir chrétien. On peut donc dire que saint Augustin, en consacrant trois livres entiers à soutenir, contre les académiciens, que ce n'est pas la recherche, mais la possession de la vérité, qui nous rend heureux, n'a pas perdu tout à fait son temps. Il avait l'air de discuter des idées passées de mode et d'attaquer une école disparue; en réalité, il défendait sa foi. C'est ce qu'il a fait aussi dans son traité de la *Vie heureuse*. Ce titre nous rejette au milieu de la philosophie grecque et romaine; toutes les sectes anciennes se sont posé le problème du bonheur, et chacune a essayé de le résoudre à sa façon. Varron prétend qu'il est suceptible de deux cent quatre-vingt-huit solutions différentes, qui presque toutes ont été défendues par quelque sage. Saint Augustin le reprend à son tour, et d'abord il semble qu'il ne fait guère que suivre la route commune. Quand il nous dit que le bonheur consiste dans la sagesse et la sagesse dans une sorte d'équilibre de l'âme, je crois entendre parler un philosophe d'autrefois; mais bientôt le chrétien se montre. Cet équilibre, ajoute-t-il, ne peut être obtenu que si l'on connaît et si l'on possède Dieu. Nous voilà ramenés ainsi à la solution chrétienne : c'est en Dieu que resplendit la vérité, et l'âme ne sera pleinement heureuse que par celui qui peut seul rassasier la soif qu'elle a de savoir, *illa est igitur plena satietas animorum, hæc est beata vita pie perfecteque cognoscere a quo inducaris in veritatem*[1]. A ces mots, la bonne Monique se reconnaît : c'est bien la vie heureuse comme elle se la figure, comme la lui montrent ces livres sacrés dont elle fait sa lecture ordinaire, celle à laquelle on arrive « conduit par la foi, porté par l'espérance, soutenu par la charité »; et, dans sa joie, elle entonne l'hymne de saint Ambroise :

Fove precantes, Trinitas.

C'est donc au christianisme que toutes ces discussions philosophiques nous amènent; avec un peu de bonne volonté, on l'aperçoit toujours dans le lointain, au bout de toutes les avenues, mais il faut avouer qu'on ne le voit pas du premier coup. On dirait qu'au lieu de le mettre en pleine lumière, Augustin cherche par moments à le voiler. Comprend-on, par exemple, que le nom du Christ, ce nom sans lequel, nous dit-il, rien ne pouvait lui plaire, y soit rarement prononcé? C'est à peine si une fois ou deux il cite en passant les Écritures. Mais, en revanche, il y est partout question de la philosophie. C'est « dans le sein de la philosophie » qu'il s'est jeté après tous ses égarements[2]; elle est pour lui « le plus sûr et le plus agréable de tous les ports[3] », et il invite ses amis à s'y réfugier avec lui. Sans elle, il ne peut y avoir aucun bonheur dans la vie. Elle promet de révéler à ceux qui l'étudient ce qu'il y a de plus important à connaître et de plus difficile à découvrir, c'est-à-dire les mystères du monde et la nature de Dieu, et il a confiance en ces belles promesses, il est sûr qu'un jour elle les tiendra[4]. Ce jour, sans doute, est encore très loin pour lui, il

1. *De Vita beata*, 35. — 2. *Contra Acad.*, I, 3 : *In philosophiæ gremium confugere.* — 3. *Ibid.*, II, 1 : *Philosophiæ tutissimus jucundissimusque portus.* — 4. *Ibid.*, I, 3.

lui reste beaucoup à faire : c'est à peine s'il commence à entrevoir la vérité ; « mais il n'a que trente-trois ans, et il ne désespère pas, à force de travail et de peine, en méprisant tous les biens que les hommes recherchent et en s'enfermant pour jamais dans ces études sévères, d'atteindre plus tard les limites de la sagesse humaine[1] ». Voilà ce qu'il se promet pour l'avenir ; quant au plus grand événement de sa vie passée, sa conversion, comme elle avait fait beaucoup de bruit dans le monde, il faut bien qu'il en dise un mot ; mais il a soin de lui donner aussi, en la racontant, une teinte philosophique. Il fait allusion à la scène qui se passa dans le jardin de Milan, ou, comme il a dit, à cette flamme qui le saisit tout d'un coup, et à la lecture du fameux passage de saint Paul ; mais comprend-on qu'il ajoute « que la philosophie lui apparut alors si grande, si belle, qu'à cette vue l'ennemi le plus résolu de la sagesse, l'homme le plus enfoncé dans les intérêts ou les divertissements du monde, aurait renoncé aux plaisirs et aux affaires pour se jeter dans ses bras[2] » ? Il s'agissait bien de philosophie en ce moment ![3] Nous sommes, comme on le voit, fort

1. *Contra Acad.*, III, 43. — 2. *Ibidem*, II, 6. — 3. Il est vrai que de bonne heure, dans la langue de l'Église, le mot philosophie prit le sens « d'ascétisme », de « vie parfaite et chrétienne », si bien que, pour certains écrivains ecclésiastiques, devenir philosophe signifie se faire moine. Mais, outre que cet emploi n'est fréquent qu'en Orient, on voit bien qu'ici saint Augustin prend la philosophie dans sa signification ordinaire. Plus tard il s'est reproché, dans ses *Rétractations*, « d'avoir trop cédé à la philosophie », quand il composait ses *Dialogues* ; il est clair qu'il ne veut pas se faire un crime d'avoir été trop chrétien. C'est bien de la philosophie proprement dite qu'il est question, quand il annonce, comme nous le verrons plus loin, qu'il veut chercher à dégager dans Platon les principes qui ne sont pas contraires à la doctrine chrétienne ; c'est une vie philosophique, à l'ancien sens du mot, et non une vie ascétique qu'il veut dépeindre, quand il décrit en ces termes la manière dont il passe ses journées avec ses amis : *Viximus magna mentis tranquillitate, ab omni corporis labe animum vindicantes, et a cupiditatum facibus longissime remoti, dantes, quantum homini licet, operam rationi.* Certainement cette philosophie est chrétienne ; mais saint Augustin, pour la forme au moins et l'extérieur, tient à la faire ressembler autant qu'il peut à l'autre.

éloignés du récit des *Confessions*. Est-il possible d'admettre que cet homme qu'elles nous montrent terrassé par la grâce, pleurant et gémissant sur ses fautes, abîmé dans sa douleur, soit le même qui entretient ici paisiblement ses élèves de problèmes de morale et de métaphysique, qui se met sous la direction de la philosophie avec une confiance si sereine, et promet de lui consacrer sans réserve toute son existence? Et puisque les deux personnages diffèrent entre eux, pouvons-nous savoir, du pénitent ou du philosophe, lequel est le véritable?

Peut-être convient-il de répondre qu'ils sont vrais tous les deux. Saint Augustin se trouvait à un de ces moments où, suivant le mot du poète, on sent plusieurs hommes en soi. Sa conversion était trop récente pour que ses sentiments nouveaux eussent tout à fait effacé ses anciennes habitudes. Dans cette âme toute frémissante de la lutte qu'elle venait de soutenir, le pénitent l'avait définitivement emporté, mais le philosophe vivait encore. C'est lui surtout qu'on retrouve dans les *Dialogues*. Comme il voulait les faire paraître, et qu'il espérait même en tirer quelque gloire, il les a un peu accommodés au public auquel ils étaient destinés. Par la nature même des sujets qu'ils traitent, ces livres ne pouvaient convenir qu'à des lettrés qui avaient reçu une bonne éducation et qui connaissaient les écrivains antiques; or ces gens-là, nous le savons, étaient très mal disposés pour le christianisme. Ils en voulaient surtout à la religion nouvelle, lorsqu'elle enlevait au monde un de ceux sur lesquels le monde se croyait en droit de compter. Augustin n'ignorait pas la colère qu'avaient ressentie ses amis, ses élèves, ses admirateurs, en le voyant renoncer à des fonctions qui lui promettaient tant de gloire. Il éprouvait donc le besoin de les désarmer; il tenait à leur montrer que le christianisme n'était pas aussi contraire qu'ils croyaient à la

C'est précisément ce qu'il y a d'original dans les *Dialogues philosophiques* et en quoi ils diffèrent tout à fait des *Confessions*.

sagesse antique; il voulait surtout leur présenter sa conversion sous un jour qui leur permît de la comprendre. Il la leur raconte comme il pourrait le faire de celle du jeune débauché Polémon, conquis à la tempérance et à la vertu par la parole de Xénocrate; et quand il conseille à ses amis d'imiter son exemple, on croirait entendre Sénèque prêchant la retraite à Lucilius. Ainsi, des deux hommes, il a soin, pour ne pas les effaroucher, de ne leur en montrer qu'un; mais celui qu'il montre existait réellement en lui. Soyons sûrs que la philosophie tenait encore beaucoup de place dans ses études; il se l'est reproché plus tard[1], mais au moment où nous sommes, il n'était pas si scrupuleux et s'y abandonnait sans remords. On peut donc admettre que, dans le tableau qu'il fait de sa vie à Cassisiacum, il ne nous ait pas tout dit; mais tout ce qu'il nous dit est vrai. Les incidents qu'il rapporte se sont passés comme il les décrit; les discours qu'il prête à ses personnages sont parfaitement authentiques, puisqu'ils ont été recueillis par un sténographe[2]. Voilà bien ce qu'on faisait, ce qu'on disait toute la journée, dans cette réunion de jeunes gens dont il était l'âme! Sans doute on peut croire que, lorsqu'il avait quitté cette jeunesse, qu'il n'était plus préoccupé de lui plaire et de l'instruire, le soir, dans sa chambre, sur ce lit qu'il baignait de ses larmes, il devait avoir d'autres pensées[3]. Mais ce qui est remarquable, c'est qu'en revenant le matin à ces études de grammaire et de philosophie dont il avait pris congé avec tant d'éclat, il ne semble pas le faire de mauvaise grâce. Nulle part

1. Dans des *Retractationes*. — 2. Saint Augustin ne le dit pas seulement dans son dialogue *Contre les Académiciens* (I, 4), il le répète dans son traité du *Maître*. Là il affirme qu'il a reproduit les raisonnements de son fils Adeodatus, qui, à seize ans, parlait déjà comme un sage et dont la force d'esprit lui faisait peur. — 3. Ces pensées, il nous les a conservées dans l'ouvrage intitulé *Entretiens avec moi-même* (*Soliloquia*). Ces entretiens nous montrent l'autre côté de l'homme. Il faut les lire avec les *Dialogues* pour connaître saint Augustin tout entier dans la retraite de Cassisiacum.

il ne laisse entendre que ce sont des occupations vaines ou dangereuses auxquelles il se résigne malgré lui. Au contraire, il paraît y prendre plaisir. Il s'intéresse le premier aux questions qu'il pose à ces jeunes gens, et l'on sent qu'il est fort satisfait d'intervenir dans leurs débats.

Le plaisir qu'il paraît y prendre nous remet dans l'esprit un passage très curieux de ses *Confessions*. Il y raconte que, quelques années auparavant, avec une dizaine d'amis, tous épris de littérature et de science, il avait eu l'idée de former une sorte d'association, ou, comme nous dirions aujourd'hui, un phalanstère. Ils devaient se réunir loin du monde, dans quelque endroit isolé, et mettre en commun ce qu'ils possédaient. Tous les ans, deux d'entre eux auraient été nommés pour gérer les affaires de la société; les autres, débarrassés des soucis vulgaires, libres et maîtres d'eux-mêmes, n'auraient eu qu'à vivre de la vie de l'esprit, et se seraient livrés sans partage à la méditation et à l'étude[1]. Ce projet, qui souriait beaucoup à saint Augustin, et que des difficultés d'organisation firent alors échouer, il semble l'avoir repris dans la villa de Vérécundus, et peut-être ne s'y trouva-t-il si heureux que parce qu'il y réalisait un rêve de sa jeunesse. Cette retraite, on le voit, était plutôt une communauté de sages qu'un couvent de moines.

Il y passa tout l'hiver, et ne revint à Milan que vers les fêtes de Pâques. C'est là qu'il reçut le baptême, le 25 avril 387, avec Alypius son ami et son fils Adeodatus, des mains de saint Ambroise.

1 *Confess.*, VI, 14.

CHAPITRE IV

COMMENT LES ÉLÉMENTS SACRÉS ET PROFANES SE SONT FONDUS ENSEMBLE DANS LE CHRISTIANISME

I

Lutte des souvenirs de l'école et des sentiments chrétiens chez saint Jérôme. — Sa polémique avec ceux qui lui reprochent de trop citer les auteurs profanes. — De quelle façon et à quelles conditions il pense qu'un chrétien peut se servir de l'antiquité païenne. — Les *déclamations* et les *consolations* chrétiennes.

Il serait facile de pousser beaucoup plus loin cette étude. Comme je l'ai déjà dit, parmi les chrétiens qui appartenaient aux classes lettrées de l'empire, il n'en est presque aucun chez qui l'on ne retrouve l'influence des deux enseignements qu'ils avaient reçus, celui de l'école et celui de l'Église. Partout nous les verrions vivre ensemble sans parvenir à se supprimer, et, suivant les époques et les circonstances, dominer alternativement l'un sur l'autre. Quand on est jeune, c'est d'ordinaire l'école qui l'emporte. Saint Cyprien, en écrivant la *lettre à Donatus*, ne peut oublier qu'il vient d'être professeur ; il développe, il amplifie ; il fait des tableaux et des tirades ; il travaille son style avec complaisance[1], il imite tantôt les larges

1. Saint Augustin (*De Doct. christ.*, IV, 14) relève ce défaut dans l'ouvrage de saint Cyprien.

périodes de Cicéron, et tantôt les phrases hachées de Sénèque. Plus tard la foi prend le dessus, mais l'école résiste, et il s'ensuit souvent des luttes sourdes ou violentes entre les deux principes opposés.

Il n'y a personne chez qui ces luttes soient plus visibles et plus fortes que chez saint Jérôme. Dans sa jeunesse, il étudia les lettres avec passion : il était dans sa nature de ne rien faire à demi. Les leçons de Donatus, son maître, l'avaient enflammé pour la grammaire ; il prit ensuite tant de plaisir à déclamer, qu'on peut dire qu'il déclama toute sa vie. Il lut tous les auteurs profanes, et s'en pénétra si profondément qu'il lui fut désormais impossible de les oublier. La foi, qui vint par-dessus, quelque ardente qu'elle ait été, n'effaça rien des souvenirs et des admirations de sa jeunesse. Quand il s'enfuit au désert, il eut soin d'emporter sa bibliothèque avec lui ; elle ne comprenait pas seulement la Bible et l'Évangile, mais aussi des ouvrages profanes. Il avait renoncé à tout, excepté aux plaisirs de l'esprit. Dans les solitudes brûlantes de la Chalcide, entre la Syrie et le pays des Sarrasins, pendant qu'il vivait de pain d'orge et d'eau bourbeuse, enfermé dans un sac, « laissant tomber sur la terre son corps tellement décharné qu'à peine les os se tenaient les uns aux autres », il continuait à relire ses auteurs chéris, sacrés et profanes, et ce n'étaient pas les livres saints qui lui plaisaient le plus. « Malheureux que j'étais ! Je jeûnais, et je lisais Cicéron ! Après avoir passé les nuits sans dormir et répandu des larmes amères au souvenir de mes fautes, je prenais Plaute en mes mains. Si quelquefois, rentrant en moi-même, je voulais lire les prophètes, leur style simple et négligé me rebutait aussitôt, et parce que mon aveuglement m'empêchait de voir la lumière, je croyais que c'était la faute du soleil et non pas celle de mes yeux. » Il raconte ensuite ce fameux songe, que tout le monde connaît, dans lequel il se crut transporté devant le juge céleste et cruellement fustigé par les anges. Quand il essayait, pour se défendre, de dire qu'il était chrétien : « Non, répondaient les anges, tu es cicéronien : où est ton trésor, là est ton cœur. » Il ajoute qu'il fit à Dieu la promesse de ne plus lire d'ouvrage profane. « Si j'en ouvre désormais un seul, lui dit-il, je veux qu'on me traite comme si je vous avais renoncé[1]. »

La lettre où saint Jérôme racontait son aventure courut le grand monde de Rome et y obtint beaucoup de succès. Plusieurs de ceux qui la lisaient faisaient sans doute un retour sur eux-mêmes et n'avaient pas de peine à se reconnaître dans ce lettré incorrigible qui ne pouvait se soustraire au charme de ses premières études. C'était donc une leçon que saint Jérôme leur donnait, et dont les plus dévots cherchaient à faire leur profit. Pour ajouter à l'effet de son récit, il ne manque pas une occasion de reprendre ceux qui, comme il l'avait fait lui-même, accordent trop d'importance aux livres classiques. Il s'emporte contre les évêques ou les prêtres qui mêlent les grâces de la vieille rhétorique à leurs sermons, comme s'il s'agissait de parler dans l'Académie ou le Lycée[2], ou qui donnent à leurs enfants une éducation toute païenne, leur laissent lire des comédies et chanter les chansons des mimes[3]. L'étude des auteurs profanes ne lui semble pas compatible avec celle des livres saints : « Qu'ont de commun, dit-il, Horace et les Psaumes, Virgile et l'Évangile, Cicéron et les apôtres?[4] »

Le malheur est qu'il ne pratique guère pour son compte les conseils qu'il donne aux autres. Lui qui trouve qu'Horace et le Psautier, Virgile et l'Évangile ne se conviennent pas, il les mêle ensemble à tout propos. Les souvenirs des écrivains païens se glissent partout chez lui, même dans les ouvrages où ils

1. *Epist.*, 25. — 2. *Epist. ad Gal.*, III, prol. Ailleurs il exige que le prêtre dissimule avec soin son talent de style. *Ecclesiastica interpretatio etiam si habet eloquii venustatem dissimulare eam debet et fugere. Epist.*, 31. — 3. *Ad Ephes.*, III, 6, 4. Il s'agit ici seulement des enfants des évêques et des prêtres, et même plus particulièrement de ceux qui sont élevés aux frais de l'Église. Ce n'est pas une protestation contre l'enseignement en général. — 4. *Epist.*, 18.

paraissent le moins à leur place[1]. Il semble qu'il ne puisse pas s'en défendre; ils assiègent sa mémoire, ils arrivent, presque sans qu'il s'en doute, sous sa plume. Dans la lettre même où il s'accuse humblement d'avoir trop mis de rhétorique en conseillant la retraite à Héliodore et semble disposé à faire pénitence de tous ces souvenirs d'école, il ne peut s'empêcher de citer successivement Thémistocle, Platon, Isocrate, Pythagore, Démocrite, Xénocrate, Zénon, Cléanthe, puis les poètes Homère, Hésiode, Simonide, Stésichore, Sophocle, sans compter Caton le censeur et les autres[2] : c'est un débordement d'érudition païenne. Toute cette antiquité classique lui est si familière que c'est elle qui se présente d'abord à son esprit, lorsqu'il est le plus ému, elle qui semble être l'expression naturelle et spontanée de ses sentiments. Quand il visite les catacombes, l'impression que lui causent le silence religieux de ces longues galeries et les alternatives effrayantes de lumière et de ténèbres se traduit aussitôt par un vers de Virgile :

Horror ubique animos, simul ipsa silentia terrent.

C'est encore un vers de Virgile qui lui vient à l'esprit lorsqu'il nous décrit les désastres de l'invasion et qu'il désespère de pouvoir tous les énumérer :

Non mihi si linguæ centum sint, oraque centum,
Ferrea vox....

Il trouve tout dans Virgile, même le moyen de dépeindre les ruses et les subtilités du tentateur :

Hostis, cui nomina mille,
Mille nocendi artes,

et la pendaison de Juda :

Et nodum infelix lethi trabe nectit ab alta.

Dans le désert, lorsque des moines jaloux le poursuivent, le

1. Au début de la vie de saint Hilarion, il cite Salluste et Daniel, Homère et saint Épiphane. — 2. *Epist.*, 34.

tracassent, et veulent le chasser de sa misérable cellule, c'est encore dans un vers de Virgile que sa plainte s'exhale :

> Quod genus hoc hominum, quæve hunc tam barbara morem
> Permittit patria?[1]

On n'en finirait pas si l'on voulait indiquer tous les emprunts que fait saint Jérôme non seulement à Virgile, mais à Cicéron, à Salluste, à Horace, à Juvénal, à Plaute, à Térence, et même à Ennius et à Nævius.

On comprend que cette manie de citer à tout moment les auteurs profanes ait à la longue exaspéré quelques dévots scrupuleux. Ses ennemis — il en avait beaucoup — en prirent occasion pour l'attaquer. Rufin, qu'il appelait un scorpion et un pourceau, lui rappela ce songe qu'il avait si complaisamment raconté à tout l'univers, et l'accusa de n'avoir pas tenu les promesses solennelles qu'il avait faites. En vain saint Jérôme prétendait-il, pour se défendre, que sa mémoire était seule coupable, que s'il avait promis de ne plus lire les auteurs païens, ce qu'il n'avait plus fait depuis quinze ans, il ne s'était pas engagé à les oublier, son tenace adversaire lui prouvait que ses affirmations n'étaient pas tout à fait exactes. Comme il avait longtemps vécu dans son intimité, il avait aperçu serrés, dans son portefeuille, des ouvrages de Platon et de Cicéron : n'était-ce pas pour les lire qu'il les gardait? Pouvait-il nier d'ailleurs qu'il eût enseigné la grammaire aux enfants dans le monastère de Bethléem, et était-il possible de le faire sans leur expliquer les grands écrivains classiques? Saint Jérôme, qui était bien forcé d'en convenir, se contenta de répondre qu'après tout il n'avait promis qu'en reve, et que les promesses de ce genre n'étaient pas de celles qu'on fût forcé de tenir quand on était réveillé. « C'est à d'autres, dit le pieux Tillemont, à juger si cette réponse est

1. Voyez *Epist.*, 55, 5; 49, 15.

assez solide »; et il déplore que les plus grands saints ne soient pas exempts d'un peu de faiblesse humaine.

Saint Jérôme me paraît mieux inspiré quand il ose avouer le cas qu'il fait des auteurs profanes et qu'il soutient résolument que ce n'est pas un crime de s'en servir pour la défense de la vérité. Cette opinion est exprimée dans divers endroits de ses ouvrages, surtout dans la lettre qu'il a écrite à Magnus, professeur d'éloquence à Rome[1]. Ce rhéteur s'était étonné, comme beaucoup d'autres, que saint Jérôme invoquât si souvent l'autorité des païens dans des livres de théologie chrétienne; il lui répond qu'on voit bien qu'il est absorbé par l'étude de Cicéron et qu'il n'ouvre guère les livres saints, que Moïse et Salomon ont fait des emprunts à la sagesse grecque, que saint Paul a cité des vers d'Épiménide, de Ménandre et d'Aratus; puis il ajoute : « Il est dit, dans le Deutéronome, que, lorsqu'on veut épouser une femme captive, il faut d'abord lui raser la tête et les sourcils, lui couper les poils et les ongles, et qu'on peut ensuite s'unir avec elle. Est-il surprenant que moi aussi, charmé de la grâce et de la beauté de la sagesse profane, j'aie voulu en faire une israélite, de servante et d'esclave qu'elle était? Après en avoir retranché tout ce qu'elle avait de mortel, tout ce qui sentait l'idolâtrie, l'erreur, les agréments coupables, ne puis-je pas, en m'alliant avec elle, la rendre féconde pour le Seigneur[2]? »

C'était donc une sorte de traité de paix que saint Jérôme se proposait de conclure entre l'antiquité classique et le christianisme. Il croyait qu'avec quelques modifications et quelques accommodements il était possible de les employer tous les deux à une œuvre commune. En réalité, il n'a jamais fait autrement, et il n'est aucun de ses ouvrages où ces deux éléments contraires n'occupent leur place. Même quand il se croit obligé

1. Voyez sur ce Magnus, dont on a retrouvé la tombe dans l'*agro Verano*, l'article de M. de Rossi dans le *Bulletin d'Archéol. chrét.*, 1863, p. 14. — 2. *Epist.*, 83.

de malmêner ses anciens maîtres, et d'appeler Platon un sot[1], il ne cesse de s'inspirer de leurs ouvrages, il en imite les expressions et les idées, il en reproduit en partie le fond et la forme. Ces déclamations qu'il aimait tant lorsqu'il était jeune, il y revient dans son âge mûr. Ses lettres contiennent des *controversiæ* véritables, notamment cette violente invective contre une mère et sa fille, l'une veuve, l'autre vierge, qui se sont consacrées au Seigneur, et ne vivent pas d'une manière qui soit conforme à leur état. Dans un sujet chrétien, il emploie sans scrupule tous les procédés de la vieille rhétorique, et ne s'en cache pas, puisqu'il dit lui-même que c'est vraiment un exercice d'école[2]. L'antiquité païenne se retrouve encore plus dans ces longues pièces qu'il a composées au sujet de la mort de Blæsilla, de Népotianus, de Paula, de Fabiola, de Marcella; elles tiennent à la fois de l'éloge funèbre et de la *Consolation*, comme l'entendaient les anciens philosophes. Du reste, il n'en dissimule pas l'origine; au contraire, il semble fier de l'étaler, lorsqu'au début de la lettre à Héliodore, qu'il veut consoler de la mort de Népotianus, il se reproche de garder le silence. « Pourquoi me taire? Ai-je oublié les préceptes des rhéteurs? Qu'est devenue cette étude des belles-lettres, le charme de mon enfance?... N'ai-je donc pas lu tout ce que Crantor, Platon, Diogène, Clitomaque, Carnéade, Posidonius ont écrit pour calmer la douleur?[3] » Et il s'empresse de répéter ce qu'ils lui ont appris de la fragilité humaine, et d'énumérer après eux tous les hommes illustres qui ont supporté courageusement leurs infortunes. Il est vrai que les grandes leçons du christianisme viennent ensuite et qu'elles occupent la meilleure place; mais on voit qu'elles n'ont pas tout à fait exclu les souvenirs de la philosophie, et qu'elles en ont supporté le voisinage. C'est un exemple de la façon dont saint Jérôme

1. *Epist.*, 5. — 2. *Epist.*, 89 : *Quasi ad scholasticam materiam me exercens.* — 3. *Epist.*, 5.

voulait mêler le présent et le passé; voilà ce qu'il appelait « faire de la sagesse antique une israélite », et comment il entendait l'employer au service de sa foi.

II

Ce que saint Augustin se proposait de faire après sa retraite de Cassisiacum. — Comment il changea de dessein. — Ce qu'il pensait, à la fin de sa vie, des auteurs profanes et des services qu'ils peuvent rendre. — Saint Ambroise. — Usage qu'il fait de l'antiquité païenne dans tous ses ouvrages. — Conclusion.

Saint Augustin avait sans doute un dessein semblable, au moins à l'époque de cette retraite de Cassisiacum dont je parlais tout à l'heure. Il semble bien, quand on lit les *Dialogues philosophiques*, qu'il ait essayé alors une sorte de conciliation entre les deux esprits différents qu'il trouvait en lui. La manière dont il vivait dans la villa de Vérécundus nous paraît singulière : rappelons-nous comment une part y est faite à l'homme ancien et à l'homme nouveau, au professeur et au chrétien. Le matin, après avoir fait la prière, on se met à expliquer Virgile; dans les entretiens, on cite saint Mathieu et Platon; on chante les psaumes de David, et l'on célèbre Pyrame et Thisbé; on cherche dans saint Paul des arguments pour se livrer avec plus d'ardeur à la philosophie. Gardons-nous de croire que ce mélange singulier révèle seulement la confusion d'une âme qui se connaît mal, et où se mêlent sans qu'elle s'en aperçoive des tendances contraires; c'est un système arrêté. Sans doute, après de longues luttes et de cruels déchirements, saint Augustin s'est décidé à croire sans preuve[1].

1. *Confess.*, VI, 5.

Cependant il ne lui suffit pas de croire, il veut comprendre; la foi ne lui paraît solide que si elle s'appuie sur la raison, mais la raison a besoin d'être exercée pour atteindre la vérité, et c'est dans les écoles qu'elle s'exerce, par l'étude des sciences profanes, par l'usage de la dialectique, par la connaissance de la philosophie. Aussi ne se contente-t-il pas de tolérer l'enseignement des écoles, comme faisait Tertullien, il le recommande. « La pratique des études libérales, dit-il dans un de ses *Dialogues*, pourvu qu'on la maintienne dans certaines bornes, anime l'esprit, lui donne plus de facilité et plus de force pour atteindre la vérité, fait qu'il la souhaite avec plus d'ardeur, qu'il la recherche avec plus de persévérance, qu'il s'y attache avec plus d'amour[1]. » Et ailleurs : « Si je puis donner un conseil à ceux que j'aime, je leur dirai de ne négliger aucune des connaissances humaines[2]. » L'apôtre a dit sans doute : « Prenez garde qu'on ne vous surprenne par la philosophie »; mais il veut parler de celle qui ne songe qu'aux intérêts de la terre. Il y en a une autre qui se préoccupe du ciel et qui ne mérite pas d'être condamnée. « Prétendre qu'on doit fuir toute philosophie, ajoute saint Augustin, qu'est-ce autre chose que de dire qu'il ne faut pas aimer la sagesse?[3] » Il déclare donc qu'il est résolu à continuer de l'étudier, et il se donne la tâche, pour le reste de sa vie, de lire avec soin Platon et d'en tirer tout ce qui n'est pas contraire aux enseignements de l'Évangile[4]. Il semble donc qu'à ce

1. *De Ordine*, I, 24. — 2. *De Ord.*, II, 15. Il est vrai que, dans le livre intitulé *Rétractations*, où, à la fin de sa vie, il passe en revue et juge tous ses ouvrages, il trouve que dans ce passage il est allé trop loin, « et qu'il accorde trop d'importance à des sciences que beaucoup de saints personnages ont ignorées ». Cependant, même en ce moment, il ne se montre pas trop sévère pour les ouvrages de sa jeunesse où la philosophie profane tient tant de place. — 3, *De Ordine*, I, 32. — 4. *Contra Acad.*, III, 20: *Apud Platonicos me interim quod sacris non repugnet reperturum esse confido.* La doctrine platonicienne lui paraît très voisine du christianisme, et il lui semble qu'un disciple de Platon peut devenir chrétien *paucis mutatis verbis atque sententiis* ; il ajoute que cela est arrivé très

moment ses desseins et ses vœux n'allaient guère au delà d'une sorte d'épuration de la sagesse antique, qui devait en faire une science chrétienne.

Ce dessein, il a cherché d'abord à le réaliser. Pendant l'année qu'il passa en Italie, après son baptême, et au début de son séjour en Afrique, nous le voyons occupé d'écrire des livres de grammaire, de rhétorique, de dialectique, son traité sur la musique, et celui qu'il a intitulé : *Du Maître*; c'est une sorte d'encyclopédie issue de l'enseignement des écoles. Mais sa vie prenait déjà une autre direction. Dans les dernières lettres qu'il adresse à son ami Nébridius, on sent que son ardeur pour les recherches philosophiques n'est plus la même[1] Les livres saints, auxquels il avait tant résisté, le charmaient tous les jours davantage. En faisant connaissance avec la véritable vie monastique, il comprit ce qu'avait d'artificiel et d'incomplet pour une âme comme la sienne ce repos studieux (*liberale otium*) dont il avait joui à Cassisiacum. Enfin il devint prêtre, et presque aussitôt évêque; dès lors, comme il le dit lui-même, tout entier à des devoirs plus sérieux, il laissa échapper de ses mains tous ces divertissements d'homme de lettres, *omnes illæ deliciæ fugere de manibus*[2].

S'ils lui échappèrent des mains, ils ne sortirent pas tout à fait de sa mémoire. On sent bien qu'il ne les a pas oubliés, aux efforts qu'il fait pour nous convaincre, et peut-être pour se convaincre lui-même, qu'il n'y songe plus. En réalité tous ces souvenirs de sa jeunesse sont restés dans un coin secret de son cœur, un peu effacés et assoupis, mais ils se réveillent plus souvent et plus vite qu'il ne le voudrait. La mauvaise humeur qu'il manifeste, quand on l'y ramène malgré lui, semble trahir une sorte de méfiance de lui-même et la crainte que ce feu caché ne se ranime. Quand Mémorius réclame de

souvent : *sicut plerique recentiorum temporum Platonici fecerunt*; — *De Vera Relig.*, 7.

1. *Epist.*, 10 et 13. — 2. *Epist.*, 101.

lui la fin de son traité de la *Musique*, avant de la lui envoyer il croit devoir attaquer avec vigueur ce qu'on appelle « les études libérales », c'est-à-dire les fables impies qui remplissent les vers des plus grands poètes, les mensonges audacieux des orateurs, les bavardages subtils des philosophes, qui n'ont rien de « libéral », puisqu'ils asservissent plutôt l'âme qu'ils ne lui donnent la liberté[1]. Dioscore lui ayant demandé d'éclaircir quelques points obscurs qui l'embarrassent dans les dialogues de Cicéron, il commence par se fâcher qu'on ait eu l'idée de s'adresser à lui, sous prétexte qu'il a été professeur dans sa jeunesse : « Parce qu'il y a, dans l'Église d'Hippone, un évêque qui autrefois a vendu des paroles à des enfants est-ce une raison de croire qu'il va les donner pour rien maintenant à des hommes faits? » Puis, quand il l'a bien grondé, il se décide à le satisfaire, et le fait avec une abondance de détails et une bonne grâce qui ne laissent pas de surprendre chez quelqu'un qui s'est montré d'abord si mécontent[2]. En réalité saint Augustin, quoi qu'il dise, n'a jamais perdu de vue les auteurs classiques. Il ne les cite pas aussi souvent que saint Jérôme, mais il s'en souvient toujours. On dirait même qu'à mesure qu'il vieillit il se sert d'eux avec moins de scrupule et qu'il ose en parler avec plus de sympathie; c'est du moins ce qui paraît dans la *Cité de Dieu*, qui est l'un de ses derniers ouvrages. Ses lettres aussi, surtout les dernières, contiennent des témoignages nombreux de cette sympathie[3]. Evodius lui ayant demandé qui peuvent être ceux auxquels le Christ, selon saint Paul, alla prêcher après sa mort et qu'il tira de leur prison, il répond qu'il lui serait doux de croire que ce sont ces grands esprits qu'on lui a fait connaître pendant

1. *Epist.*, 101. — Sénèque aussi se permet d'attaquer les *liberalia studia. Epist.*, 28. — 2. *Epist.*, 117 et 118. — 3. Par exemple, *Epist.*, 130, éloge de Cicéron, à propos d'un passage de l'*Hortensius*. — *Epist.*, 155, après avoir cité l'*Homo sum* de Térence, il ajoute : *Luculentis ingeniis non defit resplendentia veritatis.*

qu'il étudiait dans les écoles, et dont il admire encore l'éloquence et le génie. « Il y a dans le nombre des orateurs et des poètes qui ont livré aux rires de la foule les divinités de la Fable et qui ont proclamé le Dieu unique. Et même parmi ceux qui se sont trompés sur le culte de Dieu et qui ont rendu hommage à la créature plus qu'au créateur, il s'en trouve qui ont vécu honorablement, qui ont donné de beaux exemples de simplicité, de chasteté, de sobriété, qui ont su braver la mort pour le salut de leur pays, qui ont tenu leur parole non seulement envers leurs concitoyens, mais avec leurs ennemis, et qui méritent d'être proposés comme modèles » ; et il termine en disant qu'il voudrait bien être sûr qu'ils ont été tirés de l'enfer et qu'ils jouissent de l'éternelle félicité[1].

Voilà sa véritable pensée ; et, puisqu'il espère que les meilleurs de ces grands personnages du passé ont été délivrés par le Christ et qu'ils siègent à côté des bienheureux, il n'y a plus aucune raison de leur tenir rigueur ; on peut leur tendre la main sans scrupule, invoquer leur autorité pour la défense des vérités qu'ils ont aperçues, et mêler leur témoignage à celui des livres saints, quand ils se trouvent d'accord ensemble. Nous avons vu plus haut que c'est la conclusion à laquelle il arrive dans son traité de la *Doctrine chrétienne*, qui ne fut achevé qu'en 427. Saint Jérôme, pour justifier cette opinion, s'était servi d'une comparaison tirée du Deutéronome ; saint Augustin emprunte un souvenir à la Genèse : pour lui le chrétien qui va chercher son bien chez les auteurs profanes ressemble aux Israélites qui emportèrent les vases d'or des Égyptiens et les consacrèrent au culte de leur Dieu.

1. *Epist.*, 164. Cette lettre fait songer à la fin de l'Évangile de Nicodème, où le Christ remonte au ciel, prenant le vieil Adam par la main, et, avec lui, les patriarches et les prophètes de l'ancienne loi. A ce cortège sacré qui traverse l'espace, saint Augustin voudrait joindre Platon, Cicéron, Virgile et tous les grands païens qui ont entrevu Dieu. C'est l'image visible de l'union qu'il voulait faire.

C'est ainsi que la Bible leur sert à tous les deux pour autoriser le mélange qu'ils conseillent de faire des écrivains profanes et des livres sacrés.

Ce mélange était dans les habitudes et dans les idées de saint Ambroise, comme dans celles de saint Augustin et de saint Jérôme. Ce que conseillaient les autres, il l'a toujours fait; et même il paraît le faire d'une façon plus résolue qu'eux, et n'a pas connu les indécisions et les incertitudes qu'ils ont traversées : du moins il n'en reste pas de trace dans ses ouvrages. C'était un esprit ferme et droit, un homme de gouvernement qui s'était formé à la grande école de l'administration de l'empire. Il se décidait vite, et une fois qu'il avait pris son parti, il s'y tenait. Ajoutons qu'il était de ce grand monde de Rome tout imprégné de l'ancienne culture littéraire, et qu'il avait toujours vécu dans cette atmosphère de civilisation et d'humanité. A des gens comme lui les auteurs classiques étaient devenus si familiers qu'ils faisaient pour ainsi dire partie de leur être et qu'il ne pouvait pas leur venir à l'esprit de s'en séparer. Il tenait de ses pères le respect de l'antiquité. Comme eux, il parle avec émotion des souvenirs de la république : « C'était le beau temps; personne alors ne connaissait cette fatuité impertinente qu'inspire un pouvoir qui dure toujours, ni cet abaissement qui naît d'une servitude qui ne finit pas[1]. » Dans cette âme, où le passé tenait presque autant de place que le présent, l'accord se fit de lui-même et du premier coup. Il n'y a rien de plus intéressant que de voir avec quelle aisance les souvenirs profanes et les sentiments religieux se mêlent ensemble dans les sermons prêchés au peuple de Milan sur l'œuvre des six jours (*Hexæmeron*), et qui sont comme un tableau de la nature : c'est la Bible illustrée par Virgile et par Pline. Le traité du *Devoir des clercs*, le plus important de saint

1. *Hexæmeron*, X, 15.

Ambroise, est construit tout à fait comme le *De Officiis* de Cicéron et sur le même plan. En l'écrivant il a toujours l'œil sur son modèle; il le suit pas à pas et semble heureux quand il peut n'y presque rien changer, ce qui arrive souvent. M. Ebert fait remarquer que, jusque dans les modifications qu'il lui fait subir, il est encore un imitateur scrupuleux, et qu'en s'éloignant de la lettre il reste fidèle à l'esprit. Cicéron s'était donné la tâche d'approprier le beau traité de Panætius au caractère romain; saint Ambroise a voulu faire du livre de Cicéron une œuvre chrétienne : c'est donc une entreprise semblable qu'ils ont essayée tous les deux[1]. Mais à travers ces quelques changements, le fond de l'ouvrage subsiste et l'essentiel de la morale stoïcienne se retrouve. C'est encore le stoïcisme qui fait les frais de quelques-unes des lettres que saint Ambroise écrit à son ami Simplicianus. Il y reprend pour son compte les paradoxes de l'école — le sage seul est riche — le sage seul est libre, etc. — Il prouve qu'ils sont aussi conformes aux préceptes du christianisme qu'aux doctrines des philosophes[2], et les développe de telle manière qu'on croirait lire Sénèque. L'antiquité classique est partout dans ses ouvrages, même dans ceux où l'on s'attend le moins à la trouver. Quand il prononce, dans sa cathédrale de Milan, l'oraison funèbre du jeune Valentinien, il songe à son frère Gratien, qu'il avait aussi tendrement aimé; le souvenir des deux princes, morts si misérablement, à la fleur de leur âge, lui rappelle le sort de Nisus et d'Euryale, et Virgile, qu'il traduit sans façon en prose, lui sert à les pleurer dignement : *Beati ambo, si quid meæ orationes valebunt! nulla dies vos silentio præteribit*, etc.[3]. Pour consoler une sœur qui vient de perdre son frère dans des circonstances tragiques, il ne trouve rien de mieux que de reproduire une partie de la lettre

1. Voyez Ebert, *Histoire de la littér. latine chrétienne*, p. 170 (trad. française). — 2. *Epist.*, 37 et 38. — 3. *De Obitu Valentiniani*, 78

que Servius Sulpicius écrivit à Cicéron après la mort de sa fille, et il se trouve que ce beau passage, où la vue des ruines enseigne à un sage du paganisme la fragilité des choses humaines, est devenu chrétien sans peine et qu'il se trouve tout à fait à sa place dans une lettre d'édification écrite par un évêque[1]. Ne soyons pas surpris que saint Ambroise éprouve si peu de répugnance à introduire ainsi l'antiquité classique dans des sujets chrétiens; il professe une théorie complaisante qui rassure tout à fait sa conscience. Selon lui, tout ce que l'antiquité a de vrai et de bon provient des livres sacrés. Pythagore était, dit-on, un juif de naissance; dans tous les cas, il a dû lire Moïse[2]; ainsi des autres. On admire chez les anciens poètes des éclairs de sagesse et de vérité : ils leur sont venus de Job ou de David, qui sont bien plus anciens qu'eux[3]. On peut donc puiser sans remords à ces sources antiques; elles découlent de la Bible par des chemins qu'on ne connaît pas. Un chrétien qui en fait usage n'emprunte pas des richesses étrangères, il reprend chez les autres ce qui lui appartient.

Quand des hommes comme saint Ambroise, saint Jérôme et saint Augustin, de grands évêques, des docteurs illustres, se trouvaient amenés à professer ces maximes et qu'ils donnaient l'exemple d'employer l'antiquité profane à établir les vérités religieuses, qu'on juge ce que des chrétiens plus tièdes, de simples laïques devaient faire. Dans ces conditions, il était naturel qu'une sorte de fusion s'accomplît entre ces éléments d'origine différente qu'on faisait servir au même dessein, est c'est ce qui ne manqua pas d'arriver. Sans doute quelques scrupules ont dû se produire encore chez les gens timorés, comme il y en avait dans les cloîtres, et qui cherchaient tou-

1. *Epist.*, 39. — 2. *Epist.*, 28. — 3. *Epist.*, 37 : *Quanto antiquior Job? Quanto vetustior David? Agnoscant ergo de nostris se habere quæcunque præstantiora locuti sunt.*

jours quelque raison de se tourmenter[1]. Mais leurs plaintes ne furent pas écoutées; et, comme elles n'allaient pas jusqu'à proscrire l'ancien système d'éducation, et que tant qu'a duré l'empire la façon d'élever la jeunesse est restée la même, on peut dire que les influences de l'école vinrent sans cesse fortifier et accroître ces éléments étrangers qui, depuis cinq siècles, ne cessaient de s'infiltrer dans le christianisme et qu'il essayait de s'assimiler.

1. Voyez, pour ces dernières résistances, Comparetti, *Virgilio nel medio evo*, I, p. 107 et sq.

APPENDICE

LES PERSÉCUTIONS

On s'est beaucoup occupé, depuis quelques années, des persécutions de l'Église, et il est peu de questions, dans l'histoire des premiers temps du christianisme, qui aient suscité plus de débats. Sans parler des dissertations que M. de Rossi et M. Le Blant, deux maîtres de l'archéologie chrétienne, ne cessent de nous donner; et pour nous en tenir aux ouvrages qui ont paru en France, M. Aubé a publié quatre volumes qui, sous des titres différents, racontent les luttes que l'Église a soutenues contre l'empire jusqu'à la fin du IIIe siècle[1]. En même temps, M. Allard, qui a popularisé chez nous les travaux de M. de Rossi sur les catacombes[2], achève la publication d'une grande histoire des persécutions, par deux volumes sur celle de Dioclétien et sur le triomphe de l'Église[3]. M. Renan, dans ses *Origines du christianisme*, a eu l'occasion d'étudier les persécutions que l'Église a souffertes jusqu'à la fin du règne de Marc-Aurèle. Enfin M. Havet y a touché dans le qua-

1. *Histoire des persécutions de l'Église jusqu'à la fin des Antonins*, 2 vol., 1875. *Les Chrétiens dans l'empire romain*, etc. 1 vol., 1881. *L'Église et l'État dans la seconde moitié du* IIIe *siècle*, 1885. — 2. *Rome souterraine*, etc., 1872. — 3. *Histoire des persécutions pendant les deux premiers siècles*, 1 vol. *Histoire des persécutions pendant la première moitié du* IIIe *siècle*, 1 vol. *Les Dernières Persécutions du* IIIe *siècle*, 1 vol. *La persécution de Dioclétien*, 2 vol.

trième volume de son livre sur le *Christianisme et ses origines*. Il me semble que, grâce à ces travaux, entrepris à des points de vue très différents, par des auteurs qui sortent d'écoles très opposées, beaucoup de points obscurs se trouvent définitivement éclaircis. Dans tous les cas, les arguments principaux ayant été fournis et développés des deux côtés, je ne crois pas qu'il soit téméraire ou prématuré de conclure.

Nous pouvons le faire avec d'autant plus d'assurance que la question n'est pas à proprement parler une question religieuse. Elle le serait, si l'on pouvait affirmer que la vérité d'une doctrine se mesure à la fermeté de ses défenseurs. Il y a des apologistes du christianisme qui l'ont prétendu ; ils ont voulu tirer de la mort des martyrs la preuve irrécusable que les opinions pour lesquelles ils se sacrifiaient devaient être vraies : « On ne se fait pas tuer, disent-ils, pour une religion fausse. » Mais en soi ce raisonnement n'est pas juste, et d'ailleurs l'Église en a ruiné la force en traitant ses ennemis comme on avait traité ses enfants. Elle a fait elle-même des martyrs, et il ne lui est pas possible de réclamer pour les siens ce qu'elle ne voudrait pas accorder aux autres. En présence de la mort courageuse des vaudois, des hussites, des protestants qu'elle a brûlés ou pendus sans pouvoir leur arracher aucun désaveu de leurs croyances, il faut bien qu'elle renonce à soutenir qu'on ne meurt que pour une doctrine vraie. Dès lors, il n'importe guère à la vérité du christianisme qu'il ait été plus ou moins persécuté et que le nombre de ceux qui ont versé leur sang pour lui soit plus ou moins considérable. Ce n'est plus qu'une question historique qu'on doit aborder avec le même calme que les autres; j'avoue, pour moi, que je ne puis comprendre les passions qu'elle a jusqu'ici excitées.

C'est dans cet esprit que je vais tenter de la traiter, et il me semble que, lorsqu'on n'y apporte pas de prévention, tout y devient simple et clair. Comme je n'ai d'autre intention, dans les pages qui suivent, que de résumer ce qu'ont dit des écrivains autorisés, le lecteur y retrouvera beaucoup d'opinions qu'il connaît; mais je n'y cherche pas la nouveauté : je voudrais seulement mettre en lumière quelques points qui, dans cette histoire, telle que la science nous l'a faite, me paraissent incontestables.

I

OMBRE DES PERSÉCUTIONS

Ce n'est guère que chez les écrivains ecclésiastiques qu'il est question des persécutions; les autres n'en parlent que par hasard et en quelques mots. C'étaient pour eux des événements de peu d'importance, auxquels ils ne faisaient pas attention. Même celle de Dioclétien, qui fut si grave, si longue, et qui aboutit au triomphe du christianisme, ni Aurélius Victor ni Zozime n'en disent rien.

Les auteurs ecclésiastiques eux-mêmes ne s'accordent pas toujours à propos du nombre et du caractère des persécutions. Il semble qu'on saisit chez eux deux tendances différentes. Quelques-uns les multiplient volontiers et en comptent six ou sept jusqu'à Dèce; d'autres cherchent visiblement à les restreindre. Méliton refuse de mettre Trajan parmi les princes qui ont persécuté l'Église[1]; Tertullien n'y place ni Trajan ni Marc-Aurèle[2]. Tous deux comprennent que ce serait un mauvais signe pour leur doctrine d'avoir été maltraitée par de si bons princes; ils se glorifient au contraire qu'elle n'ait eu

1. Eusèbe, *H. E.*, IV, 26. — 2. Tertullien, *Apol.*, 5.

pour ennemis qu'un Néron et un Domitien, c'est-à-dire les ennemis mêmes du genre humain.

Ce désaccord s'explique aisément quand on songe qu'au début les persécutions étaient rarement générales. Saint Augustin fait très justement remarquer que, l'Église étant répandue partout, il pouvait se faire qu'elle fût persécutée quelque part et tranquille ailleurs[1]. Il n'était pas besoin, pour que la persécution se ranimât dans les provinces, après quelques années de calme, que l'impulsion vînt de Rome et de l'autorité; un événement imprévu, un intérêt particulier et local pouvaient tout d'un coup enflammer les esprits, et, une fois excités, la loi ne leur offrait que trop de moyens de se satisfaire. C'est ce qui arriva sous Marc-Aurèle à Lyon, où les chrétiens furent, on ne sait pourquoi, insultés, battus, lapidés, traînés devant les magistrats, torturés et mis à mort; ce n'est qu'après que quelques-uns eurent été exposés aux bêtes, sur la demande du peuple, et qu'on en eut fait mourir d'autres en prison, que le proconsul, effrayé de voir leur nombre s'accroître tous les jours, s'avisa de consulter l'empereur, qui du reste ordonna de continuer comme on avait commencé[2]. Nous voyons de même la persécution éclater brusquement à Alexandrie un an avant l'édit de Dèce : la prédication d'une sorte de prophète ou de poète excite la populace, qui se jette sur les chrétiens, pille leurs maisons, les assomme dans les rues, allume des bûchers au milieu des places et les y précipite[3]. Peu de temps après le règne d'Alexandre Sévère, pendant la paix profonde dont jouissait l'Église, la Cappadoce et le Pont ayant été dévastés par des tremblements de terre qui renversent les temples, détruisent les villes, engloutissent les habitants, le peuple, suivant son habitude, s'en prend aux chrétiens et leur fait subir toute sorte de supplices. Ces massacres n'étaient pas

1. *De Civ. Dei*, XVIII, 52. — 2. Eusèbe, *H. E.*, V, 1. — 3. Eusèbe, *H. E.*, VI, 41.

commandés par l'autorité, mais ils n'étaient non plus ni arrêtés ni punis. On peut donc dire qu'en somme la persécution n'a jamais complètement cessé dans la vaste étendue de l'empire; elle ne s'éteignait ici que pour se ranimer un peu plus loin. Pendant les deux cent cinquante ans qui séparent Néron de Constantin, les chrétiens ont pu jouir de quelques moments de relâche, mais jamais leur sécurité n'a été complète. Leur sort dépendait de l'imprévu, leur condition changeait d'un pays à l'autre, et les empereurs qui les aimaient le plus n'ont pas pu les soustraire partout aux emportements du peuple qui s'appuyaient sur les injonctions de la loi.

Mais alors, si la persécution a été continue, s'il est vrai qu'elle ne se soit jamais entièrement arrêtée, d'où vient que les historiens de l'Église sont d'accord pour distinguer un certain nombre de persécutions particulières? On a souvent pensé que ce n'est là qu'une sorte de classement arbitraire imaginé longtemps après les événements, quand on éprouvait le besoin de faire une histoire héroïque à l'Église. Il faut abandonner aujourd'hui cette opinion, car nous avons la preuve que les persécutions ont été distinguées et classées par les gens mêmes qui en avaient souffert. Commodien, dans un ouvrage qu'on a découvert il y a quelques années, parle de celle de Dèce, dont il a été témoin, et dit expressément que c'est la septième[1]. Ce témoignage des contemporains, des victimes, ne permet plus de traiter légèrement la classification ordinaire. Il faut bien admettre qu'elle s'appuyait sur quelque fondement solide; il faut croire que, si les chrétiens n'ont pas cessé d'être maltraités sous l'empire, il y a eu des moments de recrudescence où, pour des motifs que nous ignorons, ils l'étaient davantage. Ce sont ces moments de reprise, ces retours et ces réveils de rigueur, se détachant sur un fond général de tracasserie et de violences, qu'on appelle les persécutions.

1. *Carmen apol.*, 808 (éd. Dombart).

II

DOUTES AU SUJET DES PERSÉCUTIONS

On a longtemps pris à la lettre ce que Sulpice Sévère et Paul Orose nous racontent des persécutions de l'Église. Personne n'a douté, pendant tout le moyen âge, que, depuis Néron jusqu'à Constantin, il n'y en ait eu neuf ou dix, suivant que l'on compte ou que l'on omet celle de Maximin, qui dura peu, et qu'elles n'aient fait un nombre incalculable de victimes. Tout le monde alors admettait sans aucune hésitation la réalité des Actes qu'on lisait dans les églises pour édifier les fidèles; c'est le temps où s'épanouissaient toutes les fleurs de la légende dorée. Les premières années de la Renaissance, qui ébranlèrent tant de superstitions, ne furent pas trop nuisibles à celle-là. La réforme persécutée, qui cherchait des forces dans l'exemple des anciens martyrs, dont elle pensait continuer l'œuvre, n'avait aucun intérêt à en diminuer le nombre ou à battre en brèche leur histoire. Scaliger, qui lisait pieusement les récits du Martyrologe, disait : « Il n'y a rien dont je sois plus ému; si bien qu'au sortir de cette lecture je me sens tout hors de moi ». Les doutes s'exprimèrent pour la première fois d'une manière scientifique dans la dissertation de Dodwell, publiée en 1684, et qui est intitulée *De Paucitate martyrum*. Le moment était heureux pour une attaque de ce genre : le XVIIe siècle finissait; les esprits commençaient à s'émanciper, et déjà pointait l'incrédulité du siècle nouveau. La dissertation de Dodwell fut lue avidement et fort commentée. En vain dom Ruinart essaya-t-il d'y répondre dans la préface de ses *Acta sincera*; il ne put en détruire l'effet. Voltaire, dès qu'il entre dans la lutte, crible Ruinart de ses railleries, et, ce qui est plus cruel, prend dans son livre même des arguments pour le combattre. Il refait à sa façon le récit des martyres les plus fameux, il en parodie les détails les plus touchants, et trouve moyen de nous égayer de ce qui faisait pleurer nos pères. Toutes les fois qu'il touche à ce sujet, sa verve est intarissable; puis, après qu'il a signalé les fraudes, les erreurs, et ce qu'il appelle « les sottises dégoûtantes » dont on a composé l'histoire des premiers temps de la religion chrétienne, il termine par cette conclusion ironique : « Elle est divine sans doute, puisque dix-sept siècles de friponneries et d'imbécillités n'ont pu la détruire! »

C'est donc la dissertation de Dodwell qui a été le point de départ des doutes au sujet du nombre des martyrs et de la violence des persécutions; mais, comme il était naturel, on est allé depuis beaucoup plus loin. Voici à peu près jusqu'où les plus radicaux arrivent en ce moment. Les dernières persécutions de l'Église, à partir de celle de Dèce, ont laissé des traces si profondes et sont attestées par des documents si certains qu'il n'est pas possible d'en nier l'existence. On est bien forcé de les admettre et l'on se contente d'affirmer ou de laisser entendre qu'elles ont fait beaucoup moins de victimes que les écrivains ecclésiastiques ne le prétendent. Mais pour celles qui ont précédé, on est plus à l'aise; non seulement on en diminue beaucoup les effets, mais on arrive à les supprimer elles-mêmes. Le moyen d'y parvenir est fort simple : il s'agit de détruire ou d'affaiblir l'autorité des textes qui nous en ont conservé le souvenir. Tertullien rapporte que les chrétiens ont été très maltraités sous Septime Sévère; mais est-il possible de nous fier tout à fait à son témoignage; et, puisqu'il a échappé aux bourreaux, quoiqu'il fût plus en vue que personne et qu'on eût plus d'intérêt à le frapper, il faut bien croire que la répression n'a pas été aussi violente qu'il le dit et qu'il était assez facile de s'y soustraire. Pour la persécution de Marc-Aurèle, nous avons un document de la plus grande importance. la lettre adressée aux Églises d'Asie et de Phrygie qui raconte la mort des martyrs de Lyon; elle semble à M. Renan la perle de la littérature chrétienne du IIe siècle et l'un des morceaux les plus extraordinaires qu'aucune littérature ait produits. « Jamais, dit-il, on n'a tracé un tableau plus frappant du degré d'enthousiasme et de dévouement où peut arriver la nature humaine : c'est l'idéal du martyre, avec aussi peu d'orgueil que possible de la part du martyr. » L'opinion de M. Havet est bien différente; il n'y trouve « que de belles périphrases, des comparaisons classiques, des mots à effet », et, « comme on ne voit pas ni à qui cette lettre est adressée, ni à quelle occasion, ni par quelle voie, ni qui est-ce qui a tenu la plume », il déclare qu'elle n'a aucun caractère historique. La persécution de Trajan revit pour nous dans la fameuse lettre de Pline le jeune à l'empereur et dans la réponse du prince. Mais, quoiqu'on n'ait jamais pu donner une raison décisive qui nous force à rejeter ces deux documents, on ne veut plus les tenir pour authentiques. Celle de Néron au moins semblait être au-dessus de toute attaque; elle était établie par un texte célèbre des *Annales* de Tacite qu'on ne songeait guère à suspecter. Or voici qu'on vient de nous apprendre que ces quelques lignes ne sont pas de Tacite et qu'elles ont été subrepticement introduites dans son ouvrage par un chrétien zélé et peu scrupuleux qui voulait assurer à sa religion l'honneur d'avoir été persécutée par le plus méchant empereur de Rome[1].

Voilà donc toute cette vieille histoire à bas; si nous en croyons quelques personnes, il n'en reste plus rien debout. Il est vrai que, pour la détruire, il faut entasser des suppositions qui ne laissent pas d'inquiéter un critique raisonnable. Ce n'est pas assez d'admettre que tous les écrivains ecclésiastiques se soient entendus pour nous tromper, ce qui pourrait à la

1. C'est l'opinion que soutient M. Hochart dans ses *Études au sujet de la persécution des chrétiens sous Néron.*

rigueur s'expliquer par l'esprit de secte qui fait commettre tant de fautes et leur trouve si facilement des excuses; il faut de plus supposer qu'ils sont parvenus à introduire leurs propres mensonges dans le texte des historiens profanes et qu'ils ont fait ainsi de leurs ennemis leurs complices. Mais pour affirmer avec tant d'assurance que les pères de l'Église ont menti, que les ouvrages de Tacite, de Pline, de Suétone ont été scandaleusement interlopés, quel argument invoque-t-on? Un seul, qui fait le fond de toute la polémique : on refuse de croire les faits allégués par tous les auteurs ecclésiastiques ou profanes parce qu'ils ne paraissent pas vraisemblables.

Cet argument, quand on s'en sert avec discrétion, est parfaitement légitime : il est sûr qu'une chose impossible ne peut pas être arrivée. C'est Voltaire qui a le premier largement appliqué à l'histoire ce critérium de vérité, et, en le faisant, il nous a rendu un grand service. Jusqu'à lui, les historiens étaient esclaves des textes ; on n'osait pas s'insurger contre une affirmation d'Hérodote, de Pline, de Tite Live. Ce qu'on n'aurait jamais cru, si un contemporain s'était permis de l'attester, on l'acceptait sans hésitation d'un ancien auteur. Il semblait vraiment que les gens de ces époques lointaines ne fussent pas de notre chair et de notre sang, et qu'il fût interdit de leur appliquer les règles qui nous guident dans la vie ordinaire. Voltaire fit cesser cette superstition, comme tant d'autres. Il déclara que les historiens de l'antiquité ne doivent pas avoir de privilège, qu'il faut juger leurs récits avec notre expérience et notre bon sens, qu'enfin on ne peut pas leur accorder le droit d'être crus sur parole quand ils racontent des faits incroyables. Il n'y a rien de plus juste, et ce sont les lois mêmes de la critique historique.

Malheureusement ces lois sont d'une application très délicate, et il faut avouer qu'il est fort aisé d'en faire un mauvais usage. Nous rejetons l'incroyable, à merveille! mais par incroyable qu'entendons-nous? C'est ici qu'on cesse de s'accorder. D'abord ceux qui apportent à l'étude du passé des opinions toutes faites sont toujours tentés de refuser de croire aux faits qui gênent leurs sentiments : il est si naturel de tenir pour déraisonnable ce qui n'est pas conforme à notre manière de raisonner! Et même parmi les personnes sans préjugé, sans parti pris, combien y en a-t-il qui ne soient pas trop pressées de conclure d'elles-mêmes aux autres, et de décider que les gens d'autrefois n'ont pas pu penser ou agir comme on nous le dit, parce que ceux d'aujourd'hui penseraient et agiraient autrement. C'est là peut-être la plus grande source d'erreurs. Chaque siècle a ses opinions et ses habitudes, ses façons de faire ou de voir, qui risquent de n'être pas comprises du siècle suivant. Les sentiments mêmes qui nous semblent les plus profonds, les affections les plus générales, les plus naturelles, sur lesquelles reposent la famille et la société, sont susceptibles de changer d'aspect d'une époque à l'autre. N'est-il pas tout à fait singulier, ne semble-t-il pas impossible qu'au temps des Césars et des Antonins, dans cet éclat de civilisation et d'humanité, on ait trouvé tout simple qu'un père exposât son enfant devant sa porte et l'y laissât mourir de froid et de faim, quand il ne lui plaisait pas de l'élever? Cet usage a pourtant duré jusqu'à Constantin sans qu'aucune conscience honnête se soit soulevée d'indignation, et Sénèque lui-même n'en paraît pas étonné. Il en est de même de certains faits fort étranges qui se passaient dans les temples de l'Asie et qu'Hérodote nous a complaisamment racontés. Voltaire, qui les juge d'après les mœurs de son siècle, les trouve tout à fait absurdes et s'en égaye beaucoup : « Vraiment, dit-il, il ferait beau voir nos princesses, nos duchesses, madame la chancelière, madame la première présidente, et toutes les dames de Paris donner, dans l'église Notre-Dame, leurs faveurs pour un écu »; et il en prend occasion pour maltraiter cruellement ce pauvre Larcher, qui se permettait de défendre les récits d'Hérodote. Ils sont vrais pourtant, quoique fort peu vraisemblables, et il n'y a personne aujourd'hui qui ne donne raison à Larcher. Voltaire s'est donc quelquefois trompé, et nous nous tromperons comme lui si nous nous croyons le droit de nous prononcer à la légère, d'après nos soupçons et nos répugnances, si nous regardons comme faux tout ce qui contrarie nos idées, tout ce qui nous arrache à nos habitudes, tout ce qui n'est pas conforme à nos opinions. Avant de récuser le témoignage d'un historien sérieux, il faut nous livrer à une enquête approfondie, sortir de notre temps, nous faire les contemporains des faits qu'on raconte, et voir alors s'il est vraiment impossible qu'ils se soien passés comme on le prétend.

III

LES CRUAUTÉS EXERCÉES CONTRE LES CHRÉTIENS SONT-ELLES VRAISEMBLABLES ?

Appliquons cette règle à la question qui nous occupe. Quels motifs allègue-t-on d'ordinaire pour établir que les tableaux qu'on nous fait des persécutions ne sont pas vraisemblables? — D'abord on insiste sur la dureté des lois, qui, selon les apologistes, furent promulguées contre les chrétiens, sur la cruauté des juges, et principalement sur l'effroyable rigueur des supplices. On se demande s'il est croyable que des princes comme Trajan ou Marc-Aurèle aient commandé ces horreurs, et que les contemporains de Sénèque en aient souffert le spectacle; et l'on conclut qu'il n'est pas possible que ces scènes affreuses se soient produites dans un temps si éclairé et si humain. Voilà, en deux mots, l'un des arguments le plus souvent invoqués contre le récit officiel des persécutions.

Mais ceux qui raisonnent ainsi me paraissent oublier que les deux premiers siècles de l'ère chrétienne sont un âge complexe, où les contraires se mêlent : siècles de progrès et de décadence, de grandes vertus et de vices énormes, dont on peut dire, tour à tour et sans injustice, beaucoup de bien et beaucoup de mal. C'est pour n'avoir vu qu'une des faces du tableau qu'un grand nombre d'écrivains ont embrouillé cette question, déjà si obscure, des origines du christianisme. Ceux qui sont plus frappés du mal que du bien, et qui ne songent qu'aux exemples épouvantables de débauche et de cruauté donnés par les empereurs et les gens qui les entouraient, croient cette société irrémédiablement corrompue, et quand ils y trouvent par hasard quelques personnages vertueux, quand ils lisent, dans les ouvrages de ses grands écrivains, quelques vérités élevées, ils ne veulent pas croire qu'elle ait pu les tirer d'elle-même, et sont amenés à penser qu'elle les doit à quelque influence chrétienne. C'est, par exemple, ce qui a fait imaginer la fable des rapports de Sénèque et de saint Paul. En revanche, ceux qui sont convaincus que Sénèque n'a rien emprunté aux doctrines du christianisme, ce qui est la vérité, et qui regardent les belles pensées qu'on trouve dans ses œuvres comme le produit naturel du progrès qu'avait fait la raison humaine en cinq ou six siècles de recherches philosophiques, arrivent à juger toute cette époque par ces pensées généreuses et ne veulent plus la croire capable des crimes qu'on lui attribue. Ils se révoltent quand on vient leur dire que, dans un siècle si poli, si lettré, si préoccupé de sagesse, si épris d'humanité, où les philosophes proclamaient « que l'homme doit être sacré pour l'homme », on ait pu témoigner pour la vie humaine le mépris insolent qu'atteste l'histoire des persécutions. C'est qu'ils oublient qu'à côté de ces enseignements philosophiques, où quelques âmes d'élite pouvaient prendre des leçons discrètes de justice et de douceur, il y avait des écoles publiques de cruauté où toute la foule allait s'instruire. Je veux parler de ces grandes tueries d'hommes dont on donnait l'exemple au peuple pendant les fêtes publiques. Il s'y accoutumait à voir couler le sang, et c'est un plaisir dont il lui est très difficile de se passer quand il en a pris l'habitude. Non seulement il l'exigeait de tous ceux qui voulaient lui plaire, empereurs ou candidats à l'empire, gouverneurs de provinces, magistrats des grandes et des petites villes, mais il fallait le lui rendre de plus en plus piquant en y mêlant sans cesse des raffinements nouveaux. De là tous ces supplices ingénieux qu'on ne se lassait pas d'inventer pour ranimer l'attention de ce public de dégoûtés. Les vieilles et nobles formes du théâtre antique, la comédie, la tragédie, paraissaient fades si elles n'étaient relevées par une saveur de réalisme brutal. Pour rendre quelque intérêt au drame d'*Hercule au mont Œta*, il fallait qu'on brûlât à la fin le héros sur un bûcher véritable; on ne supportait plus le mime appelé *Laureolus*, dont plusieurs générations s'étaient amusées, et qui représentait les démêlés d'un coquin avec la police, qu'à la condition que le principal personnage serait réellement mis en croix et qu'on jouirait de son agonie. C'étaient, à la vérité, des condamnés à mort qu'au dernier moment on substituait aux acteurs, et des condamnés qui appartenaient aux dernières classes de la société. Les gens de cette espèce ne pouvaient guère compter sur la pitié des Romains. Rome, en dépit de tous les changements de régime, est toujours restée un pays d'aristocratie. La loi y fait une grande différence entre les gens bien nés et les misérables (*humiliores* et *honestiores*), et ne leur applique pas les mêmes peines. Quand on punit le riche d'une simple relégation, on enferme le pauvre dans cet enfer, dont on ne sort guère vivant, qu'on appelle le travail des mines (*metalla*). Pour les crimes plus graves et qui entraînent la mort, l'un est décapité, l'autre jeté aux bêtes ou brûlé vif dans l'arène. Ces différences, dont personne ne songe à s'étonner, ont fini par accréditer l'opinion que sur les pauvres gens tout est permis; pour eux, la justice est toujours sommaire et la punition terrible. Mais voici le danger : l'habitude étant prise de les expédier sans façon, on étend le même procédé à des personnages de plus d'importance. Tibère s'étant aperçu, après la mort de Séjan, que ses prisons étaient trop remplies, les vida d'un coup en faisant tuer tous ceux qu'il y avait enfermés. « Ce fut, dit Tacite, un immense massacre. Tous les âges, tous les sexes, des nobles, des inconnus, gisaient épars ou amoncelés. Les parents, les amis, ne pouvaient les approcher, verser sur eux des larmes, ou même les regarder trop longtemps. Des soldats, postés à l'entour, suivaient ces restes corrompus, pendant que le Tibre les emportait. » Voilà une scène qui nous prépare à comprendre les tueries des persécutions.

IV

SOUS QUELLES LOIS TOMBAIENT LES CHRÉTIENS

Il est vrai que la politique seule a servi de prétexte à ces exécutions, et qu'on croit pouvoir affirmer qu'elles n'eurent jamais pour cause des opinions religieuses. « Chez les Romains, dit Voltaire, on ne persécutait personne pour sa manière de penser. » C'est aller peut-être un peu loin ; mais il faut avouer qu'au moins sous l'empire Rome a été très tolérante pour tous les cultes étrangers et qu'elle a donné une large hospitalité à tous les dieux du monde. Cette tolérance générale est un des principaux arguments qu'on invoque contre les persécutions chrétiennes. Il est sûr qu'au premier abord on ne comprend pas pourquoi les disciples du Christ ont été traités autrement que les adorateurs de Sérapis ou de Mithra. Nous ne sommes pas les premiers à nous en étonner; les chrétiens, qui étaient victimes de ces rigueurs inattendues, en ont été bien plus surpris que nous. Comme ils voyaient toutes les religions tolérées et des temples s'élever à tous les dieux dans les villes romaines, ils s'indignaient qu'on fît une exception pour eux seuls; c'est un sentiment qu'on retrouve chez tous leurs apologistes. Origène va plus loin : cette conduite des Romains envers la religion nouvelle lui paraît si étrange, si peu conforme à leurs pratiques ordinaires, qu'il veut y voir une preuve de la divinité du christianisme. Après avoir rappelé que le Christ avait dit à ses apôtres « qu'ils seraient conduits devant les rois et les magistrats à cause de lui, pour rendre témoignage en leur présence », il ajoute : « Qui n'admirerait la précision de ces paroles? Aucun exemple puisé dans l'histoire n'a pu donner à Jésus-Christ l'idée d'une pareille prédiction; avant lui, aucune doctrine n'avait été persécutée; les chrétiens seuls, ainsi que l'a prédit Jésus, ont été contraints par leurs juges à renoncer à leur foi, et l'esclavage ou la mort ont été le prix de leur fidélité. »

Cette surprise aurait été tout à fait légitime, s'il était vrai, comme semblent le dire quelques apologistes, que la condamnation des chrétiens fût entièrement illégale. Par malheur pour eux, il y avait des lois qui pouvaient leur être appliquées. Pour savoir quelles étaient ces lois, adressons-nous à Tertullien. C'était un habile jurisconsulte; il nous renseignera très exactement[1].

« Il y avait d'abord, nous dit-il, une vieille loi qui défendait d'introduire aucune divinité qui n'eût été approuvée par le sénat[2]. » Cette loi ne se retrouve plus, sous cette forme. dans les codes romains, tels que nous les avons aujourd'hui, mais on ne comprendrait pas qu'elle n'eût pas existé. Nous

1. Je renvoie, pour le commentaire légal des passages de Tertullien, à l'excellent travail de M. Mommsen intitulé *Das religionsfrevel nach römischen Recht.* — 2. *Apol.*, 5

avons déjà vu[1] que chez tous les peuples antiques la religion était une autre forme de l'État ou plutôt qu'elle donnait à l'État sa forme et son existence. C'était le culte des mêmes dieux, la pratique de la même religion, qui constituaient l'unité de la famille, de la tribu, de la cité. Toutes les fois que des individus isolés se groupaient pour former une association, ils se réunissaient autour du même autel ; la divinité qu'on y adorait donnait ordinairement son nom à la société nouvelle et en devenait le centre et le lien. Il ne suffit donc pas de dire qu'il y avait, dans l'antiquité, des religions d'État, puisque l'État et la religion étaient la même chose. Aussi la défense du culte national était-elle le premier devoir que s'imposaient les nations anciennes, et il était naturel que Rome eût interdit à ses citoyens d'honorer d'autres dieux que ceux de la cité : *separatim nemo habessit Deos*[2]. « Que de fois, dit Tite Live, n'a-t-on pas donné l'ordre aux magistrats d'interdire les cultes étrangers, de chasser du forum, du cirque, de la ville, les prêtres et les devins qui les propageaient, et de ne souffrir, dans les sacrifices, que les pratiques de la religion nationale ![3] »

Ces mesures furent inutiles et n'empêchèrent pas un grand nombre de divinités du dehors de s'établir à Rome. Ce qui rendit vaines les prescriptions de la loi, c'est que le sentiment public leur était contraire. Autant l'État montrait de mauvais vouloir aux cultes étrangers, autant le peuple témoignait d'attrait pour eux. C'était la maladie ordinaire de ces nations polythéistes de ne pouvoir jamais se rassasier de dieux ; plus elles en avaient, plus elles en voulaient avoir, et elles finissaient par s'approprier ceux de tous les peuples voisins. C'est ainsi que toutes les religions du monde finirent par se réunir à Rome. A l'époque de Claude, quand les premiers chrétiens vinrent y prêcher leur doctrine, elles y étaient toutes tolérées.

1. Voyez plus haut, p. 47. — 2. Cicéron, *De leg.*, II 8. — 3. Tite Live, XXXIX, 16.

On ne semblait plus se soucier de l'ancienne loi qui leur défendait de s'y établir et elle paraissait être tout à fait hors d'usage[1].

On ne l'avait pourtant pas abrogée; elle subsistait toujours dans cette forêt de lois antiques dont parle Tertullien, où les conservateurs romains avaient tant de peine à porter la hache[2]. On la citait avec respect; on la gardait comme une menace contre cette population bruyante et cosmopolite qui remplissait les quartiers obscurs de la grande ville, et peut-être même, à l'occasion, l'a-t-on tirée de son obscurité pour l'appliquer à quelques coupables. Quand Tibère frappa tous les juifs pour les punir de la faute de quelques-uns, quatre mille furent relégués en Sardaigne, pour y mourir de la fièvre; le reste reçut l'ordre de quitter Rome ou d'abjurer sa foi[3], ce qui semble bien indiquer qu'on les poursuivait au nom de la vieille loi sur les cultes étrangers. Cependant elle était tellement tombée en désuétude que Marc-Aurèle éprouva le besoin de la refaire en la restreignant. Il punit de l'exil ou de la mort « ceux qui introduisent des religions nouvelles qui sont capables d'exciter les esprits des hommes[4] ». Cette restriction est importante : ce ne sont donc plus tous les cultes nouveaux qu'on poursuit, mais seulement ceux qui peuvent créer un danger pour la sécurité publique.

Du reste, Tertullien semble reconnaître que ce n'est pas la loi contre les cultes étrangers qu'on applique surtout aux chrétiens. « Nous sommes accusés, dit-il, de sacrilège et de lèse-majesté : c'est là le point capital de notre cause, ou plutôt c'est notre cause tout entière[5]. » Cherchons à savoir ce qu'entendaient les jurisconsultes romains par ces crimes, et comment on pouvait prouver que les chrétiens en étaient coupables.

Il paraît résulter des explications données par Tertullien

1. C'est ce que fait entendre Tertullien quand il dit : *vetus erat decretum*. — 2. *Apol.*, 4. — 3. Tacite, *Ann.*, II, 85. — 4. Paulin, *Sent.*, 5, 21. — 5. *Apol.*, 10

qu'on accusait les chrétiens de sacrilège parce qu'ils refusaient de rendre hommage aux dieux de Rome, — *Deos non colitis*; — mais cette interprétation ne se concilie pas facilement avec les lois romaines telles que nous les avons aujourd'hui. Elles appellent sacrilège le crime de ceux qui dévastent les temples et en enlèvent les objets sacrés. Ce crime est, on le voit, assez restreint, et, pour empêcher qu'on ne l'étende, la loi a grand soin de définir ce que le mot « objets sacrés » veut dire. Il ne s'applique pas à tout ce que contient un temple, « et si, par exemple, un particulier y a déposé son argent, celui qui le vole ne commet pas un sacrilège, mais un simple larcin ». Il en résulte qu'aux termes de la loi ceux-là seuls étaient coupables de sacrilège parmi les chrétiens qui se laissaient entraîner, comme Polyeucte, par l'ardeur de leur zèle et allaient briser les idoles dans les temples : or de telles hardiesses étaient rares et l'Église les condamnait. Il est donc probable que, si la loi n'avait que le sens que lui donnent les jurisconsultes, on n'a pas dû avoir l'occasion de l'appliquer souvent aux chrétiens; mais peut-être en avait-on forcé la signification et étendu la portée au IIe siècle[1]. Nous ne voyons pas que, pendant la république, personne se soit avisé de poursuivre devant les tribunaux ceux qui doutaient de l'existence des dieux ou qui se permettaient de rire de leurs légendes; ni Lucilius ni Lucrèce n'ont été inquiétés pour leurs vers impies. C'était alors une maxime parmi les gens sages qu'il faut laisser aux dieux le soin de venger leurs offenses, *deorum injuriæ dis curæ*; mais on dut devenir plus attentif et plus scrupuleux quand la vieille religion fut menacée par le christianisme. L'approche de l'ennemi rendit sans doute la défense plus vigilante; ce qui avait semblé jusque-là fort innocent devint criminel. On nous dit que les païens zélés demandaient

1. C'est l'opinion de M. Mommsen, dans le mémoire que j'ai cité plus haut : il pense que, pendant l'empire, la loi de majesté protégea la religion comme le prince.

que les deux traités de Cicéron *sur la Nature des Dieux* et *la Divination* fussent brûlés solennellement avec la Bible par l'ordre du sénat, « parce qu'ils ébranlaient l'autorité du culte national[1] ». Il serait curieux de savoir de quelle loi on aurait pu se servir pour autoriser cette exécution, et si ce n'était pas quelque application nouvelle de la vieille loi sur le sacrilège. Ainsi étendue, elle pouvait atteindre les chrétiens, et rien n'était plus aisé que de s'en servir contre eux.

Après la majesté divine, c'est la majesté impériale qu'on les accuse d'outrager. Le reproche est beaucoup plus grave, car, dit Tertullien, César est plus respecté et plus craint que Jupiter[2].

La loi de majesté, par sa formule vague et générale, pouvait se prêter à tout, et l'on sait l'usage terrible que les mauvais empereurs en ont fait. On entendait par crime de majesté ou de lèse-majesté, comme nous disons aujourd'hui, « tout attentat commis contre la sécurité du peuple romain ». A la rigueur, on pouvait prétendre que les chrétiens en étaient coupables, car l'introduction d'une religion nouvelle jette toujours quelque trouble dans un État. Avec l'empire, ces accusations étaient devenues plus communes : le peuple romain s'était personnifié dans un homme qui croyait toujours qu'on voulait attenter à sa sûreté. Cet homme, qui se savait haï, devenait aisément soupçonneux. La subtilité des délateurs, qui trouvaient partout des complots, et la complaisance des juges, qui ne refusaient jamais de les punir, entretenaient ces soupçons. Personne n'y échappait, et les chrétiens eux-mêmes, malgré l'innocence de leur vie et leur éloignement des dignités politiques, finirent par en être victimes. Ils étaient ordinairement graves, réservés, sérieux, on les accusait d'être tristes, et leur tristesse passait pour

1. Arnobe, III, 7 : *quibus christiana religio comprobetur et vetustatis opprimatur auctoritas*. — 2. *Apol.*, 28.

un outrage à « la félicité du siècle ». Convenait-il de paraître mécontent quand le sénat proclamait dans des décrets solennels que jamais le monde n'avait eu tant de raisons d'être heureux? Ils fuyaient les cirques, les théâtres, les arènes, lorsqu'on y célébrait des jeux solennels pour fêter l'anniversaire de la naissance du prince ou de son avènement au pouvoir. C'était bien assez pour devenir suspects dans un temps où on l'était si vite. Ce qui confirmait les soupçons, c'est qu'ils ne voulaient pas reconnaître la divinité de l'empereur. « Je ne l'appelle pas un dieu, disait Tertullien, parce que je ne sais pas mentir, et que je ne veux pas me moquer de lui[1]. » Le proconsul qui les faisait comparaître devant lui avait toujours dans son prétoire quelque statue du prince. C'est en présence de cette image qu'on traînait les chrétiens; on leur demandait de témoigner leur obéissance aux lois en brûlant un peu d'encens en l'honneur de César, et d'ordinaire on ne pouvait pas l'obtenir. Ce refus, auquel un païen ne comprenait rien, les faisait passer pour de mauvais citoyens, des sujets indociles, et l'on croyait pouvoir sans scrupule tourner contre eux les prescriptions rigoureuses de la loi de majesté.

Parmi ces prescriptions, il en était qui semblaient s'appliquer tout à fait aux chrétiens; l'une d'elles interdisait formellement « de tenir aucune réunion ou assemblée qui poussât les hommes à la sédition ». C'était une défense que certains empereurs, les plus honnêtes d'ordinaire et les plus vigilants, faisaient observer avec une grande sévérité. Trajan était si ennemi du droit de réunion, il redoutait tant les désordres qui en sont la suite naturelle, qu'il ne voulut jamais permettre qu'on formât à Nicomédie une association d'ouvriers pour éteindre les incendies. Les assemblées des chrétiens se tenaient ordinairement dans des maisons pauvres, et souvent

1. *Apol.*, 33.

la nuit; ils en écartaient avec soin les indiscrets et les curieux, ils y réunissaient en grand nombre des ouvriers et des esclaves : toutes ces circonstances devaient paraître suspectes à des princes amis de l'ordre et éveiller l'attention des magistrats[1].

C'était une affaire grave pour la nouvelle religion que de tomber sous le coup de la loi de majesté. Aucune n'était exécutée avec autant de rigueur, aucune ne donnait lieu à des poursuites aussi sévères et à des peines aussi terribles. Il n'y avait pas de privilège qu'on pût invoquer contre elle; les droits du rang et de la naissance, que les Romains observaient si scrupuleusement, étaient suspendus dès qu'il s'agissait d'une accusation de majesté. Tout personnage soupçonné de ce crime pouvait être mis à la torture; on y soumettait les hommes libres comme les esclaves, les grands seigneurs comme les pauvres gens. Toutes les délations étaient acceptées avec empressement, tous les témoignages étaient bons pour perdre l'accusé. En dehors des accusateurs ordinaires, on écoutait avec complaisance les rapports du soldat, « car il veille sur la paix publique » et il a plus d'intérêt que les autres à la défendre; on ne rebutait pas même ceux de l'homme mal famé qui avait été flétri par un jugement, ni ceux de l'esclave, auquel on laissait le droit terrible d'accuser son maître[2]. Tertullien nous dit précisément que les soldats et les esclaves ont été avec les juifs les plus violents accusateurs des chrétiens.

Ce qui est surprenant, c'est que plus tard, quand la loi s'adoucit un peu contre les coupables ordinaires, et que les crimes politiques ne furent pas aussi durement punis, les

1. On pouvait encore poursuivre les chrétiens pour d'autres crimes, comme celui de magie, de sortilège, etc., voyez le Mémoire de M. Le Blant, *Sur les bases juridiques des poursuites dirigées contre les martyrs* (*Comptes rendus* de l'Acad. des inscr., 1866). — 2. Dans l'affaire des martyrs de Lyon, leurs esclaves furent mis à la torture et les accusèrent de crimes monstrueux, ce qui prouve que c'était bien au nom de la loi de majesté qu'on poursuivait les chrétiens.

chrétiens ne profitèrent pas de cette clémence. Mais la lutte était alors engagée entre eux et le pouvoir, et leur obstination paraissait indigne de miséricorde. Il arriva donc que la loi de majesté ne conserva plus ses rigueurs que pour ceux qu'elle n'aurait jamais dû atteindre. Cette injustice indignait Tertullien. « Nous sommes brûlés vivants pour notre Dieu, disait-il; c'est un supplice que vous n'infligez plus aux sacrilèges, aux véritables conspirateurs, à tous ces ennemis de l'État qu'on poursuit au nom de la loi de majesté. »

On donne ordinairement, pour expliquer ces mesures exceptionnelles, une raison assez vraisemblable. Les autres religions, pour lesquelles on se montra plus indulgent, étant au fond polythéistes, pouvaient s'accorder avec celle de Rome; Isis et Mithra ne répugnaient pas à s'entendre avec Jupiter et Minerve; les inscriptions nous montrent que ces divers dieux, quoique fort distincts par leur origine, leur caractère, s'aident les uns les autres et se recommandent mutuellement à la piété des fidèles. Celui des chrétiens n'est pas aussi accommodant; il veut tout pour lui et n'admet pas de partage. Plus d'une fois, dans leurs aigres disputes avec les partisans des nouvelles croyances, les amis de Jupiter très bon et très grand, qui siégeait au Capitole et de là régnait sur l'univers prosterné, avaient dû entendre les chrétiens murmurer ces mots terribles qu'ils empruntaient à leurs livres sacrés : « Les dieux des nations sont des idoles; qu'ils soient déracinés de la terre! » Ces menaces, on le comprend, exaspéraient les païens. On ne s'entendit pas avec des gens qui ne voulaient s'entendre avec personne, et, comme ils refusaient opiniâtrément d'entrer dans cette fusion qui s'opérait alors entre tous les cultes, ils furent mis hors de la tolérance commune. Il faut pourtant remarquer qu'on ne fut pas aussi sévère avec les juifs, quoiqu'on eût les mêmes raisons de l'être. Leur religion, comme celle des chrétiens, était ennemie de toutes les autres et refusait obstinément de s'unir avec elles; et pourtant, après quelques persécutions passagères, ils finirent par obtenir la liberté de la pratiquer à des conditions assez douces[1]. C'est ce qu'on a toujours refusé aux chrétiens. Jamais on n'a consenti à les supporter. Jusqu'à la fin le peuple les a poursuivis d'une de ces haines excessives, déraisonnables, qui, précisément parce qu'elles n'ont pas de raison, sont très difficiles à combattre, et que M. Mommsen, pour en faire comprendre d'un mot la violence et l'absurdité, compare à l'antisémitisme d'aujourd'hui.

V

PROCÉDURE SUIVIE DANS LES PROCÈS DES CHRÉTIENS

La marche qu'on suivait dans les procès intentés aux chrétiens paraît très surprenante et ne répond guère à l'idée que nous nous faisons d'un peuple ami de la justice. Cependant il n'y a rien de mieux attesté et qu'il soit plus difficile de mettre en doute.

Un des plus anciens exemples que nous ayons de ces procédures singulières se trouve dans la seconde apologie de saint Justin. Il nous raconte qu'une femme, qui avait longtemps mal vécu, s'étant convertie au christianisme, essaya de ramener son mari à une conduite plus honnête, mais que, comme elle le vit plus que jamais engagé dans ses désordres, et qu'il voulait même la forcer à les partager, elle résolut de demander le divorce. Le mari, pour se venger, l'accusa devant

1. Ils furent même dispensés de certaines pratiques religieuses pour pouvoir devenir décurions, Digeste, L, 1, 3, 3.

les tribunaux d'être chrétienne, mais la femme obtint qu'elle ne serait jugée de ce crime qu'après que l'affaire du divorce serait terminée. Furieux de voir sa vengeance retardée, le mari s'en prit à un certain Ptolémée, qu'il accusait d'avoir converti sa femme. « Il s'adressa à un centurion et l'engagea à se saisir de Ptolémée et à lui demander seulement s'il était chrétien. Ptolémée, qui aimait la vérité, et ne voulait ni tromper ni mentir, ayant avoué qu'il l'était, le centurion le fit remettre aux fers et longtemps il le tourmenta dans son cachot. A la fin, quand il fut amené devant (le juge) Urbinus, on lui fit seulement la même question encore, s'il était chrétien; et derechef ayant conscience de ce qui était son bien par l'enseignement du Christ, il confessa la divine morale qu'il avait apprise. Urbinus ayant donné l'ordre de l'exécuter, un certain Lucius, qui était lui-même chrétien, voyant un jugement si déraisonnable, s'adressa à Urbinus et lui dit : « Qu'est cela? Voilà un homme qui n'est ni adultère, ni corrupteur, ni meurtrier, ni voleur, ni brigand, ni convaincu d'aucun crime, mais qui confesse seulement qu'il s'appelle du nom de chrétien, et tu le fais exécuter? Ce n'est pas là un jugement tel que tu le dois à notre empereur pieux, à César le philosophe, ni au saint sénat, Urbinus. » Et l'autre, sans répondre, dit seulement à Lucius : « Tu m'as l'air d'être aussi de la même espèce ». Et Lucius ayant dit : « Précisément », il ordonna de l'exécuter aussi. Lucius déclara qu'il le remerciait, sachant bien qu'il échappait à des maîtres odieux pour aller au Père suprême et au Roi du ciel. Et un troisième étant survenu fut aussi condamné à la même peine[1]. » Quelque étrange et expéditive que nous semble cette façon d'agir, les faits ont bien dû se passer comme Justin les rapporte. Il écrivait une apologie qui devait être lue du sénat et du prince; il ne pouvait pas leur présenter un tableau inexact de la procédure qu'on suivait envers les

1. Je cite ce passage dans la traduction qu'en a donnée M. Havet.

chrétiens; il aurait été trop facilement convaincu de mensonge. Il est donc sûr que, dans les procès de ce genre, le juge ne posait jamais qu'une question au prévenu : il lui demandait s'il était chrétien, et, sur sa réponse affirmative, il le condamnait sans hésiter C'est ce que confirment les actes des martyrs auxquels on peut avoir confiance et plus encore les plaintes passionnées des apologistes. Tous répètent, comme le Lucius de saint Justin, qu'avant de prononcer la sentence, il faudrait savoir quel crime l'accusé a pu commettre, s'il est voleur, brigand ou meurtrier; mais non, on se contente de demander s'il est chrétien. C'est donc un nom qu'on poursuit, c'est pour un nom qu'on fait périr un homme[1] !

Je ne vois que deux façons d'expliquer cette étrange manière de procéder : ou bien nous devons croire qu'à un moment que nous ignorons, sous une forme qui ne nous est pas connue, il a dû paraître un décret, un rescrit, un acte quelconque du prince, qui déclarait d'une manière générale que les chrétiens étaient coupables de quelque crime et qu'ils tombaient sous la loi. Quand les juges disent à l'accusé : « Êtes-vous chrétien? » ils sous-entendent : « Si vous l'êtes, il est juste de vous appliquer la loi qui proclame que tout chrétien est un criminel, et vous méritez la mort ». Comme il leur semble que l'aveu d'un de ces crimes entraîne la reconnaissance de l'autre, ils se contentent de mentionner le premier; c'est une façon de simplifier la procédure. Ou bien il faut penser qu'il s'était établi, dès le premier jour, un préjugé qui faisait admettre comme démontré que les chrétiens étaient de grands criminels, en sorte qu'on pouvait saisir tous ceux qui confessaient l'être, *correpti primum qui fatebantur*[2]; et comme ce précédent parut suffisant dans la suite pour justifier toutes les rigueurs, on continua de les punir sur leur nom

1. Ce ne sont pas seulement les apologistes qui s'expriment ainsi. Pline, dans sa fameuse lettre, se demande « si c'est le nom des chrétiens qu'on poursuit, ou les crimes que ce nom suppose ». — 2. Tacite, *Ann.*, XV, 44.

seul, sans se demander davantage de quel crime ils étaient accusés; c'est l'opinion à laquelle inclinent M. Renan et M. Mommsen. Quoi qu'on pense à ce sujet, il n'en est pas moins étrange que, chez un peuple qui se piquait de respecter les formes de la justice, les jugements n'aient pas été mieux motivés. Nous venons de voir qu'on pouvait appliquer aux chrétiens certaines lois qui leur étaient contraires. Qui empêchait le juge de citer ces lois au prévenu, quand il comparaissait devant lui, et de les mentionner dans l'arrêt qui le condamnait au supplice, ce qui aurait empêché les chrétiens de dire qu'ils n'étaient victimes que du nom qu'ils portaient? Il est bien difficile de le comprendre.

Pendant le procès il se produit bien d'autres irrégularités, que les apologistes ont grand soin de signaler; Tertullien surtout, en sa qualité de jurisconsulte, les relève avec aigreur. Ordinairement on n'interroge un accusé que pour obtenir qu'il avoue son crime. Il semble donc qu'ici, quand le malheureux avait répondu qu'il était chrétien, il ne restait plus qu'à prononcer la sentence; c'est bien ce qui se faisait lorsqu'on avait à juger un de ces hommes dont la fermeté était connue et qu'on n'espérait pas ébranler[1]. Mais le plus souvent, après l'aveu de l'accusé, l'interrogatoire continuait. C'est qu'en général les juges ne tenaient pas à trouver des coupables; s'ils étaient éclairés, humains, étrangers à tout fanatisme religieux, il leur répugnait de livrer aux bêtes ou de faire brûler vifs des gens qu'ils regardaient seulement comme des entêtés ou des fous. Un jour que les chrétiens se présentaient en foule devant le tribunal du sage gouverneur de l'Asie, Arrius Antoninus, pour y confesser leur foi : « Misérables, leur dit-il, n'avez-vous donc pas chez vous des cordes pour vous pendre ou des fenêtres pour vous jeter? » Malheureusement les ordres du prince

1. Voyez, par exemple, le procès de saint Cyprien, dont nous avons conservé les pièces.

étaient formels ; on ne pouvait les sauver que s'ils revenaient sur leur aveu. Le juge les engageait donc avec insistance à se rétracter, et quand il y parvenait, il en éprouvait une joie très vive ; il se faisait un point d'honneur de réussir. « J'ai vu, dit Lactance, un gouverneur de Bithynie aussi triomphant que s'il avait battu une nation barbare, parce qu'un chrétien, après deux ans de lutte courageuse, avait fini par céder[1]. » Quand la persuasion est impuissante, le juge a recours à la violence : et si rien ne réussit, il emploie la torture. Tertullien n'a pas de peine à montrer l'iniquité de ce procédé. La torture, d'après la législation romaine, devait être un moyen d'information ; on en faisait un instrument de mensonge. Au lieu de l'appliquer à ceux qui mentaient pour les forcer à dire la vérité, on s'en servait contre ceux qui disaient la vérité pour les obliger à mentir. C'est le renversement de la justice. Mais le juge ne s'en aperçoit guère ; la conscience qu'il a de ses bonnes intentions le rassure ; il se rend témoignage des efforts qu'il fait pour sauver le coupable, et s'applaudit peut-être de son humanité, au moment même où il le torture. Plus il le voit obstiné dans une résistance dont il ne peut pas comprendre les motifs, plus il devient impatient et irritable. Il entre enfin dans une de ces fureurs dont les modérés sont capables quand on les pousse à bout, et, comme la loi le laisse libre dans l'application de la peine, qu'il peut la rendre à son gré plus dure ou plus douce, il est naturel qu'il en profite pour condamner le chrétien récalcitrant aux supplices les plus rigoureux.

Il y avait donc d'abord, entre l'accusé et le juge, une sorte de combat singulier, où le juge mettait son amour-propre à n'être pas vaincu, et qui tournait toujours au préjudice de l'accusé. La sentence prononcée, une lutte du même genre commence entre le condamné et le bourreau. A sa façon, le bourreau est un artiste, c'est le nom que lui donne Prudence.

1. Lact., *Inst. div.*, V, 18.

Il tient à sa réputation; d'autant plus qu'à Rome l'exécution d'un criminel est un spectacle et qu'elle a lieu quelquefois dans les jeux publics. Devenu l'un des acteurs de ces grandes solennités, le bourreau a le sentiment de son importance; il soigne sa renommée. Comme il met son orgueil à faire peur et que rien ne l'humilie plus que de paraître impuissant, la fermeté de ses victimes lui semble un outrage, et l'on comprend qu'il ait recours à toutes les ressources de son art pour en triompher.

VI

COURAGE DES CHRÉTIENS DANS LES SUPPLICES

C'est ainsi que ces amours-propres irrités conspirèrent ensemble pour rendre la situation des chrétiens plus dure, et voilà comment on en vint à leur infliger des peines si épouvantables, qu'après s'être étonné qu'il se soit trouvé des juges pour les prononcer contre eux, on n'est guère moins surpris que les victimes aient été capables de les supporter. Il est sûr que le courage des martyrs paraît quelquefois dépasser les forces humaines, et c'est encore un motif qui fait douter de la véracité de leurs Actes.

Mais ici encore tout s'explique, quand on veut bien regarder de près : les faits qu'on nous raconte, et qui peuvent d'abord paraître peu vraisemblables, nous surprendront moins si nous songeons qu'il s'en fallait beaucoup que tous les chrétiens fussent aussi fermes. Les Actes des martyrs ne nous parlent que de ceux qui ont tenu bon jusqu'au bout; c'était une élite. Nous savons que beaucoup d'autres se laissèrent vaincre par les supplices, ou que même ils n'osèrent pas en affronter la menace. Les lettres de saint Cyprien et quelques documents fort curieux conservés par Eusèbe nous montrent qu'à côté de ces vaillants, qui surent bien mourir, il y avait beaucoup de timides qui cherchaient tous les moyens de se soustraire au danger. Le nombre de ces timides augmenta naturellement quand la communauté devint plus riche. « Celui dont la bourse est à sec, dit Juvénal, chante en face des voleurs. » On est moins hardi lorsqu'on a quelque chose à perdre. Les négociants, les banquiers, les fonctionnaires que l'Église comptait parmi ses fidèles, étaient fort troublés quand la nouvelle leur venait de Rome que l'empereur allait publier quelque édit de persécution. La crainte de compromettre leur fortune ou leur position leur causait de mortelles inquiétudes. Aux premières poursuites beaucoup reniaient leur foi; saint Cyprien nous dit qu'ils le faisaient quelquefois avec un empressement étrange et qu'ils apportaient leur abjuration avant qu'on la leur eût demandée : on les appelait les Tombés, *Lapsi*; d'autres se procuraient à prix d'argent des attestations fausses qui assuraient qu'ils avaient sacrifié aux idoles, quoiqu'ils n'en eussent rien fait : c'étaient les *Libellatici*. D'autres, enfin, se cachaient et attendaient dans quelque retraite que l'orage fût passé. Quelques-uns seulement, les plus résolus, les plus sûrs d'eux-mêmes, osaient braver les menaces du prince. Ce sont les seuls dont la postérité ait tenu compte; leur triomphante résistance a couvert tous les autres. Aussi semble-t-il, à distance, qu'à l'heure du danger il n'y ait eu que des héros dans la communauté chrétienne; mais, quand on regarde mieux, on voit bien qu'alors, comme il arrive toujours, les courageux furent en minorité.

Encore ceux-là ne seraient-ils peut-être pas restés fermes jusqu'à la fin s'ils n'avaient reçu une sorte de préparation particulière qui les rendait propres au martyre. Dans la fameuse lettre rapportée par Eusèbe, qui nous raconte la presécution de Lyon, il est dit que, parmi ceux qui s'étaient d'abord offerts avec une sorte de bravade, quelques-uns faiblirent aux premiers combats, « parce qu'ils n'étaient pas suffisamment préparés et exercés ». Il fallait donc l'être pour souffrir tous les tourments auxquels un chrétien était exposé. M. Le Blant a mis ce point en pleine lumière dans un des Mémoires les plus intéressants et les plus originaux qu'il ait publiés[1]. Il a fait voir par quelle série de pratiques et de leçons on essayait de fortifier d'avance l'âme des fidèles. De petits livres, que nous avons encore, leur rappelaient, sous une forme concise, toutes les raisons qu'ils pouvaient avoir de haïr l'idolâtrie, afin de rendre inutiles les efforts qu'on allait faire pour les y ramener. On les enflammait ensuite en exaltant la gloire de tous les hommes de cœur qui, depuis Daniel et les Macchabées jusqu'aux victimes de Néron et de Domitien, avaient bravé les supplices pour garder leur foi; enfin on leur montrait la récompense réservée à ceux qui ne se laissent pas vaincre par le bourreau, et le paradis ouvert pour les recevoir. C'étaient surtout ces belles espérances qui donnaient aux patients un courage surhumain. « Le corps, dit Tertullien, ne s'aperçoit pas des tourments lorsque l'âme est toute dans le ciel. » On arrivait ainsi à créer de ces élans de passion capables de supprimer chez les victimes le sentiment de la douleur. Les pères de l'Église comparaient cette préparation à celle qu'on faisait subir aux athlètes pour les habituer à la lutte et les armer contre la souffrance et contre la mort. Elle me rappelle un autre souvenir. Quand la philosophie grecque, fatiguée de beaucoup d'aventures, s'enferma dans l'étude de la morale pratique et n'aspira plus qu'à donner des règles pour la conduite de la vie, elle conçut, dans ce domaine restreint, de vastes espérances. Il lui sembla d'abord possible d'arriver,

1. *Mémoire sur la préparation au martyre dans les premiers siècles de l'Église.*

par un effort de l'âme, à dompter les passions et à détacher si complètement l'homme des choses de ce monde, qu'il ne se sentît plus blessé quand il les perdait. Elle espéra ensuite qu'elle pourrait étendre plus loin son pouvoir et le rendre insensible à la douleur physique comme aux peines morales. C'est la prétention qu'affichent, après Socrate, les écoles les plus diverses. Toutes ont des formules, presque des recettes, qu'elles enseignent à leurs adeptes, et dont elles vantent l'efficacité. Les épicuriens prétendent que, pour rendre la souffrance présente plus légère, il suffit de penser fortement à une volupté passée; les stoïciens affirment qu'à force de se redire à soi-même que la douleur n'est pas un mal, on finit par se le persuader, et qu'on en souffre moins les atteintes. Quel a été le succès de leur entreprise? Assurément il n'a pas dû répondre tout à fait à leur ambition : quand on s'en prend à la nature humaine et qu'on veut lui faire violence, on ne peut pas espérer une victoire complète. Mais, pour prétendre que ce grand effort est resté entièrement stérile, il ne faut pas savoir combien la peur d'un mal en augmente l'intensité, et le pouvoir que l'âme peut exercer sur le corps. Dans tous les cas, l'histoire des persécutions nous montre les chrétiens réalisant ce qu'avait tenté la philosophie. Eux aussi, à leur manière, travaillaient à mettre le corps sous la dépendance plus étroite de l'âme; eux aussi, comme les épicuriens et les stoïciens, cherchaient des moyens de le fortifier contre la souffrance et contre la mort. « Allons, bourreau, fait dire Prudence à l'un des martyrs, brûle, déchire, torture ces membres qui ne sont qu'un amas de boue. Il t'est facile de détruire cet assemblage fragile. Quant à mon âme, malgré tous tes supplices, tu ne l'atteindras pas[1]. » Ces beaux vers me rappellent le mot célèbre du stoïcien Posidonius, qui, tourmenté par un violent accès de goutte, frappait du pied en disant : « Tu as beau faire, ô douleur, tu ne me

1. Prudence, *Perist.*, 3, 90.

forceras pas à reconnaître que tu es un mal! » Comment se fait-il donc que les philosophes aient si peu rendu justice aux chrétiens? Pourquoi n'ont-ils pas reconnu qu'après tout c'étaient des gens qui pratiquaient, sans le savoir, les préceptes des plus grands sages, qui domptaient la douleur et restaient fermes devant la mort, sans l'avoir appris dans une école? Je me figure qu'en les voyant si intrépides au milieu des tortures, ils ne pouvaient d'abord se défendre d'une certaine surprise, et que même quelquefois ils ressentaient une admiration secrète pour eux; mais bientôt les préventions reprenaient le dessus, et ils ne manquaient pas de trouver de bonnes raisons pour rabaisser leur courage. Épictète explique la mort énergique des galiléens « par une sorte de folie et d'habitude ». Marc-Aurèle, après avoir établi qu'il faut que l'âme soit prête à se séparer du corps, ajoute : « Mais elle ne doit s'y résoudre que pour des motifs raisonnables, et non par obstination pure, comme font les chrétiens ». Décidément, l'esprit de secte est mauvais conseiller : il aveugle les plus grands caractères et rend injustes les plus nobles cœurs.

VII

CARACTÈRES PARTICULIERS DES PREMIÈRES PERSÉCUTIONS

Quand les empereurs virent que les premières tentatives faites contre les chrétiens n'avaient pas réussi, ils pensèrent qu'en prenant eux-mêmes la direction des poursuites, en y mettant plus d'ordre et de régularité, elles auraient plus de succès; ils résolurent d'y apporter cet esprit administratif et méthodique qui avait inspiré, en d'autres temps, les proscriptions de Sylla et d'Octave. Avant d'entamer la lutte, ils adressaient aux gouverneurs des provinces un édit où tout était minutieusement prévu et réglé, et les poursuites commençaient partout, au même moment et de la même manière. Ce nouveau système, mis en pratique par Dèce, dura jusqu'à Dioclétien; il fut beaucoup plus cruel que l'autre, sans être plus efficace, et n'empêcha pas le triomphe définitif de l'Église avec Constantin.

Les premières persécutions n'étaient pas menées d'une manière aussi savante. C'étaient des violences intermittentes et capricieuses, commencées au hasard, poursuivies sans dessein, et qui d'ordinaire n'atteignaient que quelques villes ou quelques provinces. D'abord il arrive souvent que l'initiative n'en vient pas des princes; Trajan, Hadrien, Marc-Aurèle suivent l'impulsion plus qu'ils ne la donnent. Ils reconnaissent sans doute la légitimité des poursuites, ils ordonnent de punir sans pitié les chrétiens, quand ils sont dénoncés, mais ils n'aiment pas qu'on devance ou qu'on provoque ces dénonciations. « Vous souffrez, dit Athénagore à Marc-Aurèle, que nous soyons chassés, pillés, mis à mort. » Il le souffre, mais il ne l'ordonne pas; il est moins cruel que faible et complaisant aux passions populaires. Aussi l'apologiste s'empresse-t-il d'ajouter : « Nous vous prions de vous occuper de nous, afin que nous cessions d'être victimes des sycophantes ».

La société distinguée de l'empire, les gens riches et lettrés, étaient fort mal disposés pour les chrétiens; les moins malveillants les méprisaient, les autres se croyaient le droit de les haïr. Tous leur en voulaient de s'éloigner des opinions reçues et des anciennes croyances, tous pensaient qu'il était légitime de les punir parce qu'ils n'obéissaient pas aux lois du pays, et, quand ils étaient magistrats, ils les condamnaient sans remords. Ce n'était pas d'eux pourtant que venait d'ordinaire l'initiative des poursuites, surtout en ces premières années. Ils laissaient faire, et même quelquefois ils aidaient, mais le signal partait d'ailleurs. Les chrétiens avaient d'autres ennemis plus redoutables, plus acharnés, plus pressants, qui réclamaient les persécutions, qui souvent les devançaient, qui les rendaient plus cruelles en excitant sans cesse contre les victimes les empereurs et les proconsuls, et sur qui doit retomber surtout la responsabilité des supplices.

Ces ennemis se trouvaient dans les rangs du peuple. C'est ce qui paraît d'abord assez surprenant ; il semble que le peuple aurait dû se déclarer tout entier en faveur d'une doctrine qui témoignait tant de soin pour lui, qui relevait sa dignité et mettait à sa portée les grands problèmes de la vie. Aussi est-ce bien dans les classes populaires que le christianisme fit ses plus nombreuses conquêtes, mais il ne parvint pas à tout gagner, et ceux qui lui échappaient se déclarèrent contre lui avec la dernière violence. C'est la nature du peuple de ne pas connaître de mesure et d'aller en tout à l'extrême. Il est probable qu'il y avait dans la société distinguée beaucoup d'indifférents que ces querelles religieuses n'intéressaient guère, qui ne tenaient pas à se décider et restaient neutres entre les deux cultes. Je ne crois pas qu'il s'en trouvât dans les rangs du peuple : là les partis étaient tranchés, et le christianisme n'y comptait que les disciples dévoués ou des adversaires fanatiques. Les haines étaient peut-être attisées contre lui par le clergé inférieur des religions dominantes, par ces devins, ces aruspices, ces isiaques, ces prêtres mendiants de Cybèle, ces initiateurs et ces purificateurs de toute espèce, qui vivaient de la dévotion publique et que le succès du nouveau culte réduisait à la misère. On sait qu'ils hantaient les cabarets, couraient les campagnes, opéraient sur les places publiques, toujours mêlés à la foule ignorante et grossière, sur laquelle ils avaient pris beaucoup d'empire : est-il surprenant qu'ils aient fini par lui inspirer toutes leurs colères? Ils cherchèrent surtout à la convaincre que les chrétiens étaient la cause des maux qui affligeaient l'empire, et n'eurent pas trop de peine à y parvenir. Le peuple n'avait pas l'habitude, alors plus qu'aujourd'hui, d'expliquer les fléaux qui le frappaient par des causes naturelles; il croyait y voir une vengeance des dieux; et de quoi les dieux pouvaient-ils être plus justement irrités que du triomphe de cette religion inconnue qui venait leur enlever leurs fidèles et faisait déserter leurs temples? Tertullien raconte que, s'il pleuvait trop ou s'il ne pleuvait pas assez, « si le Tibre sortait de ses rivages ou si le Nil restait dans les siens », s'il survenait une famine ou une peste, aussitôt la foule s'écriait : « Les chrétiens aux lions![1] » Les mêmes cris se faisaient souvent entendre pendant les fêtes religieuses qui excitaient la dévotion générale. A la suite des bacchanales, on vit le peuple se précipiter sur les sépultures chrétiennes, « en arracher les cadavres, quoique méconnaissables et déjà corrompus, pour les insulter et les mettre en pièces![2]. » Mais c'était dans les théâtres et les cirques que se réveillait surtout la fureur populaire. Les spectacles étaient alors des cérémonies sacrées; on y portait en pompe les statues des dieux, qui semblaient y présider, entourés de leurs prêtres. L'aspect de ces images vénérées devait naturellement enflammer le peuple contre les impies qui, non contents de leur refuser leur hommage, osaient encore les outrager par leurs railleries. Le principal attrait de ces spectacles consistait, personne ne l'ignore, dans les combats de gladiateurs ou de bêtes féroces; la vue du sang versé ne manquait pas d'y produire son effet ordinaire : elle ranimait les instincts de cruauté qui sommeillent au fond des cœurs dans les foules. Cette passion cruelle, une fois éveillée, ne se contentait pas aisément et demandait toujours des satisfactions nouvelles : quel plaisir, si l'on pouvait joindre aux bestiaires ou aux gladiateurs promis quelques victimes imprévues! Il y en avait précisément qu'on avait toujours sous la main, et qu'il était aisé d'atteindre et de frapper dès qu'on le

1. *Apol.*, 40. — 2. *Apol.*, 37.

voulait. C'étaient les chrétiens, livrés par une loi sans pitié à l'arbitraire des magistrats, dont le jugement n'exigeait ni enquête, ni témoins, ni délais, qu'on pouvait saisir, condamner et punir sans faire attendre l'impatience populaire. La tentation était trop forte pour qu'on y résistât toujours. Aussi Tertullien nous dit-il que c'était surtout pendant les jeux du cirque et de l'arène que le peuple réclamait le supplice des chrétiens.

Ce qui est plus triste encore, c'est que les magistrats ne se montraient pas trop contraires à ces exigences. Le peuple, qui avait perdu tous ses droits politiques, ne conservait guère d'importance qu'au théâtre; mais là il osait être mutin, bruyant, impérieux, il manifestait ses préférences, il indiquait ses volontés. Le plus souvent on cherchait à le satisfaire; dans les grandes villes de province, où il disposait encore des fonctions publiques, ses moindres désirs étaient des ordres pour tous ceux qui voulaient être édiles ou duumvirs. Les inscriptions nous apprennent que les magistrats ajoutaient souvent aux libéralités qu'ils faisaient à leurs concitoyens, à propos de quelque dignité qu'on leur avait conférée, des combats de gladiateurs ou des courses de chevaux, et l'on nous dit expressément que c'était sur la demande du peuple, *petente populo*. Quand la foule réclamait la mort de quelque chrétien célèbre, le magistrat ne résistait pas davantage; peut-être même cédait-il plus vite, heureux de la satisfaire à si bon compte. Après tout, un chrétien ne lui coûtait rien, tandis qu'il lui fallait payer cher les gladiateurs et les cochers. La trace de ces interventions populaires se retrouve fréquemment dans les Actes des martyrs. Ce fut la population de Smyrne qui, poussée par les juifs, demanda le supplice de saint Polycarpe. Le proconsul, qui voulait plaire, s'empressa de l'envoyer prendre. Les jeux allaient finir quand on l'amena. Il fut interrogé dans l'amphithéâtre même, et le proconsul ne lui dissimula pas qu'il le sacrifiait aux emportements de la multitude.

« Satisfais au peuple », lui disait-il ; à quoi le martyr répondait : « C'est à toi que je satisferai, si tu me commandes des choses justes. Notre religion nous enseigne à respecter les puissances qui sont instituées par Dieu. Quant à cette foule, je la crois indigne de rien faire pour elle. Il faut obéir au magistrat et non au peuple. » Cet interrogatoire solennel faisait partie des plaisirs qu'on offrait à la populace ; comme elle n'en voulait rien perdre, on plaçait le malheureux sur une estrade élevée (*in catasta*), pour qu'il fût exposé à tous les regards ; on le promenait ensuite devant cette foule entassée « comme dans une procession de théâtre ». Enfin, quand on passait de ce simulacre de jugement à la réalité terrible du supplice, il fallait qu'on eût grand soin de placer la victime au milieu de l'arène, afin que de tous les côtés on pût bien la voir mourir. Ce déchaînement de fureurs populaires, ces complaisances honteuses des magistrats pour des haines insensées allèrent si loin que les empereurs eux-mêmes finirent par en être blessés. Ils défendirent solennellement qu'on cédât à ces exigences. « Il ne faut pas, disaient-ils, écouter la voix de la populace quand elle demande que l'on absolve un coupable ou que l'on condamne un innocent. »

Le caractère particulier qu'avait alors la persécution explique que cette époque soit celle où commence l'apologétique chrétienne. On aurait quelque peine à comprendre qu'elle fût née plus tôt ou plus tard. Qu'aurait servi de plaider la cause de l'Église devant des princes comme Néron ou Domitien, auxquels il était si difficile d'arracher leurs victimes ? Pouvait-on espérer jamais de ramener ces âmes cruelles à la justice et à la vérité ? Il n'était pas raisonnable non plus de croire que Dèce ou Valérien prêteraient l'oreille aux défenseurs d'un culte qu'ils étaient décidés à détruire et qu'ils avaient proscrit par des édits impitoyables. Mais, quand on avait affaire à des princes honnêtes et cléments, comme Antonin et Marc-Aurèle, et qu'on pouvait les croire entraînés à des mesures rigoureuses contrairement à leur nature et malgré leur volonté, qu'on les voyait atténuer ce que la persécution avait de trop injuste et de trop inhumain, il était naturel qu'on essayât de les éclairer et de les fléchir. C'est ce que tentèrent les apologistes, dans des œuvres admirables, dont l'effet a été très grand sur la littérature chrétienne. Cette littérature, qui à ce moment était déjà née ou allait naître, semblait condamnée d'avance, par ses origines et ses scrupules, à ne sortir jamais d'un cercle étroit. Timide, défiante, comme elle devait l'être, éloignée de la foule et de la vie, ennemie d'un art idolâtre qui lui faisait horreur, il était à craindre qu'elle ne pût produire que des traités mystiques ou des livres de controverse. Elle aurait ainsi vécu obscurément de ses inspirations propres, s'enfermant en elle-même avec ses spéculations et ses rêves, s'aiguisant et se raffinant toujours, sans entretenir avec le dehors de ces communications fécondes qui complètent et renouvellent les littératures. La persécution la jeta dans d'autres voies : il lui fallut se mêler au monde pour le convaincre, elle éprouva le besoin de choisir des défenseurs qu'on écoutât. Au lieu de dévots obscurs et de théologiens renfermés, elle alla chercher, au barreau et dans les écoles, des rhéteurs, des philosophes, des jurisconsultes. Ces gens, qui avaient l'habitude des affaires et le sens de la vie, portèrent le christianisme au grand jour et le jetèrent dans la mêlée. Ils comprirent d'abord que, pour se faire entendre, ils devaient parler la langue de ceux auxquels ils s'adressaient. Ils trouvèrent naturel et légitime de combattre leurs adversaires avec leurs propres armes ; ils appelèrent la rhétorique et la philosophie au secours de leur cause menacée, et c'est ainsi que le mélange de l'art ancien et des doctrines nouvelles, qui aurait demandé beaucoup de temps et d'effort, se trouva de lui-même accompli. L'exemple une fois donné, et avec un éclat merveilleux, la littérature chrétienne hésita moins à se servir des ressources de l'art antique ; et, comme elle avait de grandes idées à mettre sous ces formes vides, elle produisit dès le premier jour des œuvres bien supérieures à celles des rhéteurs et des sophistes païens, qui, pour la plupart, n'avaient plus rien à dire.

VIII

PEUT-ON ÉVALUER LE NOMBRE DES VICTIMES DES PERSÉCUTIONS?

Les historiens de l'Église ont dû être tentés d'exagérer le nombre des victimes que les persécutions ont faites ; et naturellement leurs adversaires ont fait tous leurs efforts pour le réduire et prouver qu'en somme elles n'ont dû atteindre qu'assez peu de personnes. Est-il possible de se décider entre les deux opinions contraires? — C'est ici une question bien plus difficile à traiter que les autres et dans laquelle l'absence de documents précis ne permet pas toujours de choisir entre des affirmations contraires. Examinons pourtant quelques-uns des raisonnements dont on se sert pour contester le récit des écrivains ecclésiastiques, et voyons quelle en est la valeur.

Pour prouver qu'ils se trompent ou qu'ils nous trompent, un des moyens les plus sûrs serait d'établir qu'à l'époque où ils nous montrent des milliers de chrétiens mourant pour leur foi, il n'y avait encore que fort peu de chrétiens. Il est clair que le nombre des victimes doit avoir été en proportion avec celui des fidèles, et que, si l'Église ne comptait pas alors beaucoup d'adeptes, il était difficile qu'elle eût beaucoup de martyrs. C'est une question nouvelle qui se pose à propos d'une autre et qui ne manque pas d'importance. On l'a souvent agitée et elle a reçu des solutions très diverses. Il s'agit de savoir comment le christianisme a été d'abord accueilli et de quelle manière il s'est propagé dans l'empire pendant les deux premiers siècles. Si nous consultons certains auteurs du temps, nous serons amenés à croire que ses progrès ont été très rapides. Au dire de Tertullien, qui vivait sous le règne de Septime Sévère, une bonne partie du monde était alors chrétienne. On connaît la fameuse phrase de son *Apologie* : « Nous ne sommes que d'hier, et déjà nous remplissons tout votre empire, vos villes, vos places fortes, vos îles, vos municipes, vos camps, vos tribus, vos décuries, le palatin, le sénat, le forum ; nous ne vous laissons que vos temples. » Un peu plus loin, il affirme que, si les chrétiens se retiraient, la solitude se ferait dans le monde, et que les Romains seraient épouvantés de régner sur un désert[1]. La lettre de Pline à Trajan laisse entendre à peu près la même chose. Il lui mande que, dans la Bithynie, dont il est gouverneur, « cette superstition, comme une peste, a infesté non seulement les villes, mais les villages et les campagnes, que les temples sont abandonnés, qu'on ne fait plus de sacrifices, que les animaux qu'on amenait sur le marché pour être offerts aux dieux ne trouvent plus d'acheteurs ». S'il est permis de conclure d'une province aux autres, on doit supposer que les chrétiens formaient alors une portion importante de la population de l'empire. Et l'on n'a pas lieu d'en être surpris, quand on voit que, du temps de Néron, trente ans après la mort du Christ, Tacite nous dit qu'il y en avait à Rome « une immense multitude[2] ». De tous ces textes il ressort que le christianisme a dû faire des conquêtes très rapides, puisqu'en moins de trente ans ses partisans remplissaient Rome, et qu'un siècle après ils occupaient une grande partie de l'empire.

1. *Apol.*, 37. — Je cite ces passages parce qu'ils sont les plus connus. Il y en a d'autres, dans Tertullien, qui semblent moins déclamatoires et plus précis. Ainsi, dans le traité adressé à Scapula, il dit des chrétiens : *pars pæne major civitatis*. N'oublions pas que l'auteur parle à un païen, à un haut fonctionnaire, qui doit savoir ce qu'il en est. — 2. *Ann.*, XV, 44 : *multitudo ingens*.

Voilà précisément ce qu'on refuse d'admettre. D'abord on ne veut tenir aucun compte des affirmations de Tertullien. C'était, nous dit-on, un rhéteur et un sectaire, ce qui doit nous le rendre deux fois suspect. Il serait tout à fait ridicule de prendre au sérieux ses belles phrases et de donner à ses amplifications de rhétorique la force d'un argument. Quant à la lettre de Pline et au passage de Tacite, nous avons vu plus haut que quelques personnes ne les croient pas authentiques, et les renseignements qu'ils contiennent au sujet du nombre des chrétiens sont une des principales raisons qu'on allègue pour les rejeter. On y trouve une exagération qui trahit le faussaire et paraît tout à fait incroyable. Ici encore c'est au nom de la vraisemblance qu'on expurge Pline et Tacite; c'est d'elle qu'on s'arme pour supprimer des passages importants de leurs œuvres; on affirme qu'ils ne peuvent pas les avoir écrits, ou que même, quand ils en seraient les auteurs, ils n'ont pas su ou n'ont pas dit la vérité. On proclame enfin, comme un principe qui n'a pas besoin d'être démontré, qu'il n'est pas possible qu'une religion fasse en si peu de temps d'aussi grands progrès.

J'avoue que cette assurance me confond. Est-il donc raisonnable de trancher d'un mot des questions si obscures, si mal connues? Connaît-on assez bien l'histoire des religions et les lois qui président à leur développement pour prétendre fixer d'une manière aussi précise le temps qu'elles mettent à se répandre? Est-on certain que les choses ne se soient jamais passées comme les auteurs ecclésiastiques le soutiennent et qu'il n'y ait pas eu de religion dont les progrès aient été aussi rapides? — Voici un exemple qui prouvera, je l'espère, ce qu'il y a d'excessif et de périlleux dans ces affirmations ambitieuses. Les événements que je vais rapporter ont fait peu de bruit dans le monde; ils ont eu pour théâtre quelques villages ignorés sur lesquels personne n'avait les yeux. Ils n'en ont pas moins cette importance qu'ils nous permettent de répondre par des faits précis à des généralités vagues.

Il y a quelque temps, en fouillant les archives du département des Bouches-du-Rhône, un savant fut très étonné de découvrir qu'en 1530 les doctrines de Luther étaient parvenues jusque sur les bords de la Durance. A Lourmarin, à Pertuis (arrondissement d'Apt), à la Roque-d'Anthéron (arrondissement d'Aix) et dans d'autres petits villages de la même contrée, les nouvelles opinions comptaient beaucoup de partisans. Le parlement d'Aix, qui en fut averti, résolut de punir les coupables. Il envoya des sergents dans les endroits qu'on prétendait infestés par l'hérésie. A Peypin-d'Aigues, petit hameau du canton de Pertuis, on nous dit que « les manants et habitants du lieu se mirent tous en fuite et ne se trouva plus personne », ce qui prouve qu'ils étaient tous luthériens. On ne put saisir que quelques misérables, qui furent brûlés en cérémonie[1]. A ce moment, Luther vivait encore, et il y avait dix ans à peine qu'il s'était séparé de l'Église ! Cependant ses doctrines avaient voyagé du fond de l'Allemagne jusqu'au pied des Alpes ; elles s'étaient glissées dans des villages obscurs, parmi des paysans qui n'entendaient pas un mot de la langue qu'il parlait. Voilà ce qui paraît bien plus invraisemblable que de voir le christianisme arriver en trente ans d'un canton de la Judée dans la capitale même de l'empire, où toutes les agitations du monde venaient aboutir[2]. Et pourtant il n'y a rien de plus vrai. On pourra dire sans doute que plusieurs de ces villages de la Provence étaient habités par d'anciens vaudois, que l'hérésie y couvait au fond des âmes et qu'on y était, pour ainsi dire, aux aguets des doctrines nouvelles, ce qui explique qu'on en ait eu si vite connaissance. Mais le christianisme aussi s'est développé chez des gens qui l'attendaient, qui le souhaitaient, qui étaient disposés à le bien recevoir. Les juifs, qui l'ont les premiers accueilli, avaient débordé sur le monde entier ; mais partout ils se regar-

1. Voyez le *Bulletin du Comité des travaux historiques*, 1884, n° 1. — 2. *Quo cuncta undique atrocia aut pudenda confluunt celebranturque*. Tacite, *Ann.*, XV, 44.

daient comme exilés, tenaient les yeux fixés sur leur patrie et communiquaient sans cesse avec elle. Qu'y a-il donc d'extraordinaire qu'ils aient su bientôt l'histoire tragique du Christ, et, comme ils exerçaient une grande influence sur ceux qui les approchaient, qu'ils l'aient fait connaître autour d'eux? N'est-il pas un peu singulier que ceux qui ne veulent pas croire à la diffusion rapide du christianisme soient précisément les mêmes qui montrent avec le plus de complaisance que son succès était de longue main préparé, qu'il est venu à son heure et qu'avant même qu'il fût né il y avait comme un mouvement des esprits qui les portait vers lui? S'il en est ainsi, et je ne crois pas qu'on le puisse nier, qu'y a-t-il de surprenant à croire que des gens qui l'attendaient l'aient bien accueilli, et que, par conséquent, il ait eu d'abord beaucoup de disciples? C'est plus tard, lorsqu'il est sorti de ces premières couches et qu'il a voulu entamer la bourgeoisie et le grand monde romain, que sa marche est devenue plus lente. Il s'est heurté alors à des politiques qui ne voulaient rien changer aux institutions du passé, à des lettrés que les charmes de la poésie et des arts rattachaient aux anciennes croyances, et il a trouvé plus de peine à les convaincre. Mais s'il est naturel que ses progrès aient été alors moins faciles, on comprend très bien qu'au début, tant qu'il s'est développé dans un milieu favorable et bien disposé, il se soit propagé très vite. Voilà, je le répète, ce qui est vraisemblable, et il me semble que le bon sens confirme entièrement le témoignage de Tacite et de Pline. — D'où il résulte que l'argument qui prétend conclure du petit nombre des chrétiens au petit nombre des martyrs n'a aucune valeur.

Il faut donc chercher d'autres raisons et s'adresser ailleurs pour résoudre la question qui nous occupe. Elle serait vidée si les documents officiels de l'empire romain existaient encore. Pour savoir au juste combien chaque persécution a fait de victimes, nous n'aurions qu'à consulter les archives de l'État. Les affaires criminelles donnaient lieu à de nombreuses procédures, et nous pouvons être certains qu'on avait grand soin de les conserver. Jamais la minutie administrative n'a été poussée plus loin qu'alors. Cette époque est avant tout paperassière. Un fonctionnaire impérial ne marche jamais qu'accompagné de secrétaires (*scribæ*) et de sténographes (*notarii*), qui sont chargés d'instrumenter pour lui : c'est la manie du temps. Jusque dans les réunions privées, on dresse à tout propos des procès-verbaux. Quand saint Augustin disserte avec ses amis sur des questions philosophiques, il appelle un *notarius* pour que rien ne se perde. Toutes les administrations ont leurs registres parfaitement tenus, qui contiennent les actes qui les intéressent. Il y en a dans la chancellerie du proconsul (*acta proconsularia*), où sont rapportées les lettres du prince et les siennes; il y en a dans les municipalités (*acta municipalia*), et il semble que chaque citoyen avait le droit d'y venir consigner ses griefs; quand on le lui refuse, il se plaint qu'on lui a fait une injustice : *publica jura negata sunt*[1]. Il s'en trouve aussi dans chaque corporation, et nous avons, dans les lettres de saint Augustin, des extraits des actes de l'Église d'Hippone. Nous devons donc être certains qu'on transcrivait, qu'on recueillait les pièces des procès, les actes d'accusation, les interrogatoires des accusés, les sentences des juges, et qu'on les gardait. Malheureusement tout a disparu dans ce grand désastre qui, vers le VIe siècle, emporta l'empire.

A défaut des archives de l'État, pouvons-nous du moins interroger celles de l'Église? — Nous y trouvons des documents fort nombreux, les Actes des martyrs; et, si cette mine était aussi sûre qu'elle est riche, la question serait résolue. Par malheur, la plus grande partie de ces pièces ne mérite aucune confiance. En 496, le pape Gélase, dans le fameux décret où il distingue les livres authentiques des apocryphes, disait qu'on ne lit pas les Actes dans les églises de Rome

1. Saint Augustin, *Epist.*. 01, 8.

« parce qu'on n'en connaît pas les auteurs et que des mains infidèles ou ignorantes les ont surchargés de détails inutiles ou suspects ». Au XVIIe siècle, un pieux ecclésiastique, Tillemont, y signale des fautes grossières contre l'histoire, les institutions et les lois romaines, et en rejette un très grand nombre. Quand dom Ruinart entreprit de trier cette masse énorme de récits légendaires que le moyen âge nous a laissés, et de mettre à part les plus véridiques, il n'en trouva qu'à peu près cent vingt qui lui semblèrent irréprochables ; ce sont ceux-là mêmes qui ont paru à Voltaire si ridicules et qui lui ont fourni l'occasion d'exercer son impitoyable raillerie.

Il y a donc fort peu de ces Actes qui, sous la forme où nous les possédons, puissent être attribués aux premiers siècles de l'Église. Je ne puis m'empêcher d'être fort surpris de cette rareté. Les chrétiens avaient un grand intérêt à les recueillir, et il leur était aisé de le faire. Nous venons de voir que les archives des tribunaux contenaient sans aucun doute la minute de tous les jugements rendus contre leurs frères. Ils n'avaient qu'à se procurer des copies, et il est sûr qu'ils l'ont fait quelquefois. De cette façon ils pouvaient reproduire, dans leur texte officiel, l'interrogatoire de l'accusé, les dépositions des témoins, la sentence du juge. C'étaient pour eux des documents d'un grand prix et qu'ils devaient tenir à conserver. Il leur était facile d'y joindre un récit de la mort du martyr, d'après le témoignage de ceux qui le suivaient jusqu'au lieu du supplice, pour s'édifier de ses paroles, tant qu'il vivait, et recueillir son sang après sa mort. Nous possédons un certain nombre d'Actes qui ont été composés de cette manière ; mais comment se fait-il que nous n'en ayons pas davantage? La raison qu'on en donne d'ordinaire, c'est qu'ils furent détruits par l'ordre de Dioclétien. L'empereur avait remarqué sans doute que ces récits héroïques enflammaient l'âme des chrétiens et leur donnaient l'exemple de souffrir ; aussi les fit-il placer parmi les livres de la doctrine proscrite, qu'il ordonna de saisir et de brûler sur la place publique. Le poète Prudence déplore, en beaux vers, une rigueur qui a privé l'Église de ses plus glorieux souvenirs et rendu pour elle toute cette antiquité muette :

> O vetustatis silentis obsoleta oblivio!
> Invidentur ista nobis, fama et ipsa extinguitur[1].

Comme alors la persécution dura dix ans et qu'elle fut très habilement conduite, il est probable que la plus grande partie des écrits de ce genre fut découverte par les agents de l'empereur, sans compter ceux qui furent supprimés par les chrétiens timides qui craignaient de se compromettre en les gardant. Je persiste pourtant à penser qu'on en aurait sauvé davantage s'ils avaient été plus nombreux et plus répandus. Faut-il croire ou que, dans le feu des persécutions, malgré les recommandations des évêques, on a négligé quelquefois de les rédiger, ou qu'après l'orage on les a souvent laissé perdre? Cette dernière hypothèse me paraît surtout vraisemblable. Quand on vient de traverser ces crises terribles, il est naturel qu'on s'abandonne tout entier à la joie de vivre, et l'on est si charmé du présent, qu'on oublie de songer au passé. Quoi qu'il en soit, on ne peut douter qu'au IVe siècle, après la paix de l'Église, la mémoire de beaucoup de martyrs ne se fût fort effacée; les documents abondent pour le prouver. De plusieurs d'entre eux on ignorait l'endroit où ils étaient ensevelis; pour d'autres, leur nom gravé sur leur tombe était tout ce qu'on en pouvait dire. Quelques-uns à peine, plus importants ou plus heureux, n'avaient pas cessé d'être honorés des fidèles. C'est seulement après cette époque que la plupart des Actes, tels que nous les avons aujourd'hui, furent composés, soit qu'ils aient été imaginés de toute pièce, soit qu'on les ait restitués d'après des documents plus anciens. Est-ce une raison pour

1. *Perist.*, I, 73.

les condamner tout à fait et leur refuser toute créance? Il y a des savants qui ne le croient pas et qui ont essayé de montrer qu'avec quelques précautions on pouvait légitimement s'en servir. M. de Rossi pense que beaucoup d'entre eux ont été simplement interpolés, et qu'en leur appliquant les règles de critique qu'on emploie pour corriger les textes anciens, en les débarrassant des éléments étrangers qui s'y sont ajoutés, on pourra les ramener à leur intégrité première. C'est ce qu'il a fait avec une admirable sagacité pour les Actes de sainte Cécile. M. Le Blant est entré dans une voie un peu différente : au lieu de choisir un Acte isolé et d'en faire le sujet d'une étude particulière, il a parcouru tout le recueil, notant au passage, au milieu d'erreurs grossières, de mensonges manifestes, d'exagérations ridicules, quelques détails dont la vérité est incontestable, des renseignements historiques, des particularités de procédure, des allusions à des habitudes ou à des croyances qui n'existaient plus quand ces récits furent rédigés comme ils le sont, et qui, par conséquent, doivent remonter plus haut. Il en conclut qu'ils ont dû exister sous une première forme et qu'ils procèdent d'un exemplaire plus ancien. Ce sont là des résultats importants, qui laissent entrevoir que, pour plusieurs d'entre eux, on pourra un jour reconstruire les originaux perdus et mettre ainsi de précieux documents à la disposition de l'histoire. Néanmoins il faut bien reconnaître que, sous la forme où nous les avons, la plupart des Actes des martyrs méritent peu de confiance, et qu'il n'y a guère moyen de s'en servir pour savoir quelle a été la violence des premières persécutions et avoir quelque idée du nombre des victimes qu'elles ont faites.

Puisque les renseignements officiels nous font défaut, que les archives de l'État n'existent plus et que celles de l'Église ne nous fournissent pas des pièces auxquelles on puisse entièrement se fier, il faut bien se contenter de ce que nous apprennent des persécutions les contemporains qui se sont occupés d'elles. Mais, ici encore, notre attente va être en partie trompée. D'abord on a vu que les historiens profanes ne nous en parlent presque jamais. Quant aux écrivains ecclésiastiques, leur témoignage est suspect, et d'ailleurs ils ne s'entendent pas toujours très bien entre eux. Dans son ouvage contre Celse, Origène, voulant montrer que Dieu a toujours favorisé son Église et qu'il lui a épargné des épreuves qui pouvaient la perdre, écrit cette phrase significative : « Quelques-uns seulement, dont le compte est facile à faire, sont morts, à l'occasion, pour la religion du Christ, tandis que Dieu empêchait qu'on ne leur fît une guerre par laquelle on en eût fini avec la communauté tout entière. » Au moment où Origène s'exprimait ainsi, les chrétiens avaient subi six persécutions : lui-même avait assisté à la dernière, et son père y était mort avec un courage admirable. Il ne les regardait pourtant que comme des escarmouches qui pouvaient tout au plus exercer le courage des fidèles, et non comme une guerre sérieuse, capable de compromettre l'existence même de l'Église. Il affirmait qu'après tout les victimes y avaient été rares et « que le compte en était facile à faire ». Cet aveu est grave, et il semble d'abord donner pleinement raison à Dodwel et à ses partisans. Mais on fait remarquer qu'Origène est seul de son opinion, et que les autres pères de l'Église ne parlent jamais que de « la multitude des martyrs » et « des milliers de chrétiens qui ont succombé dans les supplices ». Voici, par exemple, ce que dit Clément d'Alexandrie, qui vivait quelques années avant Origène, au sujet de la persécution de Sévère : « Chaque jour nous voyons sous nos yeux couler à flots le sang des fidèles brûlés vifs, mis en croix ou décapités. » Il parait bien étrange que deux auteurs qui écrivaient presque à la même époque, qui professaient le même culte, qui devaient voir les événements sous le même jour et qui avaient intérêt à les dépeindre de la même façon, les aient jugés d'une manière si différente. « Pour s'expliquer la contradiction des deux passages, dit fort ingénieusement

M. Havet, on fera bien, je crois, de se reporter à l'image que Bossuet a rendue célèbre, quand il compare les jours heureux clairsemés dans la vie d'un homme à des clous attachés à une longue muraille. — Vous diriez que cela occupe bien de la place : amassez ; il n'y en a pas pour remplir la main. — C'est ainsi que Clément a vu ces morts illustres, étalées, pour ainsi dire, sur la muraille. Origène les a comptées en les ramassant. » Je vais plus loin, et, s'il faut dire toute ma pensée, je ne trouve pas qu'au fond ces deux témoignages soient aussi opposés qu'il le paraît. Sans doute Origène affirme qu'il y a eu peu de martyrs, tandis que Clément prétend qu'il y en a eu beaucoup ; mais remarquons que *beaucoup* et *peu* sont des termes vagues et qui ne répondent à aucun nombre précis. Il est si faux de dire qu'ils se contredisent toujours, qu'il peut arriver qu'on les emploie l'un pour l'autre. Supposons que le sang ait coulé dans une émeute et que le chiffre des morts soit connu ; tandis que les vaincus ne manquent pas de s'apitoyer sur le grand nombre des victimes, les agresseurs seront toujours tentés de trouver qu'après tout il a péri peu de monde. C'est que, suivant les passions ou les intérêts, ce qui est *beaucoup* pour les uns semble être *peu de chose* pour les autres. Origène veut faire voir que Dieu n'abandonne pas son Église et qu'il n'a jamais cessé de la soutenir : il affirme donc que, dans les persécutions, elle a perdu peu de monde. Clément, qui veut en inspirer l'horreur pour en prévenir le retour, nous dit que le sang des chrétiens a coulé à flots. Peut-être sont-ils en réalité moins opposés qu'il le semble, et il peut même se faire qu'en parlant d'une manière si différente ils aient tous deux le même chiffre dans l'esprit.

Mais ce chiffre, nous ne le savons pas, et, vraisemblablement, nous ne le saurons jamais ; il faut prendre son parti de l'ignorer. Le plus sûr dans cette obscurité, c'est de tenir une route moyenne entre les deux opinions contraires. Sans doute, les historiens de l'Église sont tentés d'exagérer le nombre des martyrs ; mais il serait imprudent aussi de vouloir trop le réduire. Je suis frappé de voir qu'il n'y a pas un seul écrit ecclésiastique, quelque sujet qu'il traite, depuis le Ier siècle jusqu'au IIIe, où il ne soit question de quelque violence contre les chrétiens. On en parle dans l'*Apocalypse* de Jean comme dans le *Pasteur* d'Hermas, dans le charmant dialogue de Minucius Félix comme dans les vers barbares de Commodien ; à tous les moments, les évêques et les docteurs ne sont occupés qu'à prémunir les fidèles contre les dangers présents ou prochains ; c'est leur unique pensée, et l'on voit bien qu'ils s'adressent à des gens dont aucun ne peut s'assurer du lendemain. Nous venons de voir que les écrivains profanes ne parlent guère des chrétiens, mais le hasard veut que toutes les fois qu'ils en disent un mot, c'est pour faire allusion aux châtiments qu'on leur inflige. Laissons Tacite et Pline, puisqu'on croit le texte de leurs ouvrages interpolé ; Épictète et Marc-Aurèle, en attestant leur courage en face de la mort, montrent bien de quelle façon on les traitait ; Lucien nous les représente, dans un dialogue célèbre, jetés en prison et condamnés à périr ; Celse, qui écrit au lendemain d'une de ces attaques brutales et qu'il croit efficace, ne peut s'empêcher de leur dire, avec un ton d'insolence triomphante : « Si vous subsistez encore deux ou trois, errants et cachés, on vous cherche partout pour vous traîner au supplice. » Qu'on se remette devant l'esprit cette série non interrompue de témoignages ; qu'on songe qu'en réalité la persécution, avec plus ou moins d'intensité, a duré deux siècles et demi, et qu'elle s'est étendue à l'empire entier, c'est-à-dire à tout le monde connu, que jamais la loi contre les chrétiens n'a été complètement abrogée jusqu'à la victoire de l'Église, et que, même dans les temps de trêve et de répit, lorsque la communauté respirait, le juge ne pouvait se dispenser de l'appliquer toutes les fois qu'on amenait un coupable à son tribunal, et l'on sera, je crois, persuadé qu'il ne faut pas pousser trop loin l'opinion de Dodwell, et qu'en supposant même qu'à chaque fois et dans chaque lieu particulier, il ait péri peu de victimes, réunies elles doivent former un nombre considérable.

On dit ordinairement qu'en persécutant une doctrine on ne fait que la rendre plus forte : c'est même pour beaucoup de personnes un axiome incontestable. Plût au ciel qu'il fût aussi vrai qu'il est moral! La certitude d'un échec, s'ils en avaient été bien convaincus, aurait découragé peut-être quelques persécuteurs. Par malheur, il y a des persécutions qui ont réussi, et le sang a quelquefois étouffé des doctrines qui avaient toutes sortes de raisons de vivre et de se propager. L'épée des musulmans a supprimé le christianisme d'une partie de l'Asie et de toute l'Afrique. En brûlant des milliers de personnes en quelques années, l'inquisition a extirpé l'islamisme de l'Espagne et arrêté la Réforme. Ne disons donc pas d'un ton si assuré que la force est toujours impuissante quand elle s'en prend à une opinion religieuse ou philosophique : c'est une belle espérance que nous prenons trop aisément pour une réalité. Mais une fois au moins la force a été vaincue; une croyance a résisté à l'effort du plus vaste empire qu'on ait jamais vu; de pauvres gens ont défendu leur foi et l'ont sauvée en mourant pour elle. C'est la victoire la plus éclatante que la conscience humaine ait jamais remportée dans le monde; pourquoi s'acharne-t-on à en diminuer l'importance? Et n'est-il pas singulier que ceux qui se sont donné cette tâche soient précisément les gens qui se piquent le plus de défendre la tolérance et la liberté? Si les faits leur donnent raison, il faudra bien se rendre à leur sentiment; nous reconnaîtrons avec regret que nous avons été dupes d'un mensonge et qu'il faut déchirer l'histoire des persécutions telle que le passé l'avait faite. Mais, comme on vient de le voir, les arguments qu'ils invoquent ne m'ont pas convaincu, et je ne crois pas que l'histoire, impartialement étudiée, soit favorable à leur opinion. Nous pouvons donc continuer à croire que, depuis Néron jusqu'à Dioclétien, les chrétiens ont eu à supporter plusieurs persécutions cruelles, et j'ajoute qu'il ne nous est pas interdit de plaindre et d'admirer ceux à qui elles ont coûté la vie. Quelle que soit la cause pour laquelle ils sont morts, n'oublions pas qu'ils ont défendu les droits de la conscience et qu'ils méritent notre sympathie et nos respects. Pour un libre penseur comme pour un croyant, ce sont des martyrs.

FIN DU PREMIER VOLUME

TABLE DES MATIÈRES

LIVRE PREMIER

LA VICTOIRE DU CHRISTIANISME

LIVRE SECOND

LE CHRISTIANISME ET L'ÉDUCATION ROMAINE

LIVRE TROISIÈME

CONSÉQUENCE DE L'ÉDUCATION PAÏENNE POUR LES AUTEURS CHRÉTIENS

APPENDICE

Paris. — Imprimerie Lahure, 9, rue de Fleurus.

LIBRAIRIE HACHETTE ET Cie

BOULEVARD SAINT-GERMAIN, 79, A PARIS

LES GRANDS ÉCRIVAINS FRANÇAIS

ÉTUDES SUR LA VIE
LES ŒUVRES ET L'INFLUENCE DES PRINCIPAUX AUTEURS
DE NOTRE LITTÉRATURE

Notre siècle a eu, dès son début, et léguera au siècle prochain un goût profond pour les recherches historiques. Il s'y est livré avec une ardeur, une méthode et un succès que les âges antérieurs n'avaient pas connus. L'histoire du globe et de ses habitants a été refaite en entier; la pioche de l'archéologue a rendu à la lumière les os des guerriers de Mycènes et le propre visage de Sésostris. Les ruines expliquées, les hiéroglyphes traduits ont permis de reconstituer l'existence des illustres morts, parfois de pénétrer jusque dans leur âme.

Avec une passion plus intense encore, parce qu'elle était mêlée de tendresse, notre siècle s'est appliqué à faire revivre les grands écrivains de toutes les littératures, dépositaires du génie des nations, interprètes de la pensée des peuples. Il n'a pas manqué en France d'érudits pour s'occuper de cette tâche; on a publié les œuvres et débrouillé la biographie de ces hommes fameux que nous chérissons comme des ancêtres et qui ont contribué, plus même que les princes et les capitaines, à la formation de la France moderne, pour ne pas dire du monde moderne.

Car c'est là une de nos gloires, l'œuvre de la France a été accomplie moins par les armes que par la pensée, et l'action de notre pays sur le monde a toujours été indépendante de ses triomphes militaires : on l'a vue prépondérante aux heures les plus douloureuses de l'histoire nationale. C'est pourquoi les maîtres esprits de notre littérature intéressent non seulement leurs descendants directs, mais encore une nombreuse postérité européenne éparse au delà des frontières.

Depuis que ces lignes ont été écrites, en avril 1887, la collection a reçu la plus précieuse consécration. L'Académie française a bien voulu lui décerner une médaille d'or sur la fondation Botta. « Parmi les ouvrages présentés à ce concours, a dit M. Camille Doucet dans son rapport, l'Académie avait distingué en première ligne la *Collection des Grands Ecrivains français*.... Cette importante publication ne rentrait pas entièrement dans les conditions du programme, mais elle méritait un témoignage particulier d'estime et de sympathie. L'Académie le lui donne. » (Rapport sur le concours de 1894.)

J.-J. Jusserand.

LES GRANDS ÉCRIVAINS FRANÇAIS

ÉTUDES SUR LA VIE
LES ŒUVRES ET L'INFLUENCE DES PRINCIPAUX AUTEURS
DE NOTRE LITTÉRATURE

Chaque volume in-16, orné d'un portrait en héliogravure, broché. 2 fr.

LISTE DANS L'ORDRE DE LA PUBLICATION

DES 47 VOLUMES PARUS

VICTOR COUSIN, par M. *Jules Simon*, de l'Académie française.

MADAME DE SÉVIGNÉ, par M. *Gaston Boissier*, secrétaire perpétuel de l'Académie française.

MONTESQUIEU, par M. *Albert Sorel*, de l'Académie française.

GEORGE SAND, par M. *E. Caro*, de l'Académie française.

TURGOT, par M. *Léon Say*, de l'Académie française.

THIERS, par M. *P. de Rémusat*, sénateur, de l'Institut.

D'ALEMBERT, par M. *Joseph Bertrand*, de l'Académie française, secrétaire perpétuel de l'Académie des sciences.

VAUVENARGUES, par M. *Maurice Paléologue*.

MADAME DE STAEL, par M. *Albert Sorel*, de l'Académie française.

THÉOPHILE GAUTIER, par M. *Maxime Du Camp*, de l'Académie française.

BERNARDIN DE SAINT-PIERRE, par M. *Arvède Barine*.

MADAME DE LAFAYETTE, par M. le comte *d'Haussonville*, de l'Académie française.

MIRABEAU, par M. *Edmond Rousse*, de l'Académie française.

RUTEBEUF, par M. *Clédat*, professeur de Faculté.

STENDHAL, par M. *Édouard Rod*.

ALFRED DE VIGNY, par M. *Maurice Paléologue*.

BOILEAU, par M. *G. Lanson.*

CHATEAUBRIAND, par M. *de Lescure.*

FÉNELON, par M. *Paul Janet*, de l'Institut.

SAINT-SIMON, par M. *Gaston Boissier*, secrétaire perpétuel de l'Académie française.

RABELAIS, par M. *René Millet.*

J.-J. ROUSSEAU, par M. *Arthur Chuquet*, professeur au Collège de France.

LESAGE, par M. *Eugène Lintilhac.*

DESCARTES, par M. *Alfred Fouillée*, de l'Institut.

VICTOR HUGO, par M. *Léopold Mabilleau*, professeur de Faculté.

ALFRED DE MUSSET, par M. *Arvède Barine.*

JOSEPH DE MAISTRE, par M. *George Cogordan.*

FROISSART, par Mme *Mary Darmesteter.*

DIDEROT, par M. *Joseph Reinach.*

GUIZOT, par M. *A. Bardoux*, de l'Institut.

MONTAIGNE, par M. *Paul Stapfer*, professeur de Faculté.

LA ROCHEFOUCAULD, par M. *J. Bourdeau.*

LACORDAIRE, par M. le comte *d'Haussonville*, de l'Académie française.

ROYER-COLLARD, par M. *E. Spuller.*

LA FONTAINE, par M. *G. Lafenestre*, de l'Institut.

MALHERBE, par M. le duc *de Broglie*, de l'Académie française.

BEAUMARCHAIS, par M. *André Hallays.*

MARIVAUX, par M. *Gaston Deschamps.*

RACINE, par M. *G. Larroumet*, de l'Institut.

MÉRIMÉE, par M. *Augustin Filon.*

CORNEILLE, par M. *G. Lanson.*

FLAUBERT, par M. *Émile Faguet*, de l'Académie française.

BOSSUET, par M. *Alfred Rébelliau.*

PASCAL, par M. *É. Boutroux*, membre de l'Institut.

FRANÇOIS VILLON, par M. *G. Paris*, de l'Académie française.

ALEXANDRE DUMAS PÈRE, par M. *Hippolyte Parigot.*

ANDRÉ CHÉNIER, par M. *Émile Faguet*, de l'Académie française.

Chaque volume, format in-16, broché, avec un portrait en héliogravure, 2 fr.

Imprimerie Lahure, rue de Fleurus, 9, à Paris. — 7-1903.

www.ingramcontent.com/pod-product-compliance
Ingram Content Group UK Ltd.
Pitfield, Milton Keynes, MK11 3LW, UK
UKHW012005240726
13965UKWH00001B/174